사라지지 않는 예술, 무용이론을 말하다

사라지지 않는 예술, 무용이론을 말하다

이화여자대학교 무용학연구소 편

Dance Theory As Afterlives of Ephemeral Dance

이화여자대학교출판문화원

| 책머리에 |

지난 세기 한국의 무용학은 우리 사회의 무용문화 현상을 인식하고 그 변화를 서술하면서 기초 연구의 틀을 다지는 단계였다. 현대의 무용학은 미래 인간의 질적인 삶의 구현을 위한 학제적이고 비판적인 연구를 통해 혁신적 패러다임을 요구하고 있다. 이에 『사라지지 않는 예술, 무용이론을 말하다(*Dance Theory: As Afterlives of Ephemeral Dance*)』에서는 시대의 요청에 발맞춰 무용과 학문의 통합적인 사고로 이뤄지는 연구 역량을 극대화하고 글로벌 시대에 적용할 수 있는 창조적 지식 창출을 위한 연구의 장을 펼쳐보고자 한다.

현시대의 무용이론(dance theory)은 무용과 다양한 과목(subject)의 통섭을 포함하는 개념이 되었다. 대학의 학문 분과에서 연구하고 있는 추세를 고려한다면 인간, 예술, 철학, 과학을 융합해서 연구하는 무용문화학자, 무용철학자, 안무학자, 무용기록학자, 무용인류학자, 무용사회학자, 무용요법학자, 무용기능학자, 무용의학자, 무용실기이론학자 등 다양한 분야에서 무용학자의 출현은 자연스럽다. 이 책에서는 시대별, 분야별, 집필자의 연구 주제 등에 따라 역사 속에 존재하는 무용이론을 찾아가는 여정을 시작하고, 그 과정에서 발견되는 무용이론이 어떤 철학적 · 과학적 가치를 지니고 있는지, 문화의 변화 가운데에서 나타나는 학문적 의미는 무엇인지를 논의한다.

이 책은 총 2부 10장과 특별 담론으로 구성되어 있다. 먼저 1부에서는 서양 춤에 대한 이론적 담론으로 원시 시대부터 현대에 이르는 이론가들의 학문적 공헌과 인접 학문과의 학제적 연구 사례 및 비판이론을 중심으로 최근 학계에 화두로 떠오르는 연구 경향을 짚어본다.

제1장 신상미의 「무용이론을 말하다」는 문헌 분석을 통해 과거와 현대를 아우르는 무용이론에 대한 통시적 흐름을 살펴보고, 시대별 사회문화를 고려한 당대 철학자와 과학자 및 무용학자의 무용 논단을 펼쳐본다. 특히 고대 그리스 신화에 기록된 〈코레이아(Choreia)〉에 기원을 둔 코레올로지(choreology)를 심도 있게 다루면서 여기서 파생되는 다양한 용어들을 해석함으로써 무용학의 정체성과 학문성을 논의한다. 이를 통해 미래의 학제적 연구로서 춤의 행함과 무용이론의 진정한 통합 및 상호작용으로 이뤄지는 무용학 연구의 새로운 패러다임을 제시한다.

제2장 김은혜의 「중세 미로무용: 신화와 신성이 상징에 잠들다」는 미로무용에 대한 삼차원적 조형(造形)을 시도함으로써 중세 교회의 미로무용의 배경이 되는 사상과 이론들의 일면을 비춰본다. 먼저 미로무용이 테세우스 신화의 내러티브를 기독교적으로 차용해 신화적인 배경을 가지고 있음을 살펴본다. 이어서 종교적 알레고리로 가득했던 중세의 사상이 미로와 그 안에서 행해지는 움직임, 필로타(pilota) 등의 소품에 반영되어 영적인 은유로서 기능했음을 서술한다. 아울러 성당의 건축에 지대한 영향을 끼친 기하학, 숫자, 비례 등에 대한 기본적인 지식이 미로무용에 깃든 성스러움을 어떻게 상징화했는지를 설명한다.

제3장 박성혜의 「낭만주의의 환영」에서는 환상의 재현에 성공한 낭만주의가 발레에도 큰 영향을 미쳤다고 보고, 독립된 예술로서 제대로 형식을 갖추지 못했던 발레가 완성되는 과정에서 지식인들이 참여한 비평이 무용에 대한 이론적 토대를 제공했음을 밝힌다. 특히 낭만 발레의 형성과 발전의 중심에 있던 대표적인 비평가 테오필 고티에(Théophile Gautier)와 그에게 영향을 받은 당대 최고의 지성으로 꼽혔던 스테판 말라르메(Stéphane

Mallarmé)와 폴 발레리(Paul Valéry)가 어떻게 자신들의 문학적 감각과 언어를 통해 춤 이론화의 방향과 기틀을 제시했는지를 살펴본다.

제4장 김재리의 「루돌프 폰 라반과 안무이론의 정초」는 20세기 초 지금의 안무 개념에 가장 근접한 루돌프 폰 라반(Rudolf von Laban)의 이론을 중심으로 안무, 안무이론, 안무학을 논한다. 서양의 무용 역사 안에서 안무란 생성되는 순간에 소멸되는 춤의 존재론적 한계를 극복하고 춤에 대해 무언가를 남기는 것에서부터 시작되었다. 라반은 움직임의 원칙과 원리를 발견해 춤에 대한 '쓰기'를 시도한 인물로서 안무이론, 안무학의 철학적·과학적 배경을 제시했다. 현재적 관점에서 라반의 이론을 조명하는 것은 특정 시대를 다시 호명해 동시대와 접점을 발견하고, 현재에 대한 성찰과 반성을 통해 안무에 대해 고민할 수 있는 계기를 마련한다.

제5장 황혜원의 「비판무용학: 캘리포니아대학교 리버사이드 캠퍼스를 중심으로」에서는 비판무용학 발전에 기여하고 있는 미국 캘리포니아대학교 리버사이드 캠퍼스 무용학자들의 연구서를 종합해 근 20년간의 비판무용학 연구 경향을 살펴본다. 문헌 연구, 인터넷 자료 검색, 그리고 저자가 직접 이 대학에서 박사과정 중 받았던 수업과 경험을 바탕으로 대표적인 교수진으로서 수전 포스터(Susan L. Foster), 린다 톰코(Linda J. Tomko), 마르타 사비글리아노(Marta E. Savigliano), 재클린 쉬어 머피(Jacqueline Shea Murphy), 앤시아 크라우트(Anthea Kraut)의 연구를 집중적으로 분석한다. 이를 통해 몸과 안무 분석, 비판이론, 문화 연구와 무용 연구 연계에 토대를 둔 학제간 연구 방법이 이 대학을 중심으로 한 비판무용학 연구에서 공통적으로 나타나고 있는 양상임을 제시한다.

이 책의 2부에서는 과거부터 현대에 이르는 한국의 무용이론에 대해 논의한다. 즉, 한국 춤 역사에 존재하는 최고(最古)의 이론서에서 발견되는 무용이론과 문화의 변동 속에서 찾을 수 있는 한국 춤에 대한 이론적 담론을 풀어본다.

제6장 김영희의 「한국 전통춤 움직임의 원리, 풍(風)」은 조선 시대에 춤을 기록한 시문, 악장을 비롯해 춤 동작 용어 등에서 '풍'에 대해 드러내거나 '풍'을 연상시킨 사례들을 살펴보고, 이를 통해 한국 전통춤의 움직임에서 '풍'이 근원적이고 핵심적 원리임을 설명한다.

제7장 조경아의 「조선 시대 춤이 있는 의례」에서는 조선 시대의 춤이 공연 감상을 위해 단독으로 존재하기보다는 주로 '의례' 공간에서 행해진 '춤'이었음을 밝히고 있다. 궁중에서 행해진 국가 의례인 길례(吉禮)에서는 일무(佾舞)가 공연되었고, 가례(嘉禮)·빈례(賓禮)·군례(軍禮)에서는 정재(呈才)가 행해졌으며, 지방 관아의 의례와 사가의 개인 의례에서도 춤이 존재했음을 논한다. 이를 통해 조선 시대의 춤 전통에서 길어 올려야 할 유산은 춤의 형식보다는 현대의 커뮤니티 댄스가 시사하는 서(序)와 화(和)의 공존임을 제안한다.

제8장 유화정의 「한국 근대 지식인층과 무용학적 담론의 생성」은 무용이론의 초기 형태인 무용학적 담론의 생성 배경을 살핌으로써 이론 자체의 발생 원인을 추적한다. 특히 근대 한국 사회에서 형성된 무용학적 담론들과 그 주체 격인 신지식인층의 학문, 이데올로기, 실질적 활동 등에 대해 연구함으로써 한국 근대 춤문화와 지식인층의 필연적 만남에 대해 고찰한다.

제9장 황희정의 「한국 창작춤, 그 혼종의 역사」는 한국 창작춤의 시작을 1930년대로 보고, 최승희와 조택원이 서양의 현대무용과 한국의 전통춤을 소재로 무대화한 한국 창작춤이 해방 후 장막극 시대에는 고전 발레의 형식을 차용했다고 설명한다. 그럼에도 그 춤들은 한국 전통춤에서 가장 중요한 움직임 원리인 '호흡'을 중요 기교 수단으로 공유하고 있다는 논리를 펼친다.

제10장 윤지현의 「춤, 사회, 무용계」에서는 춤의 동시대성 논의를 위한 학술적 자극과 통찰을 춤과 사회의 관계에서 찾는다. 무용사회학은 무용 공연의 내재적 구성 요소의 분석에 갇히지 않고, 사회와 공연 환경의 변화

라는 외재적 요인에 관심을 갖는다는 점에서 변화하는 사회의 춤을 이해하는 데 유용하다. 이 글에서는 무용사회학의 논의를 새로운 춤 담론과 장르 파괴적인 동시에 융합적 · 실험적 춤의 이해와 전망에 연결하고 있다.

마지막으로 바로크 무용이론에 대한 특별 담론으로 미국 캘리포니아대학교 리버사이드 캠퍼스에서 무용과 교수로 재직하고 있는 린다 톰코(Linda J. Tomko)의 글 「Theories and 'Theory': Considering French Court and Theatre Dance during Louis XIV's Reign(이론들과 '이론': 루이 14세 시대의 프랑스 궁정무용과 극장무용)」을 소개한다. 여기서는 미셸 드 퓨(Michel de Pure)와 장 바티스트 뒤보스(Jean-Baptiste Dubos)가 루이 14세 시대의 프랑스 궁정무용과 극장무용에 관해 쓴 저서에 대해 살펴본다. 이 글에서는 이론가라는 개념을 무용 수행과 관계되는 개념적 · 사회적 · 신체적 · 구성적 양식이나 체계들을 추론하는 사람, 또는 이러한 체계들을 구상하고 전달해 주는 사람, 또는 양자라고 제안한다. 또한 20세기 후반에서 21세기 현재까지 미국 대학의 무용학 연구에 스며든 "이론들과 '이론'"을 살펴보고, 학문적 변화로 인해 얻을 수 있는 이점들에 대해 논의한다. 마지막으로 비판이론이 18세기 초 프랑스 무용 연구에 영향을 준 방법들을 제시함으로써 글을 맺고 있다.

무용이론을 철학적 · 과학적 관점에서 고찰하고 있는 이 책은 동서양의 무용이론에 대해 심도 있게 고찰한 국내 최초의 연구서로, 예술적으로는 무용 움직임 창작과 무용 공연 및 감상은 물론 타 예술과 소통하고 융합할 수 있는 지식 기반을 다지는 데 도움이 될 것이다. 교육적으로는 무용이론의 기초 지식을 겸비한 무용교육자 및 무용예술가를 양성하는 교육 자료로 활용할 수 있을 것이며, 학문적으로는 무용이론에 대한 심도 있는 논의를 통해 한국 무용학계에 질적 연구의 기반을 마련하면서 학자 및 교수자의 무용에 대한 안목을 드높일 것이다. 또한 무용 연구가 좀 더 폭넓은 학문적 배경과의 통섭을 통해서 무용의 차별화된 학문으로의 발전을 꾀하는

데 기여하게 될 것이다. 이는 미래 예술적 표현을 통한 인간 간의 소통과 국제 사회와의 소통을 이룰 수 있는 무용문화 콘텐츠 창조의 기초 지식으로도 활용할 수 있을 것이다.

이 책은 2015년 11월에 개최된 '이화여자대학교 무용학연구소 제1회 국제학술 심포지엄' 발표의 결과물을 단행본으로 엮자는 데에서 시작되었다. 출판되기까지 심포지엄 발표를 위해 열심히 연구해 준 필자 여러분께 깊은 감사를 드리며, 이화여자대학교출판문화원 김훈순 원장님께도 감사를 표한다. 이 책이 한국의 무용 연구뿐만 아니라 학제 간 연구의 필독서가 될 수 있기를 기대한다.

2016년 4월

이화여자대학교 무용학연구소장 신상미

| 차례 |

제 1 부

서양 춤의 이론적 담론

제1장

무용이론을 말하다

신상미

무용은 몸을 통해 문화 코드를 새기며 대를 이어가는 움직임의 예술로 행함, 즉 춤으로 시·공간을 넘나드는 시각예술(visual art)이다. 그렇지만 그 행함을 창조하는 데 기초가 되는 무용이론의 중요성은 공간상에 마법처럼 그려지는 춤선과 춤태의 화려함 속에 깊숙이 가려져 있다.

최근 무용의 이론적 배경에 대한 관심이 증폭되면서 동전의 양면처럼 서로 떼려야 뗄 수 없는 춤의 행함과 무용이론의 상호관계성에 대한 연구가 수면 위로 떠오르고 있다. 이는 춤의 일시성에 따른 기록의 부재로, 혹은 무용술(舞踊術)이나 안무술(按舞術) 및 표현술(表現術) 등 춤의 행함에 기본이 되는 무용이론의 체계나 역사가 가려져 있었기에 나타나는 현상이다. 역사적으로 서양에서 무용 기록이 본격적으로 시작된 15세기의 『오케소그래피(Orchésographie)』[1]가 최초의 무용 기록서로 회자되고 있는 것을 보면, 무용이론은 춤이 우리의 몸으로 전이되는 특성을 가지고 있어서 그다지 중요하지 않았거나 관심 밖의 대상이었음을 짐작할 수 있다.

그러나 창세부터 현재까지의 무용 역사를 살펴보면, 그 안에 의미 있는 무용이론이 새겨져 있고 기록되어 있음을 발견할 수 있다. 또한 현시대 자주 등장하는 무용이론에 기반한 춤, 춤에 기반한 무용이론, 리서치 안무, 안무의 인류학적 접근, 렉처 퍼포먼스(lecture performance), 춤의 아카데미즘 등과 관련된 용어의 출현도 무용이론의 역사를 새기고 기록하는 또 하나의 현상임을 알 수 있다. 따라서 현 시점의 역사적 · 문화사적 맥락에서 무용이론의 흐름을 살펴보고 학문적 의미를 논의하는 것은 매우 중요하다 하겠다. 이는 이 책 『사라지지 않는 예술, 무용이론을 말하다(*Dance Theory: As Afterlives of Ephemeral Dance*)』의 본질을 이해할 수 있는 무용이론의 철학적 · 과학적 의미[2]를 제시하는 것이기도 하다.

인간은 언제나 춤을 가까이하며 즐겼다. 인간이 춤을 추고, 춤을 보고, 춤에 대해 담소하는 시간들이 켜켜이 쌓여 역사의 지층을 이뤘으며, 춤은 시

---

1 『오케소그래피(*Orchésographie*)』는 16세기의 무용이 음악적인 단위, 곡조와 함께 언어로 쓴 책이다. 여기에는 무용의 태도와 내용이 언어로 묘사되어 있다. Arbeau, Thoinot(1967). *Orchésography*. Mary Stewart Evans(tr); with a new introd. and notes by Julia Sutton; and a new labanotation section by Mireille Backer and Julia Sutton. New York: Dover; Thoinot Arbeau, 1588, Preston-Dunlop, 1995, *Dance Words*, Harwood Academic Publishers, p.321. 안드레 레페키(André Lepecki)는 그의 책에서 오케소그래피를 춤추기와 글쓰기를 하나의 단어로 결합하고 단순히 춤만을 기록한 것이 아니라 안무의 본질적 기록 형태 이상의 사회적 · 문화적 의미를 포함한 것으로 묘사한다. Lepecki, André(2006). 『코레오그래피란 무엇인가: 퍼포먼스와 움직임의 정치학(*Exhausting Dance: Performance and the Politics of Movement*)』. 문지윤 옮김(2014). 현실문화.

2 여기서 말하는 철학(philosophy)은 '사랑하다, 좋아하다'의 뜻을 가진 'philo'와 '지혜'를 뜻하는 'sophia'를 합성한 그리스어 'philosophia' , 즉 '애지(愛知)의 학문'으로 정의되며, 자연철학과 인간 철학 모두가 대상이 된다. 또한 과학(science)은 학(學, study, -ics, -ology)이나 론(論, a theory, a doctrine)으로서 인문과학, 사회과학, 자연과학 모두를 아우르는 학문으로 정의되며, 학문의 대상이 속하는 범주나 방법론이 결코 일정하거나 편협하지 않음을 의미한다. 신상미(2013). 『인간은 왜 춤을 추는가: 인류의 춤 문화 코드 읽기』. 이화여자대학교출판부. p.73.

대의 문화적 변동에 따라 생성과 변화를 거듭했다. 인간의 삶을 묘사하는 창세 신화 속의 춤에서부터 메타모더니즘(metamodernism)[3]을 지향하는 현대의 춤까지 다양한 형태로 그 맥을 이어온 것이다. 즉, 춤은 문화사의 한 줄기로서 존재했다. 그럼에도 불구하고 행해지는 순간 사라져 버리는 춤의 일시성으로 인해 인간이 추는 춤에 대한 기록은 물론 그 배경이 되는 무용이론에 대한 구체적인 개념이나 특성에 대한 서술 작업을 시도한 경우를 찾기는 쉽지 않다. 특히 춤의 정의나 종류 및 역사 등은 많은 학자에 의해서 다양한 관점[4]으로 논의되어 왔지만, 무용이론에 대한 구체적인 논의는 재닛 애드셰드-렌즈데일(Janet Adshead-Lansdale)이 출간한 『무용연구(*The Study of Dance*)』(1981)[5]에서 유일하게 찾을 수 있다. 그녀의 책에서는 무용기록서가 시작된 16세기 이후 1980년대까지 영미권 무용이론의 형성 과정을 연구했으며, 특히 무용의 기교적 · 교육적 측면을 다루고 있다. 그러나 이 책이 발간된 지 40여년이 지났고, 내용적으로는 무용 기록이 본격적으로 시작된 시기 이전의 무용이론에 대한 언급이 없다. 또한 무용이론의 개념과 특성에 많은 변화가 이뤄진 현 상황에서 국내외 무용학계에서는 이에 대한 적극적인 논의나 비판적 성찰 없이 다른 학문과 다른 예술과의 무분별한 조우를 방법으로 시도하는 연구가 진행되어 왔다. 이는 타 학문이나 타 예술과는 달리 인간의 몸 · 마음 · 정신을 통합적으로 다루는 무용의 특수성과 정체성을 희석할 뿐만 아니라 무용에 대한 심도 깊고 폭넓은 연구에 장애가 될 수 있다. 따라서 자연이나 동물의 움직임을 모방한 무용 형식

---

3 메타모더니즘이란 디지털의 발달에 따라 포스트모더니즘에 대한 반작용으로 나타난 용어로 포스트-포스트모더니즘으로 정의된다〈https://en.wikipedia.org/wiki/Metamodernism〉.

4 무용의 개념 정의와 유형에 대한 논의들, 미학적 · 철학적 논의들, 안무자와 주요 작품을 중심으로 한 논의들, 연대기적 무용사적 논의들은 많았으나 무용이론 자체에 대한 논의가 없었다.

5 Adshead-Lansdale, Janet(1981). *The Study of Dance*. Dance Books Ltd.

의 안무법과 같이 무용이론에 대한 기록이 최초로 등장한 원시 시대부터 현대까지, 무용이론의 흐름을 살펴보고, 그 독특성과 보편성 및 철학성과 과학성 등 학문적 의미를 살펴보는 것은 의미 있을 것이다.

따라서 이 장에서는 문헌 연구로 찾아가는 무용이론의 역사 연구[6]로서 과거와 현대를 아우르는 무용이론에 대한 통시적 흐름을 서양을 중심으로 살펴보고, 시대별 사회문화를 고려한 당대 철학자와 과학자 및 무용학자들의 무용 논단을 펼쳐본다. 특히 고대 그리스 신화에 기록된 〈코레이아(Choreia)〉에 기원을 둔 코레올로지(choreology)[7]를 심도 있게 다루면서 여기

---

6 비교적 장기간에 걸친 사회 현상의 변화를 분석하기 위해 역사적 자료를 활용하는 방법이다. 현대 사회과학에서 가장 일반적으로 사용되는 조사연구(survey research)는 대체로 현재적 시점의 사회 현상에 대한 분석으로서, 연구자가 얻고자 하는 자료를 대상자로부터 직접 수집하는 방식을 사용한다. 그런데 이미 오래전에 지나가 버린 사회 현상(예: 조선 시대의 성규범)에 대해 분석하고자 할 경우에는 조사연구를 시도할 수가 없다. 이 경우 연구자는 당대에 남겨진 여러 가지 기록물들(예: 고문서, 예술작품, 각종 통계치 등)을 면밀히 검토함으로써 해당 사회 현상에 대한 분석을 시도할 수밖에 없다. 이처럼 역사적 자료를 사용해서 사회 현상을 분석하는 연구 방법을 역사 연구라고 부른다. 역사 연구는 수집되는 자료가 양적 자료이기보다는 질적 자료인 경우가 많아서 질적 연구(qualitative study)의 특성을 지니며, 분석하고자 하는 사회 현상이 여러 사회 사이에 어떠한 차이를 나타내는지를 비교할 목적으로 이뤄지는 경우가 많기 때문에 비교역사분석(historical comparative study)이라고 불리기도 한다. [네이버 지식백과] 역사연구(교육평가용어사전, 2004.5.31. 학지사.

7 이 연구에서 사용하는 코레올로지(choreology)는 〈코레이아(Choreia)〉의 어원인 원들과 론(論)이나 학(學)을 의미하는 -ology인 학문, 즉 원들의 철학이나 학문 혹은 원들의 과학이다. 이 원의 의미는 인간 자체로서의 소우주를 의미하는 원들과 천체와 같이 대우주를 의미하는 원들의 상호작용으로 이뤄지는, 즉 인간과 자연이 통합되어 창조되는 무한한 원들에 대한 연구로 인간 자체의 움직임뿐만 아니라 자연 속의 다양한 움직임들 모두로 그 의미가 확장된다. 특히 그리스 신화에 기록된 〈코레이아〉는 시, 음악, 춤이 함께하는 원무의 중심에서 아폴로가 이를 이끌고 있다고 묘사되어 있다. 여기서의 원무는 결국 대우주를 의미하며, 아폴로는 이를 이끄는 태양신이 된다. 따라서 이 연구에서는 무용(dance)학이나 안무(choreography)학으로 번역하는 데 한계가 있다고 판단되어 코레올로지를 원어 그대로 쓰고자 한다. 신상미(1997)의 박사학위 논문 「무용학적 관점에서 한국춤 움직임 분석 방법론 탐색」에서는 코레올로지를 무용학으로 번역했고, 김재리(2011)의 박사학위 논문 「루돌프 라반(Rudolf Laban)의 '움직임 공간' 특성에 근거한 안무학적 분석 모형 개발 : 공간조화(Space Harmony) 이론을 중심으로」에서는 안무학으로 번역했다.

서 파생되는 다양한 용어들을 해석함으로써 무용 연구의 정체성과 학문성을 논의한다. 이를 통해 미래의 학제적 연구로서 춤의 행함과 무용이론의 진정한 통합과 상호작용으로 이뤄지는 무용 연구의 새로운 패러다임을 제안하고자 한다. 이를 위해서 필자는 인문사회학적 관점에서 무용이론의 발전에 주요하게 기여했다고 판단되는 서적과 논문집 그리고 『국제무용백과사전(*International Encyclopedia of Dance*)』(Vol. Ⅰ~Vol. Ⅵ)[8]을 중심으로 연구하며, 학과, 학회지, 학자별 무용 연구서와 영국의 Dance Books 및 미국의 Princeton Book Company에서 집중적으로 소개하는 연구서들을 분석함으로써 무용이론의 흐름을 살피고자 한다.

1. 무용이론의 정의

무용이론(dance theory)은 몸의 활동이자 표현 매체인 dance와 고대 그리스의 철학(philosophy)과 과학(science)에 뿌리를 둔 이론(theory)이 합성된 용어다. 즉, 무용(dance)이 의미하는 실제(practice)와 철학과 과학을 의미하는 학문(ology)[9]이 합쳐진 말이다. 그리스 시대 아리스토텔레스(Aristoteles)는 이론을 지식의 몸체로 보고 행하기(doing), 즉 실제(practice, praxis)와 상반된 개념으로 정의했다. 그리고 이에 덧붙여 실제와 이론은 모두 사고하기(thinking)를 포함하지만 각각의 목적이 서로 다를 뿐이라고 주장했다. 그의 생각은 무용이론이 행함과 사고하기 등 실제와 이론의 통합 학문으로서 그 가치와 의미가 있음을 말하는 것이다.

무용은 인간의 몸으로 춤추기(dancing), 춤 만들기(making dance), 춤 보기

---

8 이 사전에 대한 설명은 이 책의 47-48쪽에 있다.

9 ology는 학(學), science, study, -ics 또는 론(論), 즉 a theory; a doctrine을 의미하며 학문으로 총칭된다.

(appreciating dance), 춤 보여주기(performing dance), 춤 관찰하기(observing dance), 춤 분석하기(analyzing dance), 춤 기록하기(notating dance), 춤 해석하기(interpreting dance), 춤 평가하기(evaluating dance), 춤 연구하기(studying dance) 등 행함(doing)이 있는 용어를 파생시킨다. 한편, 이론(theory)은 철학적 · 과학적 의미의 예술학, 사회학, 문화학, 역사학, 미학, 교육학, 신체학, 리듬학, 인류학, 민족학, 민속학, 심리학, 기호학, 도상학, 기하학, 해부학, 생리학, 기능학, 공간학, 인간학 등 논리와 신조 및 주의(doctrine)가 존재하는 학(學)으로서의 용어를 파생시킨다. 따라서 무용이론에서 철학적이고 과학적이란 말의 의미는 춤을 추는 행함과 그 지식의 몸체인 이론을 사고하는(thinking) 것이라 할 수 있다. 이는 다른 학문이나 다른 예술과의 융합을 포괄하므로 연구의 대상은 무궁무진하다. 즉, 무용이론은 춤의 형식적 이데올로기, 사상 등 사회문화적 개념들 그리고 구성이나 기교적 속성 등을 포함하며, 사회적 상황과 문화적 맥락에서 춤의 배후에 있는 사회와 문화의 역할, 춤의 형태와 기능 및 의미 등 춤의 행함과 연관된 것들 간의 상호작용을 다루고, 인간의 표현과 소통의 수단으로서 무용에 대한 신체적 · 감정적 · 정신적 관점을 탐구한다. 따라서 이 연구에서 사용하는 무용이론의 개념은 다음의 네 가지 측면으로 제안할 수 있다.

1) 무용이론이란 이데올로기, 이즘(ism), 철학적 · 과학적 개념, 예술적 특성을 포함하고 있는 학문적 근거이며, 무용 현상에 대한 철학적 설명이자, "춤에 대한 과학적이고 추상적인 해설이다."[10]
2) 무용이론이란 학(學)으로서 무용의 기원, 스타일, 장르, 테크닉, 예술적 표현 및 사회문화적 맥락 등 인문과학, 사회과학, 자연과학적 연구 모두를 아우르는 광의의 용어다.

10 Webster's online dictionary.

3) 무용이론이란 춤추는 움직임에 대한 연구나 묘사, 그리고 춤의 균형적인 질서와 논리를 다루는 학문이다. 이는 춤의 현상과 법칙을 시간과 공간 경험의 통합 안에서 증명하는 것이며, 움직임의 신체적 · 정신적 · 감정적 요소를 다루는 움직임 언어의 문법이다.[11]
4) 무용이론이란 안무, 공연, 기록, 분석, 감상, 해석, 평가 등 인간이 실제로 행하는 것에 대한 가치 판단이다.

2. 무용이론의 흐름

무용이론의 흐름은 통시적으로 다섯 단계, 원시~중세, 16세기~19세기, 20세기 초반~중반, 20세기 중반~후반, 그리고 20세기 후반~현재 등으로 나눠 역사적 · 문화사적 관점에서 시대별 연구서를 중심으로 무용이론의 흐름을 살펴본다.[12] 원시~중세의 무용이론은 석벽화(石壁畵)나 조각, 고대의 건축물이나 화병 등의 유적과 유물에 새겨진 문양을 연구한 학자의 서적을 통해 파악하고, 무용이 기록되기 시작한 16세기 이후에는 춤의 실제가 기록된 테크닉 설명서와 연구 서적 및 철학자나 과학자, 무용학자의 생각 등 춤과 관련해 출간된 문헌을 통해 알아본다.

원시~중세

원시 시대부터 중세까지는 위에 제시된 무용이론의 개념에 해당되는 기

11 Preston-Dunlop, Velerie(1995). *Dance Words*. Harwood Academic Publishers. pp.222, 580.
12 이 연구에서 원시~중세, 16세기~19세기, 20세기 초반~중반, 20세기 중반~후반, 그리고 20세기 후반~현재 등의 시대별로 나눴다. 이는 학풍의 변화에 따라 나타나는 무용이론서의 특징을 고려한 것이다.

록이 존재하지 않았다. 그러나 세계의 다양한 지역에 살았던 인간이 남긴 유물, 유적, 그림, 신화에 새겨 놓은 춤 기록은 당시의 안무 형식이나 동작 체계 등 그 형체와 무용이론을 유추할 수 있게 한다.[13] 쿠르트 작스(Curt Sach)는 그의 책 『춤의 세계사(*World History of Dance*)』(1933)에서 원시 시대 무용의 벽화나 민족의 춤 양식 연구를 통해 춤 동작, 춤의 주제와 유형 및 춤의 구조와 기능에 대해 논의했다.[14] 춤 동작에서는 몸과 조화를 이루지 못해 생기는 발작적인 춤과 몸과 조화를 이루는 춤, 종족 간의 차이나 남성과 여성의 차이를 보여주는 확장된 춤, 그리고 폐쇄된 춤이 있다고 했다. 주제와 유형에서는 동물의 춤을 모방하는 춤(mimetic dance)이나 수렵을 즐기는 춤, 생활과 관계된 희로애락을 표현하며 신과 교류하는 주술적이고 종교적인 춤으로 정화를 간구하는 춤(abstract dance) 등 비상징적인 춤(imageless dance)과 상징적인 춤(image dance)[15]을 볼 수 있다고 설명했다. 또한 형식적인 측면에서는 황홀경에 빠지는 개인춤과 접촉이 없는 원무 및 군무가 대표적이며, 정열적으로 다양한 춤을 추고 신명에 들어가는 종족과 단순한 동작만을 행하는 종족의 비교를 통해 '수동적인 모방(passive imitation)'으로부터 모든 계산과 생각에 앞서는 행위인 '능동적인 모방(active

---

13 스페인 코굴(Cogul)의 구석기 시대의 벽화, 탈춤을 추는 테이야 동굴 벽화, 자바섬의 보로부두루 사원, 이집트 신왕조기의 항아리 조각, 춤추는 그리스 여인이 새겨진 항아리, 바커스 신이 새겨진 건축물, 프랑스 라 체이스 두에 있는 벽화, 장 뒤 쁘레의 『세월』, 하르트만 쉐델의 『세계연대기』(1493) 등등. Sachs, Curt(1933) 『춤의 세계사』. 김매자 옮김(1992). 박영사. pp.1-19.

14 쿠르트 작스(Curt Sachs)의 세계무용문화사 연구로 1933년 출판된 『춤의 세계사(*Eine Weltgeschichte des Tanzes: World History of Dance*)』는 춤의 문화적 의미가 얼마나 중요한가, 인간은 왜 춤을 추는가라는 명제에 대한 답을 내리는 데 매우 중요한 이론서이며, 무용 역사와 무용의 종류, 무용의 특징, 무용의 문화 연구를 위한 고전으로 세계 속의 인간, 문화, 사회, 예술, 춤의 상호 관계 속에 얽히고설켜 있는 문화 코드를 해독하는 길잡이가 되는 당대의 무용 이론서로서 큰 의미가 있는 책이다.

15 상징적인 춤에서는 은유춤(allegorical dance) 혹은 비유춤(metaphorical dance) 기법이 특징적으로 나타난다.

imitation)', 즉 모방하는 춤이 나온다고 주장했다. 그 춤들은 인간철학자이자 자연철학자로서 예술을 일종의 모방 기술로 본 아리스토텔레스의 모방(mimesis)이론과 모방한 춤에서의 상징과 황홀경(ecstasy)에 젖어들어 울적한 기분을 발산하며 정신과 감정을 정화시키는 정화(catharsis)이론[16]과 연결된다. 그의 예술 지도서 『시학(*Poetics*)』에서는 이와 같은 모방 기술(imitation techne)을 자연이나 현실 사상의 모방 또는 재현하는 기술로 보고, 실체의 본질을 인식하게 하는 감각적 현상 세계라고 말한다. 또한 모방은 인간의 본능적 욕구로서 "실체에 대한 재인식을 유도하는 지적인 성질의 것"[17]으로서 우리의 마음속에 하나의 관념으로 자리 잡기 때문에 진지하고 일정한 크기를 가진 완결된 행동의 모방과 신명을 통해 감정의 정화를 경험한다고 말한다. 이러한 춤의 특징은 고대의 무용에도 적용된다.

고대의 무용은 이집트 분묘의 벽화와 그리스 로마 신화에서 묘사된 제사장의 춤들이나 역사서에 기록된 춤으로서 당대 널리 유행했던 교육적인 춤과 오락무용 등이 대표적이다. 이집트의 벽화에 기록된 춤은 주로 경작과 추수에 관련된 것으로 대부분이 신에게 풍작을 기원하기 위한 것이다. 당시 춤의 형태는 왕비가 태양신에게 예배를 드리는 무용이나 황소신, 아피스의 모험을 묘사한 비밀무용, 천문학적인 별 무용과 같이 신을 위로하는 춤이 기록되어 있으며, 피리 부는 소녀와 무용수가 추는 오락무용이 대표적이다. 인간으로서 예술을 즐기며 춤을 존중한 그리스인의 사고 방식과 역사를 반영하는 신화에 기록된 무용은 안무법의 신이자 태양신인 아폴로, 술의 신이자 바커스 신인 디오니소스, 뮤즈의 여신으로 춤의 기쁨을 의미

---

16 Aristotle(2006). 『시학』. 천병희 옮김. p. 50. 아리스토텔레스의 『시학(*Poetics*)』에서는 카타르시스에 대한 명확한 뜻을 밝히지 않고 있어 어떤 의미인지는 알 수 없으나 바로크 시인인 레싱(Lessing, *Hamburgische Dramaturgie*, 74-83편 참조)은 '감정의 정화'로 해석하고 있으며, 베르나이스(Jakob Bernays, *Grundzüge der verlorenen Abbandlung des Aristoteles ber die Wirkung der Tragödie* 참조)는 '감정의 배설'로 해석하고 있다.

17 Beardsley, Monroe C.(1987). 『미학사』. 안원현 · 이성훈 옮김. 이론과 실천. p.55.

하는 테르프시코레(Terpsichore)가 창조한 춤 관련 기록을 통해서 그 형체를 파악할 수 있다. 아폴로 신은 이성적 충동, 균형과 조화, 절제와 질서가 있는 평온한 이미지를 가지고 있으며, 즉흥적이고 감성적 신인 디오니소스 신과는 상반되는 신이다. 아폴로 신은 기교적인 무용예술이자 표현적인 제스처를 포함한 〈오케시스(Orchesis)〉를 안무했다. 이는 노래와 시 등과 함께 삼위일체로 이뤄지는 〈코레이아(Choreia)〉[18]와 같은 집단적인 춤으로 인간의 감정과 충동을 언어와 제스처, 멜로디와 리듬으로 표현하며 참여하고 즐기는 춤이다. 이것은 일명 코럴 댄싱(choral dancing)이라 부르기도 하는데, 이 춤의 안무 구조는 노래 및 연주와 함께 집단을 이끄는 지도자인 아폴로가 가운데에서 스텝을 실행하면, 춤추는 집단이 "아폴로가 춤추다(to dance Apollo)"라고 구호를 외치며 원무를 하는 형식이다. 아폴로는 뮤즈와 만날 때, 신으로서 즉흥적인 단어들, 음악, 그리고 안무를 통해 즉각적인 소통을 할 수 있었으며, 노래하고 시를 읊으면서 격렬한 춤 스텝을 실행하면 코러스가 이를 따라한다.[19] 또 하나의 집단춤인 테르프시코레의 합창무용(chorus dance)은 심연을 연주하며 읊는 서사시가 무용수들의 춤과 어우러지는 형식으로 수평적인 단순한 스텝의 원무(circle dance)가 주요 특징이며, 신성한 의식에서 행한다. 이 춤 형식 역시 아폴로의 〈코레이아〉와 흡사하다. 술과 풍요를 상징하는 신 디오니소스는 황홀경의 의식을 지휘하는 신으로 유명한 시인과 정치가가 그를 찬미하기 위해 〈디튀람보스(dithyrambos)〉[20]를 주

18 코레이아는 고대 그리스에서 노래를 동반한 원무를 의미한다, 호메로스는 『일리어드(*Iliad*)』에 담긴 그의 서사시 안에서 이 춤에 대해 언급했다(http://en.wikipedia.org/wiki/Choreia). 춤이 음악 및 시와 결합되어 하나의 전체를 이룬 것으로 "삼위일체의 코레이아"다. 타타르키비츠 미학사 : 고대미학, 2005.4.20; 미술문화, 네이버 지식백과.

19 Mullen, William(1998). Choral Dancing. *International Encyclopedia of Dance*. Vol. Ⅱ. Oxford: Oxford University Press. p.156.

20 Tripp, Edward(1950). *The Handbook of Classical Mythology*. London: Arthur Barker Ltd. p.203.

도한다. 여기서는 디오니소스를 열광하는 여성 무용수 미내드(maenads) 집단이 몸과 마음이 입신된 채 광기 어린 춤의 조합으로 미친 듯이 빙빙 돌고 발을 굴러대는 비안무화된 춤 〈오레이바시아(oreibasia)〉를 춘다. 이 춤은 한밤중에 산에 올라 떼지어 다니는 축제에서 이뤄지며, 화환을 쓴 50여명의 무용수가 추는 박진감 넘치는 원무다.[21] 아리스토텔레스는 『시학』에서 율동과 노래와 운문 모두를 사용하는 모방 양식은 〈디튀람보스〉와 송가, 비극과 희극에서 나타나며, 무용술도 여기에 포함된다고 했다. 이는 화성 없이 율동만을 모방하는 것이며, 무용가가 동작의 율동으로 성격, 감정, 행동을 모방한다."[22] 이 공동체의 춤은 오케스트라(orchestra)나 춤추는 장소에서 행해졌으며, 그리스 드라마의 주요 요소인 코러스(chorus)가 된다. 이는 원시춤에서 나타나는 동물이나 물체의 모방에서 진화된 인간의 성격과 감정의 모방이자 행동의 모방이다. 좀 더 진화된 모방춤으로는 비극적인 테마를 무용수가 말을 하지 않고 전 작품의 내용을 알려주는 우울하고 무거운 상징적인 제스처의 비극춤과 외설적이고 비열하게 보이는 춤으로 몸을 회전시키고 엉덩이를 발로 차며 가슴과 넓적다리를 손바닥으로 치는 희극춤, 그리고 사티르(Satyr: 半獸神)가 발랄하고 정열적으로 추는 광대 같은 몸짓으로 신화의 문제를 풍자하는 희극춤[23] 등이 있다.

이와 같이 신화 속에서 나타난 고대 그리스의 춤은 원무 중앙에서 춤을 리드하는 아폴로 신의 안무화된 춤, 테르프시코레의 〈합창무용〉과 같이 음악과 시와 함께 원무가 행해지는 삼위일체의 안무화된 춤, 그리고 〈디튀람보스〉에서 디오니소스를 숭배하는 리더가 이끄는 황홀경의 춤 등 비안무화된 춤이 특징적으로 나타난다. 이 축제에서는 제사장이 의식에서 추는

---

21 Sachs, Curt(1992). 『춤의 세계사』. p.265.

22 Aristotle(2006). 『시학』. p.27.

23 Kraus, Richard & Chapman, Sarah C.(1969). *History of the Dance in Art and Education*. Englewood Cliffs, New Jersey: Prentice-Hall, Inc. p.39.

춤과 아폴로가 직접 춤을 추며 의식을 행하는 이전의 형태와는 달리 절대군주 디오니소스에게 보여주거나 보는 춤으로 변화되는 양상을 보이면서 황홀경의 춤을 감상하는 형식으로 확장된다. 이렇게 "보여주거나 보는 춤으로의 변형은 이전에 행해졌던 모호한 원형 구조를 붕괴시키고 무대 전면에 반원형으로 위치하거나 비극이나 희극의 에피소드 사이에서 춤을 추고 노래와 음악을 들려주는 형식을 만든다."[24] 아폴로 신과 디오니소스 신의 이분법은 형식과 열정의 문제로서, 춤에서는 안정성과 운동성, 질서와 혼돈 상태의 구조, 공간적 형태와 역동적 흐름을 보이는 춤[25]을 만든다.

한편, 그리스 시대의 정치인과 철학자가 말하는 춤은 교육적·사교적 기능을 하는 안무화된 춤이다. 그들은 춤추기가 심신의 완성을 위한 이상적인 방법이며, 무용으로 신을 섬기는 자만이 전쟁에서 승자가 된다고 말하면서 춤을 잘해야 훌륭한 교육을 받았다고 했다. 이는 무용교육의 중요성을 강조한 것이다. 특히 플라톤(Platon)은 『법률(*Laws*)』에서 고상한 춤과 고상하지 않은 춤을 언급하면서, 고상한 춤은 "학생들에게 건강, 민첩함, 아름다운 신체를 줄 뿐만 아니라 선한 마음을 함께 제공한다."[26]고 주장한다. 이와 같이 황금 비율이 절대적인 공식이었던 그리스 시대의 무용술, 즉 안무법은 이론과 실제의 조화로 이뤄졌고, 로마 시대까지 이어져 사적으로 유행하기도 했으며, 사교적이고 고상한 무용 양식으로 인정되어 많은 귀족의 자녀들을 교육하는 수단이 되기도 했다. 그러나 수세기 동안 계속된 고상

---

24 Sachs, Curt(1992). 『춤의 세계사』. p.266.

25 Preston-Dunlop, Velerie(1995). *Dance Words*. Harwood Academic Publishers, p.535. 무질서하게 보이는 혼돈 상태에도 논리적 법칙이 존재한다는 카오스이론을 들 수 있다. 이 이론의 목적은 무질서하고 예측이 불가능한 현상 속에 숨어 있는 정연한 질서를 밝혀내어 새로운 사고 방식이나 이해 방법을 제시하는 것이다. 경제, 기상, 물리, 전기, 천문 등 여러 분야에서 다양하게 응용되고 있다.

26 Kraus, Richard & Chapman, Sarah C.(1969). *History of the Dance in Art and Education*. pp.37-40.

한 춤은 전문가 집단의 무대예술로서 무언극 무용의 발랄하고 화려한 모습으로 변화했고, 로마에 들어온 이민족의 소통 부재로 인해 대사를 외우거나 노래를 부르지 않고 춤과 제스처만으로 공연하는 현상을 초래했다. 이와 더불어 로마의 물질주의는 세속적이고 현실주의적으로 퇴락했고, 기독교인에 대한 탄압과 멸망 그리고 천재지변은 중세 암흑 시대의 〈죽음의 춤〉을 불러왔다.

중세의 종교적 양식은 로마의 쾌락주의가 기독교적 금욕주의로 대치되는 현상을 보여준다. 이는 로마의 부패가 낳은 육욕적이고 선정적인 춤에 대한 거부로서 인간의 이상이 천국에 있으며, 지상의 체험을 불경한 것으로 보고 자신에 대한 부정과 육체적 고통, 초자연적인 힘에 대한 경외를 나타내는 평행기법(parallelism)의 춤을 양산했다.[27] 특히 단순한 수적 · 기하학적 규칙으로 이뤄진 로마네스크 양식과 정신주의적 세계관을 표현하는 고딕 양식의 새로운 창조는 사실적인 예술이자 상징적인 예술로 중세의 초월적 분위기와 실재적이면서 이상적이고, 감각적이면서 지성적이고 철학적인 특징을 보여주고 있다. 그럼에도 불구하고 교회의 묘지에서는 죽은 자와 영적으로 교섭하며 춤을 추었던 〈죽음의 춤〉과 〈무도병〉에서 일어나는 엑스터시의 폭발이 있었다. 중세 기독교의 사제가 소녀들로 하여금 남성의 상징을 앞에 들고 선정적인 춤을 추게 한 것과 이것이 제사 의식에서 나체로 황홀경의 춤을 추는 무희들의 공연으로 발전된 점은 세속적인 양식으로 고상하지 않은 속된 춤의 힘을 적나라하게 보여주는 사례다.[28] 이 춤들은 물리학적 법칙을 부정하면서 균형감을 상실하고 뒤틀리고 야윈 기형으로 두 팔과 두 발, 두 어깨와 머리 등 몸의 상이한 부위가 같은 방향으로 구성되어 움직이는 불규칙한 평행기법으로 행해졌다. 이처럼 중세의 종교적 양

---

27 Horst, Louis & Carroll, Russell(1987). *Modern Dance Forms in Relation to the Other Modern Arts*. Princeton Book Company, Publishers. pp.76-86.

28 Sachs, Curt(1981). 『춤의 세계사』. pp.271-285.

식과 세속적 양식 모두 같은 평행기법을 사용했지만 리듬의 불규칙성의 차이를 두고 서로 다른 방식으로 발전했다. 예술의 암흑 시대의 어두움 속에서도 춤은 당대의 독특한 종교적 · 세속적 문화 양식으로 르네상스의 예술을 부르게 되었다.

원시~중세까지 출판된 서적은 없지만 석벽화나 화병의 그림 그리고 그리스 시대의 신화 및 당대의 철학자와 과학자들의 글에서 나타나는 안무술을 보면, 수렵춤과 같은 모방과 황홀경의 춤과 같은 비모방, 아폴로의 원무와 같은 안무화된 춤과 미내드(maenad)의 혼돈이 난무하는 비안무화된 춤, 그리스인의 교육적인 춤과 오락적인 춤, 그리고 중세의 평행기법을 이용한 종교적인 춤과 세속적인 춤으로 그 형태를 보이고 있다. 이를 통해 이 시기의 춤들은 모방이론과 정화이론, 안무이론과 카오스이론 및 교육이론과 평행이론 등과 관련된 무용이론이 적용된 시기였음을 알 수 있다.

15세기~19세기

잉그리드 브레인나드(Ingrid Brainard)[29]의 주장에 따르면, 중세의 암흑에서 벗어나 고대의 부활을 꿈꾸던 르네상스 시대에 쓰인 최초의 무용 이론서는 춤의 극적 마임 요소와 정교한 춤에 대해 쓴 「테크닉 설명서(Technical Manual)」(1445)로서, 이태리 최초의 댄싱 마스터인 도메니코 다 피아센짜(Domenico da Piacenza)[30]가 쓴 논문이다. 이는 첫 번째로 쓴 무용 이론서로

29 Brainard, Ingrid(1998). Technical Manuals. *International Encyclopedia of Dance Ⅵ*. New York: Oxford University Press. pp.121-124. 잉그리드 브레인나드는 15세기부터 17세기까지 무용이론을 기록한 많은 책을 소개하고 분석했다.

30 도메니코 다 피아센짜(Domenico da Piacenza, 1400-1470)는 이탤리언 르네상스 댄싱 마스터이며, 안토니오 코나자노(Antonio Cornazano)와 구글리엘모 에브레오(Guglielmo Ebreo)는 그의 제자들로서 무용예술과 관련된 논문을 쓴 금색 훈장을 받은 댄싱 마스터다. 코나자노는 1455년 『무용예술에 관한 책(*Libro dell' arte del danzare*)』을 출간했으며,

서 그의 제자이자 댄싱 마스터로 성공한 안토니오 코나자노(Antonio Cornazano)와 구글리엘모 에브레오(Guglielmo Ebreo)의 테크닉 설명서나 논문과 함께 몸, 마음, 감정이 적극적으로 포함된 춤을 논의한 것이다. 당시 이 글들의 내용은 다양한 춤에 대한 지침과 안무 구성, 춤의 기교, 스타일, 제스처 매너, 소도구 활용, 음악의 박자와 리듬, 그리고 악기, 이론적 기교에 대한 소개 및 안무법이 묘사되어 있고, 때로는 몸을 다루는 방법과 스텝의 가치, 스텝과 장식적 모션의 조합, 다양한 박자나 변화무쌍한 속도 등을 기록하고 있다. 이때 주로 쓴 교수법은 교사와 학생 간의 대화 형식이었다. 후에 파브리티오 카로소(Fabritio Caroso)와 투아노 아르보(Thoinot Arbeau)가 이 방법을 사용했다고 전해진다. 여기서는 브랑르(*branle*), 파반느(*pavane*), 투르디옹(*tourdion*) 등의 스텝 하나하나를 묘사하고 어디서부터 남녀의 등장이 이뤄지는지, 태도는 어떤지, 안무 유형의 스케치 등 테크닉 이론을 기술하고 있다.

16세기의 무용 이론서로 카로소의 『일 발레리노(*IL ballarino*)』와 프랑스에서 출판된 아르보의 무용지침서 『오케소그래피(*Orchésographie*)』(1589)는 춤의 테크닉 정보를 담고 있다. 이는 발레 마스터와 학생들 간의 대화 형식으로 기록되어 있고 움직임이나 음악, 북의 리듬, 멜로디 등을 다루고 있다. 특히 무용수가 스텝을 하는 그림을 삽입함으로써 르네상스 시대의 프랑스 춤 테크닉의 중요한 요소들을 읽어낼 수 있다. 당시 루이 14세의 발레 마스터였던 피에르 보샹(Pierre Beauchamps)이 다섯 가지 발 자세와 팔 동작 기법을 창안하고, 라올 푀이에(Raoul Feuillet)가 정리해 보샹-푀이에 무도법

구글리엘모 에브레오는 『무용의 실제와 기술(*On the Practice or Art of Dancing*)』, 「무용 예술에 관한 논문(Treatise on the Art of Dancing)」을 출간했다. 이 책에는 고상한 예술로서의 무용, 음악의 중요성을 강조했고, 무용수에게 필요한 특질로서 태도, 음악성, 스타일과 기억력, 30개 이상의 안무와 음악에 대한 내용이 들어 있다(https://en.wikipedia.org/wiki/Domenico_da_Piacenza).

(Beauchamp-Feuillet notation)으로 책을 출간했다. 이 기록법은 1725년 피에르 라모(Pierre Rameau)가 수정해서 18세기 무대무용을 기록하는 데 사용했다. 여기서는 턴-아웃(turn-out) 기법이라든지, 얼굴 표정이나 시선 등 바로크 테크닉의 움직임과 스텝의 실행 방법, 그리고 안무의 전승과 춤추는 커플의 우아한 그림도 제시하고 있다. 데니스 디드로(Denis Diderot)의 역작 『안무법(*Chorégraphie*)』과 라올 푀이에의 『안무법: 무용을 묘사하는 적절한 기법(*Chorégraphie, ou L'art de decrire la dance*)』에서는 기교적 설명이 주를 이루고 있으며, 쿠페(*coupes*), 파 드 부레(*pas de bourree*), 피루엣(*pirouettes*) 등 현재까지 발레 테크닉에 사용되는 용어와 실행 방법이 기록되어 있어 발레의 기원으로 일컬어지는 바로크 시대의 춤을 읽어낼 수 있다. 또한 가면의 종류, 제스처의 실행 방법, 극적인 상황. 음악과 무용의 관계, 발레 구성법, 무용수의 교육과 훈련 등 바로크 무대에서 시연된 춤의 특징들도 담겨 있다. 위에 제시된 무용 이론서의 특징은 다양한 종류의 무용 기록법을 이용해서 무용 안무를 위한 테크닉을 설명한 것이다.

이후 귀족적인 바로크 댄스의 화려함이 절정에 달하면서 프랑스의 재정 결핍과 절대왕정의 모순이 드러났고, 신교도들에 대한 박해로 인해 해외 이주가 줄을 이은 가운데 불안한 산업사회에 반기를 든 시민들의 혁명과 장 조르주 노베르(Jean Georges Noverre)의 혁신으로 정면에서 선적(線的)으로 보는 원근법을 사용해서 감정을 표현하는 극적 발레의 무대예술이 등장했다. 이 시기 출판된 책의 특징은 극장무용 테크닉의 이론과 실제를 설명한 것과 무용사전 및 기록법과 교수법 관련 책들이 주류를 이루며 무용 이론서의 폭을 확장시켰다. 샌드라 놀 해몬드(Sandra Noll Hammond)는 그녀의 책 『발레: 기본기를 넘어(*Ballet: Beyond the Basics*)』(1982)에서 낭만 시대에 출간된 무용 이론서를 조사했는데, 바로크 궁정의 춤이 낭만 발레의 극장으로 전환되는 1765~1859년 사이 다양한 무용 이론서가 출간되었다고 전한다. 여기서 가장 중요하게 다뤄진 주제는 이전 시대에서 보기 힘든 극장무용과 관련된 것이었다. 당시의 이론서로는 극적 발레와 이야기 발레의 창시자이며 발레 마스터로서 "춤은 모든 예술의 어머니이자 가장 인간적인 예술"이라 주장하며 극장무용의 테크닉을 다룬 노베르의 『무용과 발레에 대한 서간집(*Lettres sur la dance et sur les ballets*)』(1758-1760)[31]이 대표적이다. 그 밖에도 무용의 실행 방법을 다룬 지나로 매그리(Gennaro Magri)의 『발레의 이론과 실제 학술서(*Trattato teorico-prattico de ballo*)』(1779) 그리고 사회적 측면과 개인의 춤추기가 기록되어 있는 무용 이론서와 기록법을 함께 담은 단행본이 출간되었다. 특히 피에르 라모의 『방법론 백과사전(*Encyclopédie Methodique*)』(1786)이 새롭게 발간되었고, 다리의 턴-아웃을 포함한 손의 기초 연습법과 센터 플로어에서의 훈련법 등 오늘날까지 사용하고 있는 발레 연습이나 훈련 방법(teaching methods)을 기록한 카를로 블라시스(Carlo Blasis)의 『무용예술의 이론과 실제 개론서(*Traité élémcntaire théorique et pratique de l'art de la danse*)』(1820), 『역사적 · 실제적 무용에 관한 노트(*Notes upon Dancing, Historical and Practical*)』(1847), 『타르프시코레의 코드(*The Code of Terpsichore*)』(1830)가 출판되었다. 이 책들은 발레 테크닉의 이론과 실제를 다루는 무용교육법을 발전시켰다. 또한 오귀스트 부르농빌(August Bournonville)의 『안무 연구서(*Etudes chorégraphiques*)』(1855, 1861)와 『베스트리스 메소드(*Méthode de Vestris*)』(1826)는 무용이론과 무용기록이 포함되어 있어서 파리 오페라 발레 레퍼토리의 교수법을 터득하는 데 중요한 책이다. 또한 아르튀르 생-레옹(Arthur Saint-Léon)의 『안무 기록(*La sténochoregraphie*)』(1852)은 레옹 자신의 기록법으로 안무 콤비네이션을 설명하고 있다.[32]

31 '무용계의 셰익스피어'로 불리는 18세기 프랑스 무용가 노베르가 발레와 기타 무용이론을 대담 형식으로 엮은 책으로 무용계에서는 고전으로 읽힌다. 노베르, 장 조르주(1987). 『무용가에게 보내는 편지』. 육완순 옮김. 금광.

32 Hammond, Sandra N.(1998). Technical Manuals. *International Encyclopedia of Dance* Ⅵ.

이처럼 18세기~19세기 사이의 낭만 시대 무용이론을 다룬 책들은 환상적이고 극적인 이야기로 당대 문화의 특징을 보여주었던 극적 발레의 표현법을 다루는 극장무용의 이론과 실제가 주류를 이뤘고, 테크닉 교수법과 새로운 기록법의 창안으로 바로크 시대의 테크닉 설명서보다 더욱 확장된 내용의 무용 이론서의 출현을 이끌었다.

이후 19세기부터는 발레 테크닉을 설명하는 책의 출판이 줄어들고 자연스러운 움직임이나 사회무용과 민속무용, 교육무용과 춤의 원리, 해부학과 춤의 흐름, 무용 용어와 수업 가이드, 기록법 체계, 클래식 발레 사전, 포인트워크 등 무용 테크닉의 향상을 위한 책들이 출판되었다. 특히 무용예술의 문법, 무용이론, 무용사전 및 역사적 관점에서 무용 테크닉 연구 등의 출판이 이어졌다. 대표적으로 '예술을 위한 예술'을 주장하며 낭만 발레의 정점을 찍었던 발레극 〈지젤(Giselle)〉의 대본을 집필한 테오필 고티에(Théophile Gautier)의 문예비평은 프랑스의 로맨틱 발레와 발레리나에 대한 묘사적 리뷰로 오랜 기간 일간지와 연간 간행물에 실렸다. 이 글들은 낭만 시대의 극적 발레를 시적 예술로 끌어들여 순수한 형식을 강조하면서 당대 발레예술의 새로운 경향을 제시했다. 한편, 러시아의 발레 뤼스(Ballets Russes)에서는 발레 마스터인 엔리코 체케티(Enrico Cecchetti)의 교수법인 『고전적인 극장무용의 이론과 실제(*A Manual of the Theory and Practice of Classical Theatrical Dancing (Methode Cecchetti)*』(1922) 및 발레 테크닉을 평가하기 위한 설명서를 출간했고, 『댄싱 타임스(*Dancing Times*)』[33]에서는 RAD(Royal Academy of Dancing)에 있던 에두아르드 에스피노자(Édouard Espinosa)의 『무용테크닉 사전(*Technical Dictionary of Dancing*)』을 출판했다.[34]

New York: Oxford University Press. pp.126-127.

33 『댄싱 타임스(*Dancing Times*)』(ISSN 0011-605X)는 영국에서 가장 오래된 무용 잡지로 로열 아카데미 오브 댄스, 카마르고학회, 영국무용협회, 댄스 투데이 그리고 볼룸 매거진 등을 파생시켰다(https://en.wikipedia. org/wiki/Dancing_Times).

34 McArthur, Kennetha R.(1998). Technical Manuals. *International Encyclopedia of Dance Ⅳ*.

이상에서 보듯이 르네상스 시대부터 18세기까지의 무용이론은 19세기에 접어들어 궁정발레 테크닉의 이론과 실제를 다룬 테크닉 설명서뿐만 아니라 극적 이야기를 전달할 수 있는 인간의 감정표현법 등 극장무용의 이론과 실제를 담은 책들로 집필되었다. 특히 자연스러운 움직임이나 춤의 원리, 무용 용어, 기록법, 해부학, 무용 테크닉은 물론 무용예술의 문법, 무용사전, 무용이론, 무용교육법, 사회무용과 민속무용, 예술무용 및 역사적 관점에서의 무용 테크닉 연구 등 안무와 창작의 다양한 양상을 제시한 책들이 출판되었다. 이러한 현상은 20세기 모더니즘의 물결이 휘몰아치면서 현대무용과 교육무용, 표현무용과 커뮤니티 댄스, 예술무용과 극장무용에 대한 문화이론과 실제 연구로의 진행을 이끌었다.

20세기 초반~중반

인간의 움직임으로서 춤 연구의 필요에 의해 무용이론이라는 용어가 본격적으로 등장한 시기는 루돌프 폰 라반(Rudolf von Laban)의 움직임 이론이 창안된 20세기 초반이라고 해도 과언이 아닐 것이다. 라반의 움직임 이론은 춤 움직임에 대한 이론과 실제를 논리적으로 사색하고 적용하는 이론으로 현재 무용 연구의 틀을 제공하는 데 큰 역할을 하고 있다. 당시 예술계에서는 표현이론의 등장과 함께 많은 연구자, 특히 미학자들의 춤에 대한 논의가 본격적으로 시작되었다. 표현이론은 모방이론을 대체한 것으로 인간이 춤을 추는 이유로서 '자신을 표현하는 것'이 중요한 의제가 된다.

이와 같은 라반의 이론 창안의 배경에는 고대 그리스의 철학과 과학이 존재했고, 당대의 문화와 인성학파들의 논단과 지그문트 프로이트(Sigmund Freud)나 카를 융(Carl Gustav Jung)과 같은 심리학자의 연구를 대표하는 학

New York: Oxford University Press, pp.128-129.

풍으로 한 개인의 절대 자유와 표현 및 인간 본성에 대한 심도 있는 연구가 이뤄지고 있었다. 그 영향을 받은 대표적인 인물은 음악가이자 유리드믹스(eurhythmics) 기법을 창안한 에밀 자크-달크로즈(Emile Jaques-Dalcroze)와 응용미학자이자 연기론을 설파한 프랑수아 델사르트(François Delsarte)가 있었다. 또한 라반과 동시대를 함께한 12음 기법의 창시자 아르놀트 쇤베르크(Arnold Schoenberg)와 그림의 핵심 요소인 선과 색으로 현대 예술의 추상적 표현주의를 그려낸 바실리 칸딘스키(Wassily Kandinsky)가 있었다. 이들의 작업은 본질 추구, 각 장르의 핵심적 기본 요소의 발견 등이다. 이들은 예술의 본질을 찾아내고 그것을 모더니즘의 개성 표현으로 혹은 추상으로 표현한 것이다. 라반은 이 이론을 근거로 교육학, 심리학, 인류학, 요법, 몸학, 기호학, 민족학, 언어학 등을 무용과 결합하는 무용학의 연구 환경을 마련했다.

이후 심신일원론에 대한 철학자들의 논의가 한창이었던 시기, 라반은 다른 학문이나 다른 예술과는 본질적으로 다른 춤에서 가장 핵심이 되는 인간의 몸과 그 몸이 행하는 움직임을 관찰 및 분석하고 이를 해석 및 적용하기 위한 이론을 창안했다. 그리고 이를 통해 무용이론의 정체성과 독특성을 제시하며 그 개념을 확장했다. 이러한 라반의 작업은 그리스 시대의 인간철학자와 자연철학자들이 논의한 철학과 과학이 융합된 무용이론으로서 서양식 미학 등 관념으로 춤을 보아왔던 학자들의 무용이론에서 간과한 무용 자체, 즉 실체를 대상으로 한 무용이론의 창출을 이끌었고, 현대의 무용 연구나 저술의 모델 역할을 할 수 있게 했다. 그는 움직이는 몸이 그려내는 춤의 요소들을 찾아내어 몸 이론의 발전을 이끄는 데 기여했으며, 춤은 인간의 내적 충동으로부터 나온다는 에포트(effort) 이론을 설파함으로써 '인간의 내적 충동으로부터 나타나는 결과가 형태'라는 워렌 램(Warren Lamb)의 셰이프(shape) 이론의 기반을 세웠다. 또한 움직이는 몸이 존재하는 공간과 그 안에서 그려내는 원의 법칙 및 움직임의 언어를 논리적으로 설명하기 위해 개인 공간과 일반 공간 안에서 조화로운 움직임의 역동성을 읽어내는 '공간조화(space harmony)'라고 명명한 '코레우틱스(choreutics)'[35]를 창안했다. 이와 같은 이론을 쓴 책들은 일반적으로 움직임과 춤을 다룬 『체조와 무용(*Gymnastic and Tanz*)』(1926), 무용의 요소와 무용기록법 체계에 대한 개요를 역동적으로 묘사한 『안무법(*Choreographie*)』(1926), 『어린이를 위한 체조와 무용(*Des Kindes Gymnastic and Tanz*)』(1929), 그의 마지막 책인 『무용과 움직임 기록의 원리(*Principles of Dance and Movement Notation*)』의 기반이 된 『무용기록저널(*Schrifttanz*)』(1928), 『자서전(*A Life for Dance*)』(1935), 『공간조화이론(*Choreutics*)』(1966), 『에포트(*Effort*)』(1947), 『현대무용교육(*Modern Educational Dance*)』(1948), 『움직임의 완성(*Mastery of Movement on the Stage*)』(1950) 등이다. 이 책들은 고대 그리스의 철학과 과학의 개념을 무용 자체에 대입시켜 창안했으며, 인문 · 사회 · 자연과학과의 만남을 통해 좀 더 확장된 연구의 틀이 발전할 수 있는 계기를 마련했다.

한편, 미국에서 셀마 진 코헨(Selma Jean Cohen)은 무용이론의 중요성이 대두된 시점을 1930년대로 잡고, 시발점을 제공한 인물을 릴리언 무어(Lilian Moore)로 보고 있다.[36] 그녀는 메트로폴리탄 오페라 발레단의 무용수로서 무용 유산에 대해 관심을 가졌고, 신문과 잡지 기사에 올라와 있는 잊혀져 가는 전설적인 무용가들의 이름과 묘비를 찾아다니며 그들의 발레 테크닉에 대한 글을 썼다. 그녀의 글은 당시 무용에 관심이 있던 예술가, 기획자, 평론가들에게 무용이론에 대한 연구의 불씨를 지폈던 중요한 메시지였다.

이후 역사가, 비평가, 이론가, 편집자 그리고 발레 디렉터인 링컨 커스타인(Lincoln Kirstein)에 의해 미국의 무용 역사서가 발간되었다. 여기에는 그

---

35 Laban, Rudolf von(1966). *The Language of Movement: A Guidebook to Choreutics* (ed). Boston: Lisa Ullmamm. Publishers, Plays, Inc. p.8.

36 Cohen, Selma J.(1998). Dance Research and Publication. *International Encyclopedia of Dance Ⅳ*. New York: Oxford University Press. p.297.

가 좋아한 클래식 발레의 훈련법, 명확성, 순수성과 더불어 열정과 박식함으로 그의 초기 주제를 발전시켰다. 그는 1933년 유럽에서 발레 뤼스의 발레 마스터였던 조지 발란신(George Balanchine)을 만났고, 미국 발레의 새 역사를 열기 위해 그리고 발레의 발전을 위해 그를 미국으로 초청했다. 이 두 사람이 만든 뉴욕시티발레단(New York City Ballet)과 아메리칸발레학교(The School of American Ballet)는 현재까지 미국의 발레를 이끌고 있다. 그는 1934년 미첼 포킨(Michel Fokine)과의 인터뷰를 통해 『포킨(*Fokine*)』을 집필했고, 1935년에는 19세기의 미국 발레를 묘사하고 방대한 사진을 첨가한 『무용: 고전적인 극장무용 역사(*Dance: A Short History of Classical Theatrica Dancing*)』를 출간하면서 미국 무용 역사 연구의 새로운 장을 열었다.[37] 특히 무용 잡지 『댄스 인덱스(*Dance Index*)』를 창간해서 무용 이론가의 글들이 많은 연구자와 관객에게 읽힐 수 있는 기반을 마련하기도 했다.

동시대, 『뉴욕타임스(*New York Times*)』(1927)에서 무용을 리뷰했고, 미국의 주요 일간지에서 최초의 무용 평론가로 활약한 존 마틴(John Martin)은 미국의 새로운 현대무용에 관한 이론서를 출간했다. 그는 배우이자 감독 및 드라마 교사였던 콘스탄틴 스타니슬라브스키(Konstantin Stanislavsky)의 표현 원리로 마사 그레이엄(Martha Graham)이나 도리스 험프리(Doris Humphrey) 등 미국의 초기 현대무용 여성 안무가들을 지원한 평론가이자 이론가로서 '표현무용(expressive dance)'을 강조했다. "현대무용은 테크닉이 아니다; 그것은 관점이다(Modern dance was not a technique; It was a point of view)"라고 주장하며, 안무가들 자신에게 일어나는 감정을 표현적으로 관객에게 전달하는 것이 현대무용의 특징이라고 했다. 그리고 이를 통해 관객이 "눈을 뜨고" 감정이 변화되는 것이 바로 표현적 스타일의 본질이라고 주

37 Rynolds, Nancy(1998). Lincoln Kirstein. *International Encyclopedia of Dance VI*. New York: Oxford University Press, pp.26-27.

장했다. 그가 집필한 무용 이론서로 대표적인 것은 현대무용의 특징과 관객의 운동미학적 경험에 대해 논의한 『현대무용(*The Modern Dance*)』(1933), 이론으로서의 무용과 실제로서의 무용을 나누고 내적 모방과 동작 감각 등 움직임의 본질에 대해 논의하면서 인간이 왜 춤을 추는지 그 형식과 특징은 무엇인지를 다룬 『무용입문(*Introduction to the Dance*)』(1939), 『무용(*The Dance*)』(1945) 및 『현대 발레의 세계(*World of Modern Ballet*)』(1952) 등이 있다. 그는 1934년부터 1939년까지 사회연구학교(New School for Social Research)와 베닝턴 무용학교(Bennington School of the Dance)에서 시범 강연(lecture demonstration)을 했으며, "비평은 학문이 아니다. 비평가는 공연된 것에 단순히 반응할 뿐이다", "스폰지처럼- 나는 바로 거기에 앉아 나를 통해 그것이 스쳐가도록 내버려 둔다", "경계하지만, 선입견 없이 특별한 것에 대한 기대 없이 나를 활짝 연다."라는 말을 남겼다.[38] 마틴은 현대무용의 표현론과 연기론 및 소통이론을 다룬 세기의 학자였다.

커스타인과 마틴에 이은 또 한 사람의 무용 이론가로 루이 호스트(Louis Horst)를 꼽을 수 있다. 그는 작곡가, 피아니스트, 안무 지도자 및 무용교육자로서 미국 데니숀 현대무용학교의 연주자이자 디렉터로 종사하면서 그레이엄, 험프리, 찰스 와이드만(Charles Weidman)과 함께 무용 혁신가로서 활동했다. 1934년에는 현대무용을 대상으로 연구한 이론적이고 분석적인 다수의 논문을 출간한 월간 잡지 『댄스 업저버(*Dance Observer*)』를 창간했고, 그레이엄의 스승이자 예술 동반자로서 작곡과 안무법에 관한 저서를 남기기도 했다. 대표적인 것은 『바로크 시대의 춤(*Pre-classic dance forms*)』(1937)으로 현대무용을 안무하기 위한 기초 이론을 다루고 있고, 캐롤 러셀(Carroll Russell)과 함께 쓴 『현대무용 형태론: 다른 예술과의 관계(*Modern*

---

38 Cohen, Selma J.(1998). Martin, John. *International Encyclopedia of Dance VI*. New York: Oxford University Press. pp.272-273.

Dance Forms in Relation to the Other Modern Arts)』(1961)는 시간, 공간, 힘을 탐구하는 움직임 연구이자 현대 안무가들이 접근할 수 있는 이념적 · 예술적 요소 등 원시주의, 고대주의, 중세주의, 내성표현주의, 지성주의, 아메리카나, 재즈, 인상주의의 특성을 분석하고 이와 같은 선상에서 무용 분야의 안무 기법을 창안한 무용가들의 작품을 탐구한다.[39] 특히 이 책은 이전의 미학과 비평철학 연구에서 간과한 무용을 미술, 그리고 음악과 연결함으로써 시대별로 춤과 다른 예술 간 총체성과 연관성을 논의하면서 현대의 무용 예술가들이 다가갈 수 있는 무용 형태의 창작 기법을 소개했다.

이들 세 사람의 작업은 각기 다른 분야의 무용 장르에서 이뤄진 것이지만 모더니즘의 특징을 담은 새로운 무용이론 창출의 결과를 낳았다. 특히 이 시기 무용에 대한 미학적 연구가 주도적으로 이뤄져 무용의 표현성과 예술성에 대한 학자들의 연구가 활발했다. 또한 미학자와 무용 이론가들의 무용에 대한 논의는 각 분야의 참고 문헌을 서로 인용함으로써 상호 연관성을 드러냈다. 당시 활동적으로 무용을 연구한 미학자는 예술이 감정을 표현한다는 이론을 펼친 로빈 콜링우드(Robin George Collingwood), 예술이 인간 감정에 대한 생각을 표현하는 것으로서 외부자의 관점에서 춤의 합리적 · 상징적 · 일시적 결과에 큰 비중을 두고 가상의 힘에 대해 논의한 수전 랭거(Susan Langer), 라바노테이션의 중요성을 강조하고, 다양한 예술의 특성들을 상호 연관시켜 이들이 어떻게 이어지는지 작품의 복합성을 기능적으로 설명한 넬슨 굿맨(Nelson Goodman) 등이었으며, 춤 자체보다 의사 전달 과정에 초점을 둔 무용 이론가 존 마틴(John Martin)과 무용의 모든 형식과 기능을 중심적으로 다루며 춤의 창작론과 교육론 설파에 집중한 마거릿 두블러(Magaret N. H'Doubler)[40]는 20세기의 예술 표현과 소통이론을 추상적

---

39 Soares, Janet M.(1998). Horst, Louis. *International Encyclopedia of Dance Ⅲ*. New York: Oxford University Press. pp.383-384.

40 H'Doubler, Margaret(1994).『창조적 예술 경험으로서의 춤』. 성미숙 옮김. 현대미학사.

이고 철학적으로 연구하면서 무용의 원칙을 개념화했다.

한때 위스콘신대학교 교수였던 주디스 알터(Judith B. Alter)가 논의하듯이 미학자들은 무용 이론가들에게 그리고 무용 이론가들은 철학자들에게 의존하는 경향이 많았고, 무용에 기반해 논의한 것이 아니기 때문에 이들의 이론이 무용에 기반한 경험으로부터 얻을 수 있는 무용의 독특성을 간과할 뿐만 아니라 춤 자체로써 가치 있는 춤의 공간성과 신체성의 가치를 제한하고 있으며, 무용에 대한 개념의 혼돈과 불완전성을 유발한다고 주장했다. 이에 덧붙여 알터는 라반의 실제에 기반한 무용이론이 철학적 개념을 도입한 무용 이론가 마틴이나 두블러 그리고 이들의 무용이론을 인용한 미학자들의 개념들보다 좀 더 포괄적이고 경험적이어서 추상적이고 개념적인 무용 연구의 단점을 완전하게 보완한다고 말하고 있다. 또한 라반의 이론은 다른 학문에서 간과할 수밖에 없는 실제가 기반이 된 무용이론의 독자성과 독특성을 분명히 보여주고 있다고 주장했다.[41]

종합해 보면, 20세기 초는 움직임 이론서와 안무 이론서 등 움직이는 몸과 춤의 포괄성, 몸으로 글쓰기의 경험에 기반을 둔 창작과 교육 이론서 및 비평철학과 미학 이론서 등이 활발하게 출간되어 본격적으로 무용이론의 학문적 가치와 연구의 시작을 알리는 시기가 되었다.

20세기 중반~후반

1950년대 표현주의 무용의 특징을 담은 현대무용의 여성적이고 개성적인 안무가 후기 현대무용의 새로운 기법으로 변화되기 바로 직전, 무용의 본질적이고 예술적 측면의 연구는 문화와 사회를 중심 의제로 다루는 역사학자와 춤인류학자, 그리고 무용학자들에 의해 교육적 차원에서의 역사 연

41 Alter, Judith B.(1991). 『무용: 그 이론과 실제』. 김말복 옮김(1997). 예전사. pp.41-233.

구와 춤의 구조와 기능 및 의미 연구로 방향을 전환했다. 그들은 진화론적 사고와 기능주의적 사고를 접목한 영국의 사회학자 에밀 뒤르켐(Émile Durkheim)의 영향을 받았고, 사회의 성격을 다룬 브로니슬라프 말리노프스키(Bronislaw Kasper Malinowski)의 기능주의, 그리고 앨프리드 래드클리프-브라운(Alfred Reginald Radcliffe-Brown)의 구조기능주의의 연구를 가능케 했다. 말리노프스키는 개인의 행위에 대한 관심과 사회 제도가 개인에게 부과하는 제약 그리고 문화적 욕구 충족들 간의 관계 등에 관심을 기울이면서 기능주의 연구의 폭을 넓혀 갔다. 이와 더불어 래드클리프-브라운은 사회 구조를 강조하면서 서로 비교하는 이론적 시도를 통해 구조기능주의를 확고히 정립했다.

우선 컬럼비아대학교 무용교육과 교수였던 리처드 크라우스(Richard Kraus)는 미국 무용의 역사를 교육적 차원으로 접근한 『무용의 역사: 예술과 교육(*History of the Dance in Art and Education*)』(1969)을 집필했다. 이 책은 이전의 무용 역사책의 내용을 총정리하고 미국 무용의 역사를 예술과 교육적 관점에서 서술하면서 미국 대학교육의 전공서로서 많은 무용과 교수와 학생들의 필수 교재이자 인기 있는 교재로 사용된 대표적인 역사서다. 이는 춤의 형상미적 개념과 공연에 집중하기보다는 인간사에 존재하는 다양한 문화 안에서 행해지는 춤이 어떻게 구성되고, 어떤 기능을 하며, 그 춤이 각기 어떤 교육적 의미를 지니고 있는지 등 좀 더 문화적이고 사회적인 측면으로 초점을 맞추고, 총체적이고 비교적이며 상대적인 관점에서 연구하는 춤인류학 이론서의 출현에 불씨가 되었다.

당시 인류학계에서는 문화적 특수주의를 강조했던 프란츠 보아스(Franz Boas) 학파가 어떤 문화든지 그 문화만이 갖는 고유성과 특질이 있어서 그 문화의 입장에서 모든 것을 살펴보는 인류학을 시도하고 있었다. 또한 1934년 출간된 루스 베네딕트(Ruth Benedict)의 『문화의 유형(*Patterns of Culture*)』은 한 사회에서 수행되는 춤의 역할에 집중된 연구를 이끌었다. 이러한 시각은 "각 문화는 그 자체로 평가받아야 한다"[42]는 새로운 인류학의 창시를 이끌었고, 보아스 학파의 입장을 따르던 무용가이자 민족 음악학자인 거르트루드 쿠라스(Gertrude Prokosch Kurath)가 춤 연구에 인류학적 지식을 접목해 『현대인류학(*Current Anthropology*)』(1960) 에 게재한 「민족무용학의 파노라마(Panorama of Dance Ethnology)」에서 인류학적 · 사회학적 주제를 다루는 춤 연구서 출판의 발판을 마련했다. 또한 현장 연구를 통해 춤을 재구성하는 작업이 이뤄지기도 했고, 인간의 행동으로서 춤의 변화와 사회문화의 변화에 집중하는 연구나 사회 구조와 춤과의 관계 그리고 문화적 맥락에서의 춤 연구의 활성화를 이끌었다.

대표적인 연구 사례는 1956년에 체계적으로 인류학적 접근을 시도해서 춤 인류학에 새로운 지평을 열어준 쿠라스의 연구로, 그는 '코레올로지(choreology)'를 '무용 연구(study of dance)'[43]로 정의하고, "춤을 인간의 삶 가운데 자리 잡게 하려는 접근 방식이자 수단이라고 볼 때, 민속적인 춤과 예술적인 춤의 구별은 사라지게 된다."[44]고 말하며, 예술춤을 연구하는 학자와 민속춤을 연구하는 학자 간 상반된 의견 통합의 필요성을 주장했다. 이는 춤 연구의 대상을 크게 확장시킨 것으로 사회문화인류학 영역의 무용 연구자들을 양산하는 데 큰 공헌을 했다. 또한 그는 자신의 움직임 기록법을 창안해 무용 연구의 새로운 연구 방법을 제안하기도 했다. 그때는 앤 허친슨 게스트(Ann Hutchinson Guest)가 영국에서 라반의 움직임 기록법을 집대성하고 정교하게 다듬어서 『라바노테이션 · 키네토그래피 라반: 움직임 분석 및 기록 체계(*Labanotation or Kinetography Laban :the System of Analyzing and Recording Movement*)』(1950)를 출간한 때였다. 춤에 대한 인류학적 연구가 시작된 그 시점에서 이 기록법은 일시성으로 사라져 버리는 무용 연구를

---

42 Royce, Anya P(1977). 『춤의 인류학』, 김매자 옮김(1993). 현대미학사. p.31.

43 Kurath, Gertrude(1956). Choreology and Anthropology. *AA* 58. p.177.

44 Kurath, Gertrude(1960). Panorama of Dance Ethnology. *Current Anthropology 1*. p.250.

위한 기록 체계로서 그 정교함과 과학성은 20세기에 가장 주목할 만한 가치를 가진 것으로 인정받고 있다. 특히 국제라반기록법협회(International Council of Kinetography Laban)의 창설을 통해 다양한 분야의 학자들이 학술 세미나, 워크숍, 토론 등을 하면서 움직임을 더욱 정확하게 읽을 수 있고 기록할 수 있는 기록법의 창안과 발전을 유도했다. 이와 더불어 1959년 창간해 1976년에 폐간된 계간지 『무용 관점들(*Dance Perspectives*)』은 셀마 진 코헨이 편집장으로서 무용을 위한 음악, 무용 필름 그리고 미학을 다뤘지만 민족무용 형태의 논문이 하나의 논제로 포함되기도 했다.[45]

1960년 쿠라스가 창안한 기록법을 이용해 석사학위 논문을 쓴 조안 킬리노호모쿠(Joann W. Kealiinohomoku)는 보아스의 전통에 따른 진화론과 구조주의 그리고 기능주의의 맥락을 접목한 춤 연구를 시도했다. 그녀는 「인류학자는 발레를 민족무용의 한 형태로 바라본다(An anthropologist looks at ballet as a form of ethnic dance)」(1960),[46]와 박사논문 「춤에 대한 인류학적 연구를 위한 이론과 방법(Theory and methods for an anthropological study of dance)」(1976)에서 사회문화적 맥락으로 춤의 스타일이나 역동성 그리고 기능을 탐구하는 이론과 실제를 구조주의와 기능주의적으로 접근해 이 분야의 선구자로서 춤 인류학의 기본 전통을 세웠다. 당시 무용연구회(Congress on Research in Dance)가 1974년부터 출판한 『무용연구저널(*Dance Research Journal*)』에서는 로이 앤드레센(Lois Andreasen)과 엘리자베스 버트너(Elizabeth Burtner)가 교육학적·민족학적 주제에 집중한 논문을 편집하기 시작했다. 이 논문집은 1980년에 들어서야 극장무용에 대한 내용을 포함시켰다. 또한 릴리언 롤러(Lillian B. Lawler)는 『고대 그리스 극장무용(*The*

---

45 Cohen, Selma J.(1998). Dance Research and Publication. *International Encyclopedia of Dance* Ⅳ. p.297.

46 Copeland, Roger & Cohen, Marshall(1970). *What is Dance?* (ed). Oxford, England: Oxford University Press. pp.533-549.

Dance of the Ancient Greek Theatre)』(1964)에서 고대 그리스 아테네 극장에서 이뤄진 〈디튀람보스〉의 춤과 희비극의 춤 그리고 사티르극, 즉 풍자극에서 연출되는 춤에 대해 집필했다.

이처럼 학위논문이나 학술지 그리고 학자들의 저서에서 춤인류학이나 민족무용학(ethno-choreology)을 본격적으로 다루면서 춤에 대한 인류학적 관점의 연구가 활발하게 이뤄졌다. 춤인류학자이자 라바노테이션 전문가 로데릭 랑게(Roderyk Lange)는 『춤의 본질(*The Nature of Dance: An Anthropological Perspective*)』(1975)에서 인류학적 관점에서 춤의 근원을 논의했으며, 라바노테이션과 움직임 분석법 등 과학적 근거에 입각한 춤 연구 영역의 필요성을 주장했다. 이와 함께 춤인류학 연구에 선도적 역할을 하면서 라틴 아메리카와 멕시코의 춤을 인류학적으로 연구한 대표적인 학자이자 『춤의 인류학(*Anthropology of Dance*)』(1977)의 저자인 애냐 피터슨 로이스(Anya Peterson Royce)는 춤 인류학의 역사 및 시대별로 활용된 인류학적 관점, 즉 진화주의, 문화적 특질, 문화와 인성 및 문화 유형, 복합 다원화 사회의 문제 중심, 춤 자체에 초점을 두는 관점을 제시하고, "문화적 맥락에서 춤을 분리하기는 어렵다"는 인류학적 견해를 내세우며 무용학으로서의 학문적 의미와 미래의 연구 경향을 설파했다. 움직임과 커뮤니케이션 이론을 접목한 주디스 린 하나(Judith Lynn Hanna)[47]는 『춤춘다는 것은 인간다운 것이다: 비언어적 의사소통 이론(*To Dance is Human: Theory of Nonverbal Communication*)』(1987)을 집필했으며, 이를 통해 성 정체성과 춤의 관계 및 비언어적 소통으로서 춤의 역할을 담아 춤에 대한 여성주의적 연구의 근간을 제시했다.

한편, 하와이에서 무용 연구를 본격적으로 시작한 애드리언 케플러

47 미국의 민족무용학자로 칼리지 파크(College Park)에 있는 메릴랜드대학교의 원로 연구 학자이자 미 정부 교육 연구와 발전을 위한 교육청의 프로그램 개발 전문가다. 『춤, 섹스, 젠더(*Dance, Sex, and Gender*)』의 저자이기도 하다.

(Adrianne Kaepler)는 『시적 언어로서의 모션: 통가춤 연구(*Poetry In Motion: Studies of Tongan Dance*)』(1993)에서 사회인류학자 래드클리프-브라운의 구조기능주의와 언어인류학자 페르디낭 드 소쉬르(Ferdinand de Saussure)의 상징이론을 중심으로 춤의 구조와 사회 구조 및 언어 구조의 연관성을 연구하며 통가 왕국에서의 춤의 구조가 마치 언어 구조의 작용 방식과 같다는 것을 증명했다.

춤의 상징주의와 관련해 연구에 몰입한 뉴욕대학교 교수이자 현대무용가였던 드리드 윌리엄스(Drid Williams)는 의미론(semasiology)을 창시했다. 이는 춤의 의미(meaning: signification)에 강조를 두는 이론으로 "움직임의 의미가 각 민족의 의사소통 체계에 따라 달라지며," 춤추기(dancing)는 움직임으로 어떤 경험을 상징적으로 보여주는 것이므로 인간의 행위인 움직임 자체와 사회적 상황, 의도, 신념 그리고 가치 사이의 관계를 결코 분리할 수 없다는 견해를 피력했다. 그녀의 저서 『무용이론에 관한 10가지 강의(*Ten Lectures on Theories of the Dance*)』(1991)에서는 인류학적 관점에서 보는 다양한 무용이론을 논의했고, 편집본으로는 무용 연구를 위한 인류학자 및 사회학자의 현장 연구와 무용이론을 다룬 『인류학과 인간의 움직임: 무용연구(*Anthropology and Human Movement: Studies of Dance*)』(1997), 그리고 그녀의 동료들과 함께 춤의 기원과 문화적 의미를 탐구한 『인류학과 인간의 움직임: 기원을 위한 탐구(*Anthropology and Human Movement: Searching for Origins*)』(2000)가 대표적이다. 유럽의 대표적 민족안무학 학자 테레사 버클랜드(Theresa J. Buckland)는 이 학문의 연구 방법을 밀도 있게 설명했다. 그녀의 『현지에서의 춤(*Dance in the Field*)』(1999)에서는 춤 역사 연구에서 구술사의 중요성을 설파함으로써 현지조사와 구술사를 통한 연구 등 새로운 춤 인류학의 방법 체계를 다지는 계기를 마련했다. 캘리포니아대학교 리버사이드 캠퍼스의 인류학과 교수인 셀리 네스(Sally N. Ness)[48]는 『몸, 움직임, 문화(*Body, Movement, and Culture*)』(1992)를 집필하며 현대 민족무용학적 연구와 비판이론을 통한 무용 연구를 주도하고 있다.

이상과 같이 춤인류학과 민족무용학의 발전이 무르익어가는 과정에서 1990년 무용역사학회(Society of Dance History Scholars)의 『무용역사연구지(*Studies in Dance History*)』는 서양의 극장무용 분야로서 특히 컨템포러리 댄스를 중심으로 연간 2회 학회지를 출간했다.[49] 첫 번째 출간된 의사록(proceedings)의 내용은 비평가의 과제, 무용미학, 18세기의 춤, 이사도라 덩컨(Isadora Duncan), 발레 테크닉, 코레우틱스 개념, 춤 인류학 등등이 실려 있다. 이와 함께 『무용연대기(*Dance Chronicle*)』(1977-)와 같은 논문집에서는 주로 음악과 무대 디자인 등 극장무용과 관련된 논문을 폭넓게 다뤘다. 당시 코헨은 『극장예술로서의 무용(*Dance as a Theatre Art*)』(1992)에서 1581년부터 현대까지 극장무용에 대한 논의를 주도했다. 특히 이 편저서에서 그녀는 모던 댄스는 고유명사 현대무용(modern dance)으로, 컨템포러리 댄스는 보통명사 현대의 무용(dance of now) 등 당대의 개념으로 정의 및 구분함으로써 이 두 용어의 사용을 용이하게 했다. 특히 1998년에는 권당 700쪽에 달하는 『국제무용백과사전』 1권~6권을 편집함으로써 무용이론가로서의 노익장을 과시했다. 이 사전은 1974년 미국 무용비평가협회 회의에서 『뉴 요커(*New Yorker*)』에서 무용비평을 하고 있던 알린 크로체(Arlene Croce)와 『무용 관점들』 논문집의 편집장이었던 코헨이 무용 분야에 백과사전이 필요하다는 말을 하고난 직후 집필이 시작되었다. 코헨을 비롯해 레옹 브론(Leon Braun), 낸시 골드너(Nancy Goldner), 마르시아 막스(Marcia Marks), 낸시 레이놀즈(Nancy Rynolds) 등의 출간위원회가 뉴욕에 모여 『국제무용백과사전』의 범위를 정하고 국립인문재단(National Endowment of for

48 캘리포니아대학교 리버사이드 캠퍼스의 무용과 교수였으나 현재는 인류학과 교수로 전과했다.

49 Cohen, Selma J.(1998). Dance Research and Publication. *International Encyclopedia of Dance Ⅳ*. p.297.

the Humanities)의 지원금을 받아 수백 명의 학자와 연구자들이 집필할 수 있는 재원을 마련하고 본격적으로 '사전 만들기'에 돌입했다.[50] 이 백과사전은 이 연구를 위한 참고 문헌으로 유용하게 쓰였다.

이 백과사전이 집필되는 과정에도 극장무용과 무용 연구 및 라반 이론의 확장을 중심으로 연구가 진행되었다. 1978년에는 마이론 네이들(Myron Nadel)과 콘스탄스 네이들 밀러(Constance Nadel Miller)의 편집본 『무용 경험: 무용 감상에서의 읽기(*The Dance Experience: Reading in Dance Appreciation*)』가 출간되었다. 이 책은 무용의 본질부터 창조적 성격과 안무 과정, 무용 형태, 무용의 언어와 문학, 무용과 다른 예술, 무용비평, 무용예술가, 무용의 문제점, 무용교육의 양상까지 방대한 분야의 연구 논문을 수록하고 있다. 여기서는 역사의 이해, 전개 과정과 무용의 보편성 등 문화 안에서 춤의 의미와 다른 예술과의 관계 및 유명한 무용가, 안무가, 교사들의 공헌과 창작 과정을 파악할 수 있어서 많은 연구자의 관심을 끈 책이다.

17~18세기의 극장을 연구한 웬디 힐턴(Wendy Hilton)은 『궁정무용과 극장무용: 1690~1725년대의 프랑스 노블 스타일(*Dance of Court & Theater: the French Noble Style-1690~1725*)』(1981)에서 푀이에 무도법을 분석해 당시 공연된 프랑스의 궁정 스타일을 연구함으로써 현재 바로크 댄스를 재연할 수 있는 기반을 마련했다. 특히 푀이에 무도법을 라바노테이션으로 변환해 라반 기록 전문가도 쉽게 읽을 수 있게 했다. 이 책을 통해 프랑스 궁정무용에 대한 연구의 확장과 극장무용으로서 궁정무용의 이론적 근거를 쉽게 찾을 수 있게 되었다. 캘리포니아대학교 리버사이드 캠퍼스(UC Riverside)의 무용과 교수였다가 UCLA로 옮겨간 비판이론의 선두를 이끈 수전 포스터(Susan Leigh Foster)는 『춤추기 읽기: 미국 컨템퍼러리 댄스의

---

50 Cohen, Selma J.(1998). *Dance Research and Publication. International Encyclopedia of Dance* Ⅳ. p. ix.

몸체와 주제들(*Reading Dancing: Bodies and Subjects in Contemporary American Dance*)』(1986)에서 현대기호학과 후기구조주의 비평을 끌어들여 극장무용으로서 르네상스의 궁정 발레부터 현시대 안무가들의 작품 분석을 통해 안무가, 무용수 및 관객의 춤 읽기, 구성된 춤으로서의 안무 읽기, 무용 구성의 역사적 접근을 통한 무용의 역사 읽기 및 현시대 관객으로서 안무가의 춤추기에 대한 글쓰기 등 네 가지의 재현 모델을 제시했다. 이는 극장무용의 이론적 틀과 당대의 춤과의 연결고리를 가지고 쓴 읽기와 글쓰기다.

1981년대 집필된 책으로 재닛 애드셰드-렌즈데일(Janet Adshed-Lansdale)의 『무용연구(*The Study of Dance*)』[51]는 16세기부터 1980년대까지 무용이론의 형성 과정과 무용학의 현황을 소개한 것으로 이 연구가 시작된 단초를 제공한 책이다. 이 책에서는 무용에 이론이 필요한가에 대해 논의하기 위해 맥락으로서의 무용, 연구 주제로서의 무용, 무용과 지식의 문제에 대해 서술했고, 1900년까지의 역사적 관점과 1900~1970년까지 교육적 맥락에서의 춤을 다루면서 무용이론의 형성 과정을 설명했다. 또한 1970년대 무용의 교육적 맥락의 변화, 훈련으로서 무용의 개념적 틀, 무용학을 위한 관점과 맥락 및 무용교육의 영향 등을 다뤘다. 필자가 이 연구에서 의도한 인문사회학적으로 집필된 서적 연구는 이 책의 목적과는 차별화된다. 이 저서 이외 그녀의 편집본 『무용역사(*Dance History An Introduction*)』(1983)에서는 무용 역사의 연구 방법, 무용 역사 연구의 전통적 · 사회적 · 극장적 내용 및 무용 역사 연구와 글쓰기 및 연구방법론 등을 다루며 연구자의 무용학에 대한 역사 의식을 고취시켰다. 특히 『무용분석의 이론과 실제(*Dance Analysis: Theory and Practice*)』(1988)는 무용 작품의 미학적 가치를 실제로 분석할 수 있는 잣대를 제시하고, 몇 명의 학자가 인류학적 · 비평적 · 안무

---

51 Adshead-Lansdale, Janet(1981). *The Study of Dance*. Dance Books Ltd.

적 · 움직임 이론적 분석을 시도한 책이다. 이 책은 라반의 움직임 이론의 한계를 설명하고 춤 움직임과 무용수의 몸 이외 무용 작품에 포함되는 시청각적인 측면을 함께 분석함으로써 움직임만이 아니라 무용 작품의 총체적인 요소에 대한 관찰, 분석, 해석 및 평가 과정을 설명했다. 이는 춤 자체, 즉 움직임의 본질적인 것을 분석한 것이 아니라 하나의 작품을 총체적인 시각으로 분석한 것이다. 이 책의 현대판이자 최근 발전된 형태의 『무용 언어들(*Dancing Texts*)』(1999)에서는 춤과 후기구조주의이론과 문학이론을 접목하고 이들 간의 관계, 즉 상호 텍스트성의 이론적 기반을 소개하면서 무용 분석의 완본 사례를 제시했다. 이 분석 사례는 클래식에서 모던, 그리고 극장무용으로서의 후기 현대무용은 물론 음악, 영화, 건축, 언어, 대중문화 및 민족성 등을 연결한 분석을 아우르고 있다. 여기에는 아방가르드 예술가 소피 마르소(Sophie Marceau), 윌리엄 포사이드(William Forsythe), 마크 모리스(Mark Morris), 리아 앤더슨(Lia Anderson), 필립 두크플레(Philippe Decoufle) 등의 무용 작품을 분석하면서 분석과 비평의 새로운 무대를 그려냈다.

이 시기 또 하나의 현상은 루돌프 라반의 제자들의 저술 활동이다. 가장 대표적인 학자의 저서로 워렌 램(Warren Lamb)의 『몸 코드(*Body Code*)』(1970)는 움직임의 의미와 비언어적 소통으로서 제스처와 포스처에 대한 이해를 토대로 "움직임은 동기다(Movement means motivation)", "침묵은 언어보다 더 크게 말한다(Silence speaks louder than words)"는 유명한 말을 담은 저서다. 특히 동작 프로필을 측정할 수 있는 기반을 마련한 책으로 일반인들에게 적용될 수 있는 의사소통법 및 움직임 경영 컨설턴트 분야를 새롭게 고안한 내용이 담겨 있다. 또한 엄가르트 바르테니에프(Irmgard Bartenieff)의 『몸 움직임: 환경에 대처하기(*Body Movement: Coping with the Environment*)』(1980)는 라반의 움직임 이론에 기반을 둔 것으로 몸과 움직임 그리고 세상이 어떻게 조화롭게 연결되는지 그 비밀을 풀어내면서 우리의 삶을 윤택하게 할 수 있는 풍부한 지식을 제공하고 있다.[52] 이는 바르테니에프의 기초 원리이자 움직임의 이론과 실제를 통합한 연구물로서 최근 현대인의 관심 대상인 몸과 치유에 대한 내용을 담은 역작으로 꼽히고 있다.

이상 20세기 중반~후반까지 위에 제시한 서적을 집필하고 무용 연구를 주도한 학자들은 역사적으로 혹은 사회문화인류학적으로 춤을 연구하고 현지조사를 통해 춤을 이해하고 묘사하는 특징을 보여주고 있으며, 미학의 예술적 시각을 확장한 것뿐만 아니라 사회적 · 문화적 관점에서 춤을 총체적이고 상대적이며 비교적으로 바라보고, 춤의 구조와 기능 및 의미를 해석할 수 있는 장을 마련했다. 또한 무용학의 이론과 방법에 대한 학문적 체계를 연구하고, 이를 통해 움직임의 원리를 통한 의사소통법과 움직임 교육 및 치유법 개발 등 무용 연구의 지평을 넓혀 학제적 연구로서의 다양화를 추구했다.

20세기 후반~현재

20세기 후반~현재까지는 무용 연구의 학제적 연구가 본격적으로 시작된 시기로 무용을 대상으로 역사학과 철학, 사회학과 인류학, 기록학과 분석학, 코레올로지와 문화학 및 몸학과 여성학 등 융합학이 봇물을 이루며 출판되기 시작했다. 이 시기 철학적 학풍은 삶의 근원으로서의 예술 충동을 논의한 프리드리히 니체(Friedrich Wilhelm Nietzsche)로부터 인간의 근성에 대해 심리학적으로 접근한 문화 인성학파 지그문트 프로이트(Sigmund Freud), 그리고 인간 사회를 구조적으로 접근한 클로드 레비-스트로스(Claude Levi-Strauss)와 구조주의 언어학적 연구를 주도한 페르디낭 드 소쉬르(Ferdinand de Saussure)로 전환되었다. 이후 진리는 영원히 해결될 수 없

52 Hackney, Peggy(2015). 『몸 움직임 세상 연결하기』. 신상미 · 김재리 옮김. 대경북스. p.3.

는 것이므로 텍스트 해석을 통해 다양한 진리가 생산되는 방식에 관심을 두는 탈구조주의의 현대 철학에 기반을 두고 해체의 개념을 도입한 자크 데리다(Jacques Derrida)와 현대성 해석의 대표자인 장 보드리야르(Jean Baudrillard), 합리적 이성보다는 비이성적 사고의 의미와 역사적 관계를 고고학적 · 계보학적으로 파헤친 미셸 푸코(Michel Foucault)와 루트비히 비트겐슈타인(Ludwig Wittgenstein) 등 후기구조주의, 즉 과정주의, 마르크스주의, 여성주의, 포스트모더니즘과 해석주의가 상호 학제적으로 통합하거나 해체되는 연구 풍토를 조성했다.

20세기 무용 분야에서 다학제적 연구를 주도한 대표적 사회학자는 런던 대학교 교수인 헬렌 토머스(Helen Thomas)다. 그녀는 사회학과 문화학을 춤에 접목했는데, 그녀가 편집한 『춤, 젠더, 문화(*Dance, Gender and Culture*)』(1993)는 다양한 문화 속의 춤과 젠더를 문화 연구, 민족학, 이론과 비평의 세 분야로 나눠 논의하고 있다. 문화 연구에서는 대중무용과 음악이나 영화 속의 여흥무용을 주로 다뤘고, 민족학 연구에서는 서양이 아닌 서로 다른 문화 속에서의 춤을 연구했으며, 이론과 비평 연구에서는 공연예술로서의 춤에 대해 논의했다. 그리고 때로는 민족적인 분석이 주류였던 아프리카 춤에 대해 이론과 논평으로 새로운 논의를 하기도 했고, 비평적으로 보아왔던 발레를 문화학적으로 살펴보면서 이전과는 다른 시각의 논의를 주도했다. 또한 『춤, 근대성, 문화(*Dance, Modernity & Culture: Explorations in the Sociology of Dance*)』(1995)에서는 춤을 사회학적으로 바라보고 미국주의와 모더니즘 및 보편주의의 개념을 찾고 있으며, 『몸, 춤, 문화이론(*The Body, Dance and Cultural Theory*)』(2003)에서는 춤 문화학의 새로운 연구 경향을 제시하며 1980년 이후의 사회문화적 분석으로 사회 속의 몸과 춤을 여성주의, 후기모더니즘, 후기구조주의 사상 등 사회학적 · 문화학적 이론과 방법의 통합적 연구를 시도했다. 여기서는 문화적인 몸을 주제로 춤에 대한 민족학적 연구를 통해 후기 현대무용과 여성주의를 논의했고, 춤과 몸 그리고 문화적 이론을 주제로 춤에서의 몸을 해석하기, 춤의 재구성을 통한 진실성 찾기, 몸으로 공연하기, 몸으로 다시 쓰기, 주변문화에서 클럽문화로 변화하며 나타나는 현상 등을 논평했다. 특히 『문화적인 몸: 민족학과 이론(*Cultural Bodies: Ethnography and Theory*)』(2004)에서는 인간의 일상과 환경을 탐구하기 위해 몸과 민족학 이론을 접목하고, 인문학과 사회과학이 상호 교차하는 사회문화적 연구를 시도했다. 이는 다학제적 연구로서 1980년대 이후 사회학, 인류학, 민족학, 문화학의 경계를 허무는 연구의 발판을 마련했다.

이렇게 문화 연구가 한창 무르익을 무렵 그리스의 한 지역 문화를 연구한 책으로 제인 코완(Jane K. Cowan)이 집필한 『북 그리스의 춤과 몸 정치(*Dance and the Body Politic in Northern Greece*)』(1990)가 출간되었다. 이 책은 젠더문화에 대한 문화학적 접근으로 그리스의 북쪽 지역 축제의 무용 이벤트를 대상으로 인간의 몸이 해독(解讀)될 수 있는 기호일 뿐만 아니라 경험할 수 있는 것으로 보고, 고도로 구조화되고 사회적으로 역동적인 젠더 정치가 남성과 여성의 몸을 통해 어떻게 표현되는지를 문화 중심적으로 분석하고 있다. 이는 한 국가의 사회적 상황에 따라 달라지는 남성과 여성의 문제를 다룬다는 점에서 새롭다. 그리스의 문화에 대한 또 하나의 연구로 스티븐 론즈데일(Steven H. Lonsdale)의 『그리스인의 종교에서의 춤과 의식(*Dance and Ritual Play in Greek Religion*)』(1993)에서는 그리스인들의 집단춤과 놀이 행위의 의식 그리고 종교적 축제가 그 사회에서 어떤 기능을 하고 있는가를 탐구한다. 이는 대중적인 춤의 기능을 분석함으로써 그리스인의 문화를 이해할 수 있도록 초점을 맞춘 것이다.

샐리 베인즈(Sally Banes)의 『춤추기 글쓰기: 후기 현대무용 시기(*Writing Dancing: in the Age of Post Modernism*)』(1994)에서는 후기 현대의 관점에서 아방가르드의 발전, 대중무용, 무용가들의 공연, 춤 움직임 등에 대한 글쓰기를 시도한다. 특히 후기 현대무용, 흑인 재즈, 브레이크 댄스 및 드렁큰 댄스 등 비전통적인 양식으로 공연되는 소외된 부류가 주류 현대무용이나 후기 현대무용과 어떤 차이를 보이는지를 문화의 역동성의 개념으로 분석한다. 1980년대부터 비판적 시각에서 춤을 분석한 수전 포스터의 편집본 『몸성: 무용지식, 문화와 힘(*Corporealities: Dancing Knowledge, Culture and Power*)』(1995)에서는 몸이 자연적이거나 절대적인 것이 아니라 문화적 경험에 의한 가시적이고 실체가 있는 것으로 보고, 마크 프랑코(Mark Franko), 린다 톰코(Linda J. Tomko) 등 다수의 연구자가 역사학, 미학, 민족학, 코레올로지, 맥락적 서술, 안무 비판적 내용으로 춤의 텍스트와 콘텍스트를 묘사하고 다층적으로 분석하는 메타 해석을 시도했다.

이렇게 사회와 문화 연구가 활발하게 이뤄지는 가운데 발레리 프레스턴 던롭(Valerie Preston-Dunlop)이 무용가, 무용교사, 안무가들에게 유용한 무용 용어의 정의와 개념을 담은 『무용 용어(*Dance Words*)』(1995)를 출간했다. 이 책은 무용구성법, 테크닉과 훈련에 초점을 두고 무용수의 훈련, 무용 공연의 요소 및 무용 연구 혹은 코레올로지 등 다른 요소들 간의 관계를 연구할 때 필요한 용어를 찾을 수 있는 사전과 같은 책이다. 특히 수많은 무용 관련 연구자의 코레올로지적 정의가 다양해서 무용 연구를 위한 적절한 개념을 그 안에서 찾을 수 있거나 융합할 수 있다. 이 연구에서 다루는 많은 개념이 이 사전으로부터 추출되었다. 또한 그녀는 라반의 삶과 이론을 재조명해 그 중요성과 유용성을 논의한 책들을 연속적으로 출간했다. 첫 번째로 『루돌프 라반의 비범한 삶(*Rudolf Laban, an Extraordinary Life*)』(1998)에서는 나치즘이 일어난 현대 유럽의 격동기에 형성된 정치적 · 사회적 · 문화적 변동으로 영국으로 망명한 라반의 이상주의와 절망 그리고 결단력 등 일대기를 정리했다. 여기서는 몸과 심리의 상호 연결성, 오늘날까지 사용되는 무용 기록법 창안, 연기와 공연, 비언어적 의사소통 이론, 인간공학, 교육이론, 아동의 창의력 개발, 성격 평가, 심리요법 등이 라반의 이론과 연계된 연구 분야로서 평가하고 있다. 두 번째로 『춤 보기: 안무에 관한 코레올로지적 관점(*Looking at Dances: a Choreological Perspective on Choreography*)』(1998)에서는 무용으로 어떻게, 무엇을 소통할 수 있는지, 모든 춤은 의미 있는지, 안무가가 보는 것을 관객도 볼 수 있는지, 다양한 장르의 공연자와 움직임 재료, 소리, 공연 사이의 융합이 어떤 의미를 주는지를 논의하고 있다. 세 번째로 아나 산체즈-콜버그(Ana Sanchez-Colberg)와 함께 집필한 『무용과 공연(*Dance and the Performative, a Choreological Perspective: Laban and Beyond*)』(2010)에서는 코레올로지적 관점에서 실기에 기반한 연구 및 무용 공연에서 관객과 공연자의 상호작용 등을 통합해서 루돌프 라반의 역동적 표현을 코레올로지적 관점에서 논의한다. 네 번째, 레슬리-앤 세이어스(Lesley-Anne Sayers)와의 공동 저서로 『공간상의 역동적인 몸: 21세기를 위해 발전되고 있는 라반의 아이디어(*The Dynamic Body in Space: Developing Rudolf Laban's Ideas for the 21st Century*)』(2010)는 2008년 9월 영국 트리니티 라반 무용 · 음악예술학교(Trinity Laban Conservatoire of Music and Dance)에서 개최된 라반국제회의에서 발표된 모음집이다. 이는 라반의 비범한 생각에서 출현한 그의 이론이 오늘날 어떻게, 어디서 활용되고 있는지, 어떻게 발전되고 있는지, 21세기에 어떻게 관련되어 있는지를 논의한다. 다섯 번째 『연극인 루돌프 라반(*Rudolf Laban Man of Theatre*)』(2013)에서는 제3제국에서 라반의 이름을 의도적으로 전멸시키고 감춰버린 그의 도발적 · 경험적 · 폭발적인 극장에서의 작업들을 파헤친다. 이 책은 오늘날의 극장무용 연구를 위해 참고할 수 있도록 라반의 대담성과 작업의 의미를 담고 있다.

1995년 다른 예술과의 관계 속에서 집필된 무용 이론서로서 엘렌 고엘너와 재클린 쉬어 머피(Eleen W. Goellner & Jacqueline Shea Murphy)가 편집한 『춤의 몸체: 이론으로서의 춤, 춤으로서의 문학(*Bodies of the Text: Dance as Theory, Literature as Dance*)』은 춤과 문학 연구로서 문학비평가와 이론가들이 무용 연구를 반(反)이론적, 반(反)지성적인 것으로 보고 텍스트로 춤 읽기, 텍스트에 있는 춤 읽기, 글쓰기 이론들에 있는 춤, 춤에 대해 읽고 쓰기 등의 주제로 춤의 몸체로서의 이론과 문학을 논평하고 있다. 또한 다학제적 접근으로 춤의 의미를 논의한 제인 데스몬드(Jane C. Desmond)의 편집본 『움직임의 의미: 춤에서의 새로운 문화연구(*Meaning in Motion: New Cultural Studies of Dance*)』(1997)에서는 춤 실제, 공연 그리고 제도의 이념적 · 이론적 · 사회적 의미를 고려해 춤과 문화 연구 그리고 잘 알려지지 않은 영역을 다루고 있는 비평가들, 즉 마크 프랑코, 수전 포스터, 랜디 마틴(Landy Martin), 앤 댈리(Ann Daly), 수전 매닝(Susan Manning) 등의 문화적 분석을 엮었다. 여기서는 예술 역사와 인류학, 무용 역사와 정치학, 철학과 여성학, 문화 연구와 이념 등을 원용한다. 그리고 춤과 문화 연구, 사회적인 삶, 사회적인 몸, 비판적 사고를 위한 확장된 의제들을 주요 주제로, 여성주의와 몸정치, 여성 무용수와 남성의 시선, 종족과 국가성, 무용 서술과 환희, 춤추는 몸, 국가주의, 민족무용학과 표현의 제한 및 감각, 의미, 인지 등 비판적인 이슈와 주요 개념을 논의하고, 문화학 이론가들이 만나는 문제점들을 직시하면서 다학제적이고 비판적인 무용 연구를 시도하고 있다.

이에 더해 비판적 무용학의 가능성을 제시한 뉴욕대학교 공연학과 안드레 레페키(André Lepecki) 교수는 『소진되는 춤: 퍼포먼스와 움직임의 정치학(*Exhausting Dance: Performance and the Politics of Movement*)』(2006)에서 1990년대 말부터 유럽과 미국에서 실험적인 공연 활동을 해오고 있는 안무가들의 비무용(non-dance) 혹은 개념 무용(conceptual dance)을 다루고 있다. 공연예술과의 치열한 대화, 후기구조주의와 비판적 이론, 후기식민주의 이론과 비판적 종족 연구에 내재된 급진적인 정치학의 연장선에서 무용에 도전하는 새로운 안무가인 프랑스의 제롬 벨(Jérôme Bel), 스페인의 후안 도밍구즈(Juan Dominguez), 미국의 트리샤 브라운(Trisha Brown), 독일의 자비에르 로이(Xavier Le Roy), 포르투갈의 베라 맨테로(Vera Mantero) 등의 안무와 시각예술 및 공연 예술가들의 광범위하고 이례적인 작품을 분석한다. 그의 분석은 과거의 춤을 비판적인 시각에서 그 자체를 살아서 생동하게 만드는 특징이 있어서 소진되는 춤이 아니라 새롭게 부활하는 춤의 이론과 실제를 보게 된다.

이외 2007년 레이철 듀어덴(Rachel Duerden)과 네일 피셔(Neil Fisher)가 집필한 『생생한 춤추기: 공연, 안무, 분석과 기록/묘사 통합하기(*Dancing off the Page: Integrating Performance, Choreography, Analysis and Notation/Documentation*)』(2007)는 "무용교육에서 이론과 실제를 통합하는 방법과 체화된 지식이란 무엇인가? 공연, 안무, 분석과 기록/묘사 사이의 연관된 본질은 무엇인가?"에 대한 답을 찾기 위해 라바노테이션을 사용해 학구적인 에세이와 실제적인 스튜디오 프로젝트를 통해 생생하게 춤추기를 탐구한다. 여기서는 안무 기록 방법, 안무와 공연 스타일에 대한 개념과 관계된 철학적 질문 등과 함께 무용학의 통합적 접근에 대해 논의한다.

최근 철학적인 접근으로 집필한 서적 중 영국 브링턴대학교 그레이엄 맥피(Graham McFee) 교수의 『춤의 철학적 미학: 정체성, 공연, 이해하기(*The Philosophical Aesthetics of Dance: Identity, Performance and Understanding*)』(2011)에서는 비트겐슈타인의 철학과 무용미학을 중심 의제로 춤 만들기와 춤 감상하기 및 춤 이해하기를 위한 다양한 주제를 제시한다. 이외 로햄톤 대학교의 인문학자 제니 벙커(Jenny Bunker)와 무용학자 애나 팩스(Anna Pakes)와 보니 로웰(Bonnie Rowell)의 『춤을 통해 사색하기: 무용 공연과 실제의 철학(*Thinking through Dance: the Philosophy of Dance Performance and Practices*)』(2013)에서는 무용수의 체화, 무용 작품 존재론, 공연 정체성에 관한 문제, 춤에 대한 인지 방법과 이해 방법 등을 철학적으로 접근한다. 그리고 서양 전통의 극장무용에 집중해 춤과 철학 사이의 대화 가치를 현상학적이고 후기구조주의적이며 분석적으로 논의한다. 춤과 철학에 대한 논문 모음집으로 영국에서 출판된 이 책은 춤에 대한 기존의 생각을 발전시키고 논쟁을 야기하는 데 목적을 두고 있다. 같은 대학의 스테이시 프리켓(Stacey

Prickett) 교수는 『체화된 정치: 춤, 저항, 정체성(*Embodied Politics: Dance, Protest and Identities*)』(2013)에서 사회적 문제, 정치의 정체성에 중심을 두고 분석함으로써 춤을 보는 새로운 관점을 제시한다. 여기서는 시간과 공간의 춤 생태계를 형성한 반(反)헤게모니와 기념 활동을 분석하고, 이를 통해 영국과 미국 두 나라 사이의 관계와 차이의 흥미로운 점을 찾고자 했다.

이상 20세기 후반~현재까지 사회문화적 관점에서 집필한 책의 키워드는 몸, 문화, 젠더, 정체성, 민족성, 비무용, 개념 무용, 문화 연구, 사회적인 몸과 삶, 사회적인 춤, 여성, 몸정치, 몸성, 몸으로 글쓰기, 코레올로지, 움직임의 정치학, 국가성, 춤추는 몸, 국가주의, 민족무용학, 철학적 감상, 비판무용학 등 후기구조주의 사회이론, 문화이론, 안무이론, 해체이론, 후기식민주의이론 및 비판이론이 혼종을 이루며 끊임없는 연구의 다양화를 추구해 가고 있다.

이 절에서 살펴본 무용이론의 통시적 흐름을 보았을 때 나타나는 시대별 특징은 애지(愛知)의 학문으로서 철학 혹은 이론이나 학문을 의미하는 과학의 연구 역사와 맞물려 〈표 1-1〉과 같이 한 시대의 유행을 결정지었던 학풍의 역사와 함께하는 흐름을 보여주고 있다.

표 1-1. 무용이론의 시대별 흐름

시대	무용이론의 흐름
원시~중세	모방론, 정화이론, 카오스이론, 교육론, 평행론
15세기~19세기	테크닉이론, 안무이론, 교수이론, 무용 및 안무기록이론, 초기극장무용이론, 감정표현론, 발레이론, 무용예술론
20세기 초반~중반	제스처이론, 움직임 본질론, 움직임 분석이론, 연극이론, 안무이론, 고전적인 극장무용이론, 표현이론, 비평이론, 미학이론, 소통이론, 본질론, 안무기초이론, 무용형태론, 예술형태론, 창작론, 교육론
20세기 중반~후반	구조론, 기능론, 의미론, 상징이론, 문화유형론, 사회이론, 기록이론, 연구방법론, 춤의 본질론, 문화이론, 몸이론, 기호론, 무용분석이론, 후기구조주의이론, 문학이론, 비평분석이론
20세기 후반~현재	젠더이론, 문화이론, 민족론, 현지조사론, 정치론, 공연론, 춤감상론, 감상철학이론, 후기식민주의이론, 해체론, 비판이론

3. 무용 연구의 뉴 패러다임

앞 절에서 살펴보았듯이 무용이론의 흐름은 모방이론에서부터 비판이론까지 시대를 풍미한 철학 및 인문사회학의 학풍과 함께 이어졌음을 알 수 있다. 이는 또한 춤의 연구 영역이 확장되고 있는 현재의 상황이 무용학으로서의 가치와 의미를 획득하는 한 과정임을 보여준다.

따라서 이 절에서는 무용학의 정체성과 학문성을 논의하기 위해, 고대 그리스 신화에 기록된 원무(circle dance)이자 우주의 춤인 〈코레이아(Choreia)〉에 기원을 두고 파생된 '코레오소피(choreosophy)', '코레오그래피(choreography)', '코레우틱스(choreutics)'의 어원적 정의를 살펴볼 것이다. 특히 '코레올로지(choreology)'를 심도 있게 해석함으로써 미래의 학제적 연구로서 춤의 행함과 무용이론의 진정한 통합과 상호작용으로 이뤄지는 무용연구의 새로운 패러다임을 제안할 것이다.

고대 그리스 시인 호메로스(Homeros)는 『일리어드(*Iliad*)』에 담긴 그의 서사시에서 "삼위일체의 〈코레이아(Choreia)〉"를 쓰고 있다. 이 용어의 어원을 살펴보면, 합창(koros, chorus, choros)에서 유래된 용어로 시와 음악을 동반하고 극적인 동작을 사용하는 원무다. 합창은 대략 12~50명에 이르는 공연자가 다양하게 춤추고 노래하며, 대사를 합심하고 일치하게 말하면서 때로는 가면을 쓰고 공연하는 것으로 구성되어 있다. 이 춤은 당시 춤추는 무대(dancing floor)였던 오케스트라에서 행해졌다. 많은 학자는 합창에서 이뤄지는 원무는 가장 오래된 것으로 알려진 춤이자 공동체의 삶의 한 부분이었으며 인간이 처음 시작한 춤의 일종이라고 보고 있다.

〈코레이아〉의 접두사인 'choreo'는 'circles(원들)'을 의미하는 고대 그리스어로서 여기서부터 피타고라스(Pythagoras)를 따르던 이들이 처음 사용한 '코레오소피'가 파생되었다. 이 용어는 원(circle)을 의미하는 'choros'와 지식, 혹은 지혜를 뜻하는 'sophia'가 합쳐진 '코레오소피아(choreosophia)'로 자연과 삶에 존재하는 모든 원의 현상에 대한 연구를 통해 발견되는 지혜를 의미하며, 그리스 문화가 정점을 이룬 그 시대의 복잡한 규율이었던 것으로 보인다.[53] 여기서 의미하는 모든 원은 인간 자체를 하나의 소우주로 보는 것이자 천체를 대우주로 보는 관점이다. 즉, 원은 단순히 원이 아니라 천체를 아우르는 역동적인 구(球)이자 끝이 없는 영원의 구다. 라반은 이와 같은 원들에 대한 지식으로부터 파생된 용어가 '코레오그래피', '코레우틱스', 그리고 '코레올로지'라 했고, 이를 기반으로 앨런 로막스(Alan Lomax)와 엄가르트 바르테니에프(Irmgard Bartenieff)는 다양한 문화의 공간상에 그려지는 움직임의 특질을 분석하기 위해 코레오메트릭스(choreometrics)를 창안했다.

코레오그래피는 그리스어의 '원형의 춤(χορεία, circular dance)'과 '글쓰기(γραφή, writing)'가 합성된 것[54]으로 원을 기록한다는 뜻으로 쓰인다. 이 용어는 1589년 발간된 무용 지침서인 투아노 아르보(Thoinot Arbeau)의 『오케소그래피(*Orchésographie*)』에서 처음 사용되었다.[55] 『오케소그래피』는 춤추기(orcheso)와 글쓰기(graphie)가 합성된 용어로서, 이 지침서에서의 춤을 쓰는 행위는 춤이 안무(몸으로 글쓰기, choreographie)로 전환되는 시작점을 만들었다.[56] 당시 아르보는 그에게 춤을 배우려던 카프리엘과의 대화를 통해 춤 기록이 단순히 구조만 기록하는 것이 아니라 인생을 그린다는 것을 보여준다.

이후 많은 무용가와 학자들에 의해 코레오그래피는 다양한 의미로 변화되었다. 라반은 원들의 현상과 인간의 움직임 사이의 연결성에 대한 연구로서 춤의 정신적 내용에 들어 있는 무용수의 믿음과 가정 그리고 춤 내용

---

53 Laban, Rudolf von (1966). *The Language of Movement: A Guidebook to Choreutics*. p.vii. & pp.52–53.

54 https://en.wikipedia.org/wiki/Choreography

55 Lepecki, André(2006). 『코레오그래피란 무엇인가: 퍼포먼스와 움직임 정치학』. p.22. 재인용.

56 위의 책. p.298.

의 정신적 관계에 대한 지식이나 새로운 춤과 무용교육의 이론 및 미학이라고 했다. 험프리는 이를 춤을 만드는 예술로, 움직임을 계획하고 정돈하는 예술이자 구성을 쌓아가는 과정이라 했고, 로버트 던(Robert Dunn)과 재닛 애드셰드-렌즈데일은 신체화된 글쓰기의 한 종류라고 했다. 또한 리처드 랠프(Richard Ralph)는 문화적 · 지성적 · 미학적 내용의 복잡한 과정으로, 페기 판 프라흐(Peggy van Praagh)와 피터 브린슨(Peter Brinson)은 지성과 문화 그리고 상상으로 자신의 몸을 움직이는 과정이라 했다. 그리고 그 재료인 춤은 모든 존재의 핵심이자 자연, 삶과 접촉된 인간으로 만드는 정신적이고 철학적인 관점을 가진 아이디어이며, "통합과 전체성을 가져오는 춤추는 능력" 및 "개인의 정신적 발달을 위한 미션"이라 했다.[57]

이러한 의미의 코레오그래피는 새로운 사회적 질서의 창조이며, 원무에서 발견될 수 있는 지혜는 무용수의 기본 철학이자 믿음이다. 국내에서는 보편적으로 코레오그래피가 모든 종류의 춤을 안무한다는 뜻으로 통용되고 있으나 이 용어의 등장과 함께 움직임으로서의 춤 그리기, 예술로서의 춤 그리기, 학문으로서의 춤 그리기 등 폭넓은 배경을 갖게 되었다. 최근 안드레 레페키는 공연예술과 시각예술을 통합적으로 그리기 혹은 기록하기 등을 뛰어넘는 안무의 개념을 사용하고 있다.

코레우틱스는 라반이 만든 용어로 'choreo'와 '-tics'가 합성되어 원의 규칙 혹은 과학을 의미하는 용어로 움직임의 역동 공간(dynamosphere)에서 분석과 종합을 다루는 예술 혹은 과학의 의미로 사용된다. 이는 조화로운 움직임의 다양한 형태를 실제적으로 연구하는 과학이며, 무용 구성과 연구의 실제를 위한 공간의 이론적 표현이자 공간적 형태의 조화로운 내용에 관한 연구다.[58] 실제로 코레우틱스는 몇 가지 관점에서 움직임의 흔적 형태

---

57 Preston-Dunlop, Verlarie(1995). *Dance Words*. Harwood Academic Publishers, pp.369, 580.

58 Laban, Rudolf von (1966). *The Language of Movement: A guidebook to choreutics*. pp.viii, 8.

(trace forms)를 경험하면서 신체적 관점, 역동적 느낌, 그리고 조절 능력을 통합한다. 라반은 인간의 움직임이 공간상에 그리는 조화로움을 수학적이고 철학적으로 설명하기 위해 피타고라스의 기하학적 입체와 그의 영향을 받은 플라톤의 입체 의미화를 생각했으며, 이를 통해서 3차원적 움직임의 역동적인 조화를 분석할 수 있게 되었다.[59]

코레올로지는 아폴로가 주도한 시와 음악, 동작 등 삼위일체의 원무를 가리키는 'choreia'와 이론 혹은 학문으로 풀이되는 '-ology'의 합성어다. 이 용어 역시 역사적으로 다양한 의미를 갖고 있는데, 이를 처음으로 소개한 라반에 의하면, 코레올로지는 춤의 논리와 균형 잡는 질서를 다루는 것이자 공간적 · 시간적 경험의 종합을 통해서 나타나는 움직임 언어의 문법과 통사론(구문론)의 한 종류이며, 움직임의 외형뿐만 아니라 정신적 · 감정적 내용까지 다룬다.[60] 이를 통해 인간이 사는 자연과 문화 속에서 나와 내 자신, 나와 너, 나와 이 세상과 내적으로 연결되어 살아 있는 상호작용을 가능하게 하고 이를 외적 표현과 연결하는 렘니스케이트(lemniscate, ∞)[61]를 만든다. 즉, 우주의 자연과 인간이 조화를 이루며 그려가는 원무의 자연성과 순수성을 논의하는 학문으로 정의할 수 있다.

한편, 1950년대, 인류학자 쿠라스가 그의 논문 「코레올로지와 인류학

---

59 기원전 4세기 플라톤의 대화(Dialoguess of Plato)편 중 티마이오스(Timaeus, 우주창조설)에서 피타고라스가 주인공으로 등장한다. 플라톤은 그의 추종자였던 피타고라스의 기하학에서 다루는 3차원의 입체, 즉 우주의 기하학적 형태를 플라톤의 5개의 고체 혹은 입체로 정리했는데, 이는 불을 의미하는 정사면체, 지구를 의미하는 정육면체, 공기를 의미하는 정팔면체, 우주를 의미하는 정 12면체, 물을 의미하는 정20면체다. 라반은 음악과 수학적 조화에 매료된 피타고라스의 청각적 하모니에 만족하지 않고 기하학적 입체를 의미화한 플라톤의 입체를 결정체로 명명하고 각각의 형태에서 보이는 3차원의 조화를 움직임에 적용해 분석했다.

60 Laban, Rudolf von(1966). *The Language of Movement: A Guidebook to Choreutics*. p.viii.

61 여기서 렘니스케이트(lemniscate)는 8자를 모양을 옆으로 뉘어 모양이 된 완전한 곡선으로서 끝이 없이 무한대로 상호작용하는 것을 의미한다.

(Choreology and Anthropology)」에서 코레올로지를 '움직임 유형에 대한 과학(science of movement patterns)'[62]으로 춤 움직임에 대한 학문, 춤에 대한 연구라고 정의했다. 그리고 이를 민족학과 동의어로 사용하면서 민속춤과 예술춤의 구분이 무의미하다는 것을 주장했고, 이를 통해 미학에 한정되어 있던 연구의 범위를 크게 확장했다.[63] 후에 코레올로지는 춤이라는 주제의 범위 안에서 특별한 도구와 유용한 방법들을 사용하는 학문적 영역으로, 무용의 형태와 내용에 대한 본질적인 이론적 실제적 연구로서 무용 매체의 구조적 연구에 집중하고, 실험적 · 탐구적 · 분석적 · 기록적으로 상호 독립적인 유형을 사용해 춤의 정치학, 춤의 사회학, 춤의 미학과 같이 자체의 훈련 방법을 제공하는 외적인 연구 및 상호 보완적인 연구로 인식되고 있다.[64]

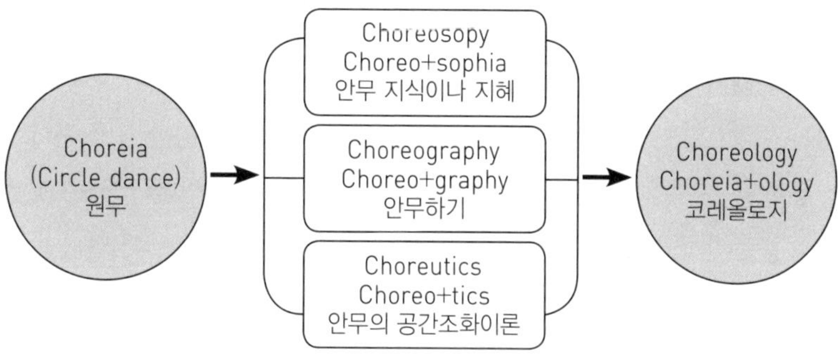

그림 1-1. 코레올로지의 기원과 이론

62 Kurath, Gertrude(1956). Choreology and Anthropology, *AA* 58. p.177.

63 ICTM 1993에서 민족학 및 인류학에서 기원된 용어로 민족무용학(Ethno-choreology)을 소개했다. 분석 사례는 로막스와 바르테니에프의 민족춤 문화연구에서 창안한 코레오메트릭스를 이용한 연구로 인간의 모든 움직임을 라반의 이론에 근거해 끌어낸 몸, 에포트, 셰이프, 공간 요소의 척도로 분석한다. 이 측정표는 공간상에서 그려지는 움직임의 외적 형태뿐만 아니라 내적 감정 표현과 인간의 심리 기제가 적용된 움직임의 긴장감(tension)을 파악할 수 있다.

64 Preston-Dunlop, Velarie(1995). *Dance Words*. Harwood Academic Publishers. pp.222, 580.

이상과 같이 〈코레이아〉에 기원을 둔 코레오소피는 원무의 지식이나 지혜, 코레오그래피는 원무 쓰기, 코레우틱스는 원무의 철학적 · 과학적 공간 이론을 의미하면서 [그림 1-1]에서 보는 바와 같이 이 세 가지 이론 모두를 포괄적으로 통합하고 있는 학문이 코레올로지다.

따라서 이 연구에서는 이상의 논의를 바탕으로 [그림 1-2]와 같은 코레올로지적(choreological) 패러다임으로 무용이론의 새로운 학풍 가능성을 제안하고자 한다. 이를 통해 장단에 맞추거나 흥에 겨워 팔다리와 몸을 율동적으로 움직여 뛰노는 동작명사인 춤 혹은 무용보다 더 넓은 의미로 삼위일체의 〈코레이아〉, 즉 음악, 시, 춤이 합일된 개념으로 다양한 학문과 이론을 무한대(∞)로 만나는 코레올로지로서의 정체성을 확립하고 학문으로서의 입지를 크게 확장할 수 있을 것이다.

또한 위에 제시된 코레올로지적 패러다임은 제시된 이론의 몇 가지 이상을 융합해서 연구할 수 있으며, 이외의 새로운 학문이 끊임없이 보충될 수 있는 모형으로서 예술적 · 교육적 · 학문적인 측면에서 다양한 무용 분야에 실용화될 수 있을 것이다. 예술적으로는 "무용, 즉 움직임을 행하는 것은 지식을 증진시키는 것이다"[65]라는 페기 해크니(Peggy Hackney)의 말처럼 새롭게 융합된 무용 움직임 창작과 공연 및 감상 등에 실제 적용해 보면서 무용과 다른 예술과 소통하고 융합할 수 있는 지식 기반을 다질 수 있을 것이다. 교육적으로는 탄탄한 이론적 근거를 기반으로 무용의 역사적 · 문화사적 맥락에 대한 교육과 테크닉 이론교육 등을 체계화함으로써 무용이론의 기초지식을 겸비한 무용 교육자 양성을 가능케 할 것이다. 이는 현재 한국 예술 교육계에 필요한 무용 교육자 양성을 위한 자료로서도 큰 기능을 하게 될 것이다. 이 밖에도 예술가는 물론 학생, 일반인들에게 무용에 대한 이해 및 정서 함양을 증진시킬 수 있는 교육 자료로 활용될 수 있을 것이다.

---

65 Hackney, Peggy(1998). 『몸 움직임 세상 연결하기』. p.3.

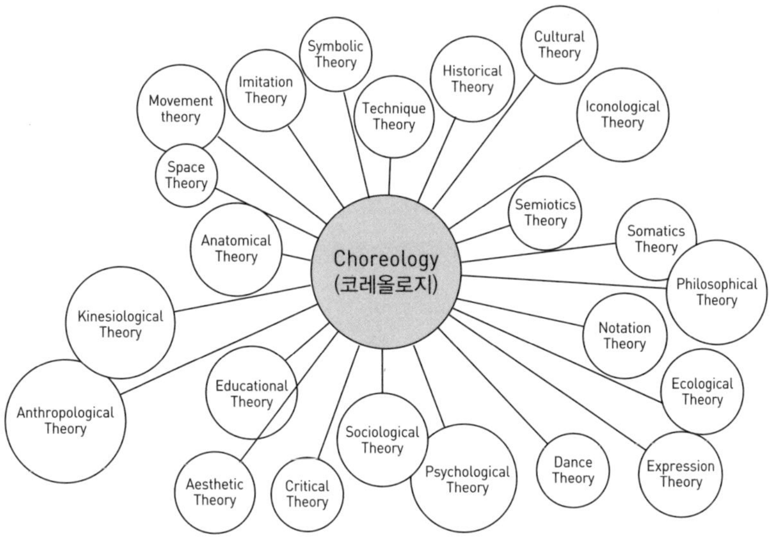

그림 1-2. 코레올로지적 패러다임

학문적으로는, 무용이론에 대한 심도 있는 논의를 통해 한국 무용학계에 질적 연구의 기반을 마련하면서 연구자 및 교수자의 무용에 대한 안목을 드높일 것으로 판단된다. 이는 알터가 주장했듯이 무용 연구가 미학적 기준으로 연구되어온 현재의 상황에서 좀 더 폭 넓은 학문적 배경과의 통섭을 통해 무용만의 차별화된 독자적인 학문으로의 발전을 꾀하는 데 기여할 수 있을 것이다. 이는 미래 예술적 표현을 통한 인간 간의 소통과 국제 사회와의 소통을 이룰 수 있는 무용문화 콘텐츠 창조의 기초를 다지는 지식으로도 활용될 수 있으리라 기대된다.

참고 문헌

단행본 및 논문

국립국어연구원(1999). 『표준국어대사전』. 서울: 두산출판사.

박정근(2000). 『아폴로 사회와 디오니소스 제의』. 서울: 도서출판 동인.

신상미(1997). 무용학적 관점에서 한국춤 움직임 분석 및 방법론 탐색. 단국대학교 박사학위논문.

____(2013). 『인간은 왜 춤을 추는가』. 서울: 이화여자대학교출판부.

신상미 · 김재리(2010). 『몸과 움직임 읽기: 라반 움직임분석의 이론과 실제』. 서울: 이화여자대학교출판부.

이정호(1995). 『포스트모던 문화읽기』. 서울: 서울대학교출판부.

이희승 편저(1981). 『국어대사전』. 서울: 민중서림.

Adshead-Lansdale, Janet(1981). *The Study of Dance*. Dance Books Ltd.

____(1999). *Dancing Texts: Intertextuality in Interpretation*(ed.). Dance Books, Cecil Court London.

Agger, Ben(1992). *Cultural Studies as Critical Theory*. London: Falmer Press.

Aristotle(1443). *Poetics*. London: Dent.

Banes, Sally(1994). *Writing Dancing in the Age of Postmodernism*. Wesleyan University Press.

Bartenieff, Irmgard(1980). *Body Movement: Coping with Environment*. New York and London: Routledge.

Brainard, Ingrid(1998). Technical Manuals. *International Encyclopedia of Dance Ⅵ*. New York: Oxford University Press.

Breton, André(2015). Gesture, Interruption, Vibration: Rethinking Early Twenties-Century Gestural Therapy and Practice in Walter Benjamin, Rudolf von Laban, and Mary Wigman. *Dance Research Journal*. 47/2. Congress on Research in Dance.

Buckland, Theresa J.(1999). *Dance in the Field: Theory, Methods and Issues in Dance Ethnography*(ed). St. Martin's Press, Inc.

Cohen, Selma J.(1974). *Dance as a theatre art*. Princeton Book Company.

____(1998). Martin, John. *International Encyclopedia of Dance Ⅵ*. New York: Oxford University Press.

____(1998). Dance Research and Publication. *International Encyclopedia of Dance Ⅳ*. Oxford University Press.

____(1998). *International Encyclopedia of Dance Ⅰ-Ⅵ*. New York: Oxford University Press.

Copeland, Roger & Cohen, Marshall(1970). *What is Dance?* (ed.). Oxford, England: Oxford University Press.

Cowan, Jane K. (1990). *Dance and the body politic in northern Greece*(ed.). Princeton University Press.

Desmond, Jane C.(1997). *Meaning in Motion: New Cultural Studies of Dance*. (ed.). Duke University Press.

Farnell, Brenda(1995). *Human Action Signs in Cultural Context: The Visible and the Invisible in Movement and Dance*. Metuchen, New Jersey: The Scarecrow Press, Inc.

Foster, Susan L.(1986). *Reading Dancing: Bodies and Subjects in Contemporary American Dance*. Berkeley, Los Angeles, London: University of California Press.

____(1996). *Corporealities*(ed.). London and New York: Routledge.

Franko, Mark(1995). *Dancing Modernism, Performing Politics*. Bloomington and Indianapolis: Indiana University Press.

Hammond, Sandra N.(1998). Technical Manuals. *International Encyclopedia of Dance Ⅵ*. New York: Oxford University Press.

Hanna, Judith L.(1987). *To Dance is Human: A Theory of Nonverbal Communication*. Chicago and London: The University of Chicago Press.

____(1988). *Dance, Sex and Gender: Signs of Identity, Dominance, Difiance, and Desire*. Chicago and London: The University of Chicago Press.

H'Doubler, Margaret N.(1957). *Dance: A creative art experience*. University of Wisconsin Press.

Hilton, Wendy(1981). *Dance of Court & Theatre: The French Noble Style 1679-1725*. Princeton Book Company, Publishers.

Horst, Louis(1937). *Pre-classic dance forms*. Princeton : Dance Horizons.

Horst, Louis & Russell, Carroll(1987). *Modern Dance Forms in Relation to the Other Modern Arts*. Princeton Book Company, Publishers.

Kealiinohomoku, Joanne W.(1976). A Comparative Study of Dance as a Constellation of Motor Behaviors Among African and United States Negroes. *CORD. Dance Research Annual Ⅶ*, 17-187.

Kurath, Gertrude(1956). Choreology and Anthropology. *AA* 58: 177-79.

____(1960). Panorama of Dance Ethnology. *Current Anthropology*. 1: 233-54.

Kraus, Richard & Chapman, Sarah C.(1969). *History of the Dance: In Art & Education*. Englewood Cliff, New Jersey: Prentice Hall, Inc.

Laban, Rudolf von(1966). *The Language of Movement: A Guidebook to Choreutics*. Plays, Inc.

____(1974). *Effort*. McDonald & Evans.

Lamb, Warren & Watson, Elizabeth(1987). *Body Code: The Meaning in Movement*. Princeton Book Company, Publishers.

Lomax, Alan(1968). *Folk Song Style and Culture*. New Brunswick, New Jersey: Transaction Books.

Lonsdale, Steven H.(2000). *Dance and ritual play in Greek religion*. JHU Press.

Lawler, Lillian B.(1964). *The Dance of The Ancient Greek Theatre*. University of Iowa Press.

Macintosh, Fiona(2010). *The ancient dancer in the modern world: responses to Greek and Roman dance*(ed.). New York: Oxford University Press.

Martin, John(1939). *The Introduction to the Dance*. New York : W. W. Norton.

McArthur, Kennetha R.(1998). Technical Manuals. *International Encyclopedia of Dance Ⅳ*. New York: Oxford: Oxford University Press.

McFee, Graham(1992). *Understanding Dance*. Routledge.

Mullen, William(1998). Choral Dancing. *International Encyclopedia of Dance*. Vol. Ⅱ, Oxford: Oxford University Press.

Nadel, Mayon H. & Strauss, Marc(2003). *The Dance Experience: Insights into History, Culture, and Creativity*(ed.). Princeton Book Company.

Ness, Sally N.(1992). *Body, Movement, and Culture: Kinesthetic and Visual Symbolism in a Philippine Community*. University of Pennsylvania Press.

Preston-Dunlop, Velerie(1995). *Dance Words*. Harwood Academic Publishers.

____(1998). *Rudolf Laban: An Extraordinary Life*. London: Dance Books.

Prickett, Stacey(2013). *Embodied Politics: Dance, Protest and Identities*. Hampshire, United Kingdom: Dance Books.

Radcliffe-Brown, Alfred R.(1922). *The Andaman Islanders*. Cambridge: Cambridge University Press.

Rynolds, Nancy(1998). Lincoln Kirstein. *International Encyclopedia of Dance Ⅵ*. New York: Oxford University Press.

Soares, Janet M.(1998). Horst, Louis. *International Encyclopedia of Dance Ⅲ*. New York: Oxford University Press.

Thomas, Helen(1993). *Dance, Gender and Culture*(ed.). Macmillan Press Ltd.

____(2003). *The Body, Dance and Cultural Theory*. Palgrave Macmillan.

Tripp, Edward(1950). *The Handbook of Classical Mythology*. London: Arthur Barker Ltd.

Williams, Drid(1991). *Ten Lectures on the Theories of the Dance*. The Scarecrow Press, Inc.

역서

Adshead-Lansdale, Janet(1996). 『무용 분석의 이론과 실제』. 신상미 옮김. 서울: 현대미학사.

Alter, Judith. B.(1997). 『무용: 그 실제와 이론』. 김말복 옮김. 서울: 예전사.

Aristotle(2006). 『시학』. 천병희 옮김. 서울: 문예출판사.

Beardsley, Monroe C.(1987). 『미학사』. 안원현 · 이성훈 옮김. 서울: 이론과 실천.

Fischer, Ernst(1996). 『예술이란 무엇인가』. 한철희 옮김. 서울: 돌베개.

Goodman, Nelson(2002). 『예술의 언어들: 기호 이론을 향하여』. 김혜숙 · 김혜련 옮김. 서울: 이화여자대학교출판부.

Hackney, Peggy(2015). 『몸과 움직임 세상 연결하기』. 신상미 · 김재리 옮김. 서울: 대경북스.

H'Doubler, Margaret N.(1994). 『창조적 예술경험으로서의 춤』. 성미숙 옮김. 서울: 현대미학사.

Lange, Roderyk(1988). 『춤의 본질』. 최동현 옮김. 서울: 도서출판 신아.

Lepecki, André(2014). 『코레오그래피란 무엇인가: 퍼포먼스와 움직임의 정치학』. 문지윤 옮김. 서울: 현실문화.

Martin, John(1994). 『무용입문』. 장정윤 옮김. 서울: 교학연구사.

____(1994). 『무용이론입문』. 김태원 · 장정윤 옮김. 서울: 현대미학사.

Newlove, Jean & Dalby, John(2006). 『움직임, 표현, 기하학』. 신상미 옮김. 서울: 대한미디어.

Noverre, Jean Georges(1987). 『무용가에 보내는 노베르의 편지』. 육완순 옮김. 서울: 도서출판 금광.

Royce, Anya P.(1993). 『춤의 인류학』. 김매자 옮김. 서울: 미리내.

Sachs, Curt(1992). 『춤의 세계사』. 김매자 옮김. 서울: 박영사.

Shawn, Ted(1979). 『프랑소아 델사르트의 예술세계』. 육완순 옮김. 서울: 교육과학사.

Williams, Drid(2000). 『인류학과 인간의 움직임: 무용연구』. 신상미 옮김. 서울: 대한미디어.

사전, 잡지, 인터넷 자료

브리태니커 세계 대백과사전(1997). 8권. 서울: 한국브리태니커회사.

타타르키비츠 미학사 : 고대미학, 2005.4.20., 미술문화, 네이버 지식백과.

역사연구 [historical research] (교육평가용어사전, 2004.5.31, 학지사) 네이버 지식백과.

H'Doubler, Margaret. *Dance Magazine*, April 1966,

Cambridge dictionary/http://dictionary.cambridge.org/dictionary/british/theory

Contemporary-Dance.org Dance Theory

Concise Oxford Dictionary(1990).

Massachusetts Institute of Technology, course description: Dance Theory and Composition 2003.

Oxford dictionaries / http://www.oxforddictionaries.com/definition/english/theory

Webster's online dictionary.

http://terms.naver.com/entry.nhn?docId=2431921&cid=51392&categoryId=51393

http://en.wikipedia.org/wiki/Choreia

https://en.wikipedia.org/wiki/Domenico_da_Piacenza

https://en.wikipedia. org/wiki/Dancing_Times

https://en.wikipedia.org/wiki/Choreography

https://en.wikipedia.org/wiki/Metamodernism

제2장

중세 미로무용

신화와 신성이 상징에 잠들다

김은혜

한 세대가 가고, 또 한 세대가 오지만, 세상은 언제나 그대로다.
–『전도서』 1장 4절

테크놀로지(technology)의 전개는 시간의 흐름이 매우 큰 차이를 만들어 내는 것처럼 느끼게 만들지만, 막상 세상은 언제나 그대로다. 분명 20세기의 마지막 십 년과 21세기의 첫 십 년 사이에는 큰 변화가 있음에도 불구하고, 마치 자연이 늘 변화하는 것처럼 보이지만 변하지 않는 원리에 따라 변화하는 것처럼, 세상도 어떤 변치 않는 원리에 따라 작은 변화가 돌고 돈다. 어떤 의미에서는 인간의 춤도 그렇다. 시간은 춤 스타일이나 장소, 방식 등의 변화와 함께 새로운 춤을 낡은 것으로 만들고 두터운 그림자 장막 뒤로 들어가는 낡은 춤들의 마지막 걸음을 배웅한다. 그런데 어떤 춤은 참으로 오랜 시간 이어져 내려오고 그런 춤들은 전통이라는 이름을 얻어, 흘러 떠내려가는 대신 역사 속에 자리를 잡는다. 이렇게 전통이 된 춤들 중에는 공동체의 춤이 바로 몸으로 기록하고 피부로 읽는 책이었던 고대로부터 기원해 유럽 각지의 교회를 중심으로 전수되었고, 20세기에 들어 영성을 추구하는 이들을 통해 부활한 아주 오래된 무용의 유산, 중세 교회의 미로무용(迷路舞踊)이 있다.

중세 교회의 무용에 대해서는 다양한 해석이 내려져 왔다. 그 어느 때보다도 역동적이고 입체적이면서도 전통적이고 경직된 종교적 게토(ghetto)이기도 했던 서양의 중세 교회는 그 다면적인 모습으로 인해 그의 민낯에 대한 궁금증을 증폭시킨다. 무용과 연관해 볼 때 중세는 흔히 '무용의 암흑기'라는 시대적 별칭(別稱)으로 유명하지만, 혹자의 말처럼 "무용 인식에 대한 암흑기"[1]로 정정되어야 할 정도로 다양하고 풍부한 무용 유산을 물려주었다.[2] 그러한 유산들 중 잘 알려진 죽음의 춤이나 무도광, 종교 축제에서의 행렬 등에 비해 미로무용에 대한 연구는 상대적으로 관심이나 연구의 층이 희박한 편이다.

이러한 맥락에서, 연구자는 이 연구를 통해 오랜 역사를 가신 그러나 잘 이야기되지 않았던 중세 교회의 미로무용에 대해 초보적인 해부 도상을 그려보고자 했다. 여기서 다룰 시기는 9~13세기에 집중될 것이다. 중세의 중간기로도 분류되는 서양의 위 시기는 여러모로 독특한 문화적인 향취를 뿜어내는 매력적인 시기다. 고아한 정신에의 추구, 경직되고 피폐한 경제적 상황, 묘하게 뒤섞인 이교도적인 사상과 기독교적인 관념들, 수차례의 무용 금지령에도 불구하고 그 사실이 반증해 주는 대로 무용이 성행했다는 증거들, 대로(大路)가 아닌 골목길 풍경이 간직해 온 마을의 역사처럼, 이 시대의 유산들은 그 어떤 탁월한 조향사(調香師)라도 제조해 내기 힘든 신비하고 독특한 시대의 잔향을 풍긴다. 그중에서도 미로무용은 미로 자체의 상징성, 기하학적 구도, 비례미의 추구, 천문학적 세계관, 알레고리적(allegorical)

---

1 박희진 · 태혜신(2011). 무용사회학 관점에서 본 중세시대 무용예술의 의미. 『한국무용학회지』. 제11권 제2호. p.25.

2 서양의 중세 교회에서 공식적으로 행해진 여러 종류의 교회무용에 관해서는 박영애 편역(2005). 『기독교무용사』. 한성대학교출판부. pp.137-196을 참조하시오.

사고 방식 등 상당히 이국적인 향원(香源)들이 조합되어 나타난 무용 현상으로서 인상적인 향기를 내뿜는다. 이에 아래의 논의에서는 중세 교회의 미로무용에 관여한 여러 이론적인 요소를 추출해 분석하고, 이러한 관련 요소들을 수평과 수직, 시상의 세 가지 지평에서 정렬해 미로무용의 다면적인 차원을 고찰하고자 했다.

첫째로, 수평축은 역사적 차원에서 뽑아낸 향원으로서 미로무용을 서양 신화의 전통에 서 있는 춤으로 다룰 것이다. 둘째로, 수직축은 신학적 차원으로서 이교 신화의 내러티브(narrative)가 교회 안에 상징적으로 수용될 수 있도록 한 알레고리적인 사고 구조를 통해 미로무용이 교회의 의식과 생활 가운데 존재할 수 있었음을 논증할 것이다. 셋째로, 시상축은 인문학적 차원에서 접근해 신성한 기하학과 그와 관련된 비례미, 천문학 등의 중세 철학이 교회의 미로무용과 갖는 상징적인 관련성을 살펴볼 것이다.

1. 미로무용의 수평축: 신화 속에서 인생을 걷다

> 미로는 그렇게나 익숙하게 건축가들의 문장 속에 자리 잡았으면서도, 단 한번도 '건축적'으로는 (다시 말해 구조의 측면에서는) 사고된 적이 없는 기묘한 대상이다.
>
> – 봉일범, 『구축실험실』에서

미로무용은 개념이나 은유로 존재해 온 미로에 대한 인식을 바꿔놓는다. 미로를 따라서 혹은 미로처럼 구불구불한 모양을 만들며 걷고 뛰며 도는 움직임을 통해 미로는 문학적이거나 은유적인 장치가 아니라 즉물적(卽物的) 대상이 된다. 추상성을 벗은 미로는 하나의 통로와 하나의 입구, 하나의 출구를 가진 외길 미로의 모습으로 나타난다.[3] 바닥에 새겨진 미로의 구간을 따라 움직이는 미로무용은 생각의 장소를 관념에서 신체로 옮기고, 발

그림 2-1. 고대의 전통적인 미로(좌)와 로마식의 미로(우)

바닥에 와 닿는 감촉을 통해 보는 행위와 인식하기를 동시적으로 발생시킨다. 미로를 걸을 때 생겨나는 이러한 통합적 감각으로 인해 고대 그리스와 로마의 사상가들은 보는(optic) 것 자체가 촉지적(haptic)인 행위라고 믿기도 했다.[4]

유럽과 북아프리카 등 로마가 지배했던 지역의 미로의 형태는 [그림 2-1]의 오른쪽에 보이는 것처럼 사각의 형태를 한 로마식의 미로로서 바닥에 모자이크(mosaic)로 새겨져 있는 것이 일반적이다. 그러나 유럽뿐 아니라 인도, 북미, 아시아 등지에서 좀 더 보편적으로 발견되는 미로의 형태는 [그

3 미로의 개념에 대한 불일치는 이 연구에서 논외의 범주다. 움베르토 에코(Umberto Eco)는 전통적인 외길(unicursal) 미로와 다중 미로(Irrweg: 하나의 출구와 여러 가짜 출구를 가진 미로), 네트워크(network: 각각의 지점이 다른 지점과 연결되어 안과 밖의 구분을 무위화함)까지를 미로의 범주에 포함한다. Eco, Umberto(2014). *From Tree to the Labyrinth: Historical Studies on the Sign and Interpretation*. Trans. Anthony Oldcorn. Harvard University Press. pp.52-54. 에코의 구분을 기준으로, 이 연구에서 의미하는 미로는 출구에 대해 결정할 필요가 없이 하나의 입구와 하나의 출구로 이뤄져서 중심까지 도달한 다음 경로를 따라 나오는 외길 미로를 지칭한다. Cf. 위의 글, p.52; Conty, Patrick(2002). *The Genesis and Geometry of the Labyrinth*. Inner Traditions. pp.11-16; Attali, Jacques(1996). 『미로-지혜에 이르는 길』. 이인철 옮김(1997). 영림카디널. p.32.

4 Molholt, Rebecca(2011). Roman Labyrinth Mosaics and the Experience of Motion. *Art Bulletin*. Vol. XGIII. No. 3. p.288.

림 2-1]의 왼쪽에 나타난 것과 같은 십자형 미로로서 크레타(Creta) 미로라고 불리기도 한다.

고대 그리스인들은 미로를 라비린토스(λαβύρινθος)라고 불렀고 그 기원이 크레타와 관련 있다고 생각했다. 라비린토스의 유래는 테세우스가 미노타우루스를 죽일 때 사용한 양날 도끼와 관련이 있다고 여겨진다. 이 도끼의 명칭이 라브리스(labrys)로 불렸으며, 고대인들은 의식 행위 가운데 그의 신화를 다시 제정해 제의적인 미로 걷기로 만들었고, 이 의식이 오늘날까지 수행되고 있다는 것이다.[5] 이처럼 고대 크레타의 상징적인 양날 도끼를 라브리스라고 불렀으며, 라비린토스와 라브리스의 친족 관계에 대해 지지[6]하는 학자들과 이들의 관련성을 부인[7]하는 학자들 간에는 일치된 견해를 찾을 수 없다.

크레타 미로의 형태는 위에 언급한 것처럼 지역을 막론하고 보편적으로 발견되지만 그 명칭이 암시하듯이 그리스 신화의 영웅 테세우스(Theseus)의 전설을 입고 서구 사회에서 생명력을 얻게 된다. 이 미로에 얽힌 이야기의 골자는 이렇다. 크레타 섬을 다스리던 미노스(Minos) 왕은 왕비의 부정으로 태어난 반인반수(半人半獸)의 괴물 미노타우루스(Minotaur)를 당대 최고의 건축가 다이달로스(Daedalus)가 설계한 미궁에 가두고 아테네(Athens)에서 매년 열네 명의 젊은이를 공물로 바치게 하여 미노타우루스의 먹이로 주었다. 미노타우루스는 물론 미궁에 들어간 어느 누구도 출구를 찾지 못했으므로 살아서 들어간 자는 그 안에서 죽음을 맞이할 수밖에 없었다. 그

5 Tooley, Mark(2000). "Maze Craze." online archive from www.touchstonemag.com.

6 Golan, Ariel. 『선사 시대가 남긴 세계의 모든 문양』. 정석배 옮김(2004). 푸른역사. p.583.

7 Kern, Hermann(2000). *Through the Labyrinth Designs and Meaning over 5000 Years*. Prestel. p.42. 헤르만 컨에 의하면 플루타르크(Plutarch)의 기록에는, 양날 도끼를 가리키는 리디아어는 그리스에서 pelekys, 크레타섬에서는 wao로 불렸다고 한다. 라비린토스를 언급했던 헤로도투스(Herodotus) 또한 그 기원에 대해서는 아는 바가 없다고 언급했다. Attali. 『미로』. p.23.

러나 아테네의 왕자 테세우스는 미노스 왕의 공주 아리아드네(Ariadne)의 도움으로 입구에서부터 실뭉치를 풀어나가며 미궁에 들어서고, 마침내 미노타우루스를 죽이고 미궁을 빠져나온다. 그 후 테세우스는 공물로 바쳐진 아테네의 젊은이들과 크레타 섬을 탈출해 델로스(Delos) 섬에 도착한 후 아폴로(Apollo) 신의 제단 주위에서 "서로서로 꼬리를 물며 여러 가지 둥근 움직임들을 번갈아 꾸며내면서 원무를 추기 시작했다."[8]

미로무용의 시원(始原)이 되는 이 신화는 미로와 무용을 직접적으로 연결하고 있다. 아마도 테세우스의 제의적이고 축제적인 춤은 미로의 구조를 한 유동적인 궤적을 따라 추었을 것이며, 라비린스(labyrinth)라는 말을 파생시킨 그리스어 라비린토스는 곧바로 복잡한 벽과 길을 가진 건축물을 떠올리는 우리의 생각을 조정하도록 요청한다. 고대로부터 미로에 대한 언급은 계속 있어 왔으나, 17~18세기 대항해 시기의 발굴 작업 이후 근대 이후의 미로에 대한 개념은 이집트에 있는 구조물—미궁—과 동일시되어 왔기 때문이다.[9]

그러나 헤르만 컨(Hermann Kern)은 라비린토스가 건축물이 아니라 구조와 무용을 지칭하는 말로 사용되었다고 주장한다.[10] 이는 라비린토스라는 가공의 구조가 건축물로서 나타난 초기의 기록이 없고, 건물을 의미하는 미로에 대한 언급은 가장 이른 것이 헬레니즘(Hellenism) 시기에 이르러 등장하지만 이미 미궁(maze)이라는 용어에 의해 변질된 용법이 반영된 것으

---

8 Attali. 『미로』. p.183.

9 Cf. Bloos, Ingrid D. & O'Connor, Thomas St. James(2002). Ancient and Medieval Labyrinth and Contemporary Narrative Theraphy: How Do They Fit? *Pastoral Psychology*. Vol. 50. No. 4. p.220. 이는 아마도 기원전 5세기의 역사가 헤로도투스의 *Historiae*. Book 2. ch. 148. line 10과 ch. 149. line 3에 나오는 내용에 의한 것으로 추정된다. 그의 저술에서 헤로도투스는 이집트의 모이리오스(Μοίριος) 호수 곁에 세워진 건축물로서의 라비린토스를 언급하면서 그 미궁의 말로 형용할 수 없이 웅장하고 엄청난 규모에 감탄한다.

10 Kern. *Through the Labyrinth*. p.44를 참조하라.

로서 어느 작가도, 하다못해 그 흔적이나 폐허라도 직접 목격한 적이 없다는 것이다.[11] 본 연구자 또한 춤을 뜻하는 그리스어 코로스(χορός)가 춤추기, 춤, 혹은 춤추는 장소를 포괄적으로 의미한 것처럼, 라비린토스도 춤의 구조와 춤 양자를 의미할 수 있다고 생각한다.[12]

이러한 견해를 뒷받침해 주는 기록이 호메로스(Homeros)의 『일리어드(*Illiad*)』에 나온다.[13] 『일리어드』 제18권 590번째 줄에는 "그리고 거기에는 절름발이 헤파이스토스(Hephaestos)가 코론(코로스)을 만들고 있었다"[14]라는 기록이 있다. 이 맥락에서 헤파이스토스는 아킬레스(Archilles)를 위해 방패를 만들고 있는 중이며, 그가 이 방패에 코로스를 새기고 있는 장면을 보여준다. 방패의 코로스에는 잘 차려입은 소녀들과 그들에게 구혼하는 소년들의 춤(ὀρχεῦντ')[15]이 새겨지는데, 이들의 움직임은 손에 손을 잡고 둥글게 돌다가 다시 일렬로 움직이고 있는 것으로 묘사되고 있다.[16] 그리고 이러한 동선은 다름아닌 미로의 나선 구간과 직선 구간을 연상시킨다.

---

11 위의 글. pp.42-45.

12 코로스는 공적인 종교 의식에서의 춤을 지칭하거나 무용수들과 가수들을 포함한 합창단을 의미하기도 했다. 한편 코로스에는 장소적인 의미도 강하게 들어가 있어서 사람들이 춤추는 장소를 의미하기도 했다. 김은혜(2015). 성경에 나타난 원형적인 무용 텍스트와 컨텍스트 연구. 이화여자대학교 대학원 석사학위논문. p.45.

13 『일리어드』의 원문은 고대 그리스 문헌들이 수록되어 있는 온라인 데이터베이스 *Thesaurus Linguae Graecae*(이하 TLG)에서 열람할 수 있다. 여기서 사용된 원문은 앨런(T. W. Allen)의 1931년 판본을 참고한 것이다. 본 연구자가 부분적으로 조사한 바에 의하면 『일리어드』 안에서도 코로스는 춤추는 장소로서(Book 2, line 498; Book 18, line 590), 그리고 춤을 일컫는 말로(Book 3 line 393; Book 15 line 508; Book 18 line 603) 혼용된다.

14 엔 데 코론 포이킬레 페리클뤼토스 암퓌귀에이에이스(Εν δὲ χορὸν ποίκιλλε περικλυτὸς ἀμφιγυήεις). 위의 문장에 헤파이스토스의 이름이 명시되지는 않았으나 원문의 페리클뤼토스 암퓌귀에이에이스, 즉 '유명한 절름발이'는 헤파이스토스에게 귀속된 표현이다. Cf. *The Online Liddell -Scott-Jones Greek English Lexicon*.

15 오르케운티(ὀρχεῦντ')는 오르케오마이(ὀρχέομαι)의 변화형으로, "움직이다, 뛰어오르게 하다"라는 뜻을 가진 무용 용어다. Lancelot, Claude(1748). *The Primitives of the Greek Tongue*. n.p. p.149.

16 참조. Homer. *Illiad*. Book 18. line 599-606.

눈에 띄는 것은 이어지는 591~2번째 줄에서 호메로스가 헤파이스토스의 코로스를 크놋소스에서 다이달로스가 아리아드네를 위해 공교하게 만든 '그것(τῷ)'에 빗대고 있다는 점이다.[17] 『일리어드』에서 다이달로스에 대한 언급은 여기가 유일한데, 그렇다면 의심의 여지없이 다이달로스가 만든 '그것'은 바로 그의 대표작이자 크레타 섬의 신화에 얽힌 장치, 미로를 떠올리지 않을 수 없다. 다이달로스의 작품과 코로스가 비교되고 있다는 것은 다른 말로 라비린토스와 코로스가 무용 혹은 무용을 위한 장소를 뜻할 때 서로 겹칠 수 있는 용어들임을 함축해 준다.

이를 뒷받침해 주는 또 다른 기록은 '아리아드네의 코로스(Ἀριάδνης χορός)'라는 어구가 언급된 기원전 2세기의 여행가이자 지리학자 파우사니아스(Pausanias)의 *Graeciae Descriptio*[18]에 나온다. 파우사니아스에 의하면 다이달로스가 만든 코로스를 2세기까지도 볼 수 있었다고 하는데[19] 호메로스의 『일리어드』에 언급된 아리아드네의 코로스가 새하얀 돌에 새겨진 것이라고 전해진다는 점을 고려할 때[20] 라비린토스는 삼차원적 건축물이 아니라 아마도 바닥에 새겨지거나 그려진 평면적인 장소나 그 위에서 이뤄진 춤을 동시적으로 의미했을 가능성이 크다.

이처럼 라비린토스를 통해 전래되어 온 테세우스 신화의 모티프(motif)는

---

17 위의 글. line 591-2. 원문은, 토 이케론 호이온 포트 에니 크로소 유레이에 다이달로스 에이스케이센 칼립로카모 아리아드네(τῷ ἴκελον οἷόν ποτ' ἐνὶ Κνωσῷ εὐρείῃ Δαίδαλος ἤσκησεν καλλιπλοκάμῳ Ἀριάδνῃ). 번역하면, "옛적에 멀리 있는 크놋소스에서 다이달로스가 아름다운 머리채를 가진 아리아드네를 위해 만들었던 것처럼."

18 Pausanias. *Graeciae Descriptio*. Book 9. ch. 40. sec. 3. line 5. TLG에서는 F. Spiro(1903). *Pausaniae Graeciae Descriptio*. 3 vols. Teubner의 편집을 따름.

19 Kern. *Through the Labyrinth*. p.319. 즉, 이 말은 위의 글. sec. 4. line 7-8에서 말하는 "나는 (이것 말고는) 지금까지 있는, 다이달로스의 다른 작품들을 알지 못한다"란 말에 대한 해석이다.

20 Pausanias, *Graeciae Descriptio*, Book 9, ch. 40, sec. 3, line 7-8. 영어 번역은 '흰 돌'을 대리석으로 옮겼다. 참조. TLG; Kern, *Through the Labyrinth*. p.319.

기독교 시대(Christendom)가 도래하면서 교회 안에 상징적으로 흡수되었다. 테세우스 이야기의 기본적인 골격을 이루는 '역경-조력자의 도움-전투-승리'의 도식은 인물과 사건의 극적인 요소들이 각각 기독교적 상징성을 지닌 의미로 변형되면서 교회로 스며들었는데, 이와 같은 과정에서 십자로를 중앙에 배치한 고전적인 미로의 형태는 11개의 통로를 가진 중세 교회의 전형적인 미로로 발전했고, 미로 속에 담긴 이야기는 신화와 신비적인 의식을 따라 기독교 안에서 새롭게 들려지기 시작했다.

2. 미로무용의 수직축: 인생의 발걸음마다 신성으로 인도될지니

성스러움이란 주위의 대상과의 은유적 관련성이다.
성스러운 공간에서는 무슨 일을 하건 간에 그 주위는 은유가 된다.
- 조지프 캠벨(Joseph Campbell), 『신화와 인생』에서

중세의 기독교는 고대의 철학과 신화에 기반한 신화적 세계관을 벗어나지 않은 채 민중들의 세계로 흡수되었다. 주술적이고 이교적인 민간 신앙이 중세인들의 기본 관념을 지배하고 있었고, 자연이 인간보다 더 힘이 세다는 것을 시시때때로 경험하던 당시에는 인간의 접근을 쉽게 허용하지 않았던 성스러움에 대한 경외감이 민중들의 의식 속에 안개처럼 늘 번져 있었다. 이러한 배경을 가진 중세의 기독교에 대해서는 단순한 신학적 서술이 불가능하다.

사회의 하위 계층이었던 일반 농민들이나 11세기 중엽 새로운 도시들의 건설과 함께 도시로 이주해 신흥 세력으로 부상하기 시작한 시민들에게 복잡하고 발달된 직제와 체계를 갖춰 나가던 기독교는 그들이 쉽게 본질로

접근하거나 향유할 수 있는 신앙 양식(form)이 아니었다. 대신 구원과 내세에 대한 가톨릭(Catholic) 교회의 가르침은 이미지를 통해서 전해졌다. 문맹률이 높았던 중세인들에게 신앙의 가르침은 주로 감관(感官)을 통해 몸으로 배우는 것이었는데, 일례로 도덕적인 교훈을 주려는 목적으로 그려진 『그림 성경책(*Bibles Moralisée*)』은 수행적 읽기(performative reading)를 통해[21] 글자가 아닌 이미지로 가르침을 주었다. 책뿐만이 아니라 복장, 음악, 건축물까지 심오한 의미를 지니지 않은 것은 없었다. 중세인들은 뾰족하고 위압적인 위용을 자랑하는 고딕(gothic) 양식의 대성당에서 이뤄지던 단성적인 성가와 라틴어 미사, 스테인드 글라스를 통해 신비롭게 쏟아져 들어오는 빛의 감화를 받고 기독교의 신앙적인 분위기를 익혀 나갔다. 그러나 민중들의 삶 속에 깊게 뿌리내린 신화적인 사고는 기독교 문화가 확산되면서 기독교적인 색채를 입고 그 외양을 바꿨을 뿐 본질적인 차원에서는 여전히 신과 대지, 자연에 대한 숭배 의식이 그들의 관념을 지배하고 있었다.

이교적인 기독교 혹은 기독교화된 이교적 관습이 교회와 공존할 수 있었던 데는 중세 교회의 알레고리적(allegorical) 신학 방법이 득세한 것과 관련이 깊다. 알레고리는 중세 이전부터 유행해 온 신학적 접근 방법으로서 기호와 의미 간의 일대일 상응 관계를 상정하는 것이다. 즉, 성경의 인물이나 사건 등 구체적인 모든 요소가 각각의 고유한 영적인 의미를 가지고 있다는 것을 전제한다. 이러한 접근 경향은 특히 예수의 비유들을 해석하는 데서 두드러졌다. 가장 유명한 예를 들면, 누가복음 10장의 일명 선한 사마리아인의 비유에서 등장 인물인 선한 사마리아인, 레위인, 제사장, 강도, 강도를 만난 사람, 여관 주인, 그리고 등장 요소들인 올리브 기름(olive oil), 포도주, 자기 짐승, 두 데나리온(denari) 등은 신자들의 구원과 관련해 각각의 고

21 Hellemans, Babette(2007). Tangible Words: Some Reflections on the Notion of Presence in Gothic Art. In *Iconoclasm and Iconoclash*. Willem can Asselt and others, eds. *Jewish and Christian Perspectives* 14. Brill. p.237.

유한 의미를 가지고 해석됨으로써 영혼의 구원에 미치는 선과 악의 세력 대립을 첨예하게 보여주는 예시로 설교되었다.[22]

이처럼 일상적인 사물에서 그것과 대응되는 영적인 의미를 찾는 알레고리적 접근 방식은 단순히 신앙적인 차원에서만 이뤄진 것이 아니었으며 중세인들의 일상을 지배하는 주된 논리적인 구조이기도 했다. 중세의 시기에 대한 고전적인 연구서에서 요한 호이징가(Johan Huizinga)는 다음과 같은 말을 남긴다.

> 중세 그리스도교 사회의 모든 일상생활은 종교적 관념이 배어 있는 정도가 아니라 이미 포화 상태였다. 갖가지 사물과 행위가 그리스도교와 연관되었고, 제 아무리 평범한 것이라도 신앙에 관련되었다. 사람들은 줄곧 모든 사물에 종교적 의미를 물었으며, 내면의 신앙을 유감없이 펼쳐 놀랍도록 풍성한 표현을 나타냈다.[23]

위의 책에 묘사된 신앙심이 투철한 한 사제는 사과를 먹을 때 한 조각은 그리스도를 위해, 한 조각은 어린아이를 위해, 하나는 마리아를 위해 먹었을 정도였다.

이와 같은 방법으로 중세의 교회는 기존의 의식 구조를 해체하는 대신 그들의 사고를 재편해 신화 속의 영웅들을 예수 그리스도로, 민중들이 숭배해 온 어머니 대지에 대한 의식을 성모 마리아에 대한 추앙으로 덮게 된다.[24] 그리고 오랜 기간 유럽인들의 사고를 이끌어 온 이원론을 바탕으로

---

22 Cf. Just, Arthur A.(ed.)(2003). 『루카 복음서. 교부들의 성경주해 신약성경 IV』. 이현주 옮김(2011). 분도출판사. pp.276-281.

23 Huizinga, Johan(1919). 『중세의 가을』. 이희승맑시아 옮김(2010). 동서문화사. pp.222-223.

24 Cf. Takeshi, Sakai(2006). 『고딕 불멸의 아름다움』. 이경덕 옮김(2009). 다른세상. p.45.

성스러운 것과 불경한 것에 대한 구별을 좀 더 시각화해 왼쪽, 검은색, 아래편, 그리고 오른쪽, 흰색, 윗편 등의 이분법을 강화하는 등 선과 악의 구도를 좀 더 분명한 색채로 드러낸다. 중세의 대성당의 건축적인 요소들에는 이러한 이원론과 알레고리적 사상들이 곳곳에 반영되어 있다.

미로는, 그 자체가 하나의 알레고리로서, 로마 제국의 몰락 이후 초기 기독교에 의해 기독교적 상징으로 받아들여졌다. 기독교화된 미로의 첫 번째 증거로는 알제리의 알 아스남(Al-Asnam; 옛 지명은 오를레앙빌(Orléansville))에 있는 바실리카(Basilica)에서 발견된 미로를 최초의 것으로 꼽는다. 이 성당은 A.D. 324년에 지어졌고 중앙에는 테세우스와 미노타우루스의 그림 대신 상타 에클레시아(Sancta Eclesia), 즉 거룩한 교회라는 문구가 새겨져 있다.[25]

이후로, 미로는 크레타 신화와 기독교 신학 간의 알레고리적 연결을 통해 중요한 상징적 장치로서 교회에 자리 잡게 된다. 규모 면에서 미로무용에 유의미한 컨텍스트(context)를 제공해 주는 가장 초기의 예시는 아마도 10세기에 지어진 이탈리아 파비아(Pavia)에 있는 성 미카엘(San Michele) 성당의 미로일 것이다. 이 미로는 직경 3.3미터로 되어 있으며, 중앙에는 "테세우스가 들어가 머리가 둘인 괴물을 죽였다"[26]는 글귀가 새겨져 있다. [그림 2-2]의 왼편 하단에 있는 다윗과 골리앗의 싸움에서 다윗의 머리 위로는 "강한 자는 낮아지고 겸손한 자는 높아지리라(Sternitur elatus stat mitis ad alta levatus)"는 글귀가 보인다.[27] 바닥에 새겨진 이 미로의 전체적인 그림은 걷거나 움직이는 경험적 읽기 행위를 통해 텍스트와 이미지를 동시에 받아들

---

25 Saward, Jeff(2008). *Magical Paths: Labyrinths and Mazes in the 21st Century*. Sterling Publishing. p.21.

26 박영애. 『기독교무용사』. p.169.

27 Wright, Craig(2001). *The Maze and the Warrior: Symbols in Architecture, Theology, and Music*. Harvard University Press. p.30.

그림 2-2. 성 미카엘 성당의 미로

이도록 고안된 것으로 추론된다.

이후 12~13세기 프랑스의 오세르(Auxerre), 상스(Sens), 사르트르(Chartres), 루앙(Rouen), 아미엥(Amiens) 대성당들에도 바닥의 상당한 면적을 차지하는 미로가 그려졌다.[28] 아미엥 성당은 예루살렘으로 향하는 미로의 여정(labyrinthine journey)을 상징하는 천 개의 타일 바닥을 가지고 있었다고 알려지며,[29] 사르트르 성당의 미로는 현재까지 완벽하게 보존된 채로 남아 있다. 이들 미로의 실제 용도가 무엇이었는지에 대해 추측이 난무한데, 공통적으로 프랑스와 이탈리아의 바닥 미로는 세속적이고 교회적인 의식 무용, 즉 부활절 의식이나 교회로 들어오기 전에 영적인 집중을 위한 것, 혹은 순례의 대용, 마녀와 귀신들의 세력을 묶기, 그리고 놀이와 장식을 위한 것이었다는 견해들이 제기되어 왔다.[30]

가장 널리 회자되고 있는 추론은 미로 위에서 이뤄진 행위들이 중세기 유행했던 십자군 원정과 더불어 예루살렘으로의 순례를 대신했으리라는 것이다.[31] 순례를 위한 미로의 용도를 주장하는 이들은 11~12세기에 계속

---

28 이탈리아에서 미로가 발견된 지역이나 건축물, 미로의 유형이나 크기 등에 대해서는 Cf. http://labyrinthlocator.com/locate-a-labyrinth?action=locate&country=Italy&state=.

29 Sachs, Curt(1965). *World History of the Dance*. Norton. p.151.

30 Bloos, Ingrid D. & O'Connor, Thomas St. James. *Ancient and medieval labyrinth and contemporary narrative therapy*. p.221.

31 Artress, Lauren(2006). *Walking a Sacred Path*. Rev. Riverhead Books. p.32; Skinner, Stephen(2006). 『신성 기하학』. 김영희 · 류혜원 옮김(2008). 열린과학. pp.134-135.

된 십자군 전쟁으로 인해 예루살렘이 종교적 갈등의 중심지가 되자 위험하고 값비싼 순례 여행 대신에 이 미로를 걸음으로써 순례를 대신 행했으리라고 주장한다. 순례자들은 일설에 의하면 기도를 읊조리면서 무릎으로 미로를 걸어서 통과했다.

그러나 전체적으로 조망해 볼 때, 미로의 기능과 의미에 관해 분명히 말할 수 있는 것은 거의 없다는 연구자들의 말이 아마도 옳을 것이다.[32] 미로에 대한 스케치나 실제로 남아 있는 미로 외에는 거기에 담겨진 역사를 설명해 줄 단서들이 희박한 편이기 때문이다. 그럼에도 불구하고 미로의 용도에 관해 확실히 말할 수 있는 것이 있는데, 바로 오세르 성당의 미로에서 부활절에 사제들이 춤을 추었다는 한 가지 언급이 전해져 내려온다는 것이다. 오세르 성당의 사제들은 "부활절 희생양께 찬양을(Victimae paschali laudes)"[33]이라는 성가에 맞춰 미로무용을 행했으며, 이 무용의 양상은 아래와 같이 서술할 수 있다.[34]

오세르 성당의 부활절 미로무용에서는 필로타(pilota)라고 불리는 가죽공이 중요한 역할을 한다. 이 공을 서로 던져서 주고받으며 무용이 진행되는데, 이 공은 부활하신 그리스도의 광명 혹은 태양을 상징하는 것이었다. 가장 최근에 들어온 대성당 참사회 의원(canon)이 필로타를 참사회장(dean)에게 건네주는 것으로 무용이 시작된다. 참사회장은 왼손에 공을 올려놓고

32 Kern. *Through the Labyrinth*. p.146; Ferr, Robert D.(2013). *Church Labyrinth*. rev. LLC. p.12.

33 이 유서 깊은 성가는 11세기에 위포(Wipo)라는 스위스 수도사가 작곡한 것이다. Wright. *The Maze and the Warrior*. p.144.

34 Cf. Kern, *Through the Labyrinth*. p.147; Wright, *The Maze and the Warrior*. pp. 139-140, Lebeuf, Abbe Jean(1726). Remarques sur les anciennes Rejouissances Ecclesiastiques. *Mercure de France*. pp.921-922에서 재인용; Taylor, Margaret(1990). 예배에서의 상징적 동작의 역사. 『종교와 무용』. Doug Adams and Diane Apostolos-Cappadona(eds.). 김명숙 옮김(2006). 당그래. p.47; Kister, Daniel. 가톨릭 인터넷 굿뉴스 2004. 전례에서 무용과 연극의 기능. 10월 29일.

사제들이 부르는 '부활절 희생양께 찬양을'의 박자에 맞춰 춤을 추는데, 이때 세 개의 스텝으로 이뤄진 트리푸디엄(tripudium)을 추었다고 알려진다. 다른 사람들이 손에 손을 잡고 미로 안에서 원무를 추는 동안 참사회장은 미로 안에서 공을 이 사람 저 사람에게 던지거나 건네주며 춤을 추었으며, 이 춤에는 발구르기나 고대에 행했던 트로이 게임(troy game)에서의 회전과 뒤틀기 움직임도 포함되어 있던 것으로 보인다.

부활절 의식 무용이었던 이 미로무용은 단순하고 명확한 알레고리였다. 필로타에 대응되는 의미는 어둠을 몰아내는 태양빛으로서 그리스도의 광명을 의미했고, 원무를 추는 가운데 공을 앞뒤로 계속 던지는 것은 천상을 도는 태양의 진로를 묘사하는 것으로 생각되었다.[35] 이때 참사회장의 무용 스텝인 트리푸디엄은 전진과 후퇴를 반복하면서 앞으로 나아감으로써 그리스도의 승리를 나타내며, 그가 여러 사람에게 필로타를 건네주는 행위는 부활의 은혜를 수여하는 것을 대표하는 행위였다고 할 수 있다.

이처럼 교회의 의식 중 가장 크고 중요한 의식이었던 부활절 의식에서 무용이 미로 위에서 행해졌다는 사실은 미로가 교회의 신학에서 상징성을 강하게 띤 은유적인 장치였음을 시사한다. 고딕 정신이 만개하면서 7세기부터 이어져 내려온 행렬이나 고대의 사제들의 춤은 13세기에 이르러 가장 정교하게 다듬어져 나타나게 되었는데,[36] 13세기(1250년경)에 기록된 프랑스의 음악책에 보존되어 내려오는 60개의 음악과 그에 맞춘 무용 중 30개가 부활절 무용이라는 점을 고려한다면, 중세 무용에서 부활절 무용이 갖는 의미가 얼마나 큰지 알 수 있다.[37]

위의 내용을 종합해 볼 때, 의식 무용으로서의 미로무용이 교회의 또 다

---

35 Taylor. 『예배에서의 상징적 동작의 역사』. p.47.

36 Luerssen, Jade(1967). The Evolution of Sacred Dance in the Judeo-Christian Tradition. Illinois Wesleyan University Dissertation. p.38.

37 Wright. *The Maze and the Warrior*. p.151.

른 절기들에 또 다른 양상으로 행해졌을 가능성도 배제할 수는 없다. 부활절의 중요성을 고려하다면, 부활절 의식에 행해진 미로무용에 대한 단편적인 기록만으로도 미로무용이 교회에서 받아들여졌거나, 적어도 특별한 의미를 가지고 행해졌음을 가정할 수 있다. 끊임없이 무용 금지령이 내려진 중세의 교회 법령은 그만큼 금지령이 무효했다는 것을 반증하는 것으로 볼 수 있기 때문에, 이러한 상황에서 미로무용이 중세 유럽의 교회 무용에서 비중 있는 무용 양식으로 존재했다는 점은 확실해 보인다. 다만 미로무용에 대한 자료들이 남아 있지 않은 이유는 이것이 "종교적으로 허용 가능한 관심의 경계(margin)에 있었으며, 그에 관해서는 말하지 않는 편이 더 나았기" 때문일지도 모른다.[38] 실제로 17세기에 대성당 참사회 의원이었던 장-바티스트 수쉐(Jean-Baptiste Souchet)에 의하면, 미로는 "돌고 달리면서 시간을 낭비할 뿐인… 미친 우회로"[39]였을 뿐이다.

어쨌든 이교적인 신화에 기반한 미로라는 장치와 신화적 내용이 기독교의 옷을 갈아입고 중세 교회에 안착할 수 있었던 데는 중세 교회에 팽배했던 알레고리적 세계관이 결정적인 역할을 했을 것으로 보인다. 미로는 르네상스(Renaissance) 시대가 도래하면서 원근법이 도입되기 전, 평면에 입체적으로 그려진 하나의 거대한 알레고리로서 속죄나 순례, 부활 등 무엇이든 간에 교회가 말하고자 하는 이야기들이 체험되는 구체적인 경험의 장소였을 것이다. 이처럼 하나의 은유적 장치로서의 미로무용이 어떤 상징들을 통해 그 알레고리를 구현할 수 있었는지는 이어지는 논의를 통해 추론할 수 있다.

---

38 위의 책. p.139.

39 McGregor, Mary Jean(2012). Walking the Labyrinth in the Cathedral Notre-Dame de Chartres: The Lived Experience of the Middle-Aged North Americans While on Pilgrimage A Grounded Theory Study. Union Institute and University, Ph.D. Dissertation. pp. 2-3.

3. 미로무용의 시상축: 신성은 상징으로 세계에 드러난다

… 그러나 당신께서는 모든 것을 재고 헤아리고 달아서 처리하셨습니다.
-『솔로몬의 지혜서』 11장 20절

하늘을 찌를 듯이 솟아오른 중세의 고딕 성당들은 외부의 장식과 내부의 구조를 비롯한 모든 건축적인 요소들이 신성한 기하학에 대한 지식을 바탕으로 세워졌다. 중세인들의 사고에서 하나님은 [그림 2-3]과 같이 컴퍼스(compass)로 세상을 작도해 창조하신 분으로 이해되었다. 즉, 창조는 혼돈과 무질서를 정교하고 완성된 배열로 바로잡고 세계의 질서를 정초한 사건이었다. 따라서 인간의 타락으로 왜곡되기 전까지 원래의 세상은 정확한 비례와 균형, 신성함으로 가득한 곳으로 생각되었다. 완전한 세계에 대한 이상은 철학에서는 이데아(idea)로, 수학과 기하학에서는 신성한 숫자들과 도형으로 묘사되었고, 이 모든 요소는 중세 교회 건물들에 반영되었다. 특별히 건축에서 결정적인 역할을 했던 신성한 기하학은 천상의 예루살렘, 솔로몬 성전, 노아의 방주 등 구체적인 척도가 예시되어 있는 성경의 구절들과 함께 초기 기독교 신학자 성 아우구스티누스(St. Augustinus, 354-430)의 『하나님의 도성(*De Civitate Dei*)』을 모태로 해서 발달되었다.

그림 2-3. 13세기 『그림 성경책(*Bibles Moralisée*)』의 창세기 1장 1절

이러한 기하학적 지식을 기

반으로 건축에 임했던 중세 건축가들의 공통된 목표는 인간의 타락으로 무너진 세상에서 "창조 때의 완벽함을 재창조하는 것이었고, 그 방법은 완벽한 기하학과 수학의 힘을 빌리는 것이었다."[40] 그 자체가 천상의 예루살렘을 환기시키는 상징으로서, 고딕 양식의 건축에 특히 많이 나타나는 아치(arch)나 아치형 천장은 원이나 구의 모양을 하여 시작과 끝이 없는 영원을 상징하며 이 안에 숨겨져 있는 원형들은 하나의 전체로서 그리고 부분들의 무수한 집합으로서 천국을 의미했다.[41] 이처럼 신성한 건물은 신성한 기하학을 바탕으로 건축되었는데, 특히 교회의 창문, 아치, 트레이서리(tracery)[42] 등의 요소들은 기본적으로 베시카(vesica) 문양을 매우 복잡하게 응용해 완벽한 비례와 정교한 형태로 작도되었다.[43]

중세에 하나님의 작품인 자연과 어깨를 나란히 할 수 있는 인공물의 창조는, 이처럼 회화보다도 건축을 통해 주로 이뤄졌다. 인간 세계에서 신성함은 반드시 피조물의 매개를 통해 드러나게 되어 있으며 모든 피조물은 신성함의 매개가 될 수 있는 잠재적 가능성을 가지고 있는데, 그것이 실제로 성현(聖顯, hierophany)의 매개가 되는 것은 일상적인 혹은 평범한 것에 비해 비범하고 탁월한 것으로 판명될 때 가능한 것이었다.[44] 교회 건물의 웅장한 위엄과 그 안에서 이뤄지던 엄숙한 의식들은 오랜 세월 가톨릭 신앙이 중세인들의 의식 구조를 지배할 수 있었던 이유를 설명해 준다. 특히

---

40 Stemp, Richard(2010). 『교회와 대성당의 모든 것』. 공민희 옮김(2012). 성균관대학교출판부. p.104.

41 Cf. Wilson, Christopher(1990). *The Gothic Cathedral*. London: Thames and Hudson. pp.8-9.

42 트레이서리는 고딕 양식의 건축에서 나타나는 곡선으로 된 여러 장식적인 무늬를 일컫는다.

43 베시카는 두 개의 원이 서로의 중심에 원호가 위치하도록 겹쳤을 때 나타나는 아몬드 모양의 형태를 일컫는다. 신성한 기하학에서 원의 다양한 응용 형태를 작도할 때 가장 기본으로 사용되어 온 기법이라고 할 수 있다. Cf. Lundy, Miranda(2010). Sacred Geometry. In *Quadrivium*. John Martineau, ed. Wooden Books. pp.68, 108-115.

44 Eliade, Mircea(1961). 『성과 속』. 이동하 옮김(1997). 학민사. pp.14-18.

10~13세기의 프랑스 성당의 건축에 지배적으로 나타나는 고딕 양식의 대성당들은 좁고 허름하며 악취 나는 도시를 배경으로 그 탁월한 위용을 더욱 자랑했다. 수십 년에서 수백 년까지 걸린 긴 시간을 거쳐 건설된 고딕 대성당들은 그 자체가 하나의 창조된 세계이자 우주의 축약본이었다. 군주제가 확립되고 농법이 진화하면서 점차 세력이 강해진 유럽의 왕궁과 군주들은 교권의 강화와 더불어 "성스러운 유물을 수호하는 대성당을 지음으로써 또 다른 세계의 이상을 이 지상에 실현하려는 야심차고도 치열하며 역사상 유례가 없는 인류의 도전에 불을 지폈던 것"이다.[45]

그러한 성당들의 바닥에 자리한 직경이 10미터 정도 되는 미로와 그 위에서 이뤄진 춤은 단순한 오락이나 체육 활동이 아니라 그 자체가 하나의 종교적 상징으로서 기능했다고 볼 수 있다. 미로무용은 미로의 알레고리나 상징성과 강하게 점착되어 있었으며, 고딕 성당들의 바닥에 새겨진 미로의 의미 역시도 중세의 신학적 인문학 혹은 인문학적 신학의 요소들과 밀착되어 있었다. 현대인들에게 교회의 바닥은 그리 주의를 기울이게 되는 곳은 아니지만 대성당에 군중들을 위한 의자가 놓이기 이전, 입구나 측랑(側廊) 사이의 중심에 새겨진 미로는 그곳에 들어서는 모든 이들에게 노출됨으로써 당대에 유의미했을 어떤 사상을 환기시키는 상징으로 작용했을 것이다. 그러므로 미로무용을 통해 구현되는 신성에 대한 경외와 기쁨, 혹은 (순례를 주장하는 이들의 견해에서처럼) 속죄의 고행 등은 미로에 담지된 기하학, 천문학, 음악 등의 인문학적 상징들을 통해 좀 더 풍부한 이야기들을 생산해내게 된다.

특히 "고딕 시대에 대한 신성한 기하학의 영향은 아무리 강조해도 지나치지 않을 것이다."[46] 기하학의 한 분과로서 신성한 기하학은 신성한 수와

45 Focillon, Henri(1938). 『로마네스크와 고딕』. 정진국 옮김(2004). 까치글방. p.672.

46 Wallace-Murphy, Tim. 『심벌코드의 비밀』. 김기협 옮김(2006). 바다출판사. p.162.

비율에 대한 지식을 통해 중세의 건축 양식에 절대적인 영향을 끼쳤다. 신성한 기하학에 바탕을 둔 지식은 원형, 삼각형, 사각형 등의 기본 도형을 발전시켜 정육면체, 정팔면체, 정십이면체, 정이십면체 등의 입체를 형성하고 건축 구조물들 사이의 간격과 비례를 결정함으로써 비정상적으로 높이 솟은 고딕 양식의 대성당들이 현재까지도 건재할 수 있도록 한 기본 요소가 되었다. 일례로, 현존하는 최고의 미로가 보존된 사르트르 성당의 각 부분들을 보면 다음과 같다.

> 사르트르 대성당은 숫자와 기하학에 대한 중세의 열정이 최고조에 도달한 것처럼 보인다. 서쪽 면의 오른편 문에는 중세의 자유 7과목들이 피타고라스, 유클리드, 아리스토텔레스, 키케로, 프톨레미, 보에티우스, 그리고 프리키아누스로 의인화되어 전시되었고 왼쪽 문에는 황도 십이궁의 상징들이 있다. 숫자와 기하학뿐 아니라 사르트르의 건축 디자인은 천문학의 영향을 강하게 받았다. 해와 달의 탑들, 해시계, 천문 시계, 황도 십이궁 창문, 세 개의 커다란 장미창은 (열두 개의 원이 있어서) 천문학적 숫자인 12로 나뉜다.[47]

현대인들에게 구체적인 사물과 추상적인 의미를 즉각적으로 연결하는 알레고리가 다소 터무니없는 논리일 수 있듯이, 신성한 기하학이나 천문학, 수학 등이 세계를 대하던 태도 역시 어딘가 이질적인 느낌을 줄 수 있다. 예를 들면, 크레타 미로 형태에서 전형적으로 나타나는 일곱 개의 구간은 지구를 중심으로 도는 것으로 알려진 그리스 시대의 행성들이 만들어내는 일곱 개의 천구(天球)에 상응하는 것일 수도 있다.[48] 2세기에 저술된 기독교 외경 『헤르마스의 목자(*Shepherd of Hermas*)』에는 열두 명의 흰옷 입은 천사

---

47 Calter, Paul A.(2008). *Squaring the Circle: Geometry in Art and Architecture*. Key College Publishing. p.204.

48 Skinner. 『신성 기하학』. p.113.

들이 합창과 무용과 노래를 하는데, 이 처녀들은 하나님의 아들로부터 나오는 열두 가지 능력으로서 12궁 별자리와 관련이 있으며, 천상의 춤은 "열둘이라는 숫자에 의해 천문학적이고 우주적인 개념과 관련"된다.[49] 한편 『요한 행전(*Acts of John*)』이라는 3세기의 외경에는 '예수 찬가(Hymn of Jesus)'로 불리는 신비적인 부분이 포함되어 있는데, 여기에는 예수께서 수난당하시기 전날 밤 미로무용으로 춤을 추는 장면이 묘사되어 있다. 전문을 옮기면 다음과 같다.[50]

> 그는 말씀하셨다, "내게 아멘(Amen)으로 응답하라."
> (중략)
> 은혜(예수)께서 춤을 추신다.
> "내가 신호(pipe)하나니, 모두 춤추라!"
> "아멘"
> "내가 애통하나니, 모두 애곡하라!"
> "아멘"
> "여덟(Ogdoad)은 우리와 함께 노래하는도다."
> "아멘"
> "열둘은 높은 데서 춤추는도다."
> "아멘"
> "온 우주가 이 춤에 참여하는도다"
> "아멘"

---

49 박영애. 『기독교무용사』. p.41.

50 Elliott, J. K.(2008). *Apocryphal Jesus: Legends of the Early Church*. Oxford University Press, pp. 60-61; James, M. R.(1924). The Acts of John. In *The Apocryphal New Testament*. Oxford: Clarendon Press. Cited from www.earlychristianwritings.com.

위와 같이 고대로부터 여덟과 열둘은 천문학적 배경을 가진 신성한 숫자들로 받아들여졌다. 신플라톤적 사고에 영향을 받았던 중세 기독교인들의 세계관에서 8은 프톨레미(Ptolemy) 우주론에 근거한, 지구와 일곱 개의 행성으로 이해되었을 것이고, 12는 황도 12궁의 열두 자리의 상징으로 이해되었을 것이다.[51] 중세인들에게 모든 사물은 초자연적인 기능을 가진 것으로서, 만약 어떤 사물이 그러한 목적에 관계되지 않을 경우 구조적 불완전성을 가진 추한 것에 불과했다.[52] 건축에서도 질서, 배열, 율동적 운동성(eurhythmy), 균제, 미 등과 관련된 비례의 원칙들은 일종의 신비주의로서 장인들을 통해 그 제의적 분위기와 비밀들을 보존해 전수했다.[53]

현재, 규모나 보존 면에서 [그림 2-4]와 같이 최고의 교회 미로인 사르트르 성당의 미로는 열한 개의 구간으로 구성되어 있다. 숫자가 신적인 기원을 갖는다고 믿었던 중세의 건축 사상에 비춰볼 때 구간과 모퉁이의 수 또한 의미를 가지고 지어졌으리라고 생각하는 것이 타당할 것이다. 중세 교회의 미로는 사르트르 타입(chartres type)과 라임 타입(rheims typre)의 두 종류로 나뉘는데, 사르트르 타입의 미로

그림 2-4. 사르트르 성당의 미로[54]

51 Wright. *The Maze and the Warrior*. p.133; Backman, E. Rouis(1952). *Religious Dances in the Christian Church and in Popular Medicine*. George Allen and Unwin. p.15.

52 Eco, Umberto(1987). 『중세의 미와 예술』. 손효주 옮김(1998). 열린책들. p.158.

53 위의 책. p.84.

54 www.labyrinthos.net.

는 열한 개의 구간으로 이뤄진 원형의 형태를 띠며 라임 타입의 미로는 팔각형의 형태로 나타난다.

프랑스 북부의 일 드 프랑스(Île-de-France) 지역에는 미로를 가졌던 성당들이 대거 위치해 있는 상스와 라임의 두 대주교구가 있는데, 상스 주교구의 오세르, 상스, 사르트르 성당은 원형 미로, 라임 대주교구의 오메르(Omer), 아라(Arras), 아미엥, 라임 성당은 팔각 미로 형태의 형태를 가졌던 것으로 알려진다.[55] 13세기 말 비슷한 시기에 건축된 라임과 아미엥 두 성당의 미로 중 라임 성당의 미로는 자크 셀리에(Jacques Cellier)가 남긴 16세기의 스케치를 제외하고 실제 형태로는 남아 있지 않으며, 아미엥 성당의 미로는 파괴되었다가 현재의 형태로 복원되었다.[56]

[그림 2-5]의 두 성당에서는 오세르 성당에서 이뤄진 부활절 미로무용이 행해졌다고 알려진다.[57] 아마도 이들 팔각 미로가 출현한 것은 아마도 숫자 8이 침례탕이나 세례반의 형태가 상징하는 것처럼 기독교 세계에서 부활,

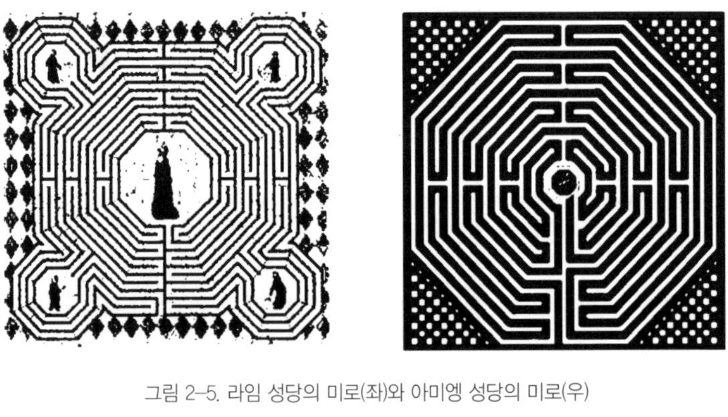

그림 2-5. 라임 성당의 미로(좌)와 아미엥 성당의 미로(우)

55 Wright. *The Maze and the Warrior*. p.38.

56 아미엥 성당의 실제 바닥 미로를 입체적으로 보여주는 온라인 자료는 다음을 참조하시오. http://www.learn.columbia.edu/ha/panos/Amiens/Labyrinth-V1/

57 Kern. *Through the Labyrinth*. p.147.

완성된 완전성, 새로운 시작, 영적인 갱생과 연결되어 있기 때문일 것으로 보인다.[58] 건축물에서 팔각의 형태는 천국와 지상의 전이(transition)를 상징했으며[59] 음계에서도 여덟 번째 음계는 옥타브(octave)로서 첫 번째 음계를 배가하면서 새로운 단계로 진입하는 신호가 된다. 위와 같은 연유로 인해, 종교적인 상징들에서 여덟 번째 단계가 구원이나 영적인 진화와 관련이 있다고 보는 견해가 제기되기도 했다.[60] 만약 이러한 내용을 진지하게 받아들인다면 라임 성당이나 아미엥 성당에서 행해졌던 미로무용은 오세르 성당에서의 필로타나 미로가 가졌던 상징들을 좀 더 시각적으로 구현한 것이 된다.

한편 미로 연구가 크레이그 라이트(Craig Wright)에 의하면 16세기의 르네상스 시대에 기원을 둔 라벤나(Ravenna)의 미로를 제외하고 모든 미로에서 다음과 같은 공통점이 발견된다. 그것은 바로 열한 개의 구간, 입구에서 중앙까지 서른한 개의 분절, 서-동쪽과 북-남쪽 축을 따라 흐르는 십자가를 만들어내는 무늬(check)의 연속 등인데,[61] 미로무용의 의미에서 열한 개의 구간은 중요하게 고려해야 할 숫자다. 왜냐하면 숫자 11은 지하세계의 신비한 수로 생각되었기 때문이다.[62] 이러한 관점에서 본다면, 미로 자체가 하나의 거대한 지하세계를 의미했을 가능성도 무시할 수 없다.

고대의 기호와 상징을 연구한 아리엘 골란(Ariel Golan)에 의하면, 미로는 저승신이 다스리던 지하세계를 나타내는 것이었다. 그 이유는 서유럽이나 로마에서 미로를 일컫던 트로이(troy) 혹은 트로야(troya)는 고대 슬라브족의 지옥의 신 트로얀(Troyan)과 비슷한 말로서 트로야는 트로얀이 살던 요새였

58 위의 책, p.144.
59 Lundy, Miranda(2010). Sacred Number. In *Quadrivium*. p.26.
60 위의 글.
61 Wright. *The Maze and the Warrior*. p.65.
62 Lundy. Sacred Number. In *Quadrivium*. p.32.

다는 설이 있고, 또한 미로의 중앙에 나타나는 십자 모양은 신석기 시대에 죽은 자들을 보내는 땅과 지하세계를 상징했기 때문이다.[63] 기독교의 신비주의적 이단이었던 영지주의(Gnosticism)의 신봉자들도 미로무용을 남긴 것으로 알려졌는데, 미로는 인간의 영혼이 어둡고 벗어날 길 없는 지하세계로 들어가 겪어야 하는 방황을 상징하고 결론적으로 그리스도께서 알려주시는 지혜로써 자유를 얻는다는 것을 뜻했다.[64]

그렇다면 미로무용에 대한 유일한 언급인 오세르 성당에서의 부활절 미로무용이나 라임, 아미엥 성당에서의 미로무용, 그리고 잠재적으로 가능한 샤르트르 성당을 비롯한 그 외 성당들에서의 미로무용은 일설에 의한 순례나 속죄의 고행보다는 가장 간단히 죽음의 세계와 생명의 세계를 연결하는 즉각적인 전환과 구원의 은혜에 대한 축배로서 이뤄졌으리라는 것이 더 개연성 있는 해석일 것이다. 교회의 미로는 성스러운 축제의 장소로서 중세의 세계관에서 분리될 수 없었던 상징과 기하학, 비례와 신성한 숫자들이 결합되어 있으며 나선을 따라 흐르는 천상의 음악과 무용을 보존하고 있다. 즉, "중세의 교회 미로들은 비례를 통한 리듬의 미가 내재되어 있었고, 눈으로는 즉시 명백해지는 것이 아니었다. 교회 미로는 인간들의 신을 이해하고자 하는 영원한 열망의 표현이며 비례적인 외형의 수단으로 나타난 그것의 완성을 보여주는 거울이었던 것이다."[65] 길을 잃을 위험이 전혀 없을 것 같은 단선 미로에서조차 미로 안에서의 실제 경험은 "미로가 갖는 공간의 물리적인 규모를 크게 초월하는 수준까지 증식"[66]될 수 있었다. 바로 미로는 신성함이 깃들어 있는 상징 공간이었기 때문이다.

---

63 참조. Golan. 『선사 시대가 남긴 세계의 모든 문양』. pp.576-609.

64 Fist, Margaret(1950). *The Art of the Rhythmic Choir*. Harpers and Brothers Publishers. p.100.

65 Wright. *The Maze and the Warrior*. p.65.

66 봉일범(2005). 『미로』. 시공문화사. p.78.

4. 출구를 향해서

나의 누이 나의 신부는 문 잠긴 동산, 덮어놓은 우물, 막아버린 샘.
-『아가 4장 12절』

인간의 몸은 그 자체로 건축적이다. 몸은 살아 있는 구조물로서 운동과 안정, 이동과 지지, 불안정과 균형을 자유자재로 구사한다. 그뿐만 아니라 몸의 각 부위들은 다양하고 풍부한 이미지와 상징적인 의미들을 가지고 있다. 그러나 중세에는 인간의 몸을 신성을 담는 그릇으로 보지 않았다. 오히려 살과 피로 이뤄진 인간의 육성은 신성을 방해한다고 생각되었고, 인간 외적인 것들—자연과 건축물—을 통해 신성을 반영하려는 노력을 기울였다. 이에 따라 미로무용은 신성이 깃들어 있는 건축적인 장치로서의 미로에서 그 생명력을 얻었다. 미로무용은 몸과 건축이 만나 상징적인 행위를 구현하게 된 것으로, 그것은 신화와 신성과 상징이 새겨진 결정체다.

이상의 논의를 통해, 본 연구자는 미로무용에 대한 삼차원적 조형(造形)을 시도함으로써 중세 교회의 미로무용의 배경이 되는 사상과 이론들의 일면을 비춰보았다. 먼저는 미로무용이 테세우스 신화의 내러티브를 기독교적으로 차용해 신화적인 배경을 가지고 있음을 살펴보았다. 이어서 종교적 알레고리로 가득했던 중세의 사상이 미로 자체와 그 위에서의 움직임, 필로타 등의 소품에 반영되어 영적인 은유로서 기능했음을 서술했다. 그리고 미로와 성당의 건축에 지대한 영향을 끼친 신성한 기하학, 신성한 숫자, 비례 등에 대한 기본적인 지식이 성스러움을 어떻게 상징화할 수 있었는지를 약술했다.

앞으로 역사 연구의 매력인 열려 있는 해석과 비결정성(非結晶性)의 영역으로 더욱 활발한 탐구가 이뤄짐으로써 미로무용에 대해 더욱 면밀하고 심층적인 후속 연구들이 이어질 수 있기를 바란다. 미로무용이라는 하나의 무용 현상을 바라보는 해석은 그에 대한 관점과 시기와 방법에 따라 입체적인 조형이 가능하며 그 의미 또한 색다른 의의를 가져다 줄 수 있을 것이다.

참고 문헌

단행본 및 논문

김은혜(2016). 성경에 나타난 원형적인 무용 텍스트와 컨텍스트 연구: 에포트 이론을 바탕으로. 이화여자대학교 대학원 석사학위논문.

박영애(2005). 『기독교 무용사』. 서울: 한성대학교출판부.

박희진 · 태혜신(2011). 무용사회학 관점에서 본 중세시대 무용예술의 의미. 『한국무용학회지』. 제11권 제2호.

봉일범(2001). 『구축실험실. 건축-지어지지 않은 20세기(03)』. 서울: 시공문화사.

_____(2005). 『미로. 건축-지어지지 않은 20세기(06)』. 서울: 시공문화사.

Artress, Lauren(2006). *Walking a Sacred Path*. Revised. New York: Riverhead Books.

Backman, E. Rouis(1952). *Religious Dances in the Christian Church and in Popular Medicine*. London: George Allen and Unwin.

Bibles Moralisée.

Bloos, Ingrid D. & O'Connor, Thomas St. James(2002). Ancient and Medieval Labyrinth and Contemporary Narrative Theraphy: How Do They Fit? *Pastoral Psychology*. Vol. 50. No. 4.

Calter, Paul A.(2008). *Squaring the Circle: Geometry in Art and Architecture*. N.P.: Key College Publishing.

Claude, Lancelot(1748). *The Primitives of the Greek Tongue*. London: n.p.

Conty, Patrick(2002). *The Genesis and Geometry of the Labyrinth*. Rochester: Inner Traditions.

Eco, Umberto(2014). *From Tree to the Labyrinth: Historical Studies on the Sign and Interpretation*. Translated by Anthony Oldcorn. Cambridge: Harvard University Press.

Elliot, J. K.(2008). *Apocryphal Jesus: Legends of the Early Church*. Oxford: Oxford University Press.

Ferr, Robert D.(2013). *Church Labyrinth*. Revised. N.P.: LLC.

Fist, Margaret(1950). *The Art of the Rhythmic Choir*. Harpers and Brothers Publishers.

Hellemans, Babette(2007). Tangible Words: Some Reflections on the Notion of Presence in Gothic Art. In *Iconoclasm and Iconoclash*. Edited by Willem can Asselt and others. *Jewish and Christian Perspectives* 14. Leiden: Brill.

Homer(1924). *The Iliad with an English Translation*. Translated by A.T. Murray. Cambridge: Harvard University Press.

Kern, Hermann(2000). *Through the Labyrinth: Designs and Meaning over 5000 Years*. Munich; London; New York: Prestel.

Luerssen, Jade(1967). The Evolution of Sacred Dance in the Judeo-Christian Tradition. Illinois Wesleyan University Dissertation.

Lundy, Miranda(2010). Sacred Number. In *Quadrivium*. Edited by John Martineau. New York: Wooden Books. Pausanias. Graeciae Descriptio. Book 9.

McGregor, Mary Jean(2012). Walking the Labyrinth in the Cathedral Notre-Dame de Chartres: The Lived Experience of the Middle-Aged North Americans While on Pilgrimage A Grounded Theory Study. Union Institute and University, Ph.D. Dissertation.

Molholt, Rebecca(2011). Roman Labyrinth Mosaics and the Experience of Motion. *Art Bulletin*. Vol. XGIII. No. 3.

Sachs, Curt(1965). *World History of the Dance*. New York: Norton.

Saward, Jeff(2008). *Magical Paths: Labyrinths and Mazes in the 21st Century*. New York: Sterling Publishing.

Wilson, Christopher(1990). *The Gothic Cathedral*. London: Thames and Hudson.

Wright, Craig (2001). *The Maze and the Warrior: Symbols in Architecture, Theology, and Music*. Cambridge: Harvard University Press.

역서

Attali, Jacques(1996). 『미로-지혜에 이르는 길』. 이인철 옮김(1997). 서울: 영림카디널.

Campbell, Joseph. Daiane K. Osborne 편(1991). 『신화와 인생』. 박중서 옮김(2009). 서울: 갈라파고스.

Eco, Umberto(1987). 『중세의 미와 예술』. 손효주 옮김(1998). 서울: 열린책들.

Eliade, Mircea(1961). 『성과 속』. 이동하 옮김(1997). 서울: 학민사.

Focillon, Henri(1938). 『로마네스크와 고딕』. 정진국 옮김(2004). 서울: 까치글방.

Golan, Ariel. 『선사시대가 남긴 세계의 모든 문양』. 정석배 옮김(2004). 서울: 푸른역사.

Huiizinga, Johan(1919). 『중세의 가을』. 이희승맑시아 옮김(2010). 서울: 동서문화사.

Takeshi, Sakai(2006). 『고딕 불멸의 아름다움』. 이경덕 옮김(2009). 서울: 다른세상.

Just, Arthur A., ed. (2003). 『루카 복음서. 교부들의 성경주해 신약성경 IV』. 이현주 옮김(2011). 왜관: 분도출판사.

Skinner, Stephen(2006). 『신성 기하학』. 김영희 · 류혜원 옮김(2008). 서울: 열린과학.

Stemp, Richard(2010). 『교회와 대성당의 모든 것』. 공민희 옮김(2012). 서울: 성균관대학교출판부.

Taylor, Margaret(1990). 예배에서의 상징적 동작의 역사. 『종교와 무용』. Edited by Doug Adams & Diane Apostolos-Cappadona. 김명숙 옮김(2006). 서울: 당그래.

Wallace-Murphy, Tim. 『심벌 코드의 비밀』. 김기협 옮김(2006). 서울: 바다출판사.

인터넷 자료

Kister, Daniel. 가톨릭 인터넷 굿뉴스 2004. 전례에서 무용과 연극의 기능. 10월 29일.

The Online Liddel-Scott-Johns Greek-English Lexicon.

Thesaurus Linguae Graecae.

Tooley, Mark. Maze Craze. www.touchstonemag.com

www.earlychristianwritings.com.

www.Labyrinthos.net.

제3장

낭만주의의 환영

박성혜

낭만주의의 태동은 정해진 규칙과 규범, 이성과 원칙을 넘어 확인되지 않은 미지의 세계와 그 너머에 대한 막연한 동경에서 시작되었다. 그리하여 '환상의 재현'이라는 낭만주의의 커다란 테제는 우리들의 삶 속 곳곳에 자리를 잡는 데 성공한다. 그것이 최첨단의 컴퓨터 그래픽과 결합된 영화일 수도 있고 인간의 상상력을 실험하는 판타지 소설이나 게임 속의 가상 세계일 수도 있다. 이러한 낭만주의의 시작은 독일에서 시작되었지만 이후 유럽 전역에 그 영향력을 전파했고 이후 다양한 나라와 장르에서 속속들이 등장한다. 환상의 실재적 구현에 대한 욕망은 단순한 특정 시기와 지역에만 국한해 나타나는 것만은 아니기 때문이다. 이후 낭만주의의 시대가 막을 내리면서 다양한 작품들을 남겼지만 그중에서도 무용에서 낭만 발레의 완성과 성과는 이후 무용예술의 성장과 발전에 주요한 초석을 이룬다. 또한 이들의 성장과 함께 등장한 무용평론가와 낭만 발레가 일으킨 대중적 관심으로 인해 춤을 바라보는 새로운 시선의 등장 역시 낭만 발레가 남긴 커다란 성과이기도 하다.

춤을 인지하는 새로운 관점과 이론들은 이후 춤이 본격적으로 독립된 하나의 예술로 자리 잡았을 때 유용한 미학적 근거로 제시된다. 그중에서도 예술이라면 응당 갖춰야 할 미학적 입장과 관점들이 지식인들 사이에 생성되고 논의되어야만 하는데, 낭만주의 시대에 논의되기 시작한 춤에 관한 다양한 논의와 지식인들의 참여는 이후 무용예술의 이론적 주요 토대가 되었음은 물론이거니와 춤에서 이론적 성장의 방향을 지시하는 나침반이 되었다. 이에 낭만 발레의 성장과 발달에 맞물려 당시의 시대상과 발레 성장을 동시에 이해하는 한편, 이에 따른 지식인들의 본격적인 글쓰기와 사유를 통해 춤과 이론의 동반 성장의 한 본보기를 살펴보고자 한다. 이러한 시작점으로 춤의 근대화가 본격적으로 진행된 낭만주의를 주목하는 이유이기도 하며, 당시 낭만 발레의 완성과 발전을 함께한 평론가와 문인으로 대표되는 당시의 지식인들의 사유 세계를 살펴봄으로써 이론적 시초와 이해를 도모하고자 한다.

1. 계몽주의를 넘어

낭만주의란 무엇인가란 질문에 답하기에 앞서 드는 의문 중 하나가 '낭만적인 것'이란 것은 이미 태곳적부터 예술 작품에 존재했다는 사실을 깨닫는 순간, 낭만주의에 대한 정의는 순간 모호해진다. 『일리어드』에서부터 『삼국지』나 『아라비안 나이트』까지 그 내용을 살펴보면 낭만적 이야기로 넘쳐난다. 하지만 이런 일반론적 낭만주의 혹은 낭만적 요소들이 가미된 예술에서 벗어나 조금 다른 방식과 근거를 가지고 태동한 낭만주의를 논의해 보고자 한다.

사실 낭만주의는 특정한 시기에 타당한 이유와 필요성에 의해 제기된 예술 형태다. 그중에서도 낭만주의가 중요한 이유로 이사야 벌린(Isaiah Berlin)[1]은 "서구 세계의 삶과 사고를 근본적으로 바꾼 가장 광범위한 근대의 운동"으로 서술하고 있다. 덕분에 본격적인 근대화가 진행된 19, 20세기의 예술적 변화 활동들을 살펴보면 낭만주의를 의식적으로 배제하거나, 아직도 낭만주의에 깊이 영향을 받았다는 혐의에서 전면적으로 자유롭지가 못하다. 그만큼 낭만주의의 영향은 막강하고 그 뿌리가 깊다는 이야기이기도 하다. 심지어 예술에서뿐만 아니라 일반적인 의식과 활동에까지 그 영향력을 발견할 수 있으니 말이다. 하지만 이 글에서는 앞에서도 언급했듯이 일반적인 낭만성보다는 근대화의 시작으로서 태동한 낭만주의, 좀 더 구체적 시기 구분을 한다면 18세기 이후에 독일에서 처음 등장해 유럽 전역에 걸쳐 영향력을 행사한 낭만주의에 국한하고자 한다.

낭만주의의 태동은 계몽주의에 대한 비판으로 시작되었다. 낭만주의가 본격적으로 탄력을 받은 18세기 초의 이전까지의 계몽주의는 르네상스를 거치면서 완성된 서구의 기본적 가치관이자 기준이며 정의였다. 신의 세계에서 방금 탈출에 성공한 서구가 이로써 이성적이고 합리적 세계에 들어서면서 구축한 새로운 신세계였던 셈이다. 이러한 서구에 대한 전면적인 이해의 방편으로 앞서 이미 인용했던 벌린은 계몽주의를 크게 세 개의 명제로 정리한다.

첫째, 모든 진정한 질문에는 대답이 존재하며, 대답할 수 없는 질문은 질문이 아니다.

---

1 Isaiah Berlin(1909~1997): 영국의 철학자이자 정치사상가. 옥스퍼드에서 사회정치이론 교수, 울프선 칼리지의 초대 학장 등으로 활동했다. 그는 또한 영국 학술원의 회장을 지내기도 했다. 주요 저서로는 『고슴도치와 여우(*The Hedgehog and the Fox*)』, 『낭만주의의 뿌리(*The Roots of Romanticism*)』 등이 있다.

둘째, 모든 답은 알 수 있고, 타인에게 가르치고 배울 수 있는 수단을 통해 발견되며, 어떤 기술이 있어 그것으로 세계가 무엇으로 구성되었는지, 어떤 기술이 있어 인간은 어떤 부분을 차지하고 있는지, 우리와 다른 사람들과의 관계는 무엇이고, 사물과의 관계는 무엇이며, 진정한 가치는 무엇인지, 또 나머지 모든 진지하고 대답 가능한 질문들에 대한 답을 찾아내는 방법을 가르치고 배우는 일이 가능하다는 것이다.

셋째, 모든 대답은 서로 모순되지 않아야 하는데, 만일 그것들이 서로 모순된다면 혼돈이 야기되기 때문이다.[2]

이러한 원칙은 서구 사회의 전통과 가치관의 일반적 전제 조건이었다. 덕분에 사람들은 수학적 학문처럼 연역적으로, 혹은 자연과학처럼 귀납적으로 이성을 사용하는 것에 익숙해진다. 또한 계몽주의는 과학의 눈부신 성과를 이루는 초석이 되고 좀 더 복잡한 관념의 학문으로까지 적용된다. 정치학과 윤리학은 물론 예술을 포함한 미학에까지 적용의 가능성이 확대되었고 또 그렇게 하지 못할 이유도 없었다.

이러한 계몽주의에 대한 의심과 비판으로 낭만주의는 "프리드리히 슐레겔(Friedrich Schlegel)과 아우구스트 빌헬름 슐레겔(August Wilhelm Schlegel) 형제와 프리드리히 노발리스(Friedrich von Hardenberg Novalis)가 펴낸 『아테네움(*Athenaum*)』이라는 잡지를 통해 1798년 처음으로 세상에 알려진다."[3] 그들의 활동 무대과 주된 관심은 문학이었고, 이전까지 관습적으로 숭배되어 오던 기존의 가치관과 계몽주의에 대한 의구심과 반발로서 그리고 새로운 예술과 문학의 제시라는 차원에서 낭만주의에 주목한다. 물론 그들이 주창하는 낭만주의란 고대와는 구분되며 당시의 차원에서 '현대적'

---

2 Berlin, Isaiah (2006). 『낭만주의의 뿌리』. 이제이북스. pp.41-42.

3 최문규(2005). 『독일 낭만주의』. 연세대학교출판부. pp.16-17.

이라는 의미까지 포함되고 있었다. 다시 말해 이전과는 다른 새로운 흐름이며 성향을 지닌 예술 자체의 구성 요소를 가리킨다. 그리고 그 실천의 선구자적 모습을 우선적으로 보인 곳은 바로 문학이었다. 당시 유럽 내에서는 촌구석에 지나지 않았던 독일에서의 이러한 태동은 이후 회화와 음악에까지 그 영향력이 확대된다. 이후 낭만주의는 새로운 예술 창작에 지대한 영향을 미치면서 당시로서는 혁신적인 제안들을 실천한다. 그리고 그 혁신자 대부분은 젊은 예술가들이었으며 당시의 시대적 상황에 비교해 보면 무척이나 혁명적인 무리로 평가되었다. 그만큼 당시의 낭만주의는 기존과 다른 혁신적 제안이며 의견들이었다. 우리가 오늘날 가장 고전적이면서도 예술에 관한 전통적인 입장을 보이고 있는 낭만주의는 사실 당시에는 또 다른 혁신이자 진보적 개념이었다.

이러한 낭만주의 태동의 배경에는 프랑스 혁명과 영국에서 시작된 산업혁명과 무관하지 않다. 단두대에서 루이 16세의 목이 잘리는 광경을 목격한 사람들은 절대군주의 몰락을 경험한다. 그리고 그들이 깨달은 것은 신과 왕 아래 구속당했던 자신들이 아니라 이상주의적 개념과 이를 위해 원칙과 신념을 지키기 위해 엄청난 희생을 치를 각오가 되어 있는 심리 상태를 가지게 된 스스로의 모습이었다. 이러한 태도는 이전과는 매우 새로운 것으로 전심전력, 성실함, 순수함, 이상으로의 헌신, 신념을 위해 희생할 준비가 되어 있는 등으로 드러난다. 실제로 낭만주의가 프랑스 파리에서 충만되었던 때에 이를 주도했던 상당수의 예술가들 대부분은 젊었고 선배나 스승들의 고전적 작업에 대해 비판적이면서도 열정적이었으며 순수했다.

반대로 혁명과 산업혁명은 인간의 취약한 면을 그대로 드러내고 있었다. 무자비한 살인과 고통이 수반되고 이기심과 욕망의 끝을 현실로 경험해 보고는 절망하지 않을 수 없었다. 인간을 위한, 혹은 발전을 위한 제반 행위와 명분이 주변이 어지럽게 하는 것에 당혹했다. 산업혁명은 결코 장밋빛의 유토피아가 아니었으며 혁명 역시 이성적인 동시에 야만성을 함께 내포하고 있었다. 이렇게 사람들은 모든 이성과 원리가 붕괴되는 것을 보고 세상에 대한 불신감을 갖지 않을 수 없었다. 상상 이상의 폐단과 혼란은 허무주의적 태도와도 자연스럽게 연결되면서 젊은 베르테르의 자살이 이해되고 동조자가 나타나기도 한다. 하지만 낭만주의는 무책임하고 공허한 허무주의보다는 계몽을 넘어선 계몽으로, 그리고 그 극복 방안을 예술에서 찾는다.

도래하는 사회적 현대성과는 연결되지 않는 차원에서의 심미적 현대성을 미적 대상인 예술 속에서 찾고 예술에 대한 자율성을 통해 극복하고자 함 셈이다. 이를 위해 낭만주의는 이성적 · 의식적 주체의 중심에서 벗어나 감정과 심리적 상태, 상상력 등을 중시하고, 이를 통해 이성적 주체가 해체되기를 꾀한다. 덕분에 낭만주의는 상당히 허구적이며 비논리적이고 비현실적이다. 다시 말해 낭만주의는 황폐회된 정신의 폐허 위에 새로운 극복 방안으로 자신의 심성(心性)에 맞는 문화와 정신세계를 이룩하려 시도했다. 덕분에 낭만주의는 과장과 환상, 영원과 타락, 혼란과 풍요, 낯설고 이국적이면서, 평화와 혼돈, 신비하면서도 초자연적이고, 소요와 폭력, 공포와 평온, 젊음과 사랑, 고귀함과 순진무구함, 허구의 세계이기도 했다. 낭만주의자들은 내면과 정신을 중시하고 인간의 내면 깊은 곳에서 우러나는 곳에서 진실이 있다고 주장하며 자아에 대한 확인과 본질에 대한 탐색에 연연한다. 또한 예술의 우회적 기능으로 도덕성과 현실 치유적 기능을 중시해 순수한 세계에 대한 동경을 이상적 사회에 대한 소망으로 풀이할 여지를 남긴다. 따라서 무책임한 현실 도피와 막연한 과거에 대한 동경을 넘어 낭만주의는 지나간 미래, 다시 말해 과거와 미래를 연결할 수 있다는 가능성을 열어 놓고 재분석해 새로이 고찰할 수 있다 하겠다.

2. 낭만주의와 발레

예술로 독립된 발레

낭만주의가 태동하던 당시에는 예술에 대한 견해와 태도가 지극히 계몽주의에 입각한 성격이 강했다. 그 이유로는 르네상스 이후 인간이 지닌 이성과 합리성이 강조되면서 인식과 판단, 이성과 감정, 그리고 무엇보다도 아름다움(美)에 대한 발견에 따른 원칙과 특성에 관해 정의가 수립되어가고 있던 시기였기 때문이다. 이러한 이성적 근간은 서구의 근대화의 기본을 이뤘고 예술에 대한 태도가 구체적이었으며 형식을 중시했다. 물론 계몽주의는 이전까지 진행되었던 반이성적, 무지, 야만, 비합리성의 세계에서 탈출하는 중요한 통로였다. 발레에서도 계몽주의의 시대적 목적과 성과는 어떠한 유용하고도 분명한 사실을 전달하는 것과 독립된 예술 장르로 부각되는 것이었고 또 그러한 조짐이 분명하게 보이고 있었다.

여기에서 중요하게 등장하는 이가 바로 장 조르주 노베르(Jean Georges Noverre)다. 프랑스 파리 출신의 발레 안무가인 노베르는 춤이 말로는 절대 전할 수 없는 도덕적 힘을 가지고 인간의 핵심적인 진실을 표현할 수 있다는 점을 부각하면서 발레를 18세기의 새로운 시대의 예술이라 주장한다. 그는 1760년에 프랑스의 리옹에서 발행한 저서 『무용과 발레에 대한 서간집(*Lettres sur la dance et sur les ballets*)』을 통해 발레의 개혁을 제안한다. 우선 발레를 자연으로 돌려야 하며 고전적인 미(美)의 이상으로 발레를 환원시키는 것이다. 그러기 위해서는 그때까지 진행되어 왔던 발레에서의 모든 관습적인 인습 타파를 제안한다. 또한 발레는 춤추는 드라마여야 한다고 했다. 따라서 드라마의 법칙은 그대로 발레에도 적용되어야만 하며 발레에서의 춤은 극적인 아이디어를 표현하는 수단이라고도 주장한다. 이 생각은 결국 무언극을 중요시해서 추는 연극이어야 된다는 것이다. 그리하여 그는 무언극의 기법을 처음으로 발레에 도입한 사람이 되었으며 발레 닥시옹(ballet d'action)의 창시자가 되었다.[4] 하지만 아쉽게도 정작 자신은 자신이 주장한 이론을 그대로 실현한 완성된 발레 안무에는 도달하지 못한다. 서간집에서 제안한 발레의 예술성과 이를 위한 구체적인 이론들이 제시되기는 했지만 노베르 자신조차 발레 안무 제작 실전에서 성공과 완성은 이루지를 못했다. 그는 분명 최고의 재능을 가진 사람이었음에도 불구하고 발레는 아직 독립적인 존재라기보다는 내러티브를 감당하기 위한 연극적인 대사와 분위기의 효과적 전달을 위해서는 노래가 적절하게 가미되어야 한다는 세간의 고정된 의식이 먼저였기 때문이다. 덕분에 노베르가 주장한 이론을 기본으로 한 발레 작품보다는 가벼운 상연물이 더 흥행을 이뤘고 점차적으로 그의 위치와 주장은 힘을 잃게 된다. 여기에 발레의 산실이자 중심지인 파리가 혁명의 소용돌이에 휩싸이면서 한 시대의 종말을 지켜볼 수밖에 없었다. 하지만 그의 서간집은 많은 후배와 발레 마스터들에게 긍정적인 영감을 주었고 그들은 몸짓이라는 강력한 언어의 힘을 믿었다. 몸짓과 팬터마임, 그리고 무언의 표현만으로 언어를 뛰어넘는 새로운 세계로 부상하기 위해서는 발레의 완성이야말로 왕들의 유희와 단순한 볼거리를 넘어, 인간에 대한 새로운 탐구의 장으로 이르는 길이라 여겼다. 그러한 차원에서 노베르는 이러한 싸움에 참가하기에는 적합한 세대가 아니었다. 그러나 발레를 진정으로 개혁하는 유일한 방법은 그 형식적 구조들을 해체하는 것이라는 사실은 변함없었다. 내부로 들어가서 무용수들이 움직이는 방법부터 바꿔야 한다는 것이었다. "육체를 조직하던 귀족적 원칙들은 전면적으로 재검토되거나, 아니면 더 급진적으로 전복되어야 했다. 이는 어마어마한 도전이었다. 이를 달성하기 위해서는 프랑스 혁명이 필요했다."[5]

---

4 https://ko.wikipedia.org

5 Homans, J.(2014). 『아폴로의 천사들: 발레의 역사』. 까치. p.133.

역설적이게도 프랑스 혁명은 발레의 중심지인 파리가 발레의 주도권을 놓친 원인을 제공했음과 동시에 새로운 발레의 가능성을 열어 놓는다. 황실의 후원은 전과 같지 않아 새로운 대안과 대책을 갈구하게 한다. 많은 마스터와 무용수들은 안정적으로 보장된 직장을 얻기 위해 아직은 혁명의 여파가 닿지 않은 나라로 떠난다. 그 대표적인 국가들이 러시아, 영국, 이태리, 덴마크 등이었다. 하지만 프랑스 혁명은 이웃 나라들의 왕을 단두대에 보내지는 않았지만 혁명의 회오리는 거대했다. 바로 새로운 시민사회의 출현과 기존 왕정 봉건사회에 대한 전면적 재인식은 국경을 넘어 모든 사람에게 전혀 새로운 사회의 도래를 암시하고 있었다.

발레 역시 이러한 변화를 수용하는데, 이러한 변화의 조짐을 상징적으로 보여주는 작품이 바로 장 도베르발(Jean Dauberval)의 〈고집쟁이 딸(La fille mal gardee)〉이다. 이 작품은 오늘날 남아 있는 발레 중 가장 오래된 전막 발레로 꼽힌다. 1789년 프랑스대혁명 2주 전에 초연되었으며 전 2막으로 구성되어 있다. 이 작품의 커다란 특징은 기존의 발레 작품들이 신화나 영웅, 왕과 귀족들이 주인공이지 않은 본격적인 서민 발레라는 점이다. 농장과 전원 풍경이 주종을 이루고 등장인물 역시 대부분이 농부들이다. 발레의 장면 역시 농부들이 수확하는 모습이라든지, 수탉들을 의인화해서 묘사한 장면이 두드러진다. 평민들의 사랑을 소재로 귀족을 희화화하고 있어 전체적인 분위기는 코믹 발레다. 새로운 서민사회의 도래를 감지한 작품으로 이전의 작품들과 다른 양상을 보인다. 하지만 이 작품의 가장 큰 성과는 앞서 노베르가 언급한 발레로서의 독립된 발레 작품의 완성을 보였다는 점이다. 혁명의 소용돌이 속에서 이룩한 이러한 성과는 이후 독립된 발레, 예술로서의 발레의 정점인 낭만 발레에 지대한 영향을 미친다.

낭만 발레: 우아한 악마

노베르의 제안으로 독립된 예술로서의 발레가 서서히 정립되기 시작하자 왕과 영웅들을 대체할 새로운 동경의 대상이 필요했다. 물론 이러한 변화의 동력은 혁명이었으며 그런 차원에서 본다면 프랑스 혁명은 분명 자신의 몫을 해냈다. 새로운 세계의 극적 전환을 위해서는 이전과 다른 그 무엇이 필요했다. 이에 근대적 발상으로 새로운 여성상을 제시한다. 이는 이전의 단순히 팬터마임 여배우에서 머무는 차원을 넘어 몽환적이고 비현실적이며 실제와 다른 비현실적 대상, 실피드인 발레리나의 탄생을 예고한다. 그리고 그 상징적인 작품으로 최초의 낭만 발레로 기록된 〈라 실피드(La Sylphide)〉가 있다.

〈라 실피드〉가 낭만 발레의 효시를 이루는 데에는 몇 가지 필연적 조건이 필요했다. 물론 마리 탈리오니(Marie Taglioni)가 열연한 이전과 전혀 다른 여성상으로 기존 발레리나의 이미지를 새롭게 창조한 부분이 가장 크고도 결정적이었지만 말이다. 우선 〈라 실피드〉 작품에서 등장한 포인트 워크(point work), 즉 토 댄싱(toe dancing)이었다. 마치 중력을 거부한 채 공기 중에 부유하는 것 같은 모습을 보여주는 춤으로 당시 관객들에게는 환상적이면서도 비현실적 모습을 선사하기에 충분했다. 하지만 이러한 춤의 전조는 이미 영국 런던에서 진행되고 있었다. 바로 샤를 디드로

그림 3-1. 〈라 실피드〉의 마리 탈리오니

(Charles Didelot)가 안무한 1796년도 작품 〈플로르와 제피르(Flore et Zephire)〉에서 "허리에 철사를 메고 무대를 날아다니면서 매우 낭만적인 장면을 무대 위에서 실현했다."[6] 이 작품에 쥘 페로(Jules Joseph Perrot)가 무용수로 출연한 것은 이후 〈지젤(Giselle)〉의 명장면의 탄생과 결코 우연의 일치만은 아닐 것이다.

낭만 발레의 효시로 일컫는 〈라 실피드〉의 요정의 이미지는 사실 이 작품에서 처음 만들어진 것이 아니다. 1829년 괴테의 〈파우스트(Faust)〉를 작곡한 엑토르 베를리오즈(Louis Hector Berlioz)는 음침한 발레곡을 작곡해 마녀들의 향연을 준비하고 있었다. 이외에도 1831년 초연된 〈악마 로베르(Robert le Diable)〉에서 이미 비슷한 이미지가 등장한다. 자코모 마이어베어(Giacomo Meyerbeer)의 이 작품은 4시간짜리 5막으로 구성된 초호화판 코믹 오페라로 당시에 무척이나 큰 성공을 이뤘다. 흥미롭게도 이 작품 중 3막 '수녀들의 발레'에서 마리 탈리오니가 등장했고, 으스스한 분위기와 희미한 가스등 덕분에 하얀 튜닉을 입은 탈리로니는 주인공 로베르를 유혹하는 아름다운 악마로 매우 적합했다. 이 작품에서 열연한 탈리오니는 이후 수많은 평론가에게 그녀의 아름다움과 혁명이라는 두 가지의 관점에서 다양하게 논의되기도 한다. 물론 작품 〈악마 로베르〉의 진정한 의미는 발레에 낭만주의 세계를 본격적으로 열었다는 점이지만 말이다.

이와 같은 전조들 덕분에 〈라 실피드〉는 낭만 발레의 완성본으로 관객들 앞에 소개될 충분한 준비가 되어 있었다. 1832년 초연된 〈라 실피드〉에서 요정으로 분한 주인공인 마리 탈리오니가 선보인 공중에 떠 있는 것과 같은 환상을 심어주는 토 댄싱은 당시 막 발명되어 대중적으로 사용되기 시작한 가스등과 어울려 오묘하고도 신비로운 모습을 연출하기에 제격이었다. 여기에 마리 탈리오니의 아버지 필립 탈리오니(Philippe Taglioni)가 주도한 엄

---

6 Selma, C. J.(1992). *Dance as a Theatre Art*. Princeton Book Co. p.65.

격한 훈련이 있었기에 가능했다. 자신의 딸만이 가지고 있는 길고도 가녀린 이미지를 한층 살린 이미지는 이전의 다른 발레리나들과 확연히 다른 모습을 보여주고 있었다. 그것은 다시 고전의 시대, 순수의 시대로 그러면서도 극도로 우아한 여성미를 통한 새로운 이상형의 실현이었다. 이를 위해 그녀는 몇 가지의 장치와 특별함이 필요했고, 그중 몇 가지가 앞선 논의한 토 댄싱과 백색 발레(ballet blanc), 그리고 낭만적 스토리와 힘들이지 않고 아무렇지 않게 구사하는 기술들이었다. 사실 이전의 발레리나들은 복잡한 스텝과 힘든 도약에서 가쁜 호흡과 숨쉬기에 무리가 되는 움직임들이 그대로 노출되었다. 하지만 엄하고 고된 훈련 과정을 거친 마리 탈리오니에게는 토 워크와 도약도 아무 동요 없이 수행하는 법을 익혔다. 그러한 연출은 그녀를 더더욱 환상적으로 보이게 했고 더더욱 그녀를 숭배토록 했다.

그림 3-2. 〈지젤〉의 카를로타 그리시

이러한 발레리나의 숭고하고도 우아한 이미지는 1841년에 제작된 발레 〈지젤〉에서 절정을 이룬다. 낭만 발레의 완결편이라 칭해도 좋을 이 작품은 이미 발레 평론가이자 시인으로 명성을 쌓기 시작한 테오필 고티에(Théophile Gautier)가 대본을 쓰고 아돌프 아당(Adolphe Adam)의 음악과 장 코랄리(Jean Coralli)와 쥘 페로의 안무로 완성되었다. 사실 작품 〈지젤〉은 당시 파리 오페라 상임 예술가인 코랄리에게 의뢰된 작품이지만 지젤의 초연을 맡은 카를로타 그리시(Carlotta Grisi)의 연인인 쥘 페로가 자신의 연인을 위해, 그녀가 돋보이도록, 그녀만을 위해 작품을 관여했다. 코랄리 입장에서는 불쾌하고 어림없는 일이었지만 쥘 페로가 제안한 안무와 연출은 무시할 수 없을 만큼 관객들을 사로잡았다. 〈지젤〉이 성공을 거두면 거둘수록, 그리고 그리시의 인기가 높아질수록 쥘 페로의 안무적 제안과 영향력은 늘어날 수밖에 없었다. 덕분에 초연 당시 공식적으로는 작품 관련 기록물에서 안무가로서 쥘 페로의 이름을 찾아볼 수 없었지만 후에는 장 코랄리와 쥘 페로의 공동 안무작으로 인정받게 된다.

쥘 페로가 특히 깊이 관여한 부분은 〈지젤〉이라 하면 누구나 떠올리는 2막, 즉 무덤 장면이었다. 그리시의 교사이자 파트너였던 쥘 페로는 그녀의 아름다움과 장점을 너무나도 잘 알고 있었고 이 이탈리아 출신의 애인을 위해 〈라 실피드〉에서 영감을 얻은 죽은 여인들의 춤을 연출한다. 물론 이러한 소재와 발레 장면들은 이전 다른 작품에서 이미 시도되었는데, 윌리들이 등장한 〈공기의 소녀(La Fille de l'air)〉(1837)라든지, 사랑하지 않는 남자와 결혼을 거부하고 다뉴브 강으로 몸을 던진 소녀에 관한 작품 〈다뉴브 강의 소녀(La Fille de Danube)〉에서는 이미 마리 탈리오니가 춤을 춘 작품이었다. 이렇게 춤추는 유령의 등장과 귀신의 등장은 당시에는 흔한 소재였고, 몽유병적인 음습한 분위기는 낭만주의의 경향들을 십분 발휘한 결과였다. 이 작품에서 일약 스타로 부각된 발레리나 그리시는 작품의 대본을 쓴 고티에의 열렬한 구애를 받는다. 그의 그리시에 대한 애정과 관심은 그의 발레 평문에서 종종 발견되는데, 열렬한 낭만주의의 신봉자이자 시인이며 평론가인 고티에의 애정에도 불구하고 그리시는 폴란드 귀족과 결혼한다. 하지만 고티에의 발레에 대한 애정과 평가는 훗날 낭만 발레의 예술적 성과와 이해를 돕는 결정적인 지침이 된다.

이렇게 낭만 발레는 이전과는 다른, 당시로서는 새로운 현대 발레였다. 또한 오늘날 우리들이 즐겨 보는 발레 작품의 중요한 형식의 완성을 이룬다. 여성 발레리나의 역할이 증대되고 상대적으로 남성 무용수들은 그들의 보조자이거나 조연이었다. 또한 귀족적이면서도 고전적 아름다움의 결정체였으며 여성적이었고 감성적이었다. 언제나 치밀하게 준비된 새로운 환상을 보여주고 있었고 이상화된 별세계를 선사했다. 그러면서도 문학적이었고 은유적이었으며, 일시적인 동시에 영원불변 같았다. 진정한 사랑과 천국이 무대를 가득 메웠으며 분명한 선악이 존재했다. 그런 차원에서 낭만 발레는 이 모든 것의 현실 발현이었고, 증거이며 자랑이었다. 낭만 발레는 그렇게 완성되었고 또 그러한 이유로 사람들은 열광했고 오늘날까지 낭만 발레가 전해진 이유이기도 하다.

그림 3-3. 〈4인무〉(1845)

낭만 발레에서 얻은 몇몇의 이미지는 이후 수많은 여성의 표상이 된다. 앞서 언급한 마리 탈리오니와 카를로타 그리시 외에도 파니 엘슬러(Fanny Elssler), 루실 그랑(Lucile Grahn), 파니 체리토(Fanny Cerrito) 등이 낭만 발레를 이끈 스타 발레리나들이었다. 1845년 영국에서 쥘 페로 안무의 빅토리아 여왕과 부군인 앨버트 왕자를 위해 제작한 작품 〈4인무(Pas de Quatre)〉를 보면 당시 여성 중심의 낭만 발레의 분위기와 형태를 짐작할 수 있다. 특별한 내용 없이 네 명의 아름다운 발레리나들의 개성만을 보여주는 소품으로 네 명으로 시작되는 군무와 각자의 독무, 그리고 다시 네 명이 함께 모여 추는 군무의 형태를 가진 아주 단순한 구조의 작품이다. 이 작품은 출연한 네 명의 발레리나 성격이 두드러진 동작과 이를 최대한 부각시킬 수 있는 음악 편성으로 구성되어 있다. 나이가 어린 순서대로 등장하는데, 우아한 아다지오는 루실 그랑이, 몸짓이 작은 카를로타 그리시가 알레그로를 추고, 빠른 발놀림과 큰 도약이 있는 그랜드 알레그로는 파니 엘슬러, 그리고 마지막에 우아한 춤을 마리 탈리오니가 추는 순이었다. 자신의 파트가 끝나면 서로에게 존경과 사랑을 표하는 제스처들과 자신의 강점이 최대한 부각되는 동작들로 구성된 독무를 추는데 그 춤들은 무척이나 사랑스럽고, 우아하며, 귀엽고, 화려하다. 이 작품에 출연한 마리 탈리오니, 카를로타 그리시, 파니 에슬러, 루실 그랑은 당시 최고의 발레리나였고, 이 공연에 초대되었지만 여러 이유로 불발된 또 다른 스타 파니 체리토까지 당시의 낭만 발레를 대표하는 발레리나들이었다.

이들이 선사한 춤은 낭만 발레의 여성 춤들의 정수를 보여주고 그대로 전형이 되어 오늘날까지 지대한 영향을 준다. 덕분에 낭만주의 시대의 평범한 여성에서부터 현대 여성까지 여자는 공기 중을 떠다닐 정도로 가벼워야 하며, 바람만 불어도 날아갈 것처럼 보여야만 하는 이미지를 창조한다. 그녀들은 언제나 순수해야 하고 연약하며, 순종적이고 귀엽고, 신비스러워야만 하는 존재다. 덕분에 발레리나들은 끊임없이 말라야만 하고 저 끔찍한 고통이 동반하는 토슈즈를 신고 토 워크를 해야만 한다. 남들보다 길고도 가는 보디 라인과 비현실적인 몸을 보여주기 위해서 말이다. 낭만 발레는 그렇게 여성들에 대한 이미지를 수정하는 동시에 소비하고 있었다.

낭만 발레와 발레리나

스타 발레리나의 우상화와 칭송은 낭만 발레의 상징이자 위대한 성과이기도 했지만 이 여인 숭배의 문화는 후에 잇단 폐단을 낳기도 한다. 바로 발레에 열광한 남성들의 시선이었던 순수한 열정과 경배가 변질되기 시작하면서였다. 낭만 발레의 대중적 성공은 이내 상업성과 결부되어 발레리나들에게 부(富)와 명성을 안겨주었다.

심하게는 극장에 몰려든 무용수들과 관계자들 모두 자신의 미천한 신분을 넘어 부와 명성을 혹은 쾌락을 좇아 모인 사람들로 보는 경향이 강했고, 그중 몇몇은 상당한 성공과 자신의 목적을 이뤘기 때문이다. 성공한 오페라 여가수의 하루 출연료가 극장에서 일하는 극장장부터 일개 신사들의 장갑과 모자를 보관하는 코너의 직원까지 아우르는 모든 사람의 일 년 급료보다 많고, 일설에 의하면 "『무용과 발레에 대한 서간집』으로 유명한 노베르 역시 뷔르템베르크의 관료계급이 받고 있던 봉급 전액보다 더 많은 돈을 가로챈 경력이 있다고 하니 말이다."[7]

이는 성공한 발레리나의 은퇴 이후를 살펴봐도 짐작이 가는데 성공의 대가로 얻은 명성과 부로 인해 몰락한 귀족의 자제와 결혼을 해 일종의 신분세탁과 귀족계급으로의 유입에 성공하거나, 나이 차이가 많이 나는 왕자나 귀족들의 청혼을 받아들이기도 했다. 혹은 남성 무용수나 극장 관계자들과 결혼해 계속적으로 발레 교육을 담당하는 교사로 후배들을 양성하거나 시골로 내려가 조용한 생활로 생을 마감하기도 했다. 그중에서는 상당수가 발레 명문가를 이루는데 그중 가장 대표적인 가문이 마리 탈리오니를 배출한 탈리오니 가문이었다.

여기에 "탈리오니 가문과 인연이 깊은 쿨롱 가문도 잘 알려진 무용수와 무용교사, 무용 연출가를 배출했다. 고전 발레의 아버지 마리우스 프티파(Marius Petipa)로 유명한 프티파 가문도 빼놓을 수 없을 것이다."[8] 이러한 전통과 나름의 견고한 안전망에도 불구하고 발레가 공연되는 극장은 수많은 호색한과 가십을 좇는 황색 저널리스트, 졸부들과 뜨내기들로 넘쳐났다. 이들은 귀족들이 앉는 2층의 로열석보다는 의자도 없는 1층 바닥에서 서서 공연을 관람하는 경우가 대부분이었다. 이들이 보내는 환호와 탄성, 야유와 고성은 하룻밤에 스타를 만들기도 했지만 실력이 모자라거나 작품이 형편없으면 이내 농락거리가 되기도 했다.

낭만 발레와 발레리나가 상호 필수적 조건이었다는 측면에서 발레리나

---

7 Fuchs, E.(1996). 『풍속의 역사 Ⅲ: 색의 시대』. 까치. p.353.

8 심정민(2009). 탈리오니 가문을 통해 본 당대 무용계 특징 연구. 『한국무용사학회』. 제10호. p.311.

들 역시 충분히 상품적 가치가 존재했다. 이를 적극적으로 이용한 사람 중 대표적 인물이 루이 베롱(Louis Véron, 1798-1867)이었다. 1830년부터 5년 동안 파리 오페라극장 감독을 맡은 그는 혁명 이후 이전과 다른 환경에 놓인 극장에서 수익성을 있게 만들었다. 물론 지속적인 왕가의 보조금과 정부 위원회의 지원을 받았지만 변화를 요구하는 현실은 이 극장을 민영화했고 결국에는 시장 논리에 내맡길 수밖에 없었다. 이러한 분위기를 간과한 그는 재빠르게 대응해 이익을 취한다. "그는 공연 티켓 값을 낮추고 호기심 많은 남성들에게 푸아에 드 라 당스(foyer de la danse)를 개방했다. 무용수들이 공연 직전 연습하는 모습을 가까이에서 볼 수 있게 연간 계약 회원들을 들어가게 했던 것이다."[9] 그뿐만 아니라 극장 객석을 정비하고 전문 박수부대를 고용하는가 하면 여론몰이를 주도했다. 덕분에 생각 있는 발레 애호가와 지식인들 사이에 베롱은 경멸의 대상이었는데, 일례로 하인리히 하이네(Heinrich Heine)는 그를 "정신이나 영혼을 몽땅 비웃는 … 순전히 감각적인 물질주의의 신"으로 불렀다.[10] 발레단과 발레리나를 둘러싼 이러한 풍토는 노골적인 '여자시장'으로 불렸고 사실 이러한 문화는 그리 새삼스러운 것도 아니었다.

당시 유럽의 어느 나라에서나 발견할 수 있는 코르티잔(courtesan)문화가 있었는데 경제적으로 여유가 있는 남자들이 자신의 부인 외에 젊은 여성을 애인으로 두는 문화로, 발레가 상업성을 띠자 코르티잔의 강력한 적수로 발레리나들이 등장한 셈이다. "발레를 감상하던 남성들은 자신의 코르티잔보다 더 아름다운 발레리나들에게 매료되었고, 이후 경쟁적으로 발레리나를 애인으로 두기 시작했다."[11]

이러한 발레리나들의 이미지는 부정적인 동시에 환상적으로 만들어진

---

9 Sho, S.(2007). 『발레의 탄생』. 한성대학교출판부. p.154.

10 Homans, J. 『아폴로의 천사들: 발레의 역사』. p.188.

11 김도윤(2012). 『에로스의 예술 발레』. 살림. p.9.

다. 그중 낭만 발레의 상징인 요정은 〈지젤〉의 성공 이후로도 지속적으로 재탄생되는데, 코랄리 안무의 〈라 페리(La Péri)〉(1841), 요셉 마질리에(Joseph Mazilier) 안무의 〈해적(Le Corsaire)〉(1856), 마리 탈리오니가 자신의 제자 엠마 리브리(Emma Livry)를 위해 안무한 작품 〈나비(Le Papillon)〉(1860) 등에서 지속적으로 등장한다. 환상 속의 요정에서 머무는 것에서 벗어나 마치 잡힐 것 같은 실제에서의 요정처럼 그대로 아름다운 발레리나들로 대치되면서 발레를 관람하는 관객들의 욕망을 적절하게 채워 주었다. 그리고 이러한 이미지의 완성에 낭만주의는 적당히 가미되어 새로운 아이콘이 탄생한다.

그림 3-4. 쥐세피나 보치치

낭만주의 발레의 마지막 발레로 알려진 〈코펠리아(Coppelia)〉(1870)는 생레옹(Arthur Saint Léon) 안무의 작품으로 인형을 실제 여인으로 착각한 한 남자와 그런 그를 정신 차리게 하는 귀여운 약혼녀 스와닐다가 등장하는 희극 발레다. 이 작품에서는 낭만 발레의 마지막 요정인 쥐세피나 보차치(Giuseppina Bozzacchi)가 불과 16세의 나이로 데뷔해 큰 성공을 이룬다. 이 작품에서 주인공 스와닐다는 무척이나 현명하고 활기찬 성격을 보여주고 있는데, 반대로 이전까지 낭만 발레에서 보여주었던 환상적이고 비현실적으로 아름다운 여성의 이미지는 반대로 인형 코펠리아에서 찾을 수 있었다.

이러한 변화의 배경에는 아무래도 혁명과 시대의 발전의 영향으로 새로운 여성상이 무력하고 의존적인 여성상에서 벗어나 주체적이고 지각 있는 여성상으로의 변모가 유효하지 않았나 싶다. 또한 계몽주의와 혁명의 와중에 직시하게 되는 끔찍한 현실에서 무책한 도피처로 낭만주의가 오용되지는 않았는가라는 비판에서도 자유롭지 못했다. 이를 증명이나 하듯이 낭만 발레들은 다소 비현실적이고 염세적이며 이상적이었다. 이와 같은 낭만주의에 대한 회의는 이후 등장한 자연과학과 실증주의에 매료된 예술가들에 의해 실질적인 관찰과 조사를 통해 사회적 · 정치적 은유로서 예술을 적극 활용하기 시작한다. 이런 이유로 낭만주의는 서서히 퇴색하기 시작했고 이와 더불어 발레 역시 새로운 모습을 갖출 준비를 하고 있었다. 또한 작품 〈코펠리아〉가 대중적 성공을 거둠에도 불구하고 같은 해에 발생한 보불전쟁(1870~1871)에서 나폴레옹 3세가 패하자 더 이상 파리는 이전과 같은 후원과 영광을 기대하기 힘든 곳으로 변한다. 이는 〈코펠리아〉에서 주역을 맡아 성공가도를 달릴 것 같았던 쥐세피나 보차치가 한 평론가에 의하면 "카를로타 그리시를 잊지 못해 슬픔에 젖어 있던 발레 팬들의 눈물을 마르게 한"[12] 새로운 신성이었음에도 불구하고, 프로이센 군에 의해 포위당한 파리의 궁핍함에 시달리다가 결국 천연두에 걸려 불과 18세에 요절한 그녀의 비극이 낭만 발레의 쇠퇴와 묘한 대조를 이룬다.

3. 낭만주의 발레와 평론

낭만주의 발레와 이를 증언하고 기록한 당시의 평문들을 논하기 전에 발레에 관한 평문들의 희소성에 관해 생각해 봐야 할 것 같다. 춤추는 무용수들과 작품들은 분명 존재했겠지만 이에 대한 기록과 문헌의 미비함을 말이다. 그 주된 이유를 들자면 춤은 근대 이전의 유럽에서 독립된 예술이 아니었다. 여흥과 행사의 일원이었을 뿐 본격적인 예술로서의 가치가 제대로 매겨지지 않았다. 덕분에 글을 읽고 쓸 줄 아는 지식인들 사이에서 춤은 논의에서 열외되었으며, 미학적 관점에서 본격적 평가와 연구는 더더욱 어려운 상황이었다.

12 鈴木晶, 『발레의 탄생』, p.193.

후에 발레로 독립되고 극장에서 대중적 인기를 얻으면서 하나의 독자적인 분야로 분류되어 사람들의 관심을 비로소 받아도, 발레는 아직 본격적인 연구의 대상이 되기에는 무엇인가 미흡했다. 이러한 점은 현대에 이르러서도 아직도 유효한데, 그 이유로는 춤을 본격적으로 이론적 입장에서 다루는 연구와 성과가 상대적으로 다른 분야보다 상당히 미흡하기 때문이다. 그 이유로는 "첫째, 춤은 여성적 예술이며 아직도 우리의 문명은 가부장적이고… 둘째, 춤은 육체적이며, 철학자들은 몸을 두려워해 … 셋째, 춤은 접근이 용이하지가 않아 쉽게 친해질 수 없었다."[13]

이러한 이유와 더불어 춤이 하나의 독립된 예술로 인지되고 적절한 평가와 논의의 중심에 서기 위해서는 몇몇의 조건과 내용을 갖춰어야 했다. 그 중에서도 중요한 점은 춤이 적절한 시기에 문화적으로 중심적 지위를 차지한다거나 그 예술의 이데올로기가 어떤 문화적으로 우세한 이데올로기와 통합될 수 있어야만 했다. 가령 주요 예술가들의 사상이나 작품이 시기적으로 민감한 문제를 다루고 있거나 선도할 때, 혹은 가치관이나 미학적 범주를 확대하거나 의문을 드리울 때 철학자들은 이를 주목하고 이론화하기 시작한다. 그런 차원에서 바라본다면 적어도 그 태동이 막 시작되던 시기의 발레에서 예술철학적 논의의 중심에 선다는 것은 아마도 한계가 있었을지도 모른다. 그러기에는 다분히 특정 계급, 혹은 사람들의 단순한 눈요기만을 위한 이벤트 중심이었고 소수의 견해와 정서만을 대변해 주고 있었다. 하지만 낭만주의 시대에 들어서 제작된 발레 작품들은 비로소 형식이 완성되고 전형이라는 것이 자리를 잡는다. 특히 낭만 발레는 당시의 문화를 위엄 있고 이데올로기적으로 의미 있는 성과를 성취했음에도 불구하고 미학적 관점에서의 논의가 본격적으로 진행되지를 못했다. 그리고 이러한 것들은 낭만 발레가 오늘날까지 공연되고 있는 현대에 이르러서도 아직까지 유효하다.

---

13 Copeland, Roger & Cohen, Marshall(1983). *What is Dance?*. Oxford University Press. p.95.

테오필 고티에

낭만주의 시대에 이르러 발레는 서서히 독자적인 플롯을 가지면서 형식적인 면에서도 독립성을 확립하고 서서히 오늘날 우리가 만날 수 있는 발레의 형태로 완성된다. 이러한 변화와 분위기 속에서 주목해야 할 인물이 있는데 바로 낭만 발레와 동시대에 살면서 발레를 찬미하고 수많은 발레 관련 평문을 통해 연구와 논의의 가능성을 열어 놓은 시인인 테오필 고티에(Théophile Gautier)다.

그림 3-5. 테오필 고티에

그림 3-6. 오페라 〈에르나니〉의 극장 폭동

1830년 빅토르 위고(Victor Hugo)가 프랑스 신고전주의 극의 본거지인 코메디 프랑세즈에서 역사 희곡 〈에르나니(Hernani)〉를 초연한다. 이 연극은 당시 프랑스 고전주의 연극의 기본 원칙인 삼일치의 법칙[14]에서 벗어나는 희곡으로 고전주의자들에 의해 제지를 당할 위기에 처하자 낭만주의를 옹호하는 자들이 공연이 상연되는 내내 고성과 폭동, 충돌로

14 첫째, 극의 행위(줄거리)는 일관된 단일한 것이어야 한다는 행위의 통일, 둘째 극의 행위는 지속 시간이 1일 24시간 이내여야 한다는 시간의 통일, 셋째 극의 행위가 전개되는 장소는 5막을 통해 동일한 장소여야 한다는 장소의 통일로 이 세 가지 규칙을 말한다.

점철된 일종의 극장 폭동이 일어난다. 결국에는 낭만주의 옹호론자들의 승리로 끝나는데, 이는 프랑스 낭만주의 시대의 시작을 알린 일대 사건이었다. 그리고 이 중 빅토르 위고와 낭만주의를 옹호하는 대열 맨 앞에 서서 가장 열정적으로 싸운 19세의 젊은이가 그 유명한 선홍색 조끼의 테오필 고티에였다.

1811년 피레네 산맥 스페인 국경 근처의 타베(Tarbes)에서 태어난 고티에는 부모님과 함께 어린 나이에 파리에 정착했고, 이후 파리는 그의 활동 중심지가 되었다. 그는 처음에는 미술에 관심을 두었지만 이후 낭만주의 문학가들과의 활발한 교류를 가지게 된다. 당시로서는 도발적이고 기존의 문학에 대한 고답적 태도에 비판적인 낭만주의 문학도들의 논쟁으로 파리는 들끓고 있었다. 그중 가장 대표적인 이가 소설가 빅토르 위고였는데 고티에는 그러한 위고와의 만남을 통해 자신의 예술적 가능성이 문학에 있음을 자각하고 자신의 진로를 문학으로 변경한다. 이후 그는 시인으로 활동하면서 시집 『나전칠보집』(1852)을 발표하기도 했으며, 장편소설 『모팽 양』(1835), 『미라 이야기』(1857)와 기행문, 그리고 비평집과 발레 대본을 쓰기도 했다.

문학적 재능이 뛰어났던 그는 평생을 거쳐 자신을 시인이라 소개되길 희망했을 만큼 열정적이었지만 생계를 위해 써야만 했던 평론과 기고문은 그를 날마다 극장에 머물게 했고 누구와도 비교할 수 없을 만큼 엄청난 분량의 발레 비평문은 그를 결국 '근대 무용 비평의 아버지'라 불리는 영예를 주기도 했다. 하지만 다작의 평문과 기사들로 인해 독창적인 문인 활동이 어려워지고 시작(詩作)을 하는 예술적 문학 활동은 줄어들게 된다. 덕분에 작가로서의 평판은 낮아지고 문학 작품으로 그의 재능을 꽃피우기보다는 발레 평론가로 세간에 알려진다.

여기에는 당시의 사회문화적 배경도 한몫했는데, 산업혁명이 진행되면서 정보와 통신의 속도와 양이 기계화 · 선진화에 맞물려 비약적으로 증가

한다. 활자의 발달로 인쇄물은 급속도로 증가하고 이에 다양한 매체가 등장한다. 언어는 국어(國語)의 역할과 개념이 좀 더 명확해지면서 표준화로서의 기능과 구조가 정비되면서 공통어로서의 수행이 본격화되어 문맹률은 계속해서 낮아진다. 이에 대중들은 다양한 읽을거리에 대한 요구가 생기고 이를 적극 수용하는 인쇄물들이 속속 창간, 발행된다. 자극적이고 세속적인 가십부터 정치적 현안과 다양한 풍물 소개까지 그 대상은 무한대로 퍼져 나간다.

문화예술 분야도 예외는 아니었는데, 당시 근대적 개념으로서 예술의 탄생과 장르의 분화에 따른 작품과 작가에 대한 평가와 비판은 필연적이었기에 다양한 매체를 통해 동시다발적으로 진행되었다. 발레의 경우에도 형식과 전형의 완성으로 이에 대한 전문가적 소견이 필요했고 이러한 사회적 분위기와 변화 속에서 뛰어난 감수성과 지성을 겸비한 전문가의 등장은 필연이었다. 또한 파리를 중심으로 유럽 전역에서 제작되는 발레에 관한 대중적 관심은 전문가들의 의견과 작품에 대한 평가가 주요한 역할을 담당했기에 고티에와 같은 인물의 등장은 자연스러운 결과였다. 다만 아쉬운 점이 있다면 지면과 제작 발표되는 작품의 수와 속도에 비해 이러한 탁월한 전문가들의 수는 한정적이었고 더욱이 발레에 대한 관심과 전문성, 그리고 이에 따른 문화예술에 대한 일정 정도의 수준과 교양을 요하는 인사들의 수가 매우 적었기에 고티에와 같은 특정한 능력의 소유자에게 집중되는 것은 당연했다. 덕분에 그는 언제나 원고 마감과 공연 감상의 넘쳐나는 일정에 쫓겨야만 했고, 비평문이라는 한정된 원고 양과 고정된 형식은 문인으로서의 긍정적 발전을 기대하기에는 분명 한계가 있었다.

이와는 대조되게 발레 평문에 대한 고티에와 다른 태도를 보인 사람이 있는데 바로 고티에를 높이 평가한 스테판 말라르메(Stéphane Mallarmé)다. 말라르메 그 자신도 발레에 관한 글을 남겼음에도 불구하고 발레 공연 보기에 대한 적당한 거리를 두었다. 발레에 관한 그의 관심과 심도 깊은 발레 평문에 비해 의외로 발레 공연을 많이 보지 않은 그였기에 말이다. 다작에 관한 고티에의 다양한 평가와 아쉬움에도 불구하고 고티에의 낭만주의 문학에 대한 기여는 후에 샤를 보들레르(Charles Baudelaire)가 『악의 꽃』(1857)에서 고티에를 "나무랄 데 없는 시인"이며 "프랑스 문학의 완벽한 마법사"라고 칭송하고 있다.

1830년부터 1870년대까지 긴 기간 동안 다양한 매체를 통한 발레 평론가로서의 그의 활약은 이전까지 오페라와 발레 등 여러 극장예술을 비롯해 다양한 분야의 예술에 관한 글들을 쓰던 사람들과 분명한 차별을 보이고 있다. 우선 그의 지성과 뛰어난 감수성에서 나온 문체와 한때나마 미술을 전공했던 그의 이력답게 시각적 요소의 매료됨을 특유의 은유로 묘사했다. 여기에 열렬한 낭만주의 신봉자였던 그답게 순수함의 상징인 발레리나들에 대한 예찬과 평가가 주종을 이뤘다. 낭만주의 발레 시대에 새롭게 등장한 발레리나들은 발레 작품에서 이전보다 큰 비중을 차지하고 있었고, 전혀 다른 이미지로 발레리나 자신들의 가치와 위치를 확고히 해 나갔다. 그리고 그러한 가능성을 열어준 이가 바로 테오필 고티에였다.

역설적이게도 이러한 그의 업적은 그 자신의 한계이기도 했는데, 그는 자신의 글 속에서 감각적이고 직관에 의지한 상징적 은유는 장면들과 여인들, 작품의 전체적 인상과 무용수의 기량과 표현에만 국한했다. 예를 들면,

> 1843년 7월 25일자 『라 프레스』지에 실린 카를로타 그리시의 〈요정〉에 대한 평을 인용해 보면… 그녀가 내려 앉으려는 새와 같은 자태로, 반짝이는 백열광 속에서 나타났을 때 극장은 만장일치로 환호를 보냈다. 얼마나 경이로운 춤인가! … 그녀가 지면에 닿지 않고 스치듯이 날아가는 것을 여러분이 볼 수 있기를, 그녀는 산들바람에 실어 날리는 장미꽃 잎과 같다.[15]

15 심정민 (2001). 『서양 무용비평의 역사』. 삼신각. pp.97–98.

반면 작품 전체를 아우르는 안무에 대한 평가는 배제되었다. 앞서 언급한 그리시의 다른 작품 〈지젤〉에서 주역을 맡은 그녀에 관한 찬사는 쉽게 찾을 수 있지만 정작 〈지젤〉을 안무한 장 코랄리(Jean Coralli)나 극적으로 지젤이라는 새로운 역을 창조한 쥘 페로(Jules Perrot) 에 관한 언급은 그 어디에서도 찾을 수가 없었다. 더욱이 이 작품은 고티에 자신이 대본을 직접 집필한 경우로 오늘날의 관점에서 본다면 분명 제작 스태프로 참여해 직·간접적으로 장 코랄리와 쥘 페로와 접촉을 가진 경우였기에 더더욱 언급의 가능성이 있었음에도 불구하고 말이다.

이러한 배경에는 아무래도 안무에 대한 정확한 개념이 당시만 해도 아직 정착되지 않았기 때문이 아닌가 싶다. 사실 당시만 해도 발레에서 안무란 음악에 맞춘 움직임의 재배치였는데, 이는 발레에서 유독 음악이 매우 중요한 비중을 차지하고 있다는 사실만 봐도 알 수 있다. 가령 왕의 등장이나 사냥의 시작과 같은 경우에는 공식적으로 사용되는 특정 형식의 음악이 존재했기에 해당 음악이 연주되는 순간 특별한 설명 없이, 혹은 아주 간단한 제스처나 표시만으로도 무대 위에서의 상황이 어떠한 경우인지를 관객들은 쉽게 파악한다. 또한 궁중 내 여러 예법과 공식 행사의 진행 역시 특정한 음악만 들어도 해당 상황이 전달되기에 발레 마스터는 상황에 맞는 적절한 음악만 고르고 이에 맞는 움직임을 배치하면 된다. 여기에 형식에 맞는 악기 편성과 리듬과 가락을 통해 무대 위에서 전개되는 상황이 관객들에게 효율적으로 전달된다. 가령 연회에 앞서 주최자나 집주인이 손님들을 소개하는 장면에 쓰이는 음악이라든지, 귀족들이 사용하는 악기 편성과 음악이 농민들이 사용하는 음악과 다른 점 등을 파악하면서 동시에 발레를 감상하면 해당 장면에 대한 전달과 이해도가 높아진다.

이렇게 발레에서는 언제나 음악적 구성과 움직임은 항상 일치했기에 안무란 곧 음악의 배치였다. 이점은 발레가 발생되었을 때부터 음악(오페라)과 연극과 별개가 아닌 하나였음을 상기해 보면 짐작이 갈 것이다. 따라서 안무가는 필연적으로 음악에 대한 높은 이해도가 동반되어야만 했고 극단적으로 글은 읽지 못해도 악보는 읽을 줄 알아야 했다. 지금도 이러한 경우는 유효한데 오랜 전통을 가진 발레단의 창고에 쌓여 있는 악보 사이에 안무가가 적어 놓은 간단한 표시와 메모가 경우에 따라서 훌륭한 안무보가 되기도 한다. 그런 차원에서 본다면 낭만주의 시절의 발레에서 아직은 근대적 의미에서의 안무에 대한 인식이 약했고, 진정한 의미에서의 안무라는 개념은 상당한 시간이 지난 후에야 이뤄진다. 고티에도 이에 예외가 아니었기에 자신의 평문에서 작품 전체를 분석하고 안무를 본격적으로 논의하는 단계로까지 진척시키기에는 다소 한계가 있었다.

본질적으로 대상에 대한 그의 비평적 접근 방향은 발레 작품에 의해 창조된 환영에 관련되어 있었다. 그에게 발레는 상징적 의미에서 미적 은신처였다. 고티에는 대체로 발레에 대한 사고 방식에서 미적 이상에 사로잡혀 있었다. 그에게 발레의 주요 매력은 무용수의 신체 동작의 우아함과 눈을 즐겁게 하는 선들(lines)의 전개에 있었다.[16]

덕분에 고티에의 평문은 발레리나들의 움직임 중심이었다. 그의 평문은 마리 탈리오니와 카를로타 그리시에게 보내는 헌시였으며 감각을 일깨우는 순수한 경험이었다. 시인만이 가지고 있는 감수성과 시적인 표현, 감수성에 호소하는 그의 글들은 다소 주관적이고 너무 무용수들 중심이었음에도 불구하고 발레를 본격적으로 독립된 예술로 바라보는 그리고 미학적 가치와 감상의 대상으로 온전히 바라보게 하는 시작점이었다. 그는 더불어 열성적인 낭만주의자답게 '예술을 위한 예술'이라는 개념을 통해 발레를 본격적인 논의의 대상으로 올려놓는 초석을 이룬다. 낭만 발레에서 보여주는 춤은 순수함의 결정체이며, 춤이 보여주고 있는 환영은 단순한 신비로움을 넘어 숭고함으로까지 묘사된다. 이러한 이유로 탈리오니를 기독교적 무용

16 위의 책, p.99.

수라고까지 불렀으며 발레가 어떻게 감상되고 정신적 영역에서 다뤄지는지를 예측할 수 있다. 또한 예술이라는 대상의 순수한 관조적 입장이 강화되고 이는 당시의 낭만주의의 정신과 맞물린다. 후에 발레를 바라보는 시각과 이에 관련된 수많은 저술은 후배들에 의해 계승되고 다각도로 영향을 미치는데, 낭만 발레의 쇠퇴기에 등장한 시인 스테판 말라르메(Stéphane Mallarmé)가 대표적인 예다.

스테판 말라르메와 폴 발레리

프랑스 문학이 낭만주의에서 상징파로 넘어가는 결정적 역할을 담당한 말라르메는 평생을 중·고등학교 교사로 지내면서 조용한 시골과 한적한 학교 생활을 고집하며 평생 자신의 작품 창작에 헌신한다. 고티에와 보들레르가 파리를 중심으로 활동하면서 가난과 아편에 시들어갈 때쯤, 그의 이러한 삶의 태도는 많은 후배에게 귀감이 되면서 존경을 받는다. 말라르메의 문학에 대한 집중과 노력의 결과로 그는 자신만의 고유한 시적 언어 구사에 성공하면서 이후 프랑스 문학에 커다란 족적을 남긴다. 상징파를 대표하는 시인으로 기억되는가 하면 후에 클로드 드뷔시(Claude A. Debussy)의 음악과 바슬라프 니진스키(Vaslav Nizinskii)의 발레로도 작품화된 걸작 장시(長詩) 〈목신(牧神)의 오후〉를 남겼다. 그는 발레에서 볼 수 있는 "환영적인 정확성"을 가늠해 보려 하는데, 공연 현장에서 감각과 직관으로 감지된 경험이 문자로 표기되어 알게 되는 사실이 본질적으로 차이가 있다는 것을 인지한다. 그러면서 발레리나의 움직임을 상상력을 통해 또 다른 상징이자 은유로 해석하면서 발레를 일종의 '몸의 글쓰기'라 칭한다.

말라르메는 발레에서 병치되어 놓일 수 있거나 혹은 서로 반대되는, 극의 두 가지 다른 형식, 존재의 두 방법이 구별되는 속성들을 알아냈다. "자신을 춤 스텝으로 표현하는 무용수는 다른 어떤 웅변을, 심지어 제스처의 그

것이라도 알지 못한다." 얇은 베일의 구름 속에 드러난 그녀의 몸, 비단신을 신은 그녀의 다리는 "사유의 직접적인 도구"일 뿐이다. 춤은 관객들의 상상 속에 보편적인 삶과 우리의 내적 존재의 "신비롭고 신성한 해석"이 된다.[17]

이러한 춤에 관한 본격적 사유는 춤추는 몸에서 드러나는, 그러면서도 언어로 표현할 수 없는 그 무엇이 표현되고, 이를 바라보면서 감각이 일깨워지고 본격적으로 발동되면서 공표되는 의식이기도 하다. 그리하여 그는 신체의 움직임을 폭넓게 바라보는데 이 범위는 단순히 무대 위에서 펼쳐지는 화려한 신체의 향연인 발레리나의 움직임에서부터 무언어극(無言語劇)인 판토마임까지 다양했다. 그는 평소의 습작들을 통해 난해하고 파악하기 힘든 여러 기록을 남겼는데, 그중에서도 연극과 발레에 관한 산문과 언급이 존재한다. 그리고 이러한 글들 속에서 발견되는 그의 사유는 감각을 통한 환영적인 정확성을 추구하고 있다. 가령 "연극은 고결한 정신이다"라고 선언하는가 하면, "발레는 시의 최상의 극적 형식이다"라고 했다. 그의 이러한 태도와 입장은 그가 구사하는 시적 언어가 암시와 환기적 기능에 주목하고, 이를 완성한 자신의 작품들이 이후 세인들에 의해 상징주의를 대표하는 상징시로 평가받는다. 낭만주의와의 본격적인 결별이 서서히 보이는 그의 언어는 사물을 묘사하는 것에서 벗어나 어떠한 사물이나 경험이 감각과 인지를 통해 인간의 영혼 속에서 환기시키는 것을 암시하는 중개자에 해당한다.

낭만 발레의 희미한 퇴색의 끝자락에 걸친 말라르메의 이러한 견해는 이후 프랑스의 대표적인 지성 폴 발레리(Paul Valéry)까지 연결된다. 프랑스를 대표하는 시인, 비평가, 사상가로 앞서 언급한 말라르메의 전통을 확립하고 재건함으로써 상징시의 정점을 이룬다. 그의 뛰어난 문체는 20세기 최대 산문가라는 평가를 얻었고, 저서는 『매혹』, 『구시장』, 『잡기장』, 『영혼과

---

17 Copeland, Roger & Cohen, Marshall(1983). *What is Dance?*. p.53.

춤』 등이 있다. 그중에서도 『영혼과 춤』에서는 춤에 대한 그의 견해를 살펴볼 수 있는데, 공연예술에서의 몸짓과 행위를 독자적 미적 영역으로 논의한다. 그리하여 움직임을 본다는 것, 혹은 보여주는 몸에 대한 각성과 견해를 피력한다. 소크라테스(Socrates)가 즐겨 쓰던 대화체로 구성된 이 글에서는 발레리의 입장을 대변하는 소크라테스와 의사인 에뤼크시마코스(Eryximachos), 파이드로스(Phaidros)로 나뉘어 춤에 대한 발레리의 입장을 대변한다. 여신인 동시에 무용수 아퀴멘느(Acumene)가 이끄는 뮤즈들과 여인들이 음악에 맞춰 춤추는 무대에 관한 대화가 주된 내용이다. 이 3자의 대화 속에서 춤에 관한 다양한 논의가 전개되는데 춤추고 있는 구체적인 등장인물부터 무용수의 보폭, 교차되는 스텝에 대한 묘사, 행진과 연결, 음악과 연결되는 움직임의 조화가 서술된다. 그러면서도 영적인 대상이자 그 자체인 무용수에 대한 발레리의 견해가 소크라테스의 구술을 통해 등장한다.

> 그녀는 자신의 감은 눈 속에서 모든 전체이며, 내밀한 주목의 한복판에서 자신의 영혼과 함께 매우 외롭다네…그녀가 어떤 사건이 되는 것을 자기 자신에게서 느낀다네…절대적으로 순결한 순간이군. 영혼 속에서, 기다림 속에서, 화합 속에서.[18]

춤이란 어떤 무엇인가를 표현한다는 파이드로스의 의견과는 달리 감정이입과 의도성 없이 순수한 영혼의 상태에서만 완벽하게 표현할 수 있다는 발레리의 의견이 드러난다. 그러면서 춤은 공간예술인 동시에 불꽃처럼 일순간에 일어나는 시간예술이고, 어떠한 세속적인 목적이 없는 순수한 무목적성의 예술이며, 리듬에 따라 음악적으로 드러나는 신체 기호의 예술이라고 피력한다. 따라서 발레리가 이야기하는 아름다움이란 "이러한 고귀한

18 Valéry, Paul(1960). 영혼과 춤. 『몸』. 2000년 4월호. p.55.

걸음걸이의 길이가 만들어내는 긴장 관계로부터 나오는 영혼의 완벽한 안정감"이고 보폭과 걸음 수는 음악에 맞춰져 있으며, 이로써 춤의 완벽한 아름다움의 조건이 완전하게 구비된다. 순수한 영혼에서의 순수한 춤이라는 이러한 입장은 발레리가 가지고 있던 목적성이 있는 산문과 달리 시에 대한 자신의 입장, 다시 말해 시적 언어의 순수함, 절대시와 일맥상통하고 있다. 이러한 경향은 발레리가 개인적 친분을 가지고 있던 에드가 드가(Edgar Degas)의 그림에 대한 소견에서도 드러난다. 당시 유행했던 발레 공연을 직접 관람했지만 이보다는 평소 발레리나의 그림을 즐겨 그렸던 드가의 작품을 통해 더 강렬한 인상을 받았다고 고백한 점이 이를 반증한다. 춤과 드가의 그림들이 논지의 주요 대상이었던 발레리의 저서『드가, 춤, 데생(*Degas, Dance, Dessin*)』(1936)을 살펴보면 이러한 면면이 더더욱 드러나는데 드가와의 개인적 친분에서부터 드가와 공유했던 예술적 개념과 견해를 살펴볼 수가 있다. 여기에서도 발레리는 드가가 상당 부분 자신의 작품의 주요 테마였던 발레, 즉 춤에 대한 견해를 밝히면서 드가와의 입장을 공유하고 있다. 앞에서도 이미 언급했듯이 춤이 가지고 있는 시간성과 공간성에 대한 발레리 자신의 견해와 더불어 춤이 가지고 있는 충동적인 것들에 대해 주목한다.

> 즐거움, 화, 혹은 마음의 불안, 혹은 갑작스럽게 생각이 들끓기 때문에 어떠한 정확한 행동도 받아들일 수 없으며, 그 원인에서 고갈시킬 수 없는 힘이 드러날 때면 그 사람은 일어나 그 자리를 급하게 걸어가거나 보지도 않고 지나쳐 온 공간 속에서 이 넘쳐나는 힘의 날카로운 기시에 복종한다. 그러나 이러한 우리 힘의 소비에 주목할 만한 한 형태가 존재한다. 그 형태는 우리의 탕진된 움직임을 정리하고 조직하는 데 있다.[19]

19 Valéry, Paul(1936).『드가, 춤, 데생』. 김현 옮김(2005). 열화당. pp.24-25.

이러한 춤에 대한 그의 견해는 근육 운동과 연기 속에서 도취되는 상태, 그것은 경우에 따라 광란이며 최면적 방기일 수도 있지만 일정 정도의 "춤의 상태"에 주목한다. 그러면서도 이러한 점에 대한 분석을 행함에 대해서는 논의된 바를 확인할 수 없지만 그 관계성에 관해서는 짐작됨을 밝히고 있다. 이러한 논조는 이후 그의 다른 글인 「몸에 관한 소박한 고찰」이라는 글에서 몸에 대한 사유와 자연스럽게 연결되는데, 몸에 관한 기존의 관념에서 벗어나 새로운 담론을 형성하는 이론적 단초를 제공한다.

낭만 발레의 쇠퇴와 이론적 대안

춤이 본격적으로 미적 대상의 범주에 들고 여러 사상가에 의해 다뤄짐에도 불구하고 정작 낭만 발레는 영광의 시대에서 어느덧 서서히 저물어 간다. 그 쇠퇴의 주된 이유로는 "정치적 이유로 시작된 궁정 발레의 예술적 한계, 혁명 이후 새로운 시민 사회의 변화 모색 미흡, 발레리나에 대한 탐미적 시각 극복 부족, 발레 예술의 이론적 정립 미비, 발레 안무가와 무용수들의 정확한 사태 인지와 대책 부족"[20] 등을 꼽을 수 있다. 발레가 가지고 있던 태생적 한계를 빠르게 벗어나 하나의 독립된 예술로 성장할 가능성을 지녔음에도 불구하고 철학적 · 미학적 논의 부족과 지나친 재정적 의존도로 인해 더 이상의 발전과 변화의 가능성을 스스로 차단시키는 결과를 초래한다. 이와 비슷한 견해로 또 다른 요인 분석으로는 "무용에 대한 사회적 인식의 변화, 남성 무용수에 대한 부정적 편견, 작품에 관한 분석과 논의 회피, 비평의 서술적인 묘사와 사적 표현의 한계, 인상주의적이고 감상적인 경향에 머무른 점"[21] 등을 지적하고 있다. 이 역시 발레가 이론적 정립이 미

---

20 나일화(2003). 프랑스 낭만 발레 쇠퇴 원인에 대한 연구. 『무용예술학연구』. 가을호. pp.138-139.

21 심정민(2001). 『서양 무용비평의 역사』. 삼신각. pp.109-129.

홉했고 낭만주의에 안주하면서 대응하지 못했음을 지적하고 있다.

다시 말해 좁게는 남성 중심에서 여성 중심으로 발레가 변하면서 이전과는 다른 목적과 기능, 그리고 감상을 하게 되는 발레로 정형화되고, 크게는 발레가 변해가는 사회에 적응하고 이에 대한 적극적 대응이자 분석으로 예술적 변모와 대안을 마련해 놓는 것에 소홀했다는 지적이다. 이와 더불어 발레 마스터들과 안무가들은 발레의 생명 연장을 위해 몰락한 왕실을 떠나 좀 더 안전하고 우호적인 다른 황실을 찾는 우를 범했다. 그중 가장 대표적인 예가 러시아였고, 제정러시아에서의 발레 창작은 이후 발레사에 길이 남을 명작들을 남겼지만 역설적이게도 대응과 변화 모색에는 한 박자 늦은 원인을 제공해 준다. 그럼에도 불구하고 시간이 지날수록 본질적으로는 낭만주의에 대한 비판과 회의가 서서히 진행되고 있었고, 이에 대한 발레의 변화 역시 여기에서 피해 갈 수는 없었다. 그런 차원에서 발레는 낭만주의에 너무 오래 머물렀으며, 변화에 대한 요구를 직시하고 동시적으로 진행되었어야 했다. 그리고 이러한 대안적 변화는 20세기에 이르러서야 파리가 아니라 러시아 발레에서 발레 뤼스(Ballets Russes)의 혁신적 작업을 통해 세상에 알려진다.

흥미롭게도 낭만주의에 대한 비판은 아직 낭만 발레가 본격적으로 꽃을 피우기도 전인 1820년대 문학에서 먼저 낭만주의의 전성기가 지나기 시작하는 독일에서부터 시작된다. 게오르크 빌헬름 프리드리히 헤겔(Georg Wilhelm Friedrich Hegel)의 유물론적 견해는 이내 카를 마르크스(Karl Marx)로 연결되면서 허구적이고 천상적인 세계에 대한 비판이 가해진다. 왕정복고의 고전주의의 변형이며 화려한 부르주아의 관습을 그대로 반영하고 있다는 혐의를 받고 있는 낭만주의는 이후에 등장한 사실주의의 비판으로부터 자유로워질 수가 없었다. 순수함의 순진함과 이상적이지만 비현실적인 낭만주의는 진실이라는 문제와 대면했을 때 파생되는 것들에 대해 현명한 대답을 제공하지 못한다는 것이다. 반면 허상보다는 현실에 대한 직시와 이전까지 소외되었던 몸의 직시는 사실주의의 특징이자 성과이기도 하다. 낭만주의에서 지워졌던 몸에 대한 새로운 인지는 철사로 허리를 묶는 눈속임을 해서라도 공중을 날아다니는 몸과는 다른 몸이었다. 또한 실제에 대한 발견과 부각은 거짓과 비현실 속에서 나올 것을 요구하고 있다. 이렇게 사실주의의 대두는 문학과 회화에서 두각을 나타내지만 발레에서는 아직 그 행적이 묘연했다. 더욱이 파리는 보불전쟁의 패배로 더 이상 왕실과 정부로부터 이전과 같은 환경을 제공할 수 없었고, 정치적 · 사회적 혼란은 가중되었다.

설상가상으로 발레는 점차 상업적으로 변질되면서 퇴폐적인 형태를 띠었고, 재능 있는 전문가들은 더 나은 환경을 찾아 해외로 떠난다. 이러한 악순환을 거듭하면서 오랜 기간 발레의 중심지였던 파리는 그 명성을 러시아에게 내어준다. 아직은 혁명의 회오리에서 비교적 안정지대라고 판단된 로마로프 가(家)의 페테르부르크는 우호적인 차르(tsar: 황제)의 후원 아래 새로운 발레의 중심이 된다. 새로운 터전을 마련한 발레 안무가와 무용수들이 페테르부르크에 대거 모이면서 파리 발레의 영광을 재연한다. 하지만 격변하는 시대의 변화된 인식의 수용과 모색이라는 것보다는 과거의 영광과 업적에 덧붙이는 수순을 밟는다. 서유럽에서는 혁명을 거치면서 새로운 시민사회가 도래하고 있었고 예술은 본격적인 근대화 과정에 진입한다.

그들이 신봉했던 낭만 발레가 한때는 근대적 현대 발레였음을, 그리고 기존의 계몽주의를 넘은 새로운 제안이었음을 잊은 듯했다. 혁명에 대한 나름의 해석과 태도를 엿볼 수 있었던 〈고집쟁이 딸〉부터 기존의 의존적이고 순응적인 여성상에서 벗어나 새로운 여성상을 보여준 〈코펠리아〉까지 낭만 발레의 업적은 분명 존재했다. 하지만 그럼에도 불구하고 발레 무용가들은 파리가 왜 발레의 왕좌를 내어주었는지, 낭만주의 발레가 무슨 이유로 쇠퇴했는지를 고민하고 새로운 모색을 찾기보다는 다른 황실을 찾아 과거의 영광을 또다시 재연하는 한정적 연장을 선택한다.

참고 문헌

단행본 및 논문

김도윤(2012). 『에로스의 예술 발레』. 서울: 살림.

나일화(2003). 프랑스 낭만 발레 쇠퇴 원인에 대한 연구. 『무용예술학연구』. 가을호.

심정민(2001). 『서양 무용비평의 역사』. 서울: 삼신각.

_____(2009). 탈리오니 가문을 통해 본 당대 무용계 특징 연구. 『한국무용사학회』. 제10호.

최문규(2005). 『독일 낭만주의』. 서울: 연세대학교출판부.

Copeland, Roger & Cohen, Marshall(1983). *What is Dance?*. New York: Oxford University Press.

Cohen, Selma Jeanne(1992). *Dance as a Theatre Art*. Pennington: Princeton Book Co.

역서

鈴木晶(2002). 『발레의 탄생』. 김경자 옮김(2007). 서울: 한성대학교출판부.

Berlin, Isaiah(1999). 『낭만주의의 뿌리』. 강유원 · 나현영 옮김(2006). 서울: 이제이북스.

Fuchs, Eduard(1910). 『풍속의 역사Ⅲ: 색의 시대』. 박종만 옮김(1996). 서울: 까치.

Homans, Jennifer(2010). 『아폴로의 천사들: 발레의 역사』. 정은지 옮김(2014). 서울: 까치.

Valéry, Paul(1936). 『드가, 춤, 데생』. 김현 옮김(2005). 서울: 열화당.

_____(1960). 영혼과 춤. 『몸』. 허명진 옮김. 2000년 4월호.

인터넷 자료

https://ko.wikipedia.org

제4장

루돌프 폰 라반과 안무이론의 정초

김재리

1. 안무 실제와 이론의 협업

안무란 무엇인가. 안무란 어디에서 시작되며 어디에서 끝나는가. 습관처럼 사용하는 안무라는 단어가 의미하는 것은 무엇인가. 그리고 우리가 구사할 수 있는 '안무'의 영역은 어디까지인가. 현재 컨템퍼러리 댄스의 장에서 안무에 대한 질문들은 지금까지 구축해 온 안무의 역사를—그것이 이론적인 것이었건 실제적인 것이었건 간에—갱신하면서 안무가, 비평가, 드라마투르그(dramaturg), 이론가들에 생산되는 담론을 중심으로 다각도에서 정의되고 있다. 이제 안무는 움직임을 구성하거나 나열해 숙련된 무용수들에 의해 표현되는 것에만 국한된 것이 아니라, 사회와 문화 안에 존재하는 하나의 신체를 둘러싼 다양한 문제들을 포섭하는 것까지 나아가고 있다.

이러한 경향에서 컨템퍼러리 안무가들은 동시대를 사유할 수 있는 철학이나 미학과 같은 이론을 안무의 실천에서 강조하고 있다. 특히 유럽이나 미국을 중심으로 한 안무 현장에서는 현대 철학의 이론과 문화 연구의 담론들을 흡수하면서 시각예술이나 영화 등과 견줘 동시대성을 획득하고자 작품 생산에서 연구나 이론과 공모하는 사례가 늘고 있다.[1] 이러한 과정에서 이론 분야의 연구자들이나 비평가들이 안무의 실제 작업에 참여하게 되고, 이는 컨템퍼러리 댄스의 안무 방식인 협업(collaboration)이나 리서치(research), 실험(laboratory)의 개념과 연결되었다. 또한 무용에서 움직임을 고안하는 것보다는 안무가의 아이디어나 개념을 생산하는 방식에 더 집중하는 개념 무용(conceptual dance)과 같은 형식이 제시되기도 했다. 이와 같은 안무의 개념이 무용 창작의 현장 안에서 확장되고 있는 가운데, 무용의 현장은 현재 연구(리서치)나 지식 생산의 장으로 고려되고 있는 것이다.

하지만 이처럼 예술이론이나 철학 등이 널리 사용되면서 안무자의 자율성에 대한 문제 제기가 일어나고 현장에서 작품으로 구체화하는 과정보다는 담론을 생산하는 것에 더욱 치우쳐 있다는 비판적인 시각도 존재한다. 반면에 컨템퍼러리 댄스에서 몸의 정치나 주체성에 대한 관점을 토대로 안무의 특성을 '움직임의 고안'으로만 바라보는 시각은 동시대와는 맞지 않은 낭만주의 시대나 근대성의 잔재로 비판하기도 한다. 이와 같은 논쟁의 중심에서 안무는 어떻게 매체의 본질적인 속성을 간과하지 않고 예술적이고 창의적인 방식으로 이론과 만날 것인가. 이 글은 안무의 현장(특히 컨템퍼러리 댄스 영역에서)에서 이론의 적용이나 생산의 중요성이 강조되는 현 시점에서 하나의 안무이론을 제시하고자 한다.

20세기 초 안무의 개념과 무용의 이론을 정립한 루돌프 폰 라반(Rudolf

---

1 Cvejić, Bojana(2007). Learning by making and making by learning how to learn. (Contemporary Choreography in Europe: When did theory give way to self-organization?). *SUMMIT non-aligned initiatives in education culture*, at 〈http://summit.kein.org/node/235〉. p.193.

von Laban)은 안무의 현장에서 이론을 체계화시킨 인물이다. 그는 다양한 상황과 사건 안에서 발견되는 인간의 움직임을 오랜 기간 동안 관찰하고 움직임의 원리를 탐구했다. 또한 움직임 분석의 틀을 고안하기 위해 정신분석학, 기하학, 음악학 등의 이론을 적용하기도 했다. 즉, 이론의 생성 단계에서 실제를 강조했으며, 이것을 학문과 융합해 하나의 완성된 이론 체계를 개발한 것이다. 이 글에서는 라반의 안무이론을 중심으로 안무의 실제와 이론이 어떻게 융합되었으며 현장에서 이론을 생성하는 방식과, 이론을 현장에 적용하는 방식 등에 대해 논의하고자 한다. 컨템퍼러리 댄스에서 안무에 대한 역사적 논의는 안무의 코페르니쿠스적 전환기라고 명명되는 포스트모더니즘 이후의 안무가들의 작업을 살펴보는 것이 일반적이다. 하지만 이 글에서는 안무보다는 안무에 대한 이론적 정립에 초점을 맞추기 위해 논리적인 절차를 통해 원리와 규칙을 찾고, 이를 입증한 다양한 사례연구가 존재하는 라반의 이론을 중심으로 논의할 것이다. 이를 통해 현장에서 이론을 맹목적으로 적용하거나 무용에 대한 지식을 예술철학이나 미학에 종속시키지 않으면서, 동시대에 이뤄지고 있는 춤과 안무의 본질을 포착할 수 있는, 즉 현재에도 유효한 하나의 안무적 관점을 제시하고자 한다.

2. 안무의 비(非)정의적 정의

무용 현장과 이론 영역에서는 예술에서 중요한 부분인 '창작'의 과정이자 결과로서 '안무란 무엇인가'에 대한 논의를 지속해 왔다. 하지만 하나의 개념이 합의를 이루는 데에는 상당한 시간이 걸린다. 시대와 사회의 관습을 반영하며 사용되는 언어의 속성에 비춰볼 때, 안무라는 단어 역시 시공간이 겹겹이 쌓인 역사가 존재하고 시시각각 변화하는 세상 안에서 서로 다른 쓰임만이 존재하기 때문이다. 특히, 현대 예술에서의 초점이 일상의 생생한 체험이나 사회적 · 정치적 사건, 결과보다는 과정에 맞춰지면서 현재 사용하는 안무라는 개념은 여전히 한 마디로 정의하기에는 불충분하고, 지금도 여전히 구성 중인 개념일 것이다. 안무가 윌리엄 포사이드(William Forsythe)는 "안무를 한 가지로 정의한다면, 안무가 기존의 정의에 저항하고 개혁하는 것이라는 중요한 메커니즘을 이해할 수 없을 것이다."[2]라고 했다. 이처럼 안무는 보편적이면서 표준적인 개념으로 정의할 수 없으며, 안무에 대해 기본적인 원리로부터 체계화되는 속성을 가지는 '안무이론'을 세우는 것은 일반화를 목적으로 하거나 객관적인 지위를 갖는 것과는 다른 목적을 가질 것이다. 이 글은 안무라는 것이 불안정한 개념이며 지금도 변화하고 있는 현재진행형의 표현이라는 것을 인식하는 데서부터 시작한다. 그렇다면 안무에서 이론은 어떤 의미를 가지는가. 정의내릴 수 없는 속성을 가지는 안무에서 이론은 어떤 방식으로 체계화되는가. 이 장에서는 안무이론을 논의하기 전에 무용의 역사 안에서 다뤘던 안무의 정의를 살펴보고자 한다.

안무(按舞)는 사전적으로 춤을 고안한다는 뜻을 가진다. 안무라는 용어가 보편적으로 사용된 근대 이후의 안무가와 무용 이론가들도 각각의 관점에서 정의했지만 '춤, 혹은 움직임을 만드는' 것에 동의한다.[3] 하지만 안무의 어원을 살펴보면 choreography(안무)란 움직임의 고안보다는 choreo(춤)에 대한 graphy(쓰기, 혹은 기록)의 의미를 갖는다. 이는 (서양)춤의 역사 안에서도 증명된다. 안무라는 말은 1589년 투아노 아르보(Thoinot Arbeau)의 『오

2 Forsythe, William(2008). *Choreographic Objects*. pp.201-203: *Dance*. Lepecki, André(ed.). (2012). Whitechapel.

3 프레스턴 던롭의 *Dance Words*에 따르면 많은 무용가, 무용 이론가들은 안무란 춤을 만드는 예술, 신체적인 쓰기, 감정이나 사고를 일정한 움직임과 패턴으로 시각화시키는 것 등으로 정의내리고 있다(Preston-Dunlop, Valerie. 1995. p.389).

케소그래피(*Orchésographie*)』라는 무용지침서에서 처음 사용되었다.[4] 이 책은 '춤(orcheso)'의 훈련에 대한 '쓰기(graphie)'를 시도하는데, 이는 춤을 기록하기 위한 무보(舞譜, notation)의 기능을 갖는다. 이후에 18세기 라올 푀이에(Raoul Feuillet)에 의해 발표된 『*Chorégraphie, ou L'art de décrire la dance*(안무, 혹은 무보작성법)』에서도 안무를 무용을 기록한다는 개념으로 사용했다. 이 책에서는 발레에 한정해 기초 동작에 대한 기록 및 바닥에 그려지는 움직임의 동선(floor pattern)에 대한 기록 체계를 다루고 있다. 푀이에의 기록법을 근거로 장-노엘 로렌티(Jean-Noel Laurenti)가 지적하듯이 안무는 실제로 무대 위에서 시행하기 이전에 기록되고 쓰여지는 것이다.[5]

20세기에 이르러서도 안무란 역시 움직임이나 춤을 기록하는 의미를 갖는다. 이 시기에 춤에 대한 이론을 체계화한 라반은 고대 그리스의 기하학적 관점을 기반으로 안무란 '원에 대한 지혜'를 의미하는 '코레오소피(choreosophy)'에서 파생된 단어로 '원(choreo)'을 '기록(graphy)'하는 것으로 정의한다. 앞서 choreo란 춤이라는 의미를 갖지만 라반은 choreo를 원(circle)으로 정의한다.[6] 그는 그리스 자연철학의 이론적 배경 안에서 인간의 신체 구조에서 가장 조화로운 움직임은 삼차원의 공간상에 원을 그리는 것으로, 이는 끊임없이 원 운동을 하는 우주의 모습이 반영된 것이라고 했다.[7]

---

4 Arbeau, Thoinot(1967). *Orchésographie*. Mary Stewart Evans(tr); with a new introd. and notes by Julia Sutton; and a new labanotation section by Mireille Backer & Julia Sutton. New York: Dover.

5 Laurenti, Jean-Noel(1994). Feuillet's Thinking, in *Traces of the Dance*, ed. Laurence Louppe. Paris: Editions Dis Voir, pp.81-108.

6 라반의 이론에서는 우주와 인간 삶의 근원을 이루는 기하학적 도형인 '원'을 중심으로 인간의 움직임과 삶에 대한 원리를 제시했다. 원의 3차원 형태인 구(球, sphere)를 인간이 움직임을 할 수 있는 범위(kinesphere)로 설정하는가 하면, 공간상의 세 지점을 연결한 고리(ring)에 대한 원리를 세워 조화로운(harmonious) 움직임 창작에 적용했다.

7 Laban, Rudolf von(1966). *The Language of Movement: A Guidebook to Choreutics*. Ullmann, Lisa(trans). Play, Inc. p.26.

즉, 라반에 의하면 안무란 단순히 신체 움직임을 기록하는 것이 아니라 개인을 둘러싼 가상의 '구(球)' 안에서, 즉 공간과의 상호작용에서 일어나는 움직임을 '기록(혹은 쓰기)'한다는 의미를 갖는다. 이는 과거 움직임 기록법(무보)이 동선이나 신체를 회화적인 평면 상태에서 기록하는 것과는 달리 삼차원의 공간상에서 이뤄지는 신체 움직임에 적합한 '기록'의 필요성을 강조한 것이다. 그가 1926년에 저술한 책 『코레오그래피(*Choreographie*)』에서는 기하학의 학문적 접근을 통해 신체와 공간의 관계 속에서 생성되는 움직임에 대한 분석 방법에 대해 다루고 있다. 따라서 그가 정의하는 안무란 공간과의 조화(space harmony) 속에서 발생하는 일련의 움직임 연결에 대한 쓰기로 이해할 수 있다.

이처럼 라반에 이르러서는 안무라는 것이 단지 움직임을 기록하는 수준이 아닌 특정 학문적 접근으로 분석하거나 창조하는 개념으로 사용되었다고 볼 수 있다. 이는 아르보나 푀이에가 발전시킨 무보를 안무와 같은 선상에서 논의한 것과는 다른 접근이다. 라반은 푀이에 무보를 참고해 라바노테이션(Labanotation)이라는 무보 체계를 고안했지만, 이것은 라반이 사용한 안무라는 용어와는 다른 기능과 개념으로 이해된다. 라바노테이션은 움직임에 대한 기록(record)과 재현을 목적으로 하며, 무용에 대한 연구(분석)를 위해 개발되었다. 즉, 생성되는 동시에 사라지는 특성을 가지는 무용을 연구하기 위해 기초 자료가 되는 '기록물'이 필요하며, 이는 음악을 예술의 수준에서 논의할 수 있는 것이 악보와 같이 '기록'의 유무에서 비롯된다는 생각 때문이었다. 안무이론에 대해 논의하려는 이 글에서 라반의 사유와 실천을 중심으로 안무이론에 대해 다루는 것도 바로 이 지점에서다. 즉, 라반을 무용의 역사 안에서 안무에 대해 논리적이고 과학적인 접근을 통해 학문의 수준에서 논의를 열어준 최초의 인물로 고려하는 것이다. 또한, 최근의 안무나 무용의 이론이 무용의 내부[8]에서 비롯되기보다는, 연계 예술이나 다른 학문으로부터 유도되는 이론에 치우치는 경향에 대한 내부적인 성

찰의 필요성을 제시하는 것이기도 하다.[8]

이처럼 무용의 역사 안에서 불과 한 세기 전인 20세기까지 안무라는 용어는 춤의 존재론적 측면에서 신체 움직임과 움직임의 구성이라고 일반적으로 이해되었다. 하지만 1960년대 포스트모던 댄스 이후에 안무가들은 신체 움직임에만 초점을 맞추는 것이 아니라 신체를 포함해 다른 맥락까지 확장된 안무의 개념을 제시했다. 저드슨 댄스 시어터(Judson Dance Theatre)의 안무가인 이본느 레이너(Yvonne Rainer), 스티브 팩스톤(Steve Paxton), 시몬 포티(Simon Porti) 등은 모던 댄스에서 나타난 안무의 경향이 스펙터클(볼거리)을 생성하고 신체 움직임의 아름다움을 전시(display)하는 데에 치우친 것을 비판했다. 이들은 추상화된 움직임을 거부하고 움직임의 주체인 신체에 대한 리서치, 즉 물리적 신체와 이론화된 신체 등에 대한 새로운 관점이 필요하다는 것을 강조했다. 이는 미적인 움직임을 만들어내기 위한 도구나 수단으로 신체를 다뤄왔던 기존의 안무 개념에 대한 저항으로 이해될 수 있을 것이다. 또한, 이 시기의 안무가들은 안무의 속성인 '쓰기' 혹은 '기록'에 대해 다른 개념을 제시했는데, 이는 신체 움직임에만 한정된 것이 아니다. 춤은 사회와는 단절된 예술의 고립된 영역 안에 위치하는 것이 아니라 춤과 신체는 사회를 담지하고 저장한다. 그들이 생각하는 춤에서의 기록이란 재현을 위한 신체 움직임의 기록(notation)이 아니라 춤을 구성하는 요소들, 정치 · 사회 · 젠더 등에 대한 기록(documentation)이다. 이와 더불어 춤을 구성하는 움직임이라는 핵심적인 매체에 대해서도 형식적이고 미적인 움직임의 나열이 중심이 되었던 모던 댄스와는 달리 다양한 실험과 안무의 방법을 제안했다. 예컨대, 이들이 창작의 과정에서 사용한 스코어(score) 방

8 무용의 내부에서부터의 생성된 이론이란 무용이라는 매체의 고유성에 근거한 이론을 말한다. 이는 권위 있는 학문에 근거해 무용을 논의하기보다는 무용이라는 매체의 특성을 고려해 현장에서 발생하는 춤(이벤트)에 대해 무용의 실제(practice)와 경험(experience)의 관점에서 논의의 중요성을 강조한 것이다.

법론은 일종의 안무를 위한 규칙과 지시 사항을 기록하는 것으로 언어와 기록이라는 매체와, 해석과 재창조라는 창작 과정으로 이뤄진다. 즉, 안무의 요소들을 중심으로 하는 창작의 지침(서), (놀이)규칙, 방법이라 할 수 있으며, 동작 자체의 창작이 아닌 시간, 속도, 장소, 이동, 관계 등과 같은 안무 요소들의 창작에 기반한 안무의 방법론이다.

최근 컨템퍼러리 댄스 안에서 안무라는 용어는 좀 더 급진적으로 사용되고 있다. 무용 이론가 안드레 레페키(André Lepecki)는 근대 사회의 견고하게 작동하는 사회, 제도, 정치, 예술의 원리들을 해체하는 현대 철학의 사상가들과 궤를 같이하면서 모던 댄스 이후, 포스트모던의 안무가들의 경향에서도 나타난 움직임의 고안이라는 좁은 의미에서의 안무를 비판했다. 그의 저서 『소진된 춤(*Exhausting Dance*)』에서는 움직임이 소진된 현재의 무용에 대해 논의하면서 움직임이 배제되거나 혹은 다른 매체로 전이된 안무를 제시하기도 했다. 실제로 유럽 중심의 컨템퍼러리 댄스의 영역에서 개념 무용(conceptual dance)이나 농당스(non-danse)와[9] 다매체, 사회정치적 이슈의 혼합(interdisciplinary) 경향을 통해 안무의 개념이 운동성에 존재론적 관습을 둔 움직임의 테크닉이나 형식의 고안에 머무르지 않는다. 특히 1990년대 이후 안무에서는 춤에 대한 발화(speech)와 쓰기(writing)를 강조하는데, 이것은 춤에서의 동작, 움직임, 사고, 성찰, 의식, 무의식, 경험과 정서를 분리하는 것이 아니라 전체적으로, 그리고 가정(assumption)에 대한 해체, 규칙이나 가치를 포함하는 언어로 이뤄진다.[10] 레페키에 의하면 안무란 어떠

---

9 주로 개념 예술과 관련해서 논의되는 용어들로 컨템퍼러리 현장에서 기존의 무용에서 신체 표현이나 형식화된 움직임을 강조하는 것과는 반대로 개념이나 아이디어, 자기 성찰의 과정으로서 '안무'를 강조한다. 개념 무용은 움직임 자체를 비판하기보다는 순수 움직임에 대한 거리두기를 통해 안무의 개념이나 실행의 범위를 확장시키고 있고 있다. 개념 무용이나 농당스의 개념은 주로 현장에서 사용되고 있지만 아직 이론화되지 않았으며 여전히 다양한 성격의 담론을 생산하고 있다.

10 conference "INVENTORY: Dance and Performance Congress/Live Act/Intervention/

한 원칙이나 기술을 위한 것도 아닌, 구성을 위한 방법도 아닌, 기록이나 저장을 위해서도 아닌, 하나의 장치(apparatus)라고 강조한다. 장치로서 안무란 춤에서 발생하는 의미와 운동성, 그것의 사회적 제스처와 기능들에 대해 동시대 춤의 진화를 고려해 실제와 이론의 두 가지 측면에서 미학적 관점과 이론의 헤게모니 방식의 견고한 한계를 정해 춤에서 포착하는(capturing) 것을 의미한다.[11] 즉, 춤에서 발생하는 의미와 운동성에 대한 포착은 빨리 소멸되는 성격을 갖는 것에 대한 것이며, 소멸 그 자체에 관한 것이기도 하다.

이처럼 (서양)춤의 역사 안에서 안무의 개념은 신체, 움직임, 그리고 맥락—정치, 사회, 젠더, 경제—안에서 진화되어 왔다. 그리고 다양한 안무가들에 의해 지금도 안무에 대한 실험과 기존의 안무 개념에 대한 저항이 이뤄지고 있다. 예술 안에서 안무가들은 항상 이전에는 없었던 그 무엇을 발견해 가고, 기존의 루트에서 벗어나기 위해 애쓴다. 그리고 그들이 새롭게 바라보는 세상과 안무에 대한 제안은 안무이론에서의 다양한 관점을 제시하기도 한다. 하지만 발터 벤야민(Walter Benjamin)이 언급하듯이 현재란 과거와의 단절을 의미하는 것이 아니라 지금도 우리의 인식과 감각 안에서 영향을 끼치며 다른 모습으로 반복되고 있다. 우리가 지금 논의하고 있는 안무의 개념도 인식 가능하든, 그렇지 않든 간에 과거와의 연속되는 삶에서 포착되는 다양한 요소에 의해 지속적으로 변화하고 있는 것이다. 따라서

Publication", 2005. 3. 3-5에서 Bojana Cveji에 의해 논의된 내용이다. http://www.mobileacademy-berlin.com/englisch/2006/texte/cvejic03.html

11 레페키는 철학자 질 들뢰즈(Gilles Deleuze)와 정신분석학자 펠릭스 가타리(Felix Guattari)의 이론에서 사용된 장치(apparatus)라는 용어를 안무에 적용해, 컨템퍼러리 댄스에서 장치의 개념을 제시한다. 들뢰즈는 (푸코에 의해 제시되었던 장치라는 개념을 빌려) 예술에서 장치란 보이거나 보이지 않거나, 의미 있거나 의미 없는 모든 것이 상징하고 드러내는 모든 힘(권력)의 방식들과 묶여 있는 것이라고 강조했다. Lepecki, André(2007). Choreography as Apparatus of Capture. *TDR(The Drama Review)*. 51(2). pp.119-123. The MIT Press.

이 글에서 다루게 될 과거 어느 시점의 안무에 대한 논의는 현재의 시각에서 과거의 안무에 대한 새로운 성찰과 반성을 통해 도래하는 안무에 대해 고민할 수 있는 계기를 마련하기 위함이다.

3. 라반의 안무이론과 움직임의 언어

"… 그(라반)가 아이디어가 생기면, 다른 사람들은 그것을 실어 나른다."[12]
–존 마틴(John Martin)

안무이론의 존재론: 소멸되는 것에 대한 포착

…세상에서 빈번하게 일어나는 일들의 가치나 열망은
논리적으로 설명되지 않는다.
–루돌프 폰 라반(Rudolf von Laban)

생성되는 순간에 '소멸'되는 특성을 지니는 춤은 오랫동안 예술의 영역에서 혹은 학문의 영역에서 배제되어 있었다. 안무가(무용가)의 아이디어, 감성, 관점까지 춤으로 구체화되는 순간에 사라져 아무것도 남기지 않고 증명해내지 못하기 때문이다. 오래 두고 볼 수 있는 미술 작품이나 사라지는 속성은 같지만 악보의 시스템을 통해 기록을 남길 수 있는 음악과는 달리 춤은 분명히 예술과 학문의 측면에서 태생적인 한계가 있다. 이러한 무용의 존재론적 한계를 극복하고 무엇인가를 남기기로 한다면, 지각되기 어렵

12 Hudgson, John(2001). *Mastering of Movement: The Life and Work of Rudolf Laban*. New York: Routledge.

지만 그럼에도 춤으로 우리를 이끄는 것은 무엇인가? 그것을 어떻게 포착할 것인가? 춤을 남길 수 있는 적당한 방법은 무엇일까? 그리고 그것은 춤이 사라진 이후에 그 흔적은 어떻게 존재하게 될 것인가에 대한 질문이 생긴다.

앞서 언급한 무용 최초의 이론서 『오케소그래피』에서 코레오그래피를 '춤에 대해 (춤을) 쓴다(기록하다)'고 정의한 것은 '사라지는 춤'에 대해 무언가를 남겨놓는다는 열망이기도 할 것이다. 춤에 대해 쓴다는 것은 춤을 춘다(dance)는 것과는 다른 의미를 갖는다. 레페키는 춤이 지각되기 어려운 것이라면 어떻게 이것을 바라보고 어떤 방식으로 우리 주변에 머무르게 할 것인가에 대한 질문들이 16세기 이후 춤을 '안무적(choreographic)'이라는 용어의 메커니즘으로 이동하게 했다고 주장한다.[13]

라반 역시 춤의 숙명을 거부하고 춤에서부터 무엇인가를 '남기기'로 한다. 이미 춤이 사라졌지만 춤이 남긴 기록물은 지금-여기에도 존재하기 때문이다. 물론 라반이 기록의 대상으로 남긴 것은 신체의 움직임에만 한정되어 있다. 무용 이론가 존 마틴(John Martin)이 주장하듯이 라반을 포함한 모더니즘 시대의 현대 무용가들이 보여준 움직임의 새로운 발견은 움직임에서 춤의 본질을 찾음으로써 춤을 예술의 경지에 올려놓으며 역사상 처음으로 자율적 예술이 되었다.[14] 이는 신체와 움직임이라는 매체를 통해 춤을 존재론적으로 미술이나 음악과는 다른 예술로 구별하기 위함이라고 할 수 있다.

잘 알려진 무보 체계인 라바노테이션 개발 프로젝트는 사라지는 춤을 붙잡아 보존하기 위해 계획되었다. 여기서 춤이란 특정 장르에 국한된 것이 아니라 인간의 보편적인 움직임에서 발레와 같이 형식화된 움직임까지 더

---

13 Lepecki, André(2007). Choreography as Apparatus of Capture. *TDR(The Drama Review)*. 51(2): 119-123. The MIT Press.

14 Lepecki, André(2014). 『코레오그래피란 무엇인가』. 문지윤 옮김. 현실문화. p.16.

넓은 범위에서 이해될 수 있다. 라반은 1920년대 푀이에의 기록법과 음악에서의 악보를 참조하고, 무용가로서 개인적 체험에서 비롯된 춤과 일상에서 나타나는 움직임의 요소와 구성을 관찰해 신체와 움직임에 맞는 원리를 탐구해 무보를 개발했다.[15] 라바노테이션은 움직이는 신체 부위, 방향, 높낮이, 움직임의 지속 시간 등 네 가지 관점에서 움직임을 기록한다. 이는 운동성(kinetic)의 관점에서 움직임의 구조에 초점을 맞춘 시스템이다. 이때 신체는 움직임을 발생시키는 하나의 도구로 인식되는데, 움직임의 흐름 속에서 공간상에 위치하는 신체와 신체 부위를 삼차원적인 관점에서 기록할 수 있다는 것이 특징적이다. 이 기록법에서는 움직임을 발생시키는 신체에 대한 접근은 관절의 운동 범위와 기능을 중심으로 한 해부학을 통해 이뤄졌다. 신체가 삼차원의 공간상에서 움직이고, 스텝을 통해 이동하는 일련의 움직임 진행 과정을 묘사하는 수준이다. 이는 순수한 운동성에 기초한 것으로 움직이는 사람과 관찰자에 의해 모두 동의될 수 있는 '객관적' 기록을 가능하게 했다. 라바노테이션은 움직임 이면에 숨겨진 다른 의미와 가치를 드러내기보다는, 혹은 그것을 드러내기 위한 기초 자료로서 의미를 가진다. 많은 연구자가 라바노테이션의 한계를 논의할 때, 춤의 정신이나 의미, 혹은 감정이나 감각 등 춤에서 더 중요하다고 생각될 수 있는 가치를 드러낼 수 없다는 것을 지적한다. 하지만 이는 라바노테이션의 체계와 목적에 대한 이해의 부족에서 기인하는 것이라고 할 수 있다. 라바노테이션 이전에 춤에 대한 묘사가 주로 시적(poetic)인 언어로 이뤄졌다면, 라바노테이션 이후에는 과학적(해부학적) 관점에서 객관적인 기록과 묘사를 가능하게 한 것에 의의가 있다.

15 라바노테이션은 무용의 분야에서 널리 이용되고 있지만, 최초에는 모든 인간의 움직임, 즉 보편적인 움직임의 기록과 분석을 위해 개발되었다. 라반은 무용 현장에서뿐 아니라 기차역, 정신병원, 공원, 노인요양원 등을 중심으로 다양한 사람들의 움직임을 관찰한 자료를 토대로 무보 체계를 개발했다.

라바노테이션이 움직임의 구조적 측면, 혹은 객관적인 자료 생성을 위한 기록을 중심으로 이뤄졌다면 보는 이들에게 주관적으로 느껴지거나 눈에 보이지 않지만 분명히 존재하는 춤의 요소들을 알아채고 그것을 남기기 위해 라반이 구체화한 이론이 에포트(Effort)다. 라반은 이를 움직임 이면에 존재하는 '그림자 움직임(shadow movement)'이라고 했다. 서양의 역사에서 라반 이전에는 춤에서 나타난 기교 중심의 움직임이나 체조와 같은 메커니컬한 움직임들에만 초점을 맞췄지만, 라반은 인간의 감정이나 사고를 불어넣어 좀 더 '인간적인' 춤을 강조했다. 그리고 이는 후에 표현주의라는 사조로 수렴되기도 한다. 라반의 에포트에서 중요한 것은 내적인 충동이 신체의 행위로 나타난다는 것인데, 정신이나 심리를 의미하는 신체 내부(inner)와 행위를 의미하는 외형(outer)의 긴밀한 상호 관계에서 움직임이 발생하는 것을 말한다. 이는 정신분석에서 무의식의 발현이 행동으로 구현된다는 이론적 근거에서 발전되었다. 라반은 카를 구스타프 융(Carl Gustav Jung)의 저서인 『심리학적 유형(*Psychological Types*)』에서 심리의 네 가지 유형인 직관, 사고, 감정, 감각의 특성을 지니는 움직임을 각각 시간, 공간, 흐름, 무게의 네 가지 에포트의 요소로 구분했다.

에포트는 종종 '다이내믹(dynamic)'이라는 용어로도 표현된다. 다이내믹은 에너지의 흐름이나 시간성, 혹은 움직이는 주체의 공간에 대한 지향성(의도) 등 움직임에서 분위기나 뉘앙스를 발생시킨다. 이는 구조적인 움직임에 달라붙어 있으면서 감각적으로 느껴지는 질적인 움직임의 요소다. 라반은 심신일원론적 입장에서 움직임은 육체적인 것뿐 아니라 인간의 감정과 사고, 정신과 심리를 모두 내포하고 있다고 강조했다. 이 부분은 측정이나 계량이 불가능하지만 정신분석학의 근거 이론에 따라 움직임 매체의 특성을 고려한 관찰과 분석의 틀을 제시해 과학적으로 체계화된다.

이처럼 움직임에서 보이는 것과 보이지 않는 것에 대해 모두 남기고자 한 노력으로 후에 라바노테이션과 같은 기록법과 에포트와 같은 이론 체계를 구축하게 된다. 물론 이것은 신체 움직임에 한정된 것이지만, 춤에 대해 과학적(혹은 객관적)인 접근에서의 연구와 보이지 않지만 좀 더 본질적일 수 있는 춤의 요소들에 대해 생각할 수 있는 물꼬를 열어준 시도라고 볼 수 있다.

라바노테이션과 에포트 이론은 라반의 대표적인 움직임 이론이지만, 안무에 대한 직접적인 이론은 1926년에 발표한 『코레오그래피(*Choreographie*)』[16]에서 체계적으로 제시된다. 라반은 이 책에서 "안무란 단순히 춤을 구성하거나 만들어내는 것을 말하지는 않는다. '-graphy'라는 단어의 뜻은 춤의 기록과 그리고 움직임의 분석을 의미한다."고 밝히면서 안무라는 단어에는 이미 실제(practice)에서 발생하는 이론적(theoretical) 접근이 포함되어 있다고 강조한다.

『코레오그래피』에서 라반은 신체와 공간의 상호 관계를 통해 움직임의 공간적 원리를 밝히고 이것을 '새로운 안무(new choreography)'로 명명했다. 그리고 '춤'이라는 예술을 신체와 공간의 상호작용을 통해 움직임으로 나타나는 것으로 정의했다. 신체는 공간을 창출하고, 공간은 움직임을 가시화한다. 라반은 신체와 공간의 상호 관계를 통해 무용사에서 잘 다뤄지지 않았던 움직임의 공간을 통해 춤의 본질을 드러내고자 했다. 여기에는 신체의 해부학적 운동 원리를 고려해 신체가 위치하는 공간의 방향과 높낮이를 설정하고, 움직임의 흐름에 따라 공간에 그려지는 흔적을 통해 조화로운 움직임의 발생 원리를 기하학적으로 접근해 체계화했다.

라반의 움직임 공간의 이론은 피타고라스(Phytagoras)와 플라톤(Platon) 등 고대 그리스 철학자들의 이론적 토대를 통해 구축되었다. 피타고라스는 우주 만물의 근원을 이루는 수의 개념은 기하학적 도형으로 시각화된다고 했

---

16 Laban, Rudolf von(1926). *Choreographie: Erstes Heft* (German). Jena: Eugen Diederichs. 이 책은 1966년 리사 울만(Lisa Ullmann)이 번역하고 주석이 첨가되어 *The Language of Movement: A Guidebook of Choreutics*로 새롭게 출판되었다.

다. 그리고 구(球, sphere)는 가장 완전한 도형이라고 강조했다. 라반은 피타고라스와 마찬가지로 구는 완전한 아름다움을 상징하며, 이것을 밝히는 것을 통해 움직임에서의 미를 발견할 수 있다고 믿었다. 라반이 제시한 인간의 움직임이 생성되는 공간을 의미하는 개인 공간(kinesphere)은 구형(sphere)으로 이뤄져 있다. 개인 공간 안에서 인간은 중력과 신체적 한계로 인해 개인 공간의 공간적 제약을 받고 있지만 실제로 이 가상의 구형 안에 존재하는 공간의 수많은 점(points)만큼이나 무한한 움직임을 창조할 수 있다.[17]

> 빈 공간은 존재하지 않는다. …공간이 비어 있는 것처럼
> 보이지만 실제로는 움직임이 그 장소를 차지하고 있다.
> 움직임이 사라진 자리는 또 다른 움직임이 그곳을 채운다.
> 움직임은 공간에 의해 창조되어 결국 그 모습을 드러내고,
> 반면에 공간은 움직임이 채워져 풍부해진다. …공간은
> 움직임의 숨어 있는 모습이며, 움직임은 공간을 가시화한다.
> 따라서 공간과 움직임은 하나(one unity)다.[18]

또한 움직임 공간에 대한 이론은 플라톤의 공간 개념을 빌려 구체화된다. 플라톤은 눈에 보이지 않는 물질의 본질을 시각화하기 위해 다섯 가지의 원소의 형상인 정다면체를 설명하는데, 이것은 라반이 공간과의 상호 관계를 통해 움직임의 원리를 찾는 데 토대가 된다. 라반은 인간의 신체를 정다면체의 내부에 위치시키고 사지를 이용해 도형의 각 꼭지점이나 모서리를 지나가거나, 혹은 도형 내부를 횡단하는 움직임의 스케일(scale)을 발전시켰다.

---

17 김재리(2012). 루돌프 라반의 '움직임 공간' 특성에 근거한 안무학적 분석모형 개발: 공간조화이론을 중심으로. 이화여자대학교 박사학위논문. p.44.

18 Laban, Rudolf von(1966). *The Language of Movement: A Guidebook to Choreutics*. Ullmann, L.(trans). Play, Inc. pp.3–4.

스케일이란 정다면체(라반의 용어로는 결정체)의 각 꼭지점을 지나가며 발생하는 조화로운 움직임의 배열을 의미한다. 특히 하나의 조화로운 움직임의 과정(sequence)을 만들어낼 때에는 주로 정육면체의 하나의 대각선을 기준으로 삼는 것이 특징적인데, 이는 수직 · 수평 · 시상의 공간이 한 꼭지점에서 만나 삼차원의 공간을 이루는 안정적이고 표현적인 공간을 중심으로 이것으로부터 파생되는 움직임 과정을 제시하고자 한 것으로 볼 수 있다.[19]

라반은 코레우틱스에 관한 연구를 통해 움직임과 공간과의 관계를 새롭게 보는 관점을 통해 이를 구성하는 요소들을 밝힐 수 있으며, '안무에 대한 지식'의 기초를 획득할 수 있다고 했다. 그리고 이러한 공간 연구는 유럽 무용사에서 현대 무용이라는 새로운 장르를 개척하는 데 이론적 근거를 제공한다. 인간의 몸에 가장 적합하고 풍부한 표현을 할 수 있는 삼차원 공간에 대한 탐구는 이차원의 평면적인 발레를 거부하고 새로운 몸짓을 만들 수 있도록 한 것이다. 신체와 공간과의 조화 속에서 드러나는 움직임 구조에 대한 분석(연구)을 중심으로 새로운 형식(형태)의 춤을 발전시켰으며, 이는 무용사에서 중요한 예술적 전환기가 되었다. 춤의 연구와 안무에서 시도되는 분석이란 춤의 이면에 숨겨져 있는 본질을 파헤치는 과정이라고 볼 수 있다. 분석적인 사고는 원래 드라마의 통합적인 측면을 볼 수 없다고 한다. 분석은 단지 통합이나 종합, 즉 전체로서의 춤을 이해하기 위한 하나의 접근일 뿐이라고 할 수 있다. 현재 라반의 이론을 통합해 하나의 움직임 분석법으로 체계화된 라반 움직임 분석(Laban Movement Analysis)[20]은 움직임을 구성

19 김재리(2012). 위의 글. p.95.

20 라반 움직임 분석은 라반의 움직임 이론과 라반의 이론을 근거로 엄가르트 바르테니에프(Irmgard Bartenieff), 리사 울만(Lisa Ullmann), 워렌 램(Waren Lamb) 등에 의해 발전된 움직임 원칙을 통합해 체계화한 이론이다. 1978년 미국 라반/바르테니에프 움직임 연구소(The Laban/Bartenieff Institute of Movement Studies)가 설립된 이후 유럽에서 발전된 라반 이론과는 다른 체계를 갖추고 현재까지 무용, 무용치료, 스포츠, 연극, 비언어적 의사소통 등의 분야에서 적용되고 있다.

하는 요소들 신체, 에포트, 형태, 공간 등을 각 범주를 중심으로 조직되었다.

이처럼 라반이 제시한 움직임에 관한 이론들은 춤의 매체인 움직임에 대해 상징적인 기호를 통해 구조를 드러내고, 춤에 내재되어 있지만 보이지 않는 역동성을 추출해낼 수 있으며 춤의 존재를 드러내는 공간에 대해 다각도로 접근했다. 춤을 기록하고 춤의 무엇을, 어떻게 '쓸 것인가' 대한 안무적 관점을 제시한 것이다. 생성되는 순간에 소멸되는 춤의 존재론적 한계는 라반 이전까지 예술로서 학문적으로 접근하기에 한계를 갖는 것으로 이해되는 것이 보편적이었으나, 라반이 제시한 '안무적' 접근을 통해 예술과 학문의 측면에서 춤에 대해 논의할 수 있는 가능성을 열었다고 할 수 있다. 라반의 이론은 춤의 분야에서 주로 이용되지만, 이것은 실제 일상에서 빈번하게 발견되는 인간의 보편적인 움직임을 이론적 근거로 삼고 있으며, 이를 해석하는 관점에서 기하학, 심리학, 그리고 음악이나 미술의 이론 등을 참고했다. 라반이 『코레오그래피』에서도 밝히고 있듯이, 실제와 이론이라는 것이 그것이 추구하는 방향이나 결과에 대해서는 차이가 있을 수 있지만, 적어도 안무라는 개념에서는 이것은 통합적으로 이해될 수 있다.

안무적 요소로서 춤의 언어

> "어떤 하나의 언어를 발명한다는 것은 자연 법칙들을 근거로 해(또는 그것들과 일치해) 어떤 일정한 목적을 위한 장치를 발명한다는 것을 뜻할 수 있다."[21]
>
> –루트비히 비트겐슈타인(Ludwig Wittgenstein)

초기 안무의 개념이 춤에 대한 '쓰기'에 관한 것이라면, 라반은 이 쓰기의 기능에서 언어적 속성을 강조한다. 20세기 이전 시대에는 춤을 하나의 언어로 고려하지 않거나, 혹은 언어와 상반된 속성을 가진다고 생각했다. 춤

21 Wittgenstein, Ludwig(1994). 『철학적 탐구』. 이영철 옮김. 서광사.

을 (문자) 언어로 묘사할 수는 있었으나, 춤에서 언어의 속성, 즉 문법적인 체계를 고려하지 않은 것이다. 그러나 라반이 춤과 움직임에서 문법적 규칙을 발견하고 난 이후에는 현대 무용가들과 무용 이론가들은 춤에서 '언어'라는 개념을 강조했다. 라반의 제자로 알려져 있는 마리 뷔그만(Mary Wigman)의 저서는 『춤의 언어(*The Language of Dance*)』였으며, 라바노테이션의 기호들을 이용해 좀 더 간단한 무보 체계인 모티프 라이팅(motif writing)으로 발전시킨 앤 허친슨 게스트(Ann Hutchinson Guest)도 역시 본인의 저서에서 춤의 언어(language of dance)라는 용어를 사용했다.[22] 그리고 라반이 공간을 중심으로 안무의 요소들에 대해 분석한 이론서의 제목은 『움직임의 언어(*The Language of Movement*)』다.

라반이 움직임에서 사용한 언어는 말이나 글의 언어(words)를 지칭하는 것이 아니다. 이는 라반이 지적했듯이 '움직임의 관점', '움직임의 사고'를 통한 움직임의 언어를 의미한다. 그것은 일상의 언어로 이해되거나 시각적 이미지로만 보이는 것이 아니라, 움직임의 인상이나 패턴들의 모든 관계에서 발생하는 '숨겨진 질서'의 문법에 대한 것이다.[23] 비트겐슈타인은 언어의 탐구에서 현상들 자체가 아닌 현상들의 '가능성'에 초점을 맞춘다고 했으며, 이는 언어의 형식을 분해하면서 언어의 본질을 찾는 문법적 고찰을 통해 이뤄진다고 했다. 언어의 본질은 표면 아래에 놓여 있으므로 이것은 꿰뚫어봐야 하며, 분석으로 파헤쳐야 하는 것이기 때문이다.[24] 라반이 코레우틱스에서 공간적 관점에서 움직임의 질서를 분석해 움직임의 언어를 제시하고자 한 것도 이러한 맥락에서 이해될 수 있을 것이다.

라반은 움직임에서 문법 체계를 구축하기 위해 움직임을 구성하는 요소

---

22 Preston-Dunlop, Valerie(2002). *Dance and the Performative*. Pre Textos(ed.). p. 267.

23 Hodgson, John(2001). *mastering of movement: the life and work of Rudolf Laban*. New York: Routledge. p.167.

24 Wittgenstein, Ludwig(1994). 위의 책. pp.75-76.

를 중심으로 이를 조합해 하나의 의미 있는 움직임 요소, 움직임 구(phrase) 등을 만들어 나가고자 했다. 먼저 언어의 읽고 쓰는 속성에 근거해 기호를 통해 움직임의 상징을 이해할 수 있도록 라바노테이션과 에포트 기호 등을 중심으로 하는 움직임의 기호 체계를 발전시킨다. 시각적인 기호를 개발하고 이것의 규칙을 만들어 춤을 기록하고, 읽을 수 있는 체계를 만든 것이다. 그리고 움직임에 내재되어 있는 요소들을 공간, 신체, 다이내믹, 형태(shape)로 분류하고 이 요소들이 특정 원리와 상호 관계적인 특성을 중심으로 규칙을 발견했다. 또한, 이 규칙들이 특정 사건이나 현상 안에서 어떻게 구체화되는가에 대해서도 제시했다. 움직임에 대한 문법 체계를 통해 움직임을 읽고 쓸 수 있는 가능성이 열린 것이다.

이러한 춤에서 문법적 규칙의 가능성은 컨템퍼러리 댄스 안에서 좀 더 맥락적으로 확장된다. 앞서 언급했듯이 안무에서 사용되는 '장치'라는 것은 이러한 문법 체계와 관계가 있다. 미셸 푸코(Michel Paul Foucault)의 장치 개념을 진전시킨 조르조 아감벤(Giorgio Agamben)에 의하면 장치란 모든 생명체의 몸짓, 행동, 의견, 담론 등을 포획, 지도, 규정, 차단, 주조, 제어, 보장하는 모든 것이다.[25] 즉, 장치로서 안무란 하나의 춤에 존재하는 이질적인 것(주체, 대상, 언어 등)의 관계성을 통해 관점과 의미를 조직하는 하나의 문법이라고 할 수 있다. 컨템퍼러리 댄스에서 안무적 장치는 특정 사회가 가지고 있는 정치나 제도, 문화, 자본 등의 맥락 안에서 신체를 규제하고 움직임을 구성하는 방식을 의미하거나, 혹은 이를 넘어 다른 매체와의 관계까지 확장된 안무의 개념을 중심으로 한다.

이처럼 언어에서의 문법적 규칙은 예술이라는 체계 안에서 언어 그 자체에 대한 것을 넘어 대상을 직접 서술하는 것 자체에 대해 다시 언급하는 메타언어(metalinguistics)까지 나아간다. 창작 현장에서 안무가가 생각하는 코

---

25 Agamben, Giorgio(2010). 『장치란 무엇인가? 장치학을 위한 서론』. 양창렬 옮김. 난장.

드화된 개념들은 안무의 작업 안에서 그것에 대한 개인적 해석이 첨가된 고차원적인 언어로 생성되는 것이다. 언어의 수신자인 관객은 춤에서 제시되는 개념들을 안무자가 의도한 바대로 이해하는 것이 아니라, 수행적(performative)으로 의미를 구성해 나갈 수 있다. 춤에 내재되어 있는 개념들은 안무자의 해석에 의해 춤으로 구체화되고, 관객은 이 메타적인 언어를 해석하기 위해 개인이 가지고 있는 정보와 시각이나 청각 등의 감각을 통해 전혀 다른 의미를 생성하는 것이다. 그리고 이러한 춤의 메타언어적 요소는 언어 이면의 다양한 감각을 통해 소통의 가능성을 마련한다.[26]

언어의 속성 중 가장 중요한 부분은 의사소통의 기능이며 이는 춤의 언어나 문자언어에서도 공통적이다. 발화자와 수신자가 서로 소통 가능해야 그 언어가 성립된다. 주디스 버틀러(Judith Butler)는 언어는 (메시지) 전달의 조건 밖에서는 생존할 수 없다고 했다.[27] 언어가 없다면 다른 사람을 이해시킬 수도, 사회나 문화의 규칙을 정할 수도 없으며, 사물이나 사건에서 의미를 생성할 수도 없을 것이다.

이러한 관점에서 라반은 움직임의 언어 및 언어 행위 역시 인간의 보편적인 능력이자 활동으로 의식적으로 숙련하고자 했을 것이다.[28] 움직임의 언어가 비록 문자언어처럼 쉽게 설명할 수 있거나 정확한 의미를 전달할 수는 없다. 하지만 문자언어도 '사물 그 자체'를 전달하기에는 한계를 가지며 '그 사물'은 언어 이면에 존재하는 다양한 가능성들에 놓여 있다.[29] 움직임의 언어로 표현되고 드러나는 춤을 통한 소통은 발화자가 의도하는 정확한 의도를 전달하기보다는 사고 이면에 존재하는 다른 감각이나 감정을 전

26 Fiske, John(1990). *Introduction to Communication Studies*. London: Routledge. p.35.

27 Butler, Judith(2008). 『불확실한 삶』. 양효실 옮김. 경성대학교출판부.

28 Laban, Rudolf von(1966). *The Language of Movement: A Guidebook to Choreutics*. Ullmann, Lisa(trans). Play, Inc. p. ii.

29 Agamben, Giorgio(1999). *Potentialities: Collected Essays in Philosophy*. Stanford University Press.

달하거나, 발터 벤야민(Walter Benjamin)이 언어에 대해 언급한 것과 같이 한 번도 문자언어로 쓰이지 않았던 것들을 읽어내는 것이라고 할 수 있다.[30]

라반이 움직임의 언어라고 설명한 다양한 관점에서의 분석이나 기록의 방식들은 단지 움직임을 볼 수 있는 가능성의 많고 적음의 문제가 아니라, 이것을 구성하는 관점들이 만드는 층들이 쌓여 결국 그 모습을 드러내는 춤에 '대한' 것들이 무엇인지를 살피는 것이 중요하다.

4. 라반 안무이론의 현재적 관점: 안무학

안무학(choreology)이란 라반에 의해 처음 언급되었으며, 춤에 관한 논리로 정의된다. 이는 무용이 창작자의 기술에만 의존하거나 오랫동안의 훈련으로 숙련된 몸짓으로만 이뤄지는 것이 아니라 무용에서 논리적인 구조를 찾는 정신적 활동을 포함시켜 하나의 '학문'으로 정립된 것이다. 초기의 안무학은 라반의 공간 연구를 근거로 해서 움직임의 기하학적인 원리를 찾는 데에서 비롯되었으며, 기하학을 근거로 움직임 구조에서 조화와 미를 찾기 위한 논리를 체계화했다. 이후에 안무학은 단지 기하학뿐 아니라 '논리'와 '규칙' 등을 근거로 언어적 접근을 통해 발전된다. 즉, '쓰기'라는 안무의 특성과 맞물려 주로 무용 기록 분야에서 언급되었다. 무보(舞譜, notation)는 안무학이라고 불리기도 했는데, 이는 움직임 기록의 체계와 과학적 원리를 강조한 것이라고 볼 수 있다. 이후 춤에서 움직임을 강조하는 내재적 측면뿐 아니라 맥락적인 접근에서도 무용 연구가 이뤄짐에 따라 안무학은 민족무용학, 그리고 최근에는 안무 및 공연예술, 문화 연구에까지 확장되었다.[31]

---

30 위의 책. pp.21-22.

31 Preston-Dunlop, Valerie(2002). 위의 책. p.1.

또한 춤의 현장에서 생성되는 실천적 지식에 뿌리를 둔 이 학문은 연구와 예술 작업에서 이론과 실천을 연결시켜 주는 역할을 해왔다.[32] 특히 현장에서 이론을 생성하고, 이론을 현장에서 적용하는 실제와 이론의 상호관계적인 연구가 발전함에 따라 학문적 체계를 갖춘 안무학은 무용과 이론의 다양한 분야에서 활용되고 있다.[33] 라반에 의해 체계화된 무보법, 공간조화, 에포트 이론 등은 실제와 연구에서 통합적으로 적용되어 하나의 춤 이벤트에서 발생하는 다각도의 창작과 연구를 가능하게 하는 것이다. 또한 춤에 맥락적으로 접근하는 민족무용학이나 문화 연구, 그리고 컨템퍼러리 안무가들이 각각 이론과 현장에서 사용하는 하나의 접근이자 방법론으로 사용되고 있다.

안무학 연구의 특징은 일련의 라반 연구를 중심으로 해서 움직임과 춤 그 자체를 분석하는 미시적인 접근과 춤을 둘러싼 맥락을 연구하는 거시적 접근을 포괄한다는 것이다. 이는 이미 만들어진 춤뿐만이 아니라 안무의 과정 안에서도 적용된다. 안무학적 관점에서 안무란 춤을 창작하는 과정에서 논리적 절차와 과학적 원리를 적용하는 것을 말한다. 이를 위해서는 움직임의 구성 요소에 대한 이해와 이들의 관계를 파악하는 것이 중요하다.[34] 또한 안무의 주제와 개념을 춤을 통해 구체화시키는 과정에서 자신만의 방법론을 통해 창작의 과정을 발전시키는 것이다. 최근 컨템퍼러리 안무 작업 과정에서 '리서치(research)'라는 용어를 사용하는데, 이는 기존에 안무라는 것이 움직임을 보기 좋게 나열하거나 아이디어를 신체로 직관적으로 표현하는 것에서 벗어나 창작과 연구의 과정, 즉 안무가의 관점과 방법론을

---

32 위의 책. p.114.

33 이러한 연구의 방법은 실제에 기반을 둔 연구(practice-based research), 연구에 기반을 둔 실제(theory-based research) 등의 방법론으로 체계화되어 현재 아카데미와 현장에서 사용되고 있다.

34 김재리(2012). 위의 책. p.23.

찾고 이를 구체화시키는 것을 강조한다. 이것은 라반이 움직임의 구성에서 안무학적 질서(choreological order)를 찾는 과정에 비교할 수 있다. 라반은 움직임이 가진 기하학적 혹은 언어적인 측면에서 움직임 구조의 원리를 파악해 움직임을 이해하고 의미를 발견할 수 있도록 했다. 하지만 이러한 과정은 단순히 이론을 '빌려와' 안무의 과정에 대입하는 것을 말하는 것이 아니다. 춤에 복잡하게 얽혀 있는 움직임의 요소들을 파악하고 이것을 구성하고 흐름을 만들어가는 데에 논리적 절차를 따르는 것이다. 이러한 과정 속에서 발견되는 새로운 개념이나 원칙들이 오히려 실제에서 이미 구축된 이론에 대해 다시 묻거나, 이론을 생성하는 단계까지 나아갈 수 있다.

라반 이후 안무학에 대해 이론적으로 체계화한 발레리 프레스턴 던롭(Valerie Preston-Dunlop)은 안무학적 연구(choreological study)는 무용수, 움직임, 음악, 공간, 등 무용을 구성하는 내부적인 요소와 정치, 사회, 미학 등 무용의 외적인 요소들을 상호 보완적 춤에서 연구하는 것을 의미한다고 했다.[35] 신체를 주요 매체로 다루는 예술이니만큼, 춤은 다양한 요소가 서로 복잡한 관계망을 이루고 있다. 춤에서는 신체와 움직임 이면에, 혹은 더 본질적으로 보이지 않는 인간의 사고와 문화 · 사회 · 정치적 이슈들을 포착할 수 있다. 이는 춤이 시각화되는 움직임과 신체뿐 아니라 이것의 이면에 존재하는 다양한 요소와 의미들에 무용의 가치가 있기 때문이다. 특히 춤을 둘러싼 맥락, 즉 문화적이거나 사회적인 측면을 다룰 때에는 연구자나 안무가의 관점이 중요하다. 움직임에 관한 논리적 구성이나 진행 과정에서 안무학적 질서를 부여하기 위해 자신의 개념과 아이디어를 명확하게 하고, 또한 춤에서 사용되는 매체에 대한 해석이 필요하기 때문이다. 해석을 위해 특정 이론을 빌려온다 하더라도 이것은 임의적으로 선택되거나 경향에 의해 이뤄지는 것이 아니라, 신체와 움직임을 구성하는 다양한 요소와 이

35 Preston-Dunlop, Valerie(2002). 위의 책. p.43.

들의 관계를 근거로 이뤄져야 한다.

이 연구에서 라반의 움직임 이론이 곧 "안무이론의 정초다"라고 주장하는 것도 이러한 지점이다. 라반은 춤을 하나의 형식으로, 혹은 분해 불가능한 하나의 완성작으로 그것에 대한 의미와 해석을 부여한 것이 아니다. 춤을 구성하는 다양한 요소들과 그것의 관계성, 그리고 보이지 않는 것에 대한 분석 가능성, 특정 이론을 통한 춤과 다른 학문과의 학제적 가능성, 추상이나 은유가 아닌 과학으로서의 춤의 특성 등에 대한 근거 이론(ground theory)을 체계화했다. 이는 최근 컨템퍼러리 댄스 현장에서 안무 실천과 이론의 결합을 시도하려는 안무가들의 리서치에서 매체에 대한 존재론적 인식뿐 아니라 방법론적인 측면에서도 고려해 볼 만한 이론이라고 할 수 있다. 라반의 이론은 움직임의 구성 요소들과 신체의 메커니즘이 어떻게 이론과—그것이 현대 철학이건 문화 연구건 간에—맞닿을 수 있을지 그 접점을 찾을 수 있는 하나의 근거가 될 수 있을 것이다.

5. 라반 이론의 과거와 현재의 거리

앞서 논의한 라반의 안무이론을 개인의 관점에 따라서는 19세기의 모던 댄스의 경향이나 표현주의에 대한 미학적 논의로, 혹은 탈근대와 컨템퍼러리 댄스에서 성찰의 대상으로서 근대의 유산을 재호출하는 추론적인 글로 볼 수 있을 것이다. 이 글에서 주제로 두고 있는 안무와 안무이론의 관계, 즉 실제와 이론, 경험과 관념 등의 상호 보완적, 상호 대립적인 구도는 어쩔 수 없이 역사성, 미학, 정치 등에 관한 비판적 물음을 갖게 하기 때문이다. 내가 이 글을 쓰기 시작한 것은 예술 영역에서 또 학문 영역에서 불안정한 위치를 가지는 '안무이론'에 대한 정립과 체계화의 가능성을 제시하기 위한 것이었지만, 좀 더 근본적인 문제 의식은 다양한 맥락에 걸쳐 있는 라반이라는 문제적 인물[36]을 호명해 좀 더 확장된 개념에서 안무의 실제와 이론의 협업, 그 자체에 대해 다뤄보고자 한 것이었다. 이는 모던 댄스 이후 지금까지도 움직임을 고안한다는 좁은 개념에서 안무를 이해한다거나, 혹은 이를 전복하고 춤의 존재론을 관념적인 사유로(특히 철학의 내부 안으로) 이동시키려는 포스트모던 이후의 컨템퍼러리 댄스의 경향에 치우치지 않고자 하는 개인적인 입장에서 비롯된다.

물론 라반의 이론이 움직임에 대한 것이고 그 밖의 가능성에 대한 부분은 라반 스스로가 아닌 다른 연구자들에 의해 해석되는 것이 일반적이다. 이 글에서도 라반의 움직임, 혹은 춤에서의 이론들을 논의할 때 당시 라반이 의도하지 않았던(혹은 의도했던) 시각이 존재할 것이다. 하지만 이는 라반 연구를 왜곡하거나 부풀리려는 의도가 아닌, 연구에서의 현재적 시각이 역사와 연구를 풍요롭게 할 수 있다는 믿음에서 기인한 것이다. 즉, 라반에 대한 연구를 단지 과거의 한 무용의 흐름이나 경향에 대해 알아보는 고정된 상태가 아닌 동시대와의 접점을 발견하고 사유한다는 점에서는 이 글의 관점은 현재적이라고 할 수 있다. 역사는 현재를 통해서만 비로소 그 모습을 드러낸다는 역사의 '현재성'의 개념에 근거할 때,[37] 라반의 이론을 그대로 안무나 안무이론에 적용하거나 현재와 견줘 그것의 한계를 지적하기보다는 사유의 근거로 사용하거나 방법론적으로, 혹은 하나의 테크놀로지로 안무에 적용할 수 있을 것이다. 예컨대, 라반과 동시대에 살았던 인물인 마리

---

36 서동진(2013)은 20세기 산업과 신체-무용의 관계를 다루면서 라반이 유럽 표현주의 무용의 선구자로 평가받고 무용이론을 체계화했으면서도, 인간의 신체가 합리성 · 능률성 등의 근대화에 복무하는 하나의 도구로 전락하게 되는 데 계기를 마련했다고 비판했다. 그는 이처럼 다성적인 측면을 가진 라반을 무용의 역사 안에서 문제적 인물로 소개하고 있다.

37 발터 벤야민은 역사의 개념에서 현재성이란 과거가 단지 지나간 것이 아니라 '지금-여기'에서 과거의 경험과 기억을 새롭게 해석해내는 것을 의미한다고 했다. Benjamin, Walter(2008). 『역사의 개념에 대하여, 폭력비판을 위하여, 초현실주의 외』. 최성만 옮김. 길.

뷔그만(Mary Wigman)은 그녀의 저서 『마리 뷔그만 북(*The Mary Wigman Book*)』에서 "나는 라반의 이론을 작업 안에서 증명해야 하는 임무를 받은 첫 번째 무용가였다."라고 고백하면서 자신의 작업에서 창작과 소통을 위한 방법으로서의 라반 이론을 고민했다고 밝히고 있다.[38] 또한, 라반의 기하학적 공간 분석에 영향을 받은 윌리엄 포사이드(William Forsythe)는 공간조화이론을 참조하면서도, 라반 이론에서 중점적으로 다루지 않은 신체에 대해 탐구해 자신만의 테크놀로지를 발전시켰다.[39]

하지만 라반의 이론을 현재적 시점에서 적용할 때 분명히 한계가 존재한다는 것도 함께 인식해야 할 것이다. 지금까지 논의한 바와 같이 라반이 춤에서 남기고 싶어한 것은 '움직임'에 국한되어 있다. 움직임이 춤의 본질적인 속성이자, 춤에 대해 읽고 쓰기 위해서는 움직임을 체계적으로 연구해야 한다는 것이다. 라빈의 저서 『코레우틱스(*Choreutics*)』에서 언급했듯이 인간의 신체와 움직임을 통해 우주의 보편적 원리와 진리를 밝히고자 한다는 거대한 프로젝트에는 움직임의 행위 주체(agency), 즉 인간의 신체에 대한 논의가 빠져 있다. 고대 그리스 철학자들이 바라본 인간관을 따른 라반은 우주의 비밀을 담은 소우주로서 우주의 진리를 밝히기 위한 통로이자 도구로 고려한 듯하다. 컨템퍼러리 댄스 분야에서 라반의 움직임 이론이 산업화-자본주의로 이어지는 사회적 맥락 안에서 인간의 신체를 기계화하고 결국 인간 소외의 문제를 발생시키는 근대화의 과정과 근대성의 산물로 비판의 대상이 되는 것도 이와 같이 인간 '주체'에 관한 사려 깊은 논의가 결여되어 있기 때문일 것이다. 컨템퍼러리 댄스가 강조하는 정치적 측면[40]은

38 Wigman, Mary(1975). *The language of dance,* Sorrell, Walter(trans). London: MacDonald and Evans.

39 Driver, Senta(2000). Choreography and Dance. *An International Journal*. 5(3).

40 여기서 말하는 정치란, 자크 랑시에르(Jacques Rancière)가 언급했듯이 "개인의 특정한 경험들의 영역을 구성하는 것을 말한다. 그것은 특수한 공간의 구성이고, 경험의 특수한 영역의 분리이며, 공동으로 놓여 있고, 공동의 결정에 속하는 대상들이 지칭하고 그것들

결국 주체에 관한 문제로 귀결된다. 움직임을 발생시키는 근원으로 볼 수 있는 인간 주체에 관한 논의는 라반의 움직임 이론에서 비판적 관점을 생성하게 한다.

지금까지 라반의 이론을 근거로 살펴본 안무와 안무이론은 사실 별개의 것이 아니라, 서로 동전의 양면과 같이 달라붙어 있다. 즉, 안무의 과정이 곧 이론이 될 수 있으며, 이론이 안무로 구현될 수 있다는 것이다. 컨템퍼러리 댄스 안에서 현대 철학을 위시한 다양한 학문의 이론과 안무와의 밀접한 관계와 이것에 대한 연구는 현재의 경향이다. 하지만 안무와 안무이론은 일방 통행하는 것이 아니라 상호 교차하는 과정에서 서로를 풍부하게 할 수 있을 것이다. 작업의 현장 안에서 이론이 생성되고 혹은 그 반대의 경우도 가능한 것이 안무와 안무이론의 상호 관계적 특성이라고 할 수 있다. 이러한 안무와 안무이론의 속성에도 불구하고 현재 한국의 아카데미 영역 안에서는 실기와 이론을 구분한 교육과정을 유지하고 있다. 실기와 이론의 이분법적인 인식과 틀 안에서는 이미 '쓰기'와 '읽기'가 강조되는 안무에 대한 근원적인 탐구는 불가능할 것이다. 이 연구를 통해 한국의 아카데미에서 무용과 안무 교육 제도에 대한 인식론적인 변환의 가능성을 제시하고자 한다.

또한, 이 글은 기존의 라반 연구를 현재적 관점에서 확장한다는 점에서도 의미가 있다. 라반에 대한 연구는 (무용이론의 범주 안에서) 한쪽으로 치우쳐 있다. 국내에서 다뤄지는 라반에 대한 연구는 주로 방법론적인 차원에서 라바노테이션이나 라반 움직임 분석의 활용과 방법론적 적용에 대한 것이 많으며 라반의 안무이론이 그의 작업 안에서 실제와 어떻게 관계를 맺고 있는지에 대한 연구나 그의 작품에 대한 미학적 측면이나 예술적 가치에

에 대해 주장할 능력이 있다고 인정된 주체들의 특수한 영역의 분할이다"(Rancière, Jacques, 2008). 컨템퍼러리 댄스에서 강조되는 정치성이란 결국 사회 안에서의 주체에 대한 투쟁을 의미한다.

대한 연구는 부족하다. 이는 국내뿐 아니라 국외의 상황도 마찬가지인데 라반이 주로 활동했던 독일을 포함한 유럽 지역에서의 연구도 매우 한정적이다.[41] 물론 라반 연구는 라반이 활동했던 제2차 세계대전이라는 특수한 시대적 상황과 사라지는 습성을 가지는 무용의 태생적인 문제로 인한 자료 수집의 어려움이 있다. 그리고 늘 새로움을 추구하는 예술의 속성으로 인해 과거의 무용을 들먹이는 것이 시대착오적인 발상이라는 고정 관념 역시 다양한 관점에서 라반 연구를 지연시키는 원인이 될 수 있을 것이다. 이 글에서 논의한 라반 연구는 '안무이론'에 한정되어 있지만, 다양한 무용이론에 대한 연구로 확장시킬 수 있을 것이다. 방법론적인 측면에서 라바노테이션이나 라반 움직임 분석은 움직임의 도식적인 연구뿐 아니라 라반이 밝힌 춤의 존재론적 측면에 대한 논의와 인식론적인 측면에서의 질문들을 통해 연구자의 개인적인 관점을 생성할 수는 가능성을 열어줄 수 있다.

그리고 이와 같은 라반의 연구는 현재의 무용이론가와 안무가들에게 시사점을 줄 수 있으리라고 기대한다. 안무의 시작점에서 던지는 지금 안무와 안무이론들의 관점과 사유들은 춤을 그 자체로 보는 것에서 춤을 어떻게 볼 것인가에 대한 물음을 통해 이론의 생성을 촉발하게 된다. 반대로 현장에서 작업하는 안무가들은 당대의 이론가들에게 논의되는 담론들을 토대로 자신의 작업이 현시대 예술의 어느 지점에 위치하고 있는지, 자신이 정한 경계는 어디인지, 그 경계를 넘을 것인지, 머무를 것인지에 대한 질문과 결정을 통해 안무를 발전시킬 수 있을 것이다.

무대 위에 신체와 이미지들은 분명하게 실재를 드러낸다. 하지만 신체가 만들어내는 운동성이나 이미지의 맥락들, 그리고 그것으로부터 재현되는

---

41 손옥주(2014)는 라반이 활동한 독일에서도 라반이 수립한 독자적 안무이론에 대한 연구가 지속적으로 이뤄짐에도 불구하고 정작 라반이 안무가로서 어떻게 작업을 무대화시켰는지, 그리고 그의 이론이 실제로 안무작에는 어떻게 반영되었는지에 대한 연구가 부족하다고 지적했다.

본질(substance)은 단지 현장에서 명징하게 드러나는 신체와 움직임으로만 찾을 수 있는 것은 아니다. 최근 컨템퍼러리 댄스의 이론과 현장에서는 춤을 단순히 움직임의 구성을 보여주거나 이야기를 전달하는 매체로 한정해서 보지 않는다. 이미 발레나 모던 댄스에서 보여주었던 추상적이고 시적인 움직임이나 이해 가능한 제스처의 수준에서 '이야기'를 전달하는 볼거리로만 존재하지 않는다는 것이다. 서두에서 언급한 바와 같이 안무를 하나의 장치를 통해 발전시키고 그것이 철학이나 문화와 어떻게 만나는지, 혹은 단지 예술로서가 아닌 우리가 살고 있는 사회를 어떻게 드러내고 담론을 생성해낼 수 있는지에 대해 고민하는 것이 중요할 것이다. 이 글이 지금까지 보편적인 무용사 안에서 다뤘던 표현주의, 혹은 모더니즘, 무용기록법 등으로 논의되었던 라반 연구를 현재의 시간대로 확장시켜 춤의 표면 아래에 숨겨진 본질을 포착(capture)하기 위한 하나의 제안으로서 역할을 할 수 있기를 기대한다.

참고 문헌

단행본 및 논문

김재리(2012). 루돌프 라반(Rudolf Laban)의 '움직임 공간' 특성에 근거한 안무학적 분석모형 개발 : 공간조화(Space Harmony) 이론을 중심으로. 이화여자대학교 박사학위논문.

서동진(2013). 표현주의 무용과 모던 댄스의 분열적 기원. 『컨템퍼러리 댄스 속 인문학』. (재)국립현대무용단.

손옥주(2014). 지속 가능한 춤을 위하여: 독일 연방문화재단의 '무용 유산 기금' 프로젝트. 『*K-Contemporary*』. pp. 40-44.

Agamben, Giorgio(1999). *Potentialities: Collected Essays in Philosophy*. Stanford University Press.

Arbeau, Thoinot(1967). *Orchésography*. Mary Stewart Evans(tr); with a new introd. and notes by Julia Sutton; and a new labanotation section by Mireille Backer and Julia Sutton. New York : Dover.

Cvejić, Bojana(2005). conference "INVENTORY: Dance and Performance Congress/Live Act/Intervention/Publication". 〈http://www. mobileacademy-berlin.com/englisch/2006/texte/cvejic03.html〉

_____(2007). Learning by making and making by learning how to learn. (Contemporary Choreography in Europe: When did theory give way to self-organization?). SUMMIT non-aligned initiatives in education culture, at 〈http://summit.kein.org/node/235〉. pp.193-197.

Driver, Senta(2000). Choreography and Dance. *An International Journal*. 5(3).

Fiske, John(1990). *Introduction to Communication Studies*. London: Routledge.

Forsythe, William(2008). Choreographic Objects. pp. 201-203: *Dance*. Lepecki, André(ed.) (2012). Whitechapel.

Hudgson, John(2001). *Mastering movement: the life and work of Rudolf Laban*. New York: Routledge.

Laban, Rudolf von(1926). *Choreographie: Erstes Heft* (German). Jena: Eugen Diederichs.

Longstaff, J.(trans). http://www.laban-analyses.org/jeffrey/2011-Rudolf-Laban-1926-Choreographie/contents.htm

_____(1950). *The Mastery of Movement*. Ullmann, Lisa(trans). MacDonald and Evans.

_____(1966). *The Language of Movement: A Guidebook to Choreutics*. Ullmann, Lisa(trans). Play, Inc.

Laurenti, Jean-Noel(1994). Feuillet's Thinking, in *Traces of the Dance*(ed.). Laurence Louppe. Paris: Editions Dis Voir.

Lepecki, André(2007). Choreography as Apparatus of Capture. *TDR(The Drama Review)*. 51(2): 119-123. The MIT Press.

Wigman, Mary(1975). *The language of dance*, Sorrell, Walter(trans). London: Macdonald and Evans.

Preston-Dunlop, Valerie(2002). *Dance and the Performative*. Pre Textos ed.

역서

Agamben, Giorgio(2010). 『장치란 무엇인가? 장치학을 위한 서론』. 양창렬 옮김. 서울: 난장.

Butler, Judith(2008). 『불확실한 삶』. 양효실 옮김. 부산: 경성대학교출판부.

Lepecki, André(2014). 『코레오그래피란 무엇인가』. 문지윤 옮김. 서울: 현실문화.

Rancière, Jacques(2008). 『미학 안의 불편함』. 주형일 옮김. 고양: 인간사랑.

Benjamin, Walter(2008). 『역사의 개념에 대하여, 폭력비판을 위하여, 초현실주의 외』. 최성만 옮김. 서울: 길.

Wittgenstein, Ludwig(1994). 『철학적 탐구』. 이영철 옮김. 서울: 서광사.

제5장

비판무용학

캘리포니아대학교 리버사이드 캠퍼스를 중심으로

황혜원

"무엇으로 박사를 하셨나요?

"무용이요."

"네? 무역이요?"

"아니요, 무!용!이에요."

"아~ 우와~ 그럼 무슨 무용하세요?"

"발레, 현대무용, 한국무용, 즉흥무용 이것 저것 해요. 근데 박사는 비판무용학 전공했어요."

"네? 비판무용학이요? 그… 그게 뭔가요?"

한국에서 이화여자대학교 무용과를 졸업할 즈음인 1990년도 후반에는 우리나라에선 무용으로 박사를 받을 수 있는 기회가 드물었다. 필자는 막연히 무용이론을 전문적으로 배울 수 있었으면 하는 바람으로 우리나라보다 먼저 대학제도 안에 무용과가 설립된 서양으로 눈을 돌렸다. 필자는 2000년도에 처음 영국으로 유학길을 떠나 라반센터(Laban Centre)에서 무용학 석사를 받고, 다시 미국 뉴욕대학교(New York University)에서 무용교육학 석사와 캘리포니아대학교 리버사이드 캠퍼스(University of California, Riverside: UCR)에서 비판무용학 박사를 취득했다. 긴 세월 동안 여러 방면으로 무용과 관련된 경험을 하면서, 무용이 단지 나를 표현하는 추상적인 몸짓만이 아니라 문화적 · 사회적 · 정치적 · 역사적 · 경제적 · 철학적 행위이자 산물로서 다양하게 연구할 매력 있는 학문임을 알게 되었다. 그러나 아직도 무용에 대한 인식이 우리나라뿐만 아니라 서양에서도 하나의 이론적 학문으로 널리 받아들여지지 않고 있는 현실은 뭇사람들과의 일상적인 대화에서 쉽게 느낄 수 있다. 특히, 필자가 전공했던 비판무용학이라는 분야는 비전공자나 일반 대중들뿐만 아니라 무용을 전공하는 사람들에게도 다소 생소하게 받아들여지고 있음을 느끼곤 한다. 과연 비판무용학은 무엇인가? 비판무용학은 언제 대두했으며, 그 골자는 무엇인가? 비판무용학을 이끌고 있는 교수와 학자들은 누구이며, 그들은 자신들의 무용 연구에서 어떤 이론화 작업을 통해 비판무용학 발전에 기여하고 있는가?

이 장에서는 캘리포니아대학교 리버사이드 캠퍼스에서 1993년 처음으로 "무용사와 이론(Dance History and Theory)"이라는 명칭으로 박사과정을 개설한 이래[1] 내부적으로는 전문적인 무용학자를 양성하고, 외부적으로는 본인들의 연구 발표와 책 출판을 통해 비판무용학을 널리 알리고 선도하고 있는 무용학자들의 연구를 분석, 종합해 근 20년간 이뤄지고 있는 이 학교 중심의 비판무용학 연구 경향을 살펴보고자 한다. 이를 통해 비판무용

1 2009년 "비판무용학(Critical Dance Studies)"으로 박사과정의 전공 명칭이 바뀌었다. 그러나 교과과정의 내용은 "무용사와 이론(Dance History and Theory)"이라는 명칭으로 박사과정을 제공했을 때와 거의 흡사하다.

학이 무엇인가라는 정의를 내리기보다는 다양하게 이뤄지고 있는 비판무용학자들의 연구 분석을 통해 공통점을 찾아냄으로써 이 대학을 중심으로 한 비판무용학의 특징을 알아보고자 한다.

여기에서는 주로 문헌 연구, 인터넷 자료 검색, 그리고 필자가 UCR에서 받았던 수업들과 경험을 바탕으로 논의한다. 첫 번째 절에서는 비판무용학에 대한 논의에 앞서 미국 대학에서 무용과가 어떻게 발전되어 왔는가에 대해 짧게 살펴본다. 두 번째 절에서는 그중 UCR에서 무용이론으로 박사과정이 나오기까지의 과정을 알아보고, 이 대학에서 10년 이상 재직했거나 재직하고 있는 교수들의 연구를 분석해 어떤 이론화 작업을 진행 또는 수행하고 있는가를 살펴본다. 마지막 세 번째 절에서는 앞에서 논의된 무용학자들의 연구에서 나타나는 공통점을 찾아냄으로써 이 대학 중심으로 이뤄지고 있는 비판무용학의 연구 동향과 특징에 대해 알아본다.

필자의 비판무용학에 대한 논의는 많은 제한점이 있다는 것을 분명히 해두고자 한다. 일단 비판무용학이라는 명칭으로 박사과정을 제공하고 있는 학교는 미국에서 UCR이 유일하나 비슷한 연구 이론과 방법을 쓰는 다른 무용학자들, 또 이 대학에서 졸업한 졸업생들이 미국과 다른 나라 대학 무용과나 인문학과에서 가르치고 연구하며 비판무용학(그 명칭을 쓰지는 않을지라도)의 발전, 확장에 기여하고 있음을 밝히고자 한다. 그러나 UCR에서 진행되고 있는 연구 이외의 연구는 여기에서는 배제되었다. 또한 UCR 무용과에서는 이론뿐만이 아니라 현대무용, 발레, 힙합, 재즈, 18세기 유럽 민속무용과 궁중무용, 동양 민속춤 수업과 실험적 · 전위적 무용 안무 수업 등이 제공되고, 실기와 이론 수업이 긴밀하게 연결되어 있다. 그러나 이 장에서는 UCR 무용과에서 실기를 주로 담당하고, 실험적 무용 작업을 통해 비판무용학 발전에 적극적으로 기여하며 1990년대 초 · 중반 이후부터 수십년에 걸쳐 학생들을 지도하고 왕성한 작품 활동을 하다가 최근에 은퇴한 수전 로스(Susan Rose)나 여전히 이 학교에서 후학 지도를 하고 있는 웬디 로저스(Wendy Rogers) 등의 교수들을 배제했다.

1. 미국 대학 무용과의 발전과 현황

그동안 체조의 형식으로 가르쳐지던 무용이 1926년 위스콘신대학교 매디슨 캠퍼스에서 최초로 체육대학 내에서 하나의 독립된 전공 교과과정으로 개설된 후, 몇십 년에 걸쳐 위스콘신을 졸업한 무용 전공 교사들이 미국의 다른 대학 안에 무용과를 만들면서 무용을 전공으로 하는 대학교가 점차 늘어나게 되었다.[2]

하지만 무용이 대학교육 안에서 독립적인 학문으로 인정되고 무용이론과 이론가를 전문적으로 가르치고 양성하기에는 미국에서도 그리 쉬운 일은 아니었다. 아직도 많은 대학에서는 무용이 체육대학, 음악대학, 연극대학, 교육대학, 인문 · 자연과학대학 안에 소속되어 있는 경우가 많다. 무용과가 따로 독립되어 있다 하더라도 무용 전공자의 수는 같은 예술 전공 학과인 음악이나 미술에 비해 현저히 떨어진다. 복수 전공제를 실시하고 있는 대부분의 미국 대학에서 무용 수업은 무용을 부전공으로 하고 있는 학생들이나 비전공자들이 취득해야 하는 예술 교양 필수과목의 하나로 진행되고 있는 상황이다.

또한 1920~30년대에 현대무용과 창작 무용을 토대로 한 대학 무용 교과과정은 많은 무용 교수의 노력에 의해 거의 한 세기에 걸쳐 늘어나고 다양해졌지만, 아직도 무용과학부의 교과과정을 보면 실기 수업을 위주로 수행

2 H'Doubler, Margaret N.(1957). *Dance: A Creative Art Experience*. Madison, Wisconsin: The University of Wisconsin Press. pp.ix-xv.

되고 있다. 현재 대표적인 대학 무용 필수 교과과정을 보면 발레, 현대무용, 창작 및 안무, 레퍼토리, 기능학, 교수학, 무용사, 무용 감상혹은 무용비평을 들 수 있다.[3] 대학원 석사과정을 통해 무용이론 과목들을 더 많이 접할 수 있긴 하지만 대학원 교과과정을 제공하는 대학교의 수는 다른 학문과 비교했을 때 현저히 떨어진다. 2015년 현재 무용이라는 타이틀로 박사과정을 받을 수 있는 대학교는 템플대학교(Temple University), 텍사스여자대학교(Texas Woman's University), 오하이오 주립대학교(Ohio State University), 캘리포니아대학교 리버사이드 캠퍼스(University of California, Riverside)로 네 군데밖에 되지 않는다.[4] 그만큼 무용이론에 대한 학문적 훈련이 다른 학문과 비교했을 때 폭넓게 이뤄지고 있지 않은 것이 사실이다.

그럼에도 불구하고 미국은 대학 제도 내에서 무용이론을 체계적이고 심도 있게 다루고, 대학 당국과 정부 기관에서 제공되는 재정 지원을 통해 국내 및 국제 세미나와 학회를 활발히 하며, 서양 무용학을 이끌고 발전시켜 나가는 데에 중추적인 역할을 하고 있다. 이러한 성과는 우리나라 무용학자들과 교수들로 하여금 대학 무용 교과과정과 무용사/이론 연구 발전의 선진적 사례 연구 대상이 되곤 했다.[5]

---

3 필자가 미국 내에서 무작위로 뽑은 무용을 전공이나 부전공으로 가르치고 있는 30개 대학교의 무용과 웹사이트의 자료를 바탕으로 한 것이다.

4 템플대학교에서는 Ph.D. in Dance, 오하이오 주립대학교에서는 Ph.D. in Dance Studies, 텍사스여자대학교에서는 Ph.D. in Dance, 캘리포니아대학교 리버사이드 캠퍼스에서는 Ph.D. in Critical Dance Studies라는 타이틀로 박사과정이 제공되고 있다. 뉴욕대학교(New York University)에서 Ph.D. in Dance Education이라는 타이틀로 박사과정이 2000년 중반까지 제공되었으나 현재는 없어진 상태다.

5 이정희(1995); 최경희(1999); 송종건(2004); 조기숙(2005); 김현정(2006).

2. 캘리포니아대학교 리버사이드 캠퍼스 비판무용학

무용사/이론의 도입과 발전

캘리포니아대학교 리버사이드 캠퍼스 학파의 비판무용학의 흐름을 다루기에 앞서 이 학교에서 무용과가 도입되어 학부, 석사, 박사과정 및 학위를 수여하는 대표적인 무용과로 자리 잡기까지의 과정을 간단히 살펴보고자 한다. 특히, 무용이론이 크게 대두되지 않았던 1950년 무용과 교과과정에 무용사와 같은 이론 수업을 점진적으로 발전시켜 이론 분야로 특성화된 무용과로 발전하게 된 과정을 중점적으로 살펴보기로 한다.[6]

캘리포니아대학교는 주립대학으로서 리버사이드, 버클리, 데이비스, 로스앤젤레스, 샌타 바버라 등 모두 10개의 캠퍼스로 이뤄졌으며, 연구 중심의 공립대학 제도를 채택하고 있다. 크리스티나 슐런트(Christina Schlundt)가 1953년 이 학교의 체육대학에서 무용을 가르치는 교사로 처음으로 임용되면서, 그녀는 리서치 위주의 대학 제도 안에서 무용을 하나의 학문으로 끌어올리기 위해서는 무용 실기뿐만 아니라 무용이론의 발전이 절실함을 느끼게 되었다. 마침, 1958년에 취득한 역사학 박사학위는 그녀로 하여금 역사적 방법론을 무용에 접목시킨 이른바 "무용사"를 교과과정의 하나로 첨가, 발전시키게 되는 계기가 된다. 1966년 이미 무용사 연구로 저명해 있던 셀마 진 코헨 (Selma Jeanne Cohen)이 캘리포니아대학교 리버사이드 캠퍼스에 교수(Regents Professor)로 초빙되어, 학제간 교류 및 무용사에 대한

6 이 장에 쓰여진 캘리포니아대학교 리버사이드 캠퍼스의 무용과 발전 과정은 크리스티나 슐런트(Christena Schlundt)의 논문과 이 학교 무용과 웹사이트 자료를 바탕으로 기술했다. Schlundt, Christena(1995). Dance History in Higher Education at the University of California, Riverside 1953-1993: A Memoir. *Dance Chronicle*. 18.3. pp.467-484; 〈https://dance.ucr.edu〉

강의와 자문을 해주면서 슐런트가 무용전공 교과과정에 무용사를 도입시키는 데 큰 힘을 실어줬다.[7] 1967년 오하이오 주립대학교를 졸업한 탭 무용수인 프레드 스트릭클러(Fred Strickler)가 리버사이드 캠퍼스에 무용 및 연극학 교수로 부임하게 되고, 그 후 낸시 러이터(Nancy Ruyter) 외 여러 명의 시간 강사가 합류해 무용 테크닉과 공연 쪽 교과목으로 현대무용, 발레, 재즈, 안무 등을 지도하게 되었다. 이렇게 무용과에 교수진들이 늘어난 것 또한 슐런트로 하여금 전적으로 무용사를 개설하고 강의나 세미나 형식으로 개발하고 가르쳐 나갈 수 있게 하는 데 도움이 되었다.

그 후, 슐런트는 수준 높은 무용사 과목을 가르치기 위해서는 무용사의 중요성을 같이 나눌 수 있는 박사 수준 이상의 교수진이 필요함을 느끼게 된다. 그리하여 캘리포니아대학교의 다른 캠퍼스에서 가르치고 있던 예술, 문학 분야의 교수진과 협동해, 캠퍼스 간 그리고 학제간의 교류를 강조하는 무용사 전공 석사 프로그램을 대학에 신청한다. 그리고 1982년 처음으로 캠퍼스 간에 공유하는 무용사 전공 석사과정 수업을 시작하게 되었다. 1981년 바로크 무용수 및 연구자인 린다 톰코(Linda J. Tomko)가 초빙강사로 취임해 슐런트의 막중한 일을 도우며, 무용사 전공 석사과정을 같이 발전시켜 나갔다. 슐런트가 은퇴할 무렵인 1990년도 초에, 이미 무용과에서 강사로 가르치고 있었던 톰코가 캘리포니아대학교 로스앤젤레스 캠퍼스(UCLA)에서 역사학박사를 취득하면서 1991년에 교수로 재임명되고, 보스턴 출신 안무가이자 역사학박사 출신의 수전 포스터(Susan L. Foster), 라반 분석가이자 인류학과 박사 출신의 샐리 네스(Sally N. Ness), 유럽 현대무용

---

7 코헨은 미국 역사가이자 교사 겸 여러 책을 쓴 저자로서 1974년부터 시카고대학교에서 무용과 관련된 학술 세미나나 프로그램을 열어 무용이 음악, 미술, 문학 분야처럼 학문적으로 발전할 수 있도록 애썼던 사람이다. 코헨이 강조했던 학제간 교류를 통한 무용학 발전과 박사급 교수들에 의해 무용과 이론 수업을 진행되어야 한다는 비전은 슐런트에게 영향을 미쳤고, 그런 비전은 캘리포니아대학교 리버사이드 캠퍼스 무용과에서 여전히 지속되고 있다.

과 비평문학과 박사 출신의 헤이디 길핀(Heidi Gilpin), 아르헨티나 탱고 연구가이자 정치과학과 박사 출신의 마르타 사비글리아노(Marta E. Savigliano)가 교수로 부임하면서, 1993년 "무용사와 이론(Dance History and Theory)" 전공의 박사과정이 새로 승인, 출범하게 되었다.[8]

그 후, 미국 인디언 무용 연구자인 영문학과 박사 출신의 재클린 쉬어 머피(Jacqueline Shea Murphy), 미국계 흑인 무용 연구자인 연극 및 드라마학과 박사 출신의 앤시아 크라우트(Anthea Kraut) 외에도 인도 고전무용수이자 연구자인 공연학과 박사 출신의 프리야 스리니바산(Priya Srinivasan), 디지털 게임에 나타나는 몸동작 연구자인 공연과 문화학과 박사 출신의 더렉 버릴(Derek Burrill), 즉흥 · 실험무용 실천자이자 연구자인 공연학과 박사 출신의 애나 베아트리체 스콧(Anna Beatrice Scott), 독일 무용 연구가이자 무용사와 이론학과 박사 출신의 옌스 게르스도르프(Jens Giersdorf), 힙합 연구자이자 미국학 및 민족학과 박사 출신의 이마니 카이 존슨(Imani Kai Johnson), 라틴 아메리카 현대무용 연구자이자 문화 및 공연학과 박사 출신의 호세 레이노소(Jose Reynoso) 등이 교수로 재직했거나 재직하면서 현재 "비판무용학(Critical Dance Studies)" 전공이라는 명칭 아래 미국뿐만 아니라 전 세계에서 몰려온 박사과정 학생들을 지도하며 캘리포니아대학교 리버사이드 캠퍼스는 무용이론을 심도 있게 연구하는 대학으로 오늘날에 이르게 된다.[9]

전체적으로 볼 때 리버사이드 캠퍼스에서 박사과정이 시작되어 전공 명칭이 "무용사와 이론"으로 확장되고 나중에 "비판무용학"으로 바뀌면서

---

8 캠퍼스 간 공유하는 "무용사(Dance History)" 전공 석사과정과 학위 대신, 박사과정에 입학한 학생들에 한해 교수진들의 승인 하에 "무용사와 이론(Dance History and Theory)" 전공의 석사 · 박사학위과정을 제공했다.

9 2009년부터 공식적으로 박사과정 전공 명칭을 "무용사와 이론"에서 "비판무용학"으로 바꿨다. 더불어, 박사과정에 입학한 학생들에 한해 교수진들의 승인 하에 "무용사와 이론" 전공의 석사과정과 학위를 제공했던 것 역시, 2009년부터 "비판무용학" 전공의 석사과정과 학위로 그 명칭을 달리해 제공하고 있다.

1990년도 초반 이후부터 이 대학의 교과과정 및 연구의 방향에 변화가 있었다. 이전 숄런트가 이끌어 왔던 무용사 중심의 석사과정 교과과정이 주로 시기별 · 장소별 · 장르별 위주의 무용(수)에 대한 "객관적인" 역사 자료 분석이 그 흐름이었다면, 새로 부임한 교수들이 이끌어 온 "무용사와 이론" 또는 "비판무용학"으로 불리는 박사과정의 교과과정은 무용과 관련된 역사적 논의나 이론화 작업에서 역사가나 이론가의 "주관적인" 해석과 관점을 강조하고, 안무를 단순히 기술하는 차원에서 벗어나 그에 대한 분석을 통해 문화, 사회, 정치, 그리고 젠더 등에 대한 이슈나 관점을 피력하는 춤과 몸에 대한 담론 쪽으로 그 흐름이 바뀌었다. 그러나 초창기부터 숄런트가 무용사 연구에서 중요시했던 학제적 연구, 혹은 다학문 영역 간 연구 방법은 리버사이드 캠퍼스 비판무용학파의 연구 방법에 중요한 요소로 그 명맥을 이어가고 있다. 이어지는 글에서는 캘리포니아대학교 리버사이드 캠퍼스 교수진이었거나 현재에도 역임 중인 수전 포스터, 린다 톰코, 마르타 사비글리아노, 재클린 쉬어 머피, 앤시아 크라우트의 연구를 집중적으로 분석해 그들이 제시하고 있는 이론들을 살펴보겠다.[10]

비판무용학의 대표적인 무용학자와 그들의 연구

수전 포스터

수전 포스터(Susan L. Foster)는 일곱 살 때부터 무용을 시작해 그레이엄, 험프리, 커닝햄 스타일의 현대무용을 배웠으며, 1979~88년 사이에 캘리포니아에 자리를 둔 '디스코댄서스(Discordancers)'라는 무용단을 이끌며 안

10 대표 인물로는 캘리포니아대학교 리버사이드 캠퍼스에 10년 이상 교수로 근무하며 후학을 양성한 교수 중, 책과 논문 등의 출판과 발표를 통해 비판무용학의 발전에 기여하고 있는 수전 포스터, 린다 톰코, 마르타 사비글리아노, 재클린 쉬어 머피, 앤시아 크라우트로 제한한다.

무가로서 왕성히 활동했다. 그녀는 또한 학부로는 스와스모어대학(Swarthmore College)에서 인류학을, 석사로는 캘리포니아대학교 로스앤젤레스 캠퍼스(UCLA)에서 무용을, 박사로는 캘리포니아대학교 산타 크루즈 캠퍼스(UC Santa Cruz)에서 역사학을 공부하며 학문적으로도 폭넓은 지식을 갖췄다. 1990년 캘리포니아대학교 리버사이드 캠퍼스 무용과 학장으로 부임하면서 1993년에 처음으로 출범한 "무용사와 이론"이라는 명칭의 박사 전공을 만드는 데에 큰 역할을 했다. 1996년부터 2000년 사이에는 리버사이드와 캘리포니아대학교의 또 다른 캠퍼스인 데이비스(UC Davis)에 공동 임용되면서 연극과 무용학부에서 무용 관련 교과과정을 발전시키는 데 지대한 공헌을 했다. 2001년부터는 UCLA의 세계예술과 문화/무용 부서(World Arts and Cultures/Dance)에 교수로 재직하며 연구와 후학 양성을 동시에 하고 있다.[11] 약력에서 볼 수 있듯이, 포스터는 안무가와 무용학자로서 두루 경험을 갖추고 있으며, 캘리포니아대학교 내 여러 캠퍼스에서 비판무용학 연구에 지대한 영향을 미쳤다.

1990년도 이후에 쓰인 수전 포스터의 저서와 그녀가 편집자로 엮은 선집에 실린 그녀의 서문을 살펴보면, 그녀는 종종 춤추는 행위(dancing)를 글쓰는 행위(writing)에 비유해, 안무와 무용 연구를 따로 볼 것이 아니라 안무하는 것 자체가 어떤 하나의 이론을 만들어가는 연구의 과정이라고 주장한다. 예를 들어, 포스터는 페미니즘과 지그문트 프로이트(Sigmund Freud)와 자크 라캉(Jacques Lacan)의 성 이론을 적용해 19세기 낭만 발레극 안무를 분석한다.[12] 그녀는 여성 발레 무용수의 기교와 미적 아름다움에 대한 비평에서 벗어나 여성 무용수를 통해 나타나는 움직임, 여성과 남성 무용수와

---

11 수전 포스터의 양력이 적혀 있는 그녀의 웹사이트를 참조할 것.
〈http://danceworkbook.pcah.us/susan-foster/about-susan-foster.html〉

12 Foster, Susan(1996). *Choreography and Narrative: Ballet's Staging of Story and Desire*. Bloomington: Indiana University Press.

의 힘의 관계, 또 발레 안무에 얽혀 있는 젠더적 · 정치적 이슈를 드러내고자 한다. 특히 여성 발레 무용수가 단단한 토슈즈를 신고 곧게 뻗은 힘 있는 다리의 모양을 힘의 상징으로 표현되는 남근상(男根像, phallus)에 비유하고, 누구나 쟁취하고 싶은 힘 또는 권력의 대상으로 해석한다. 그녀는 또 여성 무용수가 상징하는 힘 있는 다리뿐만 아니라 발레 무용수의 몸과 몸짓들(예를 들면 몸을 거의 드러낸 무용 의상을 입은 가녀린 여성 발레 무용수의 신체 형상, 한 발로 서서 다른 한 발을 들어 올리는 동작, 여성 무용수가 두 다리를 벌려 남성 무용수의 어깨에 올라타는 동작)은 남성 시각에서 바라본 욕망과 쾌락의 대상으로 해석한다. 포스터는 남성의 시각을 만족시키고자 하는 요소들이 발레 무용수의 몸과 몸짓을 통해 상징적으로 반영되고 있으며, 이는 곧 낭만 발레극이 남성 우월주의 사회 구조를 반영하고 있는 문화 텍스트라고 주장한다. 포스터는 또한 19세기에 공연되었던 낭만 발레극의 관중들이 공공 장소에서의 여가 활동이 가능했던 중상류 계층의 남성에게 제한되었던 시대상과 주로 남성 안무가에 의해 만들어지고 대다수의 여성 무용수에 의해 추어졌던 19세기 발레 공연의 특성에 대해 기술한다. 이렇듯 포스터는 낭만 발레 안무와 무용수에 의해 나타나는 불평등한 남녀의 권력 관계, 성의 상품으로 전락되는 여성 무용수의 신체성을 19세기 가부장적 · 남성 우월주의적 사회 구조의 맥락 안에서 이해하고 있다. 더 나아가 이러한 불평등한 남녀의 힘의 관계, 성의 상품으로 전락되는 여성 무용수의 육체성이 발레 안무를 통해 여전히 재생산되고 미화되고 있다고 주장한다. 그녀는 페미니스트의 입장에서 이런 남성 우월주의적 사회상에 도전하기 위해 무용 안무가와 무용수들이 그들의 춤 작업에서 어떤 노력을 해야 하는가에 대한 질문을 던진다.

그녀의 또 다른 문집에서 포스터는 안무란 안무가가 시공간에 만들어내는 선과 형태라고만 국한하지 않고, 몸으로 쓰여진 문화 텍스트라고 주장한다.[13] 특히 춤추는 행위의 주체가 되는 무용수의 육체성과 그들의 움직임을 사회적 · 문화적 코드로 보고, 안무 행위를 사회 · 정치 · 문화 · 역사적 맥락 안에서 이해해야 한다고 강조하고 있다. 이를 통해 포스터는 무용 안무를 문화 텍스트로 놓고 분석함으로써 무용이 문화학 연구에 큰 기여를 할 수 있음을 강조한다.

린다 톰코

린다 톰코(Linda J. Tomko) 역시 어린 시절 발레 훈련을 받고 1979년부터 스탠퍼드대학교(Stanford University)에서 열린 바로크 음악과 무용 워크숍에 참여하면서 바로크 무용을 전문적으로 배우며, 전문 바로크 무용수로 미국 · 캐나다 · 일본 등에서 공연 활동을 했다. 현재까지도 '레 메뉴 플레지어(Les Menus Plaisirs)'라는 바로크 무용 공연단을 이끌며 바로크 댄스를 알리고 가르치는 데에 힘을 쓰고 있다. 톰코는 리버사이드 캠퍼스 무용과에서 무용사를 기반으로 한 석사과정이 생겼던 초창기 때부터 비판무용학이라고 불리는 박사과정으로 발전된 현재까지의 전 과정을 지켜본 산 증인으로서, 현재에도 이 대학교 무용과 교수로 재직하며 비판무용학 발전에 지대한 기여를 하고 있다. 그녀는 무용사 연구 방법으로 무용가, 무용단체, 아니면 그들의 공연 작품 등을 연대기적으로 기술하거나, 무용보로 기록한 작품을 분석하거나, 주요 무용수들의 업적을 전기식으로 서술하는 것으로부터 탈피하고자 한다. 대신 체현(embodiment), 묘사, 해석 등의 요소를 이용해 역사가가 바라보는 관점을 통해 어떤 한 시기나 시대의 무용 현상을 맥락화하는 무용사 연구에 중점을 둔다. 이는 곧 역사적 이해가 그것을 바라보는 역사관의 입장과 관점에 따라 해석이 달라질 수 있음을 주장하며, 역사 서술이 과거를 한정하는 일이 아니라 과거에 대한 문맥적인 이해를 통

---

13 Foster, Susan L.(ed.)(1995). *Choreographing History*. Bloomington: University of Indiana Press. Foster, Susan L.(ed.)(1996). *Corporealities: Dancing Knowledge, Culture, and Power*. New York: Routledge Press.

해 현재의 현상을 과거와의 관계 속에서 맥락화하는 의미 있는 작업이라고 주장한다. 또한 1960년도 이전의 역사학적 논의에서 배제되어 있었던 '젠더(gender)'에 대한 분석을 그녀의 무용사 연구의 핵심 논제로 둔다.

톰코의 무용사 연구 중 가장 골자가 되는 그녀의 책을 보면, 어떤 한 시대에 나타난 무용 현상이 그 시대의 문화 현상과 밀접한 관계가 있음을 밝힌다.[14] 그녀는 중산층 여성 무용 예술가인 루스 세인트 데니스(Ruth Saint Denis)의 현대무용에서부터 노동자 계층 부모를 둔 여학생들이 공원 행사에서 추는 여러 유럽 민속무용을 연구 대상으로 선정한다. 그리고 춤 활동을 통해 여성들이 공공 장소에 출연할 수 있었던 점, 몸으로 자신을 자유롭게 표현할 수 있었던 점, 건강한 신체 발달을 할 수 있었던 점 등이 20세기 초 미국 진보 시대에 나타난 현상들(예를 들면 18세기 남녀 역할에 대한 이념 붕괴,[15] 유럽 이민자의 대거 유입으로 확산된 도시 인구와 환경 문제 속에 대두된 건강한 신체 발달에 대한 갈망, 여성의 교육 참여권 및 투표 참정권 획득, 개인 자유주의의 확산에 따른 사회적 상호 관계 훈련 필요성 대두, 유럽 문화를 바탕으로 한 미국의 문화 정체성 설립)과 밀접한 관련이 있음을 논의한다. 더 나아가 20세기 초 시대 맥락에서 볼 때 이런 '춤의 여성화(the feminization of dancing)'는 남성 위주의 사회 구조 안에서 여성 무용수나 여성 무용 선생이 사회적으로 진출할 수 있는 기회를 부여함으로써 그들에게 조금이나마 사회적 권위를 신장할 수 있는 계기를 마련해 주었다고 논의한다. 미국 20세기 초 맥락에서 찾았던 '몸-여성-춤의 밀접한 연계성(body-women-dance linkage)'이 그녀가 이 책을 쓴 시기인 1990년도 말까지도 여전히 작용하고 있음을 반

---

14 Tomko, Linda J.(1999). *Dancing Class: Gender, Ethnicity, and Social Divides in American Dance, 1890-1920*. Bloomington, Indianapolis: Indiana University Press.

15 미국의 18세기 남녀 역할 이념은 남자는 가장으로 밖에서 돈을 벌고, 여성은 남편과 아이들을 돌보며 집안에서 일을 하는 것이 가장 바람직한 남녀상이라고 보았다. 또한 남성은 강하고 책임감이 강하며, 여성은 부드럽고 조신하게 행동해야 한다고 보았다.

추하며 현재의 현상을 과거와의 관계 속에서 해석함으로써 그 역사적 의미를 찾으려 하고 있다. 이렇듯, 톰코는 그녀의 무용사 연구에서 과거의 춤이나 춤 현상에 대한 논의를 일대기적 '기록' 차원에서 하지 않고 관계적 · 문맥적 · 관점적 · 해석적 분석을 통한 의미 찾기를 하는 데에 의의를 두고 있다.

마르타 사비글리아노

아르헨티나 출신의 마르타 사비글리아노(Marta E. Savigliano)는 하와이-마노아대학에서 정치과학학과 박사학위와 부에노스 아이레스대학에서 인류학 자격증을 받은 학자로서 리버사이드 캠퍼스 무용과에서 박사과정이 시작할 무렵인 1992년부터 1998년까지 재직하다가, 1998년부터 2006년까지는 UCLA의 세계예술과 문화부서에서 교수로 지냈다. 2007년부터 다시 리버사이드 캠퍼스 무용과에서 연구와 지도를 하다가 2013년 은퇴했다. 사비글리아노 역시 리버사이드 캠퍼스 무용과에 박사과정을 발전시키는 데에 참여했으며, 캘리포니아대학교의 두 캠퍼스를 돌아다니며 비판무용학을 확장시키는 데에 큰 기여를 했다. 그녀의 주요 연구 분야는 세계 자본주의 구조 속에서 초국가적으로 교류되는 문화 상품, 종사자들, 그리고 이념의 이동 속에 나타나는 서구와 비서구의 힘의 관계를 무용이라는 텍스트를 통해 살펴보는 데에 있다. 특히 아르헨티나 탱고 무용 실천자이자 무용학자인 사비글리아노는 서구적인 관점에서 탱고 음악에 맞춰 추는 탱고춤이 서양인의 눈으로 볼 때 '이국적', '에로틱한', '정열적', '유흥적'인 사교춤으로 인식되는 관점 뒤에 숨겨져 있는 문화정치적인 면에 대해 논의한다. 그녀의 문화정치 논의는 서구 열강 식민지 때부터 이어져 왔던 서구-비서구 사이에 존재했던 힘의 상하 관계가 현재 세계자본주의 구조 속의 문화 현상에도 존재한다는 것이다.

그녀의 책들에서 사비글리아노는 서구인들로 하여금 라틴 아메리카의 춤에 대해 '이국적'이고 '에로틱'하게 읽혀지는 요소들(예를 들면 밀착된 남녀 무용수의 자세, 남성의 강한 리드와 여성의 유혹적인 몸짓, 정열적인 리듬, 까무잡잡한 피부의 남녀 무희)은 지극히 젠더(gender)와 성(sexuality)에 대한 서구의 가치관이 반영된 것이라고 주장한다.[16] 또한 서구인들이 매혹적인 탱고춤을 보고 즐기면서도 '이국적'이라는 표현으로 자신들과는 '다른' 문화라고 선을 긋고 탱고춤을 '에로틱'한 춤으로 강조하면서 성적인 호기심의 볼거리 대상으로 즐기는 행위 뒤에는 서구 열강 중심의 식민지 시대 때부터 존재해 왔던 서구 우월주의가 반영된 결과라고 꼬집는다. 그러나 이런 서구-비서구 문화 사이에 존재하는 힘의 상하 관계가 현재 세계 자본주의 구조 속에서 재생산되고 있는 이유는 탱고춤을 소모하는 서양인들뿐만이 아니라 탱고춤을 추는 무용수들에 의해서이기도 하다고 주장한다. 즉, 문화 · 경제 등의 흐름이 초국가적으로 이뤄지고 있는 현재 세계 자본주의 구조 속에서 탱고 무용수들이 자신들의 국제적인 평판이나 돈벌이를 위해 일부러 탱고춤 앞에 '이국적'이고 '에로틱한' 춤이라는 수식어를 붙여 상품화하고 있다는 것이다. 문제는 서구인들 관점에서 탱고가 '이국적인 춤', '이색적인 춤', '다른 춤'이라고 명명되는 경우를 그대로 비판 없이 답습함으로써 그 속에 숨어 있는 문화정치, 즉 서구 문화를 표준으로 하는 이데올로기를 재생산한다는 주장이다.[17]

---

16 Savigliano, Marta Elena(1995). *Tango and the Political Economy of Passion*. Boulder, Colorado: Westview Press. Savigliano, Marta Elena(2003). *Angora Matta: Fatal Acts of North South Translation*. Middletown, CT: Wesleyan University Press.

17 이러한 서구 문화를 표준으로 삼는 문화정치 이데올로기는 그녀의 논문, "Worlding Dance and Dancing Out There in the World"에서도 다뤄지고 있다. 이 논문에서 사비글리아노는 미국 대학 무용과 교과과정에서 가르치고 있는 서구 문화에서 발생한 극장무용 양식인 현대무용과 발레를 제외한 다른 무용들이 – hip-hop, ballroom dance, Indian dance, Mexican dance, African dance – "세계무용"이라는 명칭으로 하나의 카테고리로 취급되는 것도 서구 문화 양식을 표준으로 보는 서구-비서구 문화 사이에 존재하는 불균형한 힘의 관계를 드러내는 것이라고 한다. Savigliano, Marta Elena(2009). Worlding Dance and Dancing Out There in the World. *Worlding Dance*. Ed. Susan Leigh Foster. Houndmills: Palgrave Macmillan. pp.163-190.

그녀의 연구 중 또 하나 눈여겨보아야 할 점은 문화인류학적 방법론을 무용학 연구에 적용시킨다는 점이다. 과거의 전통적인 인류학적 방식은 주로 연구자가 현대 문명으로부터 다소 떨어져 있는 '다른' 부족이나 민족들의 행동이나 가치, 생활 방식 등에 대해 실증적인 방법으로 기록함으로써 '객관화'하는 작업에 중점을 두었다. 하지만 현대의 인류학자들은 연구자의 문화적 배경을 명시하지 않고 마치 연구자가 전지전능한 입장에서 '다른' 문화에 대해 적는 것은 객관적이지 않으며, 한 사람의 관점으로 적혀진 연구가 다른 문화에 대해 일반화하는 오류를 범했음을 비판한다. 사비글리아노는 종종 그녀의 연구에 '자문화기술지(autoethnography)'라는 질적 연구방법론을 적용한다. 이는 연구 대상에 대한 논의가 주관적인 관점에서 이뤄진다는 것을 명시함과 동시에, 지극히 사적이고 주관적으로 보이는 개인적인 경험을 사소한 것으로 치부하지 않고, 진솔한 자기 고백적 노출과 함께 그 개인의 경험을 둘러싼 사회적 · 정치적 · 문화적 상황을 반영한다. 이를 통해 독자들로 하여금 공명과 반향을 불러일으키게 하고자 하는 방법이다. 사비글리아노는 자문화기술지 방식을 통해 본인이 속한 라틴 아메리카 문화에 대한 이해와 그녀가 직접 몸으로 익히고 보고 느꼈던 탱고춤에 대해 주관적 · 자기 고백적 노출을 하며, 탱고춤과 관련된 경험을 사회 · 문화 · 정치 · 경제적으로 연결지어 독자들로 하여금 서구-비서구 사이에 존재하는 힘의 관계를 비판적으로 생각해 보도록 유도한다. 사비글리아노 역시 그녀의 연구에서 무용을 미적 표현예술로만 보지 않고 무용을 정치적 · 경제적 · 문화적 · 사회적인 요소와 따로 떼어 읽을 수 없는 문화 생산물로 읽고 논의하고 있다.

재클린 쉬어 머피

존스 홉킨스대학에서 소설 전공으로 석사학위를 받고, 캘리포니아대학교 버클리 캠퍼스에서 영문학으로 박사를 받은 재클린 쉬어 머피(Jacqueline

Shea Murphy)는 1997년쯤 리버사이드 캠퍼스 무용과에 교수로 부임하게 된다. 그 후 지금까지 리버사이드 캠퍼스 무용과 핵심 교수진이자 비판무용학 연구자의 한 사람으로서 자리매김을 하고 있다. 특히 문학 쪽의 전공에서 가져온 비교연구이론, 젠더이론, 탈구조주의이론 등을 무용학 연구에 적용하며, 무용에 나타나는 인종 · 민족 · 젠더 등의 이슈들을 수사학적(rhetorical) 어법으로 논의한다. 그녀는 무용을 '기록문서로서의 무용(dance as document)'이라고 주장하는데, 이와 같은 그녀의 주장은 그동안 무용이 시공간에 사라지는 순간예술로서 글로 담아내기 어렵다든지, 복잡다단한 무용에 대한 기술을 '아름답다'라는 한두 마디의 추상적인 표현으로 단순화하든지, 아니면 무용이 몸으로 표현된다는 이유로 무용을 학술적 논의의 대상으로 보지 않았던 기존의 사회적 · 학계적 인식에 대한 반발로 볼 수 있다. 머피는 무용을 단지 감정 표현이나 이야기를 전달하는 도구로 볼 것이 아니라 한 시대의 역사를 '체화(體化)한 기록문서(embodied documentation)' 자체로 본다.

그녀의 책 『인간은 결코 춤을 멈추지 않는다(*The People Have Never Stopped Dancing*)』(2007)에서, 쉬어 머피는 미국 인디언의 춤을 그들의 삶과 역사가 체화된 기록문서로 보고, 그들의 춤을 이해하고자 한다.[18] 특히 그동안 무용사에서 주로 다뤄지지 않았던 미국 인디언들의 무용 공연을 분석해 현대무용 공연 형식, 즉 극장식 무대라는 공간 안에서 그들의 문화적 · 민족적 정체성을 어떻게 표현하고 있는가를 살피고 있다. 쉬어 머피는 미국 인디언 무용수의 몸으로 표현되는 그들의 춤을 안무가들의 개인적인 창작 표현을 뛰어넘어, 미국 식민지 개척 시대에 자신들의 땅에서 쫓겨난 인디언들의 슬픈 역사, 그들의 선조 때부터 내려온 제례 의식과 관습, 전통 등

18 Shea Murphy, Jacqueline(2007). *The People Have Never Stopped Dancing*. Minneapolis, MN: University of Minnesota Press.

이 세대를 거쳐 몸에서 몸으로 이어져 내려오면서 체화된 역사적 · 정치적 · 영적 기록문서라고 주장한다. 그녀는 현시대에 미국 인디언에 의해 추어진 몇 개의 무용 공연을 예로 들면서 두 가지를 비판적으로 바라볼 것을 제시한다. 하나는 미국 인디언 춤이라 하면 제례적인 방식의 춤만을 정통성 있는 인디언 춤이라고 보는 시각을 배제해야 한다는 것이고, 다른 하나는 연극적 요소를 강조하는 서구 공연 구조를 극장예술의 표준으로 보고, 조상, 동물, 땅과의 관계를 재현하는 것을 주요 소재로 삼는 인디언 춤을 비주류적 극장무용으로 인식하는 상황을 비판적으로 생각해 봐야 한다는 것이다. 이러한 서구 공연 구조에 대한 비판적인 시각은 곧 미국 사회에 존재하는 민족 간, 인종 간의 불공평한 힘의 관계에 대한 질문과 연결된다.

이러한 쉬어 머피의 연구는 그동안 미국 무용사에서 잘 다뤄지지 않았던 미국 인디언의 현대무용 공연들을 언급함으로써 백인의 역사로 장식되어 있었던 기존의 미국 현대무용사에 대해 도전한다. 그동안 미국 현대무용사에서는 미국 인디언의 문화, 춤, 무용수들이 '천재' 안무자로 꼽히는 백인 현대 무용가들(예를 들면 마사 그레이엄[Martha Graham]과 테드 숀[Ted Shawn])의 안무 영감의 소재로 사용되거나 그들의 안무에 이색적인 느낌을 더하기 위해 사용되었다고 아주 간략히 명시되곤 했다. 머피에 의하면 이러한 미국 무용사 연구 형식은 그 연구가 이뤄졌을 시기에 미국 사회 전반에 걸쳐 존재했던 주류 지배계급인 백인과 비주류, 피지배계층인 미국 인디언의 상하관계를 그대로 반영하고 있었던 것이라고 비판한다. 다시 말해, 미국 인디언들의 춤과 문화가 현대무용 안무의 소재로 이용되었음에도 불구하고 그들이 미국 현대무용사에 끼친 영향이나 기여도, 또는 그들의 목소리가 무용사에 생략되어 있었던 것은 미국 역사와 사회에 존재하고 있었던 백인과 비백인 사이의 동등하지 않은 정치적 · 경제적 · 문화적인 힘의 관계를 반증하고 있는 것이라고 주장한다.

앤시아 크라우트

앤시아 크라우트(Anthea Kraut)는 어린 시절 재즈, 탭, 현대무용을 배웠으며, 노스웨스턴대학교(Northwestern University) 학제간 통합: 연극 및 드라마학과(Interdisciplinary: Theatre & Drama)에서 박사학위를 취득했다. 2002년부터 캘리포니아대학교 리버사이드 캠퍼스 무용과 교수로 부임해 현재까지 후학을 양성하는 데 힘쓰며 동시에 무용 연구 활동도 왕성히 하고 있는 비판무용학자 중 한 명이다. 크라우트의 연구는 주로 미국 흑인 춤을 대상으로 하면서 무용수 몸에 표상된 인종(race)에 대한 문제를 미국 문화 역사와의 관계 속에서 짚어보는 데에 있다. 그녀의 연구에서 무용 공연의 주요 매개체가 되는 무용수의 몸을 다루는 방식은 앞서 논의한 다른 비판무용학자들과 같이 감정을 표현하고 움직임을 시공간에 그리는 매개체로서뿐만이 아니라 그 사람의 인종이나 젠더적 요소를 읽을 수 있는 문화적 대상으로 본다.

2008년도에 출판된 그녀의 책에서 크라우트는 흑인 여성 소설가이자 안무가 겸 무대 연출자였던 조라 닐 허스턴(Zora Neale Hurston)의 1930년대 공연 활동을 연구 대상으로 놓는다.[19] 크라우트에 의하면, 허스턴의 작품은 상업적인 춤도 아니었고, 그 당시 대중이 가지고 있었던 흑인의 고정 관념 이미지를 그대로 재현해 흑인 문화나 그 문화 사람들에 대해 희화화하는 춤도 아니었다고 한다. 그 대신, 아프리카 민속춤을 적용해 그녀만의 독특한 공연 작품을 만들어, 그 작품에 대한 저작권(authorship)을 갖고자 노력했으나 실패했다. 크라우트는 허스턴의 작품이 그 당시 인기 있었던 백인 현대무용 여성 안무가들의 작품과 견줬을 때 뒤지지 않는 독창성을 지니고 있었음에도 불구하고, 저작권을 받는 데 실패하고 역사 속에 묻혀 버렸던

---

19 Kraut, Anthea(2008). *Choreographing the Folk: The Dance Stagings of Zora Neale Hurston*. University of Minnesota Press.

이유는 그 당시 만연해 있던 백인 중심의 인종주의적 시대 상황과 결부된 일이라 주장한다.

다른 문집에 실린 그녀의 글에서도 미국 흑인 안무가인 엘버타 헌터(Alberta Hunter)와 백인계 안무가인 한야 홈(Hanya Holm)이 자신들의 작품에 저작권을 받을 수 있도록 요구하는 과정에서 헌터는 실패하고 홈은 성공했던 실례를 들며 무용 공연 분야에서도 발견할 수 있는 백인 우월주의적 인종 차별 문제에 대해 논의한다.[20] 크라우트는 헌터가 그녀의 공연에서 추었던 블랙 보텀(black bottom)은 미국계 흑인들의 문화가 깃들여 있는 공동체적인 춤이기 때문에 한 사람의 작품으로 저작권을 받을 수 없었다는 데에 비해, 〈키스 미, 케이트(Kiss Me, Kate)〉라는 브로드웨이 뮤지컬 쇼에서 추어졌던 홈의 작품은 재즈 등 미국계 흑인들 사이에서 발생한 공동의 토착적인 춤을 그녀의 춤에 적용했음에도 불구하고 라바노테이션 기보법을 이용해 작품을 기록함으로써 홈이 자신의 춤에 대한 저작권을 받는 데에 성공했다고 한다. 이는 사회적으로 많이 회자되고 자주 접할 수 있는 백인계 안무가들이나 무용수들의 무용 공연에 비해 상대적으로 덜 알려져 있거나, 널리 알려지지 않은 흑인계 안무가들이나 무용수들에 대한 역사적 현실과 일맥상통하며, 미국 사회에서 오랫동안 존재했고, 여전히 존재하고 있는 백인 우월주의적 인종 차별 문제가 안무 저작권 취득과도 긴밀하게 연관되어 있었던 사실을 뒷받침한다고 주장한다. 이렇듯, 크라우트는 춤을 표현하는 주체인 무용수의 몸을 단순히 아름다움을 표현하는 도구로 보지 않고, 인종과 젠더적 이슈를 반영하는 문화 텍스트로 본다. 그리고 그 텍스트를 통해 읽을 수 있는 사회 · 정치적 문제를 논의한다.

---

20 Kraut, Anthea(2009). Race-ing Choreographic Copyright. *Worlding Dance*(ed.). Susan Leigh Foster. Houndmills: Palgrave Macmillan. pp.76–97.

3. 비판무용학 연구의 공통점

학제간 연구 방법

학문 간의 경계를 해체하고 다른 학문 분야를 끌어들여 어떤 문제에 대해 한 학문만으로 풀 수 없는 한계성을 극복하고, 공동의 협력을 통해 그 문제를 다루고자 하는 연구 방법을 학제간 연구라고 할 수 있다. 학제간 연구 방법(interdisciplinary approach)은 어떤 학문도 홀로 존재할 수 없으며 다른 학문과 상호 유기적으로 연계되어 있다는 것을 강조한다. 그러나 그것이 곧 각 학문의 정체성을 거부하는 것은 아니다. 반대로 각 학문에서 전문적으로 기여할 수 있는 부분을 찾아내고 그런 부분들을 통합해 어떤 문제를 함께 해결하고자 하는 데에 그 목표를 두고 있다. 학제간 연구 방법을 잘 적용하기 위해서는 이러한 방법을 적용하는 연구자가 여러 학문 분야에 대한 폭넓은 지식을 갖추고 있는 것이 중요하다.[21]

무용이 하나의 독립된 대학 교과로 인정되지 않았을 20세기 초 · 중반 때만 하더라도 미국의 무용학자들과 교수들은 대학 내에서 무용이 하나의 분야로 독자적인 정체성을 찾을 수 있도록 노력해 왔다. 특히 인간의 몸을 매개로 표현하는 무용이 체육교육의 일부로 체육대학 안에서 같이 가르쳐 왔기에 무용을 체육과는 다른 하나의 독립된 예술 학문으로 발전시킬 수 있는 그 나름대로의 이론과 연구 방법을 구축하는 것이 급선무였다.[22] 그런 의미에서 볼 때 학제간 연구를 강조하는 방식은 다른 학문들의 이론을 무용 연구에 끌어들여 적용함으로써 무용이 학문적으로 홀로 서지 못한다는 우려를 낳을 수도 있다. 하지만 무용을 인간이 만드는 사회 · 문화적 생산

21 Dawn Youngblood(2007); Casey Jones(2009).

22 독립된 무용이론을 발전하기 위해 라바노테이션 등의 무보법과 라반분석학이 미국 대학 교과과정에 편입된 교과목의 예로 들 수 있다.

물의 하나로 봤을 때 직면하는 이슈들(예를 들면 인종, 정체성, 민족성, 경제, 성)을 학제간 연구 방법을 통해 해석함으로써 무용학이 다른 분야와 단절되어 홀로 학문적인 정체성을 찾기 위해 공고히 하기보다는 다른 학문과 대화할 수 있는 통로를 마련함으로써 인문과 예술 분야에 공동 기여할 수 있는 하나의 학문임을 알릴 수 있는 계기가 될 수도 있다.

앞에서 언급된 비판무용학을 이끌고 있는 무용학자들의 논문과 책들을 살펴보면 학제간 연구 방법을 공통적으로 적용하고 있다. 그들의 연구를 보면 무용 작품이나 무용 현상의 분석에서 다른 학문들의 이론들(예를 들면 비판인종이론, 마르크스이론과 탈마르크스이론, 탈식민주의이론, 페미니즘, 프로이트이론, 라캉이론, 탈구조주의이론, 세계화이론, 퀴어이론[queer theory], 권력이론)을 적용하고 있다.[23] 그러나 중요한 점은 학제간 연구 방법을 통한 그들의 무용학 연구가 다른 학문 분야의 이론들을 수동적으로 빌려 쓰는 데에 그치지 않는다는 것이다. 그들은 다른 학문 분야의 이론들을 무용에 적용했을 때 맞지 않는 부분이나 부딪히는 문제점을 드러냄으로써 그 이론들이 일반화될 수 없는 한계점을 입증한다. 혹은 무용 안무 자체나 체현을 통해 얻을 수 있는 경험을 이론화하는 작업을 통해 다른 학문 분야에서 제시할 수 없는 이론과 방법을 내놓기도 한다. 특히, 몸이라는 매개체를 통해 이뤄지는 무용행위나 무용 안무의 분석을 문화 연구의 중심 대상으로 놓음으로써 책이나 문서자료를 바탕으로 분석하는 방법이나 사회 구조의 분석에 집중되었던 기존의 인문사회학 연구 분야에 새로운 방향과 예를 제시하기도 한다.

리버사이드 캠퍼스 중심의 비판무용학 연구의 공통점은 무용학자의 입

---

23 수전 포스트의 경우 탈구조주의, 페미니즘, 프로이트, 라캉, 푸코 등의 성이론 등을, 린다 톰코의 페미니즘과 근대성이론, 마르타 사비글리아노의 경우 탈/마르크스, 탈식민주의, 세계화, 퀴어이론, 재클린 쉬어 머피의 경우 미국 인디언학, 데리다 등 탈구조주의, 수사학이론, 앤시아 크라우트의 경우 비판 인종이론을 무용 연구에 적용한다.

장에서 학제간 연구 방법을 적용하고 있다는 것이다. 기존에 행해졌던 무용에 대한 학문적인 연구나 비평이 무용 실기에 대한 경험이 없는 다른 학문 분야 사람에 의해 쓰이거나 인문사회학 등 다른 분야에 대한 전문적인 지식이 없는 사람들에 의해 쓰인 경우가 많았다. 그러나 앞에서 언급된 비판무용학자들의 교육 배경에서 볼 수 있듯이 그들은 무용실기 경험이 있거나 본인의 연구 주제와 관련된 무용 분야의 실천자임인 동시에 역사학, 인류학, 영문학, 연극과 드라마학, 또는 정치과학 등 다른 학문 분야에서 박사학위를 소지할 정도로 무용 외 다른 학문적 지식을 폭넓게 소유하고 있다. 이렇게 무용과 다른 학문 분야에 대한 이해를 고루 갖춘 비판무용학자들은 무용학자 입장에서 사회 · 문화적인 이슈들을 논의하며, 학제간 연구 방법을 통해 무용 연구를 특히 문화 연구와 연계시켜 확장하고자 하고 있다.

비판이론

비판이론(critical theory)은 주로 프랑크푸르트 학파(Frankfurt school)의 학자들에 의해 논의되어 프랑크푸르트 학파의 이론이라고도 알려져 왔다. 프랑크푸르트 학파는 1923년 독일 프랑크푸르트에 사회연구소(Institut für Sozialforschung or Institute for Social Research)를 설립하고 마르크스주의에 관련된 연구를 주로 했다. 1920년대 카를 그륀베르크(Carl Grunberg)의 지도하에 있었던 프랑크푸르트 학파의 경향은 유럽 노동계급의 운동에 나타난 문제점에 대해 경험적 방법을 토대로 연구를 하는 쪽이 주를 이뤘다. 1930년대 그륀베르크가 은퇴한 후, 막스 호르크하이머(Max Horkheimer)가 대표직을 맡으면서 연구소의 연구 경향은 철학 · 사회학 · 경제학 · 역사학 · 심리학을 융합한 형식의 사회이론을 발전시켜 사회 변혁의 지침이 되고자 하는 쪽으로 바뀌었다. 호르크하이머는 칸트와 헤겔에 의해 논의된 독일의 전통적인 사회이론들과 형이상학적 · 실증적 철학들의 문제점을 지적한다. 그는 보편적이고 본질적인 것만을 바라보고 실천적 근거가 없는 철학은 빈 사상이며, 사사로울 정도로 구체적인 사실에만 의거해 철학적 이론이 빠진 과학은 의미가 없다며 철학과 과학의 절충적 · 변증법적 융합을 꾀한 사회이론을 제시한다. 1940년대에는 연구소에 참여하고 있던 많은 학자가 나치의 통치를 피해 미국으로 망명했다. 에리히 프롬(Erich Pinchas Fromm), 헤르베르트 마르쿠제(Herbert Marcuse) 등 일부는 미국에 남아 비판이론을 발전시키고, 호르크하이머와 테오도어 아도르노(Theodor Wiffengrund Adorno) 등은 1950년대에 다시 독일에 돌아와 프랑크푸르트 연구소에서 일한다. 1969년 연구소는 해체되었지만, 1970~80년대에도 위르겐 하버마스(Jürgen Habermas)와 헤르만 슈미트(Herman Schmidt) 등 새로운 세대의 이론가에 의해 비판이론은 지속적으로 발전되었고 그 후 유럽과 미국에 현재까지도 다양한 분야의 학자들에 의해 쓰이고 있다.[24]

비판이론의 골자를 보면 마르크스이론에서 강조하는 이데올로기적 상부구조(superstructure)가 경제적 토대 또는 하부 구조(base)의 작동에 의해 결정된다는 경제적 결정 요인을 강조하는 접근 방식을 거부한다. 대신 마르크스이론에서 다뤄지지 않았던 인간의 주체성 형성, 인간 행위자들의 상대적 자율성, 이론과 실천의 관계 등에 대해 관심을 둔다. 또한 기존의 마르크스이론에서 주를 이뤘던 자본주의의 역사적 발전 과정을 계급과 계급 갈등에서만 찾았던 데에서 벗어나 문화나 일상생활(예를 들면 법, 윤리, 패션, 여론, 스포츠, 삶의 형식, 레져 등)의 범주로도 확장해 그 안에서 작동되고 있는 지배계층과 피지배계층의 대립과 불평등한 권력 관계의 문제를 사회 · 정치적 관점에서 논의하고자 한다. 이는 곧 '모든 종류의 억압이나 착취로부터의 인간의 해방과 자유(emancipation from all forms of oppression)'에 대한

24 Horkheimer, Max(1972); Bronner, Stephen Eric & Kellner, Douglas(1989).

갈망이나 더 나은 사회를 위한 '사회 형성(social formation)'에 대한 염원과 연결되어 있다. 그러나 이러한 논의를 통해 보편타당한 진리를 세우기보다는 비판이론 자체가 임시적이고 가변적이며, 역사적 · 맥락적 상황에서 인지해야 함을 강조한다.

위에서 거론된 학자들의 연구를 보면 비판이론의 영향을 많이 받았음을 알 수 있다. 크라우트나 쉬어 머피의 경우는 그동안 서구 무용사나 이론에서 거의 언급되지 않거나 잘 알려져 있지 않았던 미국 인디언과 미국 흑인 출신의 안무가와 무용수들을 언급함으로써 미국에 만연해 있는 인종과 민족 간의 불평등한 권력 구조가 무용 작품이나 무용 현상에 어떻게 나타나고 있는가를 다루고 있다. 또한 백인 우월주의의 불평등한 미국 사회 구조 안에서 권력의 중심에 서 있지 못한 미국 인디언들과 미국 흑인들이 춤이라는 매개체를 통해 임시적으로나마 표현, 함축하고 있는 그들의 인종적 · 민족적 정체성과 정통성에 대해 논의하고 있다. 사비글리아노는 서양인들에게 '이국적'이고 '에로틱한' 춤으로 인식되는 탱고춤을 예로 들어, 현재 세계 자본주의 구조 속에서 초국가적으로 유통되는 문화 상품, 이데올로기, 그리고 문화에 종사하는 사람들 간에 존재하는 비대칭적인 힘의 관계를 논의함으로써 서구-비서구 문화 사이에 존재하는 불평등한 권력 구조를 비판적인 시각으로 바라보고 있다. 포스터와 톰코 또한 남성과 여성 사이에 존재하는 불평등한 권력 구조를 무용 작품과 무용 현상에서 찾고 역사적 · 시대적 맥락에서 분석한다. 포스터의 경우, 여자 발레 무용수의 잔인할 정도로 힘든 신체 훈련, 가녀린 발레 무용수의 이미지, 주역과 군무 간의 상하 관계, 왕자님을 기다리거나 왕자님을 위해 희생하는 동화 속 사랑 이야기가 주를 이루는 19세기 낭만 발레 속에 숨어 있는 남성 우월주의 혹은 남성적 시선(male gaze) 위주의 사회문화를 꼬집어내면서 서구 사회에 오랫동안 존재해 왔던 남녀 간의 불평등한 권력 구조를 무용 작품에서도 찾을 수 있다고 이야기한다. 톰코의 경우 20세기 초에 여학생을 대상으로 한 유럽 민속무용 교육이 여성에게 춤을 통해 자신을 표현할 수 있는 자유를 주었다는 긍정적인 평가와 상반되게 유럽 민속무용 교육이 미국의 문화 정체성을 형성하는 데 지배층인 백인 위주의 이데올로기를 재생산하는 도구로 사용되었음을 지적한다.

이렇듯, 비판이론에서 강조하는 지배 · 피지배계층의 힘과 권력 관계가 무용 작품이나 무용 현상에서 어떻게 나타나는지, 또 개개인의 무용수나 안무가가 그런 권력 관계를 어떻게 재생산하거나 도전하는가에 대한 시각이 비판무용학의 한 흐름으로 자리 잡고 있다. 특히 그동안 무용사나 무용이론에서 언급되지 않았던 피지배계층(무용수들, 특히 여성 무용수들)이나 비주류문화(무대예술로 불리지 않는 장르들)에 있는 사람들과 그들의 입장에서 본 불공평한 사회 구조나 힘의 관계에 대한 이슈들을 논의할 수 있는 학문의 장을 마련했다.

몸 담론

앞서 언급된 비판무용학자들 연구의 또 다른 공통점은 몸(body)으로 표현된 무용 작품과 무용 행위의 서술을 통해 인간의 육체에 대한 이야기를 학술적으로 논의하는 데에 있다. 그들은 몸이 단순히 무용을 표현하는 도구나 아름다움의 대상이 아니라 그 자체가 의미이고, 의미를 만들어내며, 문화 · 사회 · 정치적 요소와 따로 뗄 수 없는 문화 텍스트(cultural text)로 얘기하고자 한다. 그리하여 그들은 무용 움직임의 주체가 되는 무용수의 몸에 나타나는 민족적, 인종적, 역사적, 정신분석학적, 문화적, 정치적, 성적(sexual) 반향을 생생하게 기록해 지극히 사실적이고 현실적인 무용수의 육체성에 관한 논의를 하고 있다. 이를 통해 20세기 후기 현대 문화 연구에서 새롭게 관심을 받고 있는 인간의 몸에 대한 논의에 대해 무용학자들이 적극적으로 뛰어들면서 무용학과 문화학을 연계한 학제간 연구를 발전시키는 동시에 다른 인문학자들과 몸에 대한 담론의 장을 열 수 있는 물꼬를 트는 노력을 하고 있다.

비판무용학자들은 몸 담론을 주제로 한 무용 연구를 통해 르네 데카르트(René Descarte)의 이원론적인 사상의 영향으로 몸과 정신을 분리하고 몸을 천시해 온 서양 근대주의적 사고를 비판하고, 그런 이념 아래 몸을 주요 매개체로 다루는 무용에 대한 학술적 논의가 경시되어 왔던 학계 풍토에 도전한다. 그들의 몸 담론에서 논의되는 인간의 육체는 정신과 분리되거나 정신의 하위 개념으로 치부되는 것이 아닌 사유(思惟, thinking)의 장으로 보고 있다. 또한 몸 담론에 논의되는 인간의 육체는 하나의 카테고리에 넣고 일반화시킬 수 있는 대상이 아니라, 각자의 몸이 살아온 문화, 사회, 경제, 계급, 정치적 상황에 따라 또는 성별, 나이, 크기 등에 따라 어떤 대상을 바라볼 때 다르게 해석할 수 있음을 강조한다. 이는 그 전의 무용의 연구가 무용수의 몸을 각기 다른 역사를 가진 복합체로 이해하지 않고 그들의 몸에 의해 시 · 공간에 그려지는 선, 형상, 동적인 에너지에만 중점을 두었던 시각에 대한 도전이었다. 비판무용학자들은 안무 분석이나 무용 행위에서 그를 행하는 주체들의 인종적 · 민족적 · 국가적 · 성별적 · 연령적 자료를 수집하고 같이 기술함으로써 무용 작품이나 무용 현상들을 인간의 육체 없이 만들어지는 동작들의 연결물이 아니라, 인간의 육체에 의해 표상되는 복잡다단한 문화적 · 정치적 · 사회적인 문제들을 그들이 만들어내는 움직임 표현과 함께 같이 해석해야 한다고 강조한다.

비판무용학자들의 몸 담론은 무용 작품에 나타나거나 무용 행위의 주체자인 무용수의 몸에 대한 연구뿐만이 아니라 그 것을 분석하는 연구자 몸에 대한 언급도 포함한다. 그들은 연구자의 주관적인 입장을 최대한 배제하고, 근거와 자료에 입각한 '객관성'을 강조했던 기존의 무용사나 무용인류학 연구 방식에서 탈피하고자 한다. 또한 서구 입장이나 지배계층, 주류 문화 입장에서 본 '다른' 문화와 그 문화의 사람들에 대해 하나의 잣대에 견줘 일반화하는 진술 방식을 피하고자 한다. 대신 무용 연구자의 인종적·계층적·사회적·문화적·경제적 위치를 명시해 연구 대상에 대한 그들의 관점과 해석이 주관적일 수 있으며, 그 연구자의 이론과 주장 또한 임시적이고 제한적이며 상대적이라는 해석을 밝혀야 한다고 주장한다.

4. 비판무용학의 연구 동향과 특징

이 연구에서는 1960년대 후반 무렵부터 슐런트 교수가 무용사라는 하나의 이론 과목으로부터 시작해 1990년 이후 수십 개의 이론 수업을 가르치는 박사과정을 제공하고, 현재 비판무용학이라는 명칭 아래 무용학 연구를 활발히 하고 있는 캘리포니아대학교 리버사이드 캠퍼스의 교수진이었거나 여전히 역임 중에 있는 대표적인 무용학자들이 제시하고 있는 주요 이론과 방법들을 살펴보았다. 지난 20여 년 동안 이뤄진 그들의 비판무용학 연구 동향을 살펴보면 인간의 행위와 문화에 대한 연구를 하는 다른 인문사회학 분야와의 학문적 경계를 초월한 학제간 연구 방법을 강조했다. 또한 그들의 연구는 본인의 무용 연구 분야와 관련된 춤을 직접 경험하고 실천함으로써 그동안 무용을 몸으로 직접 경험하지 않은 다른 분야의 학자들에 의해 이뤄진 무용 연구나 비평에 비해 그 깊이가 다르다. 그들이 직접 몸으로 경험한 무용에 대한 이해는 안무 분석이나 무용 현상 분석에서 무용에 대한 구체적인 기술을 생동감 있게 할 수 있을 뿐만 아니라, 무용 연구에서 몸으로 경험한 점을 바탕으로 한 이론이 얼마나 중요한가를 입증하고 있다. 또한, 그들의 연구는 어떤 대상에 대해 해석할 때 비판적 시각으로 분석하기를 강조한다. 종종 비판무용학을 무용비평으로 혼돈하는 경우가 있다. 비평과 비판은 두 개 모두 사물을 분석해 의미와 가치를 논하는 데에서 비슷한 말로 볼 수 있다. 하지만, 무용 비평(dance criticism)은 주로 비평가가 무용 작품을 읽고 어떤 판단 기준에 의거해 그 작품을 평가하고 우열을 다루거나 작품의 의미를 통찰해 가치를 부여해 주는 것을 의미한다.[25] 그에 비해 비판무용학에서 의미하는 비판(critical)이란 역사적으로 존재해 온 사회 구조 내에 존재하는 불평등한 권력과 힘의 문제나, 그로부터 해방하려는 인간의 주체성에 대한 문제를 문화 생산물의 하나인 무용 작품이나 그를 구체화시키는 무용수의 무용 행위를 분석함으로써 그 작품이나 행위에 얽혀 있는 복잡다단한 문제(정치, 경제, 성, 인종, 종족, 민족성, 진정성, 정체성 등)를 해석하고 의미화하는 데에 있다.

정리해 볼 때, 캘리포니아대학교 리버사이드 캠퍼스에 박사과정이 시작된 1993년 이후 지금까지 이 대학을 중심으로 발전한 비판무용학의 특징은 텍스트적 육체성과 안무 분석, 비판이론, 문화 연구와 무용 연구 연계에 바탕을 둔 학제간 연구 방법에 중점을 두고 있음을 알 수 있다. 이러한 비판무용학의 연구 동향은 그동안 학술적으로 발전이 더뎠던 무용 분야의 이론적 연구에 박차를 가해왔다. 또한, 무용학이 다른 학문 분야에서 나온 이론에만 의존하는 것이 아니라 몸과 무용에 대한 담론의 근거가 되는 안무 분석이나 체현(embodiment)을 바탕으로 하는 무용이론이나 방법을 제시함으로써 최근 들어 인간의 육체에 대한 학술적인 논의에 관심을 갖는 문화학 발전에도 적극적으로 기여하고 있다. 비판무용학은 그동안 무용 분야와 관련 없는 비평가들이나 인문, 자연, 인류학자에 의해 무용에 대한 깊은 이해 없이 작성된 글이나, 무용수의 몸과 뗄 수 없는 문화, 인종, 계층, 젠더 등에 대한 논의 없이 그들의 무용 움직임만을 따로 떼어 기술하고 객관화했던 기존의 무용인류학이나 무용사에 대한 도전으로부터 시작되었다. 역사적인 맥락에서 볼 때 비판무용학은 서구 무용학 발전 과정 속에서 존재하는 현 시대사적 흐름으로 볼 수 있다.

---

25 권윤방(2003); 심정민(2004); 민현주 · 배수을(2012).

참고 문헌

단행본 및 논문

권윤방 외(2003). 『무용학개론』. 서울: 대한미디어출판사.

김현정(2006). 한국의 대학교 무용(학)과 특성화를 위한 기초연구: UC Riverside 무용과 학위 및 교과과정 분석을 중심으로.『대한무용학회 논문집』. 46: 37-67.

민현주 · 배수을(2012). 무용비평에 관한 연구의 흐름과 과제. 『대한무용학회 논문집』. 70(1): 101-122.

송종건(2004). 무용의 역사학적 탐구 방식에 대한 연구. 『대학무용학회 논문집』. 39(1): 195-206.

심정민(2004). 『무용비평이란 무엇인가』. 서울: 삼신각출판사.

이정희(1995). 대학 무용(학)과 교육과정 개발을 위한 기초 조사연구. 이화여자대학교 미간행 석사학위논문.

조기숙(2005). 서구의 무용학 현황과 한국의 무용학 발전을 위한 일 제언. 『대한무용학회 논문집』. 44: 213-229.

최경희(1999). 한국 대학 무용(학)과 특성화를 위한 교육과정 개발에 관한 연구. 이화여자대학교 미간행 박사학위논문.

Bronner, Stephen Eric & Kellner, Douglas(1989). *Critical Theory and Society: A Reader*. New York and London: Routledge.

Foster, Susan L.(1996). *Choreography and Narrative: Ballet's Staging of Story and Desire*. Bloomington: Indiana University Press.

_____(2003). *Dances that Describe Themselves: The Improvised Choreography of Richard Bull*. Middletown: Wesleyan University Press.

_____(2010). *Choreographing Empathy: Kinesthesia in Performance*. New York: Routledge.

_____(ed.)(1995). *Choreographing History*. Bloomington: University of Indiana

Press.

_____(ed.)(1996). *Corporealities: Dancing Knowledge, Culture, and Power*. New York: Routledge.

_____(ed.)(2009). *Worlding Dance*. London: Palgrave.

H'Doubler, Margaret N.(1957). *Dance: A Creative Art Experience*. Madison, Wisconsin: The University of Wisconsin Press.

Horkheimer, Max(1972). *Critical Theory*. New York: Herder and Herder.

Jones, Casey(2009). Interdisciplinary Approach Advantages, Disadvantages, and the Future Benefits of Interdisciplinary Studies. *ESSAI 7*. http://dc.cod.edu/essai/vol7/iss1/26.

Kraut, Anthea(2008). *Choreographing the Folk: The Dance Stagings of Zora Neale Hurston*. University of Minnesota Press.

_____(2009). Race-ing Choreographic Copyright. *Worlding Dance*(ed.). Susan Leigh Foster. Houndmills: Palgrave Macmillan.

Savigliano, Marta Elena(1995). *Tango and the Political Economy of Passion*. Boulder, Colorado: Westview Press.

_____(2003). *Angora Matta: Fatal Acts of North-South Translation*. Middletown, CT: Wesleyan University Press.

_____(2009). Worlding Dance and Dancing Out There in the World. *Worlding Dance*(ed.). Susan Leigh Foster. Houndmills: Palgrave Macmillan.

Schlundt, Christena(1995). Dance History in Higher Education at the University of California, Riverside, 1953-1993. *A Memoir Dance Chronicle*. 18(3): 467-484.

Shea Murphy, Jacqueline(2007). *The People Have Never Stopped Dancing*. Minneapolis, MN: University of Minnesota Press.

Tomko, Linda J.(1996). Fete Accompli: Gender, 'Folk-Dance', and Progressive-era Political Ideals in New York City. *Corporealities: Dancing Knowledge, Culture and Power*(ed.). Susan L. Foster. New York: Routledge.

_____(1999). *Dancing Class: Gender, Ethnicity, and Social Divides in American Dance, 1890-1920*. Bloomington, Indianapolis: Indiana University Press.

Youngblood, Dawn(2007). Interdisciplinary Studies and the Bridging Disciplines: A Matter of Process. *Journal of Research Practice*. 3(2). http://www.eric.ed.gov/ERICWebPortal/contentdelivery/servlet/ERICServlet?accno=EJ800366.

Susan Foster. http://danceworkbook.pcah.us/susan-foster/about-susan-foster.html

University of California, Riverside. http://dance.ucr.edu

제2부

한국 춤의 이론적 담론

제6장

한국 전통춤 움직임의 원리, 풍(風)[1]

김영희

서양 춤의 역사를 보면 극장 발레가 시작되면서 춤의 이론, 방법론 등도 함께 전개되었다. 장 조르주 노베르(Jean Georges Noverre, 1727-1810)의 발레에 대한 주장[2]은 사실적 표현을 전제로 한 극장 발레로 발전시켰고, 이사도라 덩컨(Isadora Duncan, 1878-1927)이 튜닉을 입고 맨발로 춘 뉴 댄스는 이후 20세기의 모던 댄스와 포스트모던 댄스 등으로 발전했다. 20세기 서양 춤의 역사에는 다양한 춤의 방법론과 이론들이 제기되었다.

---

1 이 글은 필자의 박사학위논문 「전통춤의 움직임에 드러난 '風'의 양상 연구」(성균관대학교, 2012) 중에서 II장의 1, 2절과 IV장을 중심으로 재구성되었으며, 제목도 「한국 전통춤 움직임의 원리, 풍(風)」으로 새롭게 설정했나.

2 노베르가 쓴 15편의 편지 내용을 말한다. 그 내용은 발레가 비이성적이고 우스꽝스런 표현이 아니라 사실적 표현을 위한 예술이어야 한다는 주장이다. 1760년 슈투트가르트와 리용에서 처음으로 책으로 묶여졌다. 육완순 옮김(1987). 『무용가에게 보내는 노베르의 편지』. 서울: 도서출판 금광.

이에 비해 오랜 역사와 다양한 춤 종목을 보유하고 있는 한국 춤의 역사에서 춤의 원리, 이론이나 방법론에 대한 논의는 별로 없었다. 그 이유는 조선 시대까지 춤은 악(樂)이라는 넓은 개념에 포함되어 있었기에 춤에 대한 논의는 악론(樂論)에서 거론되었기 때문이다. 별도의 무론(舞論)이 별로 언급되지 않았으며, 더불어 춤을 추는 몸에 대한 사변(思辨)도 등장하지 않았다. 하지만 20세기 후반부터 우리의 궁중무와 민속춤에서 원리나 사상에 대한 연구가 전개되었다. 궁중무와 민속춤의 구조나 내용, 무원(舞員)의 동선, 의상의 색상, 무구(舞具) 등을 통해 사상이나 원리를 탐색했다. 그 성과는 대개 한국의 고유한 사상이나 종교, 철학 체계였던 음양오행론(陰陽五行論)이나 불교, 도교, 굿의 구조나 정신과 같은 원리로 분석되었다.

그런데 조선 초 성종 때 편찬된 『악학궤범(樂學軌範)』「서(序)」에 "춤은 팔풍(八風)을 행하고 절주(節奏)에 조화를 이루는 것이다(舞所以行八風, 而成其和節)"라는 명제가 있다. 이는 조선 시대에 춤에 대한 매우 드문 언급이었다. 여기서 춤이란 팔풍을 행하는 것이라는 의미는 무엇인가? 그리고 조선 후기 영조 때의 문인 김용겸(金用謙, 1702-1789)은 춤을 잘 추던 김억(金檍, 1746-?)을 '풍무자(風舞者)'[3]라 별칭했다. 풍(風)과 무(舞)는 무슨 관련이 있어서 김억을 풍무자라 칭했던 것일까?

풍과 무에 대한 이러한 언급들은 풍과 춤의 관계를 연관지어 볼 수 있는 단서다. 한국 전통춤의 원리로서 설명하는 음양오행론이나 불교, 도교, 굿의 구조나 정신과는 다른 범주의 논의라고 하겠다. 이 글에서는 춤과 관련된 풍에 대한 언급들을 단서로 해서 전통춤에서 움직임의 원리 내지는 전통춤 자체의 원리를 탐색해 보고자 한다.

3 朴宗采. 『過庭錄』. 「燕巖湛軒風流」: "時有琴師金檍, 號風舞者, 嘐嘐齋所名也." 전통예술원 편(2002). 『조선후기 문집의 음악사료』. 민속원. p.172 인용.

1. 유교 악론에서 풍과 무

『악학궤범』「서」에서 말한 '춤은 팔풍을 행하고 절주에 조화를 이루는 것이다(舞所以行八風, 而成其和節)'라는 명제는 유가적 악론(樂論)을 바탕으로 하고 있다. 조선의 악론은 대개 중국에서 수입되었는데, 중국의 춘추 시대(BC. 770-476)를 기록한 『춘추좌전(春秋左傳)』 은공(隱公) 5년 조에 "무(舞)는 팔음(八音)을 조절하고 팔풍을 행하는 것이다(舞, 所以節八音, 而行八風)"[4]라는 내용과 닿아 있다. 공자(孔子) 시대 이전인 주나라 때부터 팔풍의 개념이 이미 형성되어 있었고, 춤의 내용과 형식에 팔풍을 담아내야 한다는 지침이 있었던 것이다. 그렇다면 '춤은 팔풍을 행하는 것이다'의 의미를 해석하기 위해 중국 고대의 팔풍에 대한 논의로 거슬러 올라가고자 한다.

팔풍의(八風)의 형성

풍신(風神)

팔풍 이전에 풍의 개념이 먼저 있었다. 풍은 바람이며 자연 현상의 하나였지만, 자연 현상이 인간에게 특별한 의미를 가졌던 상고 시대에 풍(風)은 봉(鳳)으로 기록되었다. 갑골문의 기록에 의하면 "병자(丙子)일에 풍향기를 세우려는데 바람(鳳)이 없겠지요? 8월에."[5] "임인(壬寅)일에 묻습니다. : 계(癸)일에 비가 오고, 큰 바람(鳳)이 불까요?"[6]라 했다. 이와 같이 풍을 봉으로 기록한 것은 풍을 봉과 동일시했기 때문이다. 『금경(禽經)』에 의하면 "봉

4 좌구명. 『춘추좌전』. 신동준 옮김(2006). 한길사. p.58.

5 『甲骨文合集』 7369 제1기 보충 30254 제1기: "丙子其立中, 亡鳳(風). 八月." 양동숙(2005). 『갑골문 해독』. 서예문인당. 2005. p.725 재인용.

6 『甲骨文合集』 13408 2. 13359 보충 13409 제1기: "壬寅卜 : 癸雨, 大驟風." 양동숙(2005). 『갑골문 해독』. 서예문인당. p.755 재인용.

(鳳)은 날짐승으로 매류다. 월나라 사람들은 이를 풍백(風伯)이라고 말한다. 비상하면 하늘에 큰 바람이 인다."[7]고 했다. 봉의 날갯짓으로 풍이 일어난다고 생각했고 봉을 바람의 신으로 여겼던 것이다.

그리고 봉이 일으킨 바람에는 절대자인 상제(上帝)의 뜻이 담겨 있다고 보았다. 『설문해자(說文解字)』[8]에 "봉(鳳)은 신조(神鳥)다. … 동방 군자의 나라에서 나와 사해(四海)의 밖을 빙 날아 곤륜을 지나 지주산(砥柱山)에서 물을 마시고, 약수(弱水)에서 깃털을 씻으며, 저녁에는 풍혈(風穴)에서 잠을 잔다. 이 새가 한번 나타나면 천하가 태평스러워진다."[9]고 했다. 즉, 봉은 신격(神格)을 가진 새로서, 새가 한 번 날면 천하가 태평해진다고 했으니, 봉이 날아서 일으키는 바람에 상제의 뜻이 담겨 있다고 생각했던 것이다. 바람은 신격적 위상을 가졌었다.

고대 중국인에게 동서남북의 방위 개념에 따라 사방신과 사풍신도 설정되었다. 상(商)나라의 갑골문에서 북방신은 복(伏), 남방신은 미(微), 동방신은 석(析), 서방신은 이(彝)라 했다. 그리고 동쪽의 풍신을 협(劦), 서쪽의 풍신을 이(夷), 남쪽의 풍신을 인(因), 북쪽의 풍신을 역(役)이라 했다.[10] 이처럼 바람은 단순히 물리적인 바람이 아니라 어떤 함의가 담겨 있다고 보았던 것이다.

그리고 풍에 대한 또 다른 설명에서 바람에 대한 근원적 인식을 알 수 있다. 『설문해자』에서 풍을 설명하며 "바람이 불면 벌레가 생겨나고 팔일이

---

7 何新/ 洪熹 옮김(1990). 『神의 起源』. 동문선. p.105 재인용.

8 『설문해자』는 중국의 가장 오랜 자전(字典)으로 중국 후한(後漢)의 허신(許愼)이 저술한 책이다. 1만여 자에 달하는 한자 하나하나에 대해, 본래의 글자 모양과 뜻, 발음을 종합적으로 해설했다. 한문의 문자학(文字學), 성운학(聲韻學), 훈고학(訓詁學), 경학(經學) 등에서 필독서다.

9 段玉裁 注. 『說文解字注』: "鳳神鳥也. … 出於東方君子之國, 翱翔四海之外過崐崙, 飮砥柱, 濯羽弱水, 莫宿風穴, 見則天下大安寧." 許愼/ 段玉裁 注(1973). 『說文解字注』. 臺北. 藝文印書舘. pp.149-150.

10 김영희(2012). 전통춤의 움직임에 드러난 풍의 양상 연구. 성균관대학교 박사논문. p.19.

지나면 변화를 일으킨다."[11]고 했다. 풍이 불어 생명의 기운을 일으키고, 그것이 자라나서 성충으로 변한다는 뜻이다. 이는 풍이 세상 만물 생명을 움직이게 한다는 의미이고, 풍으로 인해 생명이 일으켜진다는 것이다. 생명을 일으키는 것은 곧 움직임을 일으키는 것이다. 풍은 무언가를 일으키고 움직이게 하는 특성이 있다고 인식했던 것이다.[12]

팔풍의 성립

상나라에서 사풍(四風)에 대한 인식은 주(周)나라 때 팔풍으로 확대되었다. 바람이 생산 활동이나 일상 생활에 직접적이며 밀접하게 관련되었다는 인식에 따라 고대인들은 바람을 관찰했고, 방위(方位)와 절기(節氣)에 따라 다르게 부는 바람을 구분했던 것이다. 『회남자(淮南子)』「지형훈(墜形訓)」에 의하면 방위, 즉 공간을 기준으로 팔방위에서 부는 바람을 구분했다. 팔풍을 북동-염풍(炎風), 동-조풍(條風), 동남-경풍(景風), 남-거풍(巨風), 서남-양풍(涼風), 서-요풍(飂風), 서북-려풍(麗風), 북-한풍(寒風)으로 설명했다.[13] 시원한 바람, 큰 바람, 높이 부는 바람, 뜨거운 바람, 차가운 바람 등으로 바람의 특징을 포착했다.[14]

또 절기, 즉 시간을 기준으로도 팔풍을 구분했다. 동지(冬至)를 기준으로

---

11 段玉裁 注. 『說文解字注』: "風動蟲生故蟲八日而化." 許愼/ 段玉裁 注, 『說文解字注』(臺北: 藝文印書 , 1973) 2판. p.684 인용.

12 김영희(2012). 위의 글. p.18.

13 劉安. 『淮南子』「墜形訓」: "何謂八風. 東北曰炎風, 東方曰條風, 東南曰景風, 南方曰巨風, 西南曰涼風, 西方曰飂風, 西北曰麗風, 北方曰寒風." 劉安 편저/ 안길환 편역. 『新譯完譯 淮南子』 上(명문당, 2001): p.185 참조. 그리고 후한의 허신(許愼)이 저술한 『설문해자』에도 방위에 따라 바람을 설명했다. 『說文解字』: "八風也. 東方曰明庶風, 東南曰淸明風, 南方曰景風, 西南曰涼風, 西方曰閶闔風, 西北曰不周風, 北方曰廣漠風, 東北曰融風." 許愼/ 段玉裁 注. 『說文解字注』(臺北: 藝文印書, 1973) 2판. p.684 인용.

14 『회남자』 이전에 『여씨춘추』 등에서 팔풍을 언급했고, 바람의 이름이 조금씩 상이하다. 이는 팔풍의 명칭이 정해지는 데 상당한 시간이 필요했기 때문이다.

45일마다 바뀌는 8절기를 설정했고, 절기가 바뀌면서 차례로 불어오는 바람을 『회남자』 「천문훈(天文訓)」에서 조풍(條風), 명서풍(明庶風), 청명풍(淸明風), 경풍(景風), 양풍(涼風), 창합풍(閶闔風), 부주풍(不周風), 광막풍(廣漠風)이라 했다.[15] 이 팔풍에 대해서는 설명이 필요한데, 단순히 바람의 형식만을 담은 것이 아니라 당시의 생산 활동에 대한 생각과 연결되어 있기 때문이다.

> 동지로부터 45일이 지나면 조풍(條風)이 불어온다. '조'는 '자라나다[生]'의 뜻이다. 여기에서 45일이 지나면 명서풍(明庶風)이 불어온다. '명서'는 '여럿을 반갑게 맞이한다[迎衆]'의 뜻이다. 여기에서 45일이 지나면 청명풍(淸明風)이 불어온다. '청명'은 '시퍼렇게 날이 선 [곡식의] 까끄라기[靑芒]'를 가리킨다. 여기서 45일이 지나면 경풍(景風)이 불어온다. '경'은 '크다[大]'의 뜻이다. 양기(陽氣)로 인해 생물이 한껏 자라난다. 여기서 45일이 지나면 양풍(涼風)이 불어온다. '양'은 '차다[寒]'의 뜻이다. 음기가 [주도적으로] 작용하기 시작한다. 여기서 45일이 지나면 '창합풍(閶闔風; 昌盍風)'이 불어온다. '창합'은 '거두어 간수하도록 경계한다[戒收藏]'의 뜻이다. 여기서 45일이 지나면 부주풍(不周風)이 불어온다. '부주'는 '사귀지 않는다[不交]'의 뜻이다. 음과 양이 만나서 서로에게 변화를 일으키지 않는다. 여기서 45일이 지나면 광막풍(廣漠風)이 불어온다. '광막'은 '크고 까마득하다[大莫]'의 뜻이다. 양기가 작용을 개시한다.[16]

---

15 劉安. 『淮南子』 「天文訓」: "何謂八風. 距日冬至四十五日, 條風至. 條風至四十五日, 明庶風至. 明庶風至四十五日, 淸明風至. 淸明風至四十五日, 景風至. 景風至四十五日, 涼風至. 涼風至四十五日, 閶闔風至. 閶闔風至四十五日, 不周風至. 不周風至四十五日, 廣漠風至." 위의 책. p.128 인용.

16 班固. 『白虎通義』 「八風」: "風者何謂也? 風之為言萌也. 養物成功. 所以象八卦. 陽立於五, 極於九, 五九四十五日變, 變以為風, 陰合陽以生風. 距冬至四十五日條風至. 條者, 生也. 四十五日明庶風至. 明庶者, 迎衆也. 四十五日淸明風至. 淸明者, 靑芒也. 四十五日景風至. 景大風, 陽氣長養. 四十五日涼風至. 涼寒也, 行陰氣也. 四十五日昌盍風至. 戒收藏也. 四十五日不周風至. 不周者, 不交也. 陰陽未合化也. 四十五日廣漠風. 廣漠者, 大也, 同陽氣也." 班固/ 신정근 역주, 『白虎通義』 (소명, 2005). pp.273-275 인용.

이처럼 바람은 싹이 나고 자라고 거둬들이는 농사 절기와 연관되어 있다. 바람의 이름들에서 차가운 바람인 양풍(涼風)은 바람의 형식적 특징을 나타내기도 하지만, 조풍(條風)은 생명이 자라난다는 계절적 특성을 보여주며, 창합풍(閶闔風)은 겨울이 되기 전에 곡식을 저장해야 함을 의미하고 있다. 풍을 단순하게 절기에 따라 부는 바람이 아니라, 절기마다 해야 할 일을 바람과 결부시키고 비유했던 것이다. 각 절기에 부는 바람에 따라 음양의 변화도 설명하고 있다.

그리고 바람이 부는 절기에 맞춰 위정자들이 해야 할 일을 설명했다. "왕자(王者)는 이러한 기후 변화에 따라 [해야 할 일을] 지시한다. 조풍이 불면 가벼운 범죄자를 풀어주어 계류(稽留)에서 내보낸다. 명서풍이 불면 국경의 시설을 수리하고 밭두둑을 손보게 한다. 청명풍이 불면 폐백을 하사하고 제후에게 사절을 보낸다. 경풍이 불면 유덕자에게 작위를 주고 유공자에게 봉지(封地)를 준다. 양풍이 불면 땅의 공적에 보답하고 사향(四鄕)에서 제사를 드린다. 창합풍이 불면 상형(象形)을 널리 보급하고, 곡물 창고를 정비한다. 부주풍이 불면 궁실을 짓고 성곽을 손본다. 광막풍이 불면 대벽(大辟), 즉 사형을 선고하고 옥사를 집행한다."[17]는 것이다. 즉, 바람의 변화에 따라 백성들의 생산 활동인 농경의 운영을 지휘하고, 바람의 변화에 따라 민심을 관리하기 위해 유덕자에게 작위를 주거나 범죄자를 풀어주고 국가적 제사도 지내며, 또 다른 바람의 변화에 따라 추운 겨울을 대비하기 위해 성곽을 정비해야 한다고 했다.

이와 같이 바람의 다양한 형식에 대한 인식을 넘어, 팔풍은 정치 · 경제 등 사회적 과제와 긴밀한 관계를 갖게 되었다. 그리하여 "전욱(顓頊: 중국 전

17 班固. 『白虎通義』「八風」: "是以王者承順之, 條風至則出輕刑, 解稽留. 明庶風至則修封疆, 埋田疇. 淸明風至出幣帛, 使諸侯. 景風至則爵有德, 封有功. 涼風至報地德, 化四鄕. 昌盍風至則申象刑, 飾□倉. 不周風至則築宮室, 修城郭. 廣漠風至則斷大辟, 行獄刑." 班固/ 신정근 역주. 『白虎通義』(소명, 2005). pp.274-275 인용.

설 속 5명의 황제 중 하나)이 황제에 등극하자 사방에서 정풍(正風)이 일었다."[18]고 했었다. 전욱이 황제가 되자 정풍, 즉 올바른 바람이 일었다는 말에서 바람을 통해 정치적 평가를 하고 있음을 알 수 있다. 이는 상고 시대에 풍이 신의 뜻을 전달한다는 풍에 대한 신화적 인식의 잔재이며 풍을 통해 정치적 평가를 했음을 알 수 있다.

역(易) 사상 속의 팔풍

결국 팔풍(八風)은 중국 고대의 유교 사상 체계에 수용되기에 이르는데, 역(易)에서 팔괘(八卦)와 결합하며 유교 사상 체계에서 중요한 의미와 위상을 갖게 되었다.

팔괘는 주역에서 태극(太極)이 음(陰)과 양(陽)으로 갈라지고, 음양이 사상(四象)으로, 사상이 다시 여덟 가지의 괘로 분화된 것이다. 괘(卦)는 걸어놓는다는 괘(掛)와 통해, 천지만물의 형상을 걸어놓아 사람에게 보인다는 뜻으로, 음효(陰爻, --)와 양효(陽爻, ─)를 1 대 2, 또는 2 대 1의 비율로 셋이 되게 짝지어 이뤄진다.[19] 이 효들로 짝지어진 여덟 가지의 괘에 우주를 운영하는 천지간의 자연을 본따 각각 이름을 붙였는데, 팔괘는 건(乾·☰), 태(兌·☱), 이(離·☲), 진(震·☳), 손(巽·☴), 감(坎·☵), 간(艮·☶), 곤(坤·☷)을 말한다. 그리하여 팔괘에 각각 건-천(天), 곤-지(地), 태-택(澤), 간-산(山), 리-화(火), 감-수(水), 진-뢰(雷), 손-풍(風)이 연관되었음이 복희팔괘차서도에서 알 수 있다.[20] 자연의 운행 이치와 인간 사회의 관계 등이 팔괘를 통해 설명되고 있으며, 주역의 원리가 당시의 사고 체계에 깊게 자리매김하고 있었다.

---

18 呂不韋. 『呂氏春秋』「仲夏記」「古樂」: "帝顓頊生自若水, 實處空桑, 乃登爲帝. 惟天之合, 正風乃行." 呂不韋/ 김근 옮김. 『呂氏春秋』 1권(민음사, 1993). pp.242-243 인용.

19 班固/ 신정근 역주. 『白虎通義』(소명, 2005). p.273 각주1).

20 팔괘를 설명하는 두 가지 체계가 있는데, 복희팔괘차서도(伏羲八卦次序圖)와 문왕팔괘차서도(文王八卦次序圖)다.

팔괘와 팔풍의 결합에 대한 설명을 『백호통의(白虎通義)』에서 볼 수 있다. 첫머리에서 팔풍은 팔괘와 상관적 관계에 있다고 하면서 "풍(風)은 무엇을 의미하는가? 풍은 싹트다(萌)의 뜻이다. 바람은 만물을 길러서 결실을 맺도록 한다. 따라서 팔풍은 팔괘와 상관적 관계에 있다. 양(陽)은 오(五)월달에 제 자리를 잡으려 구(九)월달에 극성해진다. 오구(五九), 즉 45일마다 일기(日氣)가 바뀌고, 그때마다 바뀜으로 인해 바람이 분다. 즉, 음과 양이 만남으로써 바람이 생겨난다."[21]고 했다. "음과 양이 만남으로써 바람이 생겨난다." 고 했으니, 팔풍의 변화는 팔괘의 원리이며 변화의 기본 요소인 음과 양의 기운이 증감함에 따라 생겨난다는 것이다. 역의 원리에 의해 일기(日氣)의 음양이 변하며, 절기가 바뀌고, 바람도 변화시킨다는 의미다.

이와 같이 중국 고대 한나라 이전에 팔풍과 팔괘의 관계가 설명되었고, 절기에 따른 바람을 음양의 변화와 함께 설명했다. 이후 시대에도 이어졌다. 송(宋)대 『태평어람(太平御覽)』의 설명에서 "팔풍이 때에 맞으면 음양이 변화해 도(道)가 이뤄지고 만물은 그로써 생육함을 얻는다."[22]고 했다. 즉, 팔풍이 때에 맞게 불면 음양의 조화가 순조로워 만물이 편안해 도를 이루는 것이며, 인간을 포함한 자연 만물의 생육이 순조롭고 평온해진다는 것이다.

그러므로 팔풍은 자연 현상으로 일어나는 계절풍이면서, 팔풍이 조화롭다는 의미는 음기와 양기의 순환이 조화롭고, 그런 결과 인간 생활이 조화

---

21 班固. 『白虎通義』 「八風」: "風者何謂也? 風之為言萌也. 養物成功. 所以象八卦. 陽立於五, 極於九, 五九四十五日變, 變以為風, 陰合陽以生風. 距冬至四十五日條風至. 條者, 生也. 四十五日明庶風至. 明庶者, 迎衆也. 四十五日清明風至. 清明者, 青芒也. 四十五日景風至. 景大風, 陽氣長養. 四十五日涼風至. 涼寒也, 行陰氣也. 四十五日昌盍風至. 戒收藏也. 四十五日不周風至. 不周者, 不交也. 陰陽未合化也. 四十五日廣漠風. 廣漠者, 大也, 同陽氣也." 班固/ 신정근 역주. 『白虎通義』(소명, 2005). pp.274-275 번역 참조.

22 李昉. 『太平御覽』 권9, 引「易通卦驗」: "八風以時, 則陰陽變化道成, 萬物得以育生." 정상홍. 「『시경』 "風"의 詩歌發生學的 양상 연구」, 『중국문학연구』 22집, 한국중문학회, 2001. p.35 재인용.

롭다는 것이며, 이를 위한 정치 행위 또한 순리대로 행해지는 것을 말한다. 이를 위정자의 입장에서 본다면, 팔풍의 조화는 정치의 정도(正道)를 위해 추구해야 할 이념적 지향이자 목표였던 것이다. 팔풍은 질서와 조화를 추구하는 유교 정치사상에 결합된 개념이 되었다. 그래서 일 년의 자연 현상은 역의 원리에 의한 팔괘와의 조응을 통해 일어나며, 이 팔풍이 조화로워야 한다고 했던 것이다.

팔괘에 배합된 팔풍에서 풍의 특성을 살펴볼 수 있다. 『주역(周易)』「설괘전(說卦傳)」에는 각 괘의 물상(物象)을 설명했는데, 손(巽)괘는 바람이라고 설명했다.[23] 그리고 손괘의 성질과 품성을 언급하며, '손입야(巽入也)'[24]라고 했다. 손괘의 대표적 물상이 풍(風)이며, 그 성질과 품성은 입(入)이라 했으니, 바람이 어디든 가서 스며드는 특성을 잘 보여주고 있다. 풍은 어디든 갈 수 있고, 가서 영향을 미치며, 풍교에 의해 가르침이 스며들어서 민심을 바꾸게 한다고 했듯이, 풍은 어디든 불고 스며드는 성질과 품성을 갖고 있기 때문이다.[25]

그리고 팔괘는 악(樂)의 원리나 구성, 운영과 결합했는데, 중국 고대 사상체계 속에서 설명하고 있다. 『여씨춘추(呂氏春秋)』「십이기(十二紀)」「중하기(中夏紀)」에 "음악의 유래는 아주 오래되었으니, 음악은 도량(度量)에서 생겨났는데, 우주의 유일한 운행 원리인 도(道)에 근본을 두고 있다. 도는 천지를 낳았고, 천지는 음양(陰陽)을 낳았다."[26]고 했다. 즉, 음악은 우주의 운행 원리인 도에 근본을 두고 있으며, 도는 음양의 운행 원리인 역이라는 것

---

23 『周易』「說卦傳」: "乾爲天…, 坤爲地…, 震爲雷…, 巽爲風…, 坎爲水…, 離爲火…, 艮爲山…, 兌爲澤… " 김인환 역해. 『周易』(고려대출판부, 2006). pp.570-572 참조.

24 『周易』「說卦傳」: "乾健也, 坤順也, 震動也, 巽入也, 坎陷也, 離麗也, 艮止也, 兌說也." 김인환 역해, 『周易』(고려대출판부, 2006). p.568 참조.

25 김영희(2012). 위의 글. p.162.

26 呂不韋. 『呂氏春秋』「十二紀」「中夏紀」: "音樂之所由來者遠矣. 生於度量, 本於太一. 太一出兩儀, 兩儀出陰陽." 呂不韋/ 홍승직 역해. 『여씨춘추』(고려원, 1996): p.195 인용.

이다. 이러한 원리에 의해 주(周)나라 때부터 십이 율려(律呂)가 사용되었고, 각 율은 황종을 기본음으로 해서 삼분손익법(三分損益法)으로써 음정을 구하게 되었다. 십이 율려는 음양의 원리에 따라 황종·태주·고선·유빈·이칙·무역의 홀수 여섯의 육률(六律)은 양을 상징하고, 대려·협종·중려·임종·남려·응종의 짝수 여섯의 육려(六呂)는 음을 상징한다.[27]

이와 같이 팔괘에 팔풍과 율려가 결합했다. 송(宋)대의 『악서(樂書)』를 보면 팔괘를 중심으로 팔풍과 팔음이 배합되었다. 「악도론(樂圖論)」 십이율(十二律)에 실린 '율려종팔풍(律呂從八風)'[28]은 율려가 팔풍을 따른다는 것에 대한 설명으로, 그림에는 팔 방위를 중심으로 팔풍, 팔음, 율려가 배치되어 있다. 그리고 "정북풍은 황종의 율에 따르고, 황종은 동지의 기운이다. 동북풍은 대려와 태주의 율에 따르고, 대려와 태주는 대한과 경칩의 기운이다. 정동풍은 협종의 율에 따르고, 협종은 춘분의 기운이다. 동남풍은 고선과 중려의 율을 따르고, 고선과 중려는 곡우와 소만의 기운이다. 정남풍은 유빈의 율에 따르고, 유빈은 하지의 기운이다. 서남풍은 임종이칙의 율에 따르고, 임종이칙은 대서와 처서의 기운이다. 정서풍은 남려의 율을 따르고, 남려는 추분의 기운이다. 서북풍은 무사와 응종의 율을 따르고, 무사와 응종은 상강과 소설의 기운이다."[29]라고 설명했다. 각각의 팔풍이 율려를 지정했고, 각 율려는 각 절기의 기운을 갖는다. 또 같은 책 「악도론」 팔음(八

---

27 장사훈. 『국악대사전』(세광음악출판사). p.579 참조.

28 陳暘. 『樂書』 卷104 「樂圖論」: 한국음악학자료총서 9 『樂書』(국립국악원, 1982). p.163 인용.

29 陳暘. 『樂書』 卷104 「樂圖論」: "正北之風, 從黃鐘之律, 而黃鐘冬至之氣也. 東北之風, 從大呂太簇之律, 而大呂太簇大寒啓蟄之氣也. 正東之風, 從夾鐘之律, 而夾鐘春分之氣也. 東南之風, 從姑洗仲呂之律, 而姑洗仲呂穀雨小滿之氣也. 正南之風, 蕤賓之律, 而蕤賓夏至之氣也. 西南之風, 從林鐘夷則之律, 而林鐘夷則, 大暑處暑之氣也. 正西之風, 從南呂之律, 而南呂, 秋分之氣也. 西北之風, 從無射應鐘之律, 而無射應鐘, 霜降小雪之氣也." 한국음악학자료총서 9(1982). 『樂書』. 국립국악원. p.163 인용.

그림 6-1. 『악학궤범』에 그려진 팔음도설

音)에 실린 '팔음도(八音圖)'[30]에는 팔괘와 절기, 팔음과 천간, 지지가 한 체계에 그려져 있다. 송대의 이러한 팔괘와 팔풍, 팔음, 팔절, 율려 등의 배합은 조선 초 『악학궤범』에 수용되었다.

조선 초기 악의 이론 체계를 설명한 『악학궤범』 권1에서 '팔음도설(八音圖說)'을 설명하면서, 첫머리에 송(宋)의 『악서』를 인용했다. "『악서』에 이르기를 팔음은 팔괘와 팔풍에 배합된다."[31]고 했고, "금(金)은 태괘에 창합풍, 석(石)은 건괘에 부주풍, 사(絲)는 리괘에 경풍, 죽(竹)은 진괘에 명서풍, 포(匏)는 간괘에 융풍, 토(土)는 곤괘에 양풍, 혁(革)은 감괘에 광막풍, 목(木)은 손괘에 청명풍에 배합된다."[32]고 했다. 그리고 팔음도설에는 팔괘를 중심으

---

30 陳暘. 『樂書』 卷106 「樂圖論」. 한국음악학자료총서 9(1982). 『樂書』. 국립국악원. p.168 인용.

31 『악학궤범』 권1 「八音圖說」: "樂書云, 八音配於八卦八風."

32 『악학궤범』 권1 「八音圖說」: "金兌閶闔風, 石乾不周風, 絲離景風, 竹震明庶風, 匏艮融

로 해서 팔음, 팔절기, 팔풍, 악기, 십이 율려, 천간과 지지, 팔방의 순으로 배치했다. 이처럼 중국 고대로부터 송대에 이어진 악론이 조선 초기에 수용되어 조선 후기까지 그대로 이어졌고, 팔괘를 중심으로 배합된 이 악론 체계는 조선조 궁중악무 전반에 반영되었다.

표 6-1. 팔음도설

팔괘	감(☵) (水)	간(☶) (山)	진(☳) (雷)	손(☴) (風)	이(☲) (火)	곤(☷) (地)	태(☱) (澤)	건(☰) (天)
팔음	가죽	박	대	나무	실	흙	쇠	돌
팔절	동지	입춘	춘분	입하	하지	입추	추분	입동
팔풍	광막풍	조풍 (융풍)	명서풍	청명풍	경풍	량풍	창합풍	부주풍
악기	고 · 도	생 · 우 · 화	관 · 소 · 약	축 · 어 · 박	금 · 슬	훈 · 부	종 · 박	경
율려	황종	대려 · 태주	협종	고선 · 중려	유빈	임종 · 이칙	남려	무역 · 응종
천간	임 · 계		갑 · 을		병 · 정		경 · 신	
지지	자	축 · 인	묘	진 · 사	오	미 · 신	유	술 · 해
팔방위	북	북동	동	남동	남	남서	서	북서

그런데 팔음도설에는 음악의 구성과 관련한 범주들로 팔음, 악기, 율려가 논의되었지만, 춤의 구성과 관련한 범주는 팔풍뿐이다.

팔풍(八風)과 풍무(風舞)

유교 악론에서 팔풍

앞의 항목에서 팔풍은 역(易)의 원리인 음양의 변화로 일어나는 현상이

風, 土坤涼風, 革坎廣漠風, 木巽淸明風."

며, 자연의 질서를 반영한 바람으로 받아들여졌고, 정치 행위의 한 상징으로 개념화되었다고 설명했다. 그리고 이러한 팔풍의 개념과 의미는 유교 정치 이념의 악무(樂舞)에도 적용되었다.

악과 팔풍은 오래전부터 관련지어졌는데, 중국 상고 시대 오제(五帝) 중의 하나인 전욱(顓頊)에 대한 기록 중에 팔풍이 나온다. "그 덕(德)이 천(天)과 부합하니 사방에서 정풍(正風)이 일었고, 그 소리는 마치 빛나는 듯, 쓸쓸한 듯, 쟁쟁한 듯했다. 전욱은 그 소리를 좋아해서 비룡(飛龍)에게 명해 팔풍의 소리를 본따 음악을 만들게 했고, 이름하여 승운(承雲)이라 했으며, 상제(上帝)에게 제사를 지냈다."[33] 여기서 팔풍은 팔 방위의 바람을 뜻하는데, 세상 만물의 편안한 소리를 의미하기도 한다. 왜냐하면 여기서 팔풍의 소리는 전욱이 제위에 올라 정치를 잘함으로써 그 덕이 하늘의 뜻에 부합해서 부는 바람의 소리, 즉 세상 만물이 내는 소리였기 때문이다. 팔풍은 단순히 팔 방위에서 부는 바람이 아니라, 정치나 치도(治道)와 연관된 의미를 가졌었고, 팔풍의 소리를 음악으로 받아들였던 것이다.

그리고 『춘추좌전』「양공(襄公)」 29년에 오(吳)나라 계찰(季札)이 음악을 듣고 평한 기록에 팔풍이 언급되었다.

> 오나라의 공자 계찰이 노(魯)나라를 예방했다. … 계찰이 주(周)나라의 음악을 듣기를 청하자 … 그를 위해 송(頌)을 부르게 했다. 계찰이 말했다. 대단히 좋습니다. 강직하면서도 거만하지 않고, 완곡하면서도 비굴하지 않고 … 편히 거처하되 안주하지 않고, 행동하되 부화뇌동하지 않습니다. 오성(五聲)이 융화되고, 팔풍이 순조로워 절주에 법도가 있고, 질서가 있으니, 이는 성왕들의

---

33 呂不韋.『呂氏春秋』「仲夏記」「古樂」: "帝顓頊生自若水, 實處空桑, 乃登爲帝. 惟天之合, 正風乃行, 其音若熙熙淒淒鏘鏘. 帝顓頊好其音, 乃令飛龍作效八風之音, 命之曰承雲, 以祭上帝." 敏澤/ 성신중국어문연구회 옮김(1998).『중국문학이론비평사: 선진 편』. 성신여대출판부. pp.16–17 재인용.

> 어진 덕과 부합하는 것입니다.[34]

계찰은 '송'을 들은 후, '송'에 대한 평가를 하면서 오성과 팔풍을 언급했다. 이는 송을 음악적으로 평가한 것인데, 여기서 오성은 궁상각치우의 오음(五音)을 말한다. 그리고 팔풍은 무엇을 의미하는가. 악과 관련해 오음, 칠음, 팔음, 십이 율려 등의 용어는 각각 음악의 형식과 관련한 개념들인데, 팔풍은 직접 음악 형식과 연관되지 않는다. 팔풍은 음악을 이루는 구체적 실물이 아닌 이면의 무엇이라고 할 수 있으며, 여기서 팔풍은 음악에서 음과 양의 기운의 조화, 그 기운을 말한 것이다. 이와 같은 의미의 팔풍은 구체적인 음악 형식은 아니지만, 음악을 통해 감지할 수 있으며, 음악 형식에 영향을 미치는 기운인 것이다.

『춘추좌전』 소공(昭公) 20년에 기록된 안영(晏嬰)과 제(齊)나라 군주와의 대화에서도 음악을 논하며 팔풍을 언급했다.

> 제나라 군주가 말했다. 화(和)와 동(同)은 다른 것인가?" (안자(晏子)가 대답했다.) "다릅니다. 화는 국[羹]을 만드는 것과 같습니다. … 음악의 소리 또한 맛을 조절하는 것과 같아 일기(一氣), 이체(二體), 삼류(三類), 사물(四物), 오성(五聲), 육률(六律), 칠음(七音), 팔풍(八風), 구가(九歌) 등이 서로 조화하여 이뤄집니다."[35]

화(和)와 동(同)에 대해 토론하는 중에, 화는 국을 만드는 것과 같다고 하

34 左丘明. 『春秋左傳』「襄公」 29年: "吳公子札來聘 … 請觀於周樂, … 爲之歌頌. 曰至矣哉. 直而不倨, 曲而不屈… 處而不底, 行而不流. 五聲和, 八風平, 節有度, 守有序, 盛德之所同也." 敏澤/ 성신중국어문연구회 옮김(1999). 『중국문학이론비평사: 선진 편』. 성신여대출판부. p.63 재인용.

35 左丘明. 『春秋左傳』「昭公」 20年: "齊侯 … 曰, 和與同異乎. 對曰異. 和如羹焉. … 聲亦如味, 一氣二體三類四物五聲六律七音八風九歌, 以成相也.

면서 화가 단순히 대상에 동화되는 것이 아니며, 각 개별의 특징이 살면서 조화를 이루는 것이라 했다. 그러면서 음악의 소리 또한 이와 같이 단순히 같아지는 것이 아니라 조화를 이뤄야 한다고 했다. 여기서 오성, 육률, 칠음 등의 음악 형식을 나란히 말한 것으로 보아 팔풍은 악기의 재료인 팔음(金, 石, 絲, 竹, 匏, 土, 革, 木)을 말한 것이다.

『예기』「악기」의 6편 '악상(樂象)'에도 팔풍이 나오는데, 올바른 행실을 이룬 후에 악을 실천해야 함을 말하며, 악을 행하는 방식과 방향을 설명했다.

> 모두 정(正)을 따르고, 의(義)를 행한다. 그런 뒤에야 성음(聲音)으로 말하고 금슬로 문채(文彩)내며, 간척(干戚)으로 움직이며, 우모(羽旄)로 꾸미며, 소관(簫管)으로 연주한다. 지덕(至德)의 광채를 떨치며, 사기(四氣)의 화를 움직여 만물의 이치를 나타낸다. 그러므로 청명(淸明)은 하늘을 상징하고 광대(廣大)는 땅을 상징하며, 종시(終始)는 사시(四時)를 상징하고, 주선(周還)은 풍우(風雨)를 상징한다. 오색(五色)이 문채를 이뤄서 어지럽지 않고, 팔풍(八風)이 율을 따라서 간사하지 않으며, 백도(百度)가 수를 얻어서 떳떳함이 있으니, 소대(小大)가 서로 이뤄지며, 종시(終始)가 서로 낳아서, 창화(倡和)와 청탁(淸濁)이 번갈아 서로 경(經)이 된다.[36]

위 예문에서 '팔풍이 율을 따르고 간사하지 않으며[八風從律而不姦.]'라는 문구가 있는데, 여기서 팔풍에 대한 의견은 다양하다.[37] 그런데 이 예문의

36 『禮記』「樂記」'樂象' "皆由順正, 以行其義. 然後發以聲音, 而文以琴瑟, 動以干戚, 飾以羽旄, 從以簫管. 奮至德之光, 動四氣之和, 以著萬物之理. 是故淸明象天, 廣大象地, 終始象四時, 周還象風雨, 五色成文而不亂, 八風從律而不姦, 百度得數而有常. 小大相成, 終始相生, 倡和淸濁, 迭相爲經." 조남권 · 김종수 옮김(2000). 『禮記』. 민속원. p.111 인용.

37 『樂記集釋』에 이 부분에 대한 여러 해석이 있다. 정현(鄭玄)은 "八風從律은 바람이 절기에 응해 분다는 뜻이다[八風從律, 應節至也.]", 공영달(孔穎達)은 "팔풍 십이월이 여덟 절기에 응해 불어와 간특하지 않다[故八風十二月從律應八節而至, 不爲姦慝也.]", 진호(陳澔)는

초두에 올바름을 따르고[皆由順正], 의를 행하고[以行其義] 나서 악을 행해야 한다고 하면서, 성음, 금슬, 간척, 우모, 소관이라는 악의 외형적 형식을 말했다.[38] 다음은 악을 행하는 원리와 방향을 설명했다. 청명이 하늘을 상징하고, 광대가 땅을 상징한다는 대구(對句)는 음양을 뜻하며, 종시가 사시를 상징한다는 것은 시작과 끝이 사계절의 순환 속에 있다는 것이다. 그러므로 여기서 오색, 팔풍 등은 실물을 말한 것이 아니다. 오색이 문(文)을 이룬다는 것은 황청홍백흑의 색을 말하는 것이 아니라, 오방과 오행이 어지럽지 않다는 것이고, 팔풍이 율에 따른다는 것은 음악의 십이율이 아니라, 팔풍이 8절기의 율에 따라 운행되어 서로 간섭하지 않다는 것이다. 그러므로 여기서 팔풍은 팔음이 아니라 악의 운행 원리로서 팔풍을 말한 것이다. 그리고 송(宋)나라의 주돈이(周敦頤)도 "옛날의 성왕이 예법을 제정하고 교화(敎化)를 닦아서, 삼강(三綱)이 바르고 구주(九疇)가 시행되어, 백성이 크게 화목하고 만물이 모두 순하게 하니, 이에 악을 지어서 팔풍의 기(氣)를 베풀어 천하를 화평하게 한 정의(情意)가 모두 여기에서 근본한 것이다."[39]라고 했다. 이 말에서 팔풍의 기를 베푼다는 말은 음기와 양기의 조화로운 운행을 말하는 것이고, 악에서 이를 구현해 천하를 화평하게 하고자 함이라는 뜻이다.

"팔음은 팔괘의 바람에 짝하기에 각각 십이월의 율력에 따라 간특하지 않다[八音配乎八卦之風. 故各從律而不姦.]," 왕부지(王夫之)는 "從律은 율이 팔풍과 함께 서로 맞음을 말한다. 不姦은 간섭해 범하지 않다는 뜻이다[從律, 律與之相叶也. 不姦, 不間侵也.]", 손희단(孫希旦)은 "從律而不姦은 팔음이 팔풍의 氣에 응해서 화해로워 무리를 빼앗지 않음을 말한다[從律而不姦, 謂八音應八風之氣.]", 주빈(朱彬)은 "八風從律而不姦은 곧 『書經 · 堯典』의 팔음이 화해로워 서로 빼앗지 않는다[八風從律而不姦者, 卽堯典之八風克諧, 無相奪論也.]로 보았다. 김승유 편역주(2002). 『樂記集釋』 1권. 청계출판사. pp.468-486 참조.

38 『禮記』「樂記」'樂象' : "然後發以聲音, 而文以琴瑟, 動以干戚, 飾以羽旄, 從以簫管." 조남권 · 김종수 옮김(2000). 『樂記』. 민속원. p.111 참조.

39 陳澔. 『禮記集說』「樂記」: "周子曰, 古者聖王制禮法修敎化, 三綱正, 九疇叙, 百姓大和, 萬物咸若, 乃作樂以宣八風之氣, 以平天下之情意, 蓋本此." 조남권 · 김종수 옮김(2000). 『樂記』. 민속원. p. 148 인용.

그래서 팔풍과 팔일무를 통해 위정자에게 올바른 정치를 하도록 경계했던 것이다. 『회남자』에 "천자의 정(精)은 하늘에 통하므로 주살하거나 포학하면 회오리바람이 많아진다."[40]고 했다. 천자가 만물 운행의 원리(유교적 정치관)에 어긋나는 행동을 하면 음양이 조화된 바람이 부는 것이 아니라, 음양이 부조화된 사나운 회오리바람이 분다는 것이다.

이상에서 본 바에 의하면 악과 관련해 팔풍의 의미는 첫째, 악기의 재료인 팔음을 뜻하며, 둘째는 음기와 양기의 기운의 흐름 자체를 말하며, 셋째는 음양의 원활한 흐름과 조화로 이뤄진 악(樂)이라 할 수 있다.

팔풍과 풍무

그런데 춤과 관련해 언급한 팔풍이 있다. 『춘추좌전』 은공(隱公) 5년에 "무(舞)는 팔음(八音)을 조절하고 팔풍을 행하는 것이다."[41]라는 내용이다. 춤을 설명하며 팔음과 팔풍을 언급했으니, 팔음은 춤출 때 반주하는 음악을 뜻하며, 팔풍은 춤의 움직임, 즉 동작을 말한 것이다.

춤의 움직임, 동작과 관련해 '팔풍을 행한다'는 두 가지로 볼 수 있다. 하나는 팔풍의 기(氣)를 행하는 것이다. 춤을 춤으로써 음기와 양기를 운행시키고, 음기와 양기의 적절한 조화를 이루도록 한다는 것이다. 이는 앞에서 악과 관련한 팔풍의 의미들을 설명한 것 중에 음악에서 음양의 기운의 원활한 흐름과 조화를 말한 것과 같은 맥락이다. 즉, "이것(팔풍을 말한다 - 필자)은 무용이 사람의 움직임, 악기의 배치와 연주를 통해 세계의 기(氣)를 순환, 소통시키는 기능을 한다고 생각하는 듯하다."[42]라는 해석과 상통한다. 음악에서 팔풍은 기운의 흐름을 나타내야 한다고 말했듯이, 춤에서도 움직

40 劉安. 『淮南子』: "人主之精通天, 故誅暴則多飄風."

41 左丘明. 『春秋左傳』 隱公 5年: "舞, 所以節八音, 而行八風." 左丘明/ 신동준 옮김(2006). 『春秋左傳』. 한길사. p.58 인용.

42 班固/ 신정근 역주(2005). 『白虎通義』. 소명. p.274 각주2) 인용.

임, 동작이 음기와 양기 두 기운의 흐름을 보여주어야 한다는 것이다.

'팔풍을 행한다'에 대한 또 하나의 해석은 팔풍의 다양한 형식을 행한다는 것으로 볼 수 있다. 팔풍은 시간 개념과 공간 개념을 기준으로 설정되었음을 앞에서 설명했다. 그런데 이 팔풍들을 보았을 때 풍명(風名)부터 다르며, 바람의 물리적 특징을 나타내고 있다. 『여씨춘추』「유시람(有始覽)」의 팔풍을 보면, 동북에서 부는 염풍(炎風)은 뜨거운 바람이라 할 수 있고, 동에서 부는 도풍(滔風)은 넓고 그득한 바람이고, 동남에서 부는 훈풍(薰風)은 연기로 훈(薰)할 때처럼 더운 바람이다. 남방에서 부는 거풍(巨風)은 크고 폭이 넓은 거친 바람이고, 서남에서 부는 처풍(凄風)은 선선한 바람이고, 서에서 부는 요풍(飂風)은 높이 부는 바람이고, 서북에서 부는 여풍(厲風)은 세차게 부는 바람으로 화(禍)가 있는 괴로운 바람이고, 북에서 부는 한풍(寒風)은 차디찬 바람이라고 볼 수 있다.

이렇게 바람의 물리적 특성으로 드러나는 무겁거나 가볍거나, 따뜻하거나 차갑거나, 거칠거나 부드러운 것은 바람의 다양한 형식이다. 음기와 양기의 증감에 따라 일어나는 바람는 계절을 변화시키고, 기운을 변화시킨다. 그래서 팔풍의 다양한 바람은 다양한 기운을 불러일으키며, 다양한 움직임의 형식도 만들어낸다. 여기서 다양한 형식의 바람은 춤의 다양한 움직임을 연상시킨다. 상고 시대에 바람을 일으키는 영물로 여겼던 봉(鳳)의 날갯짓은 다양한 움직임을 보여주었을 것이다. 그리고 바람을 일으키는 봉의 움직임이 다양한 춤으로 인식되었고, 춤의 움직임은 바람에 의해 비롯된다고 인식했던 것이다.

그래서 춤의 움직임이란 봉(鳳)이 만들어내는 이런 바람, 저런 바람을 나타내는 것이며, 다양한 춤 움직임이 표현될 수 있게 된다. 느린 바람은 느린 춤 움직임으로, 빠른 바람은 빠른 춤 움직임으로, 무거운 바람은 무거운 춤 움직임으로, 휘어지는 바람은 곡선의 춤 움직임으로, 맴도는 바람은 회전하는 춤 움직임으로 표현할 수 있다. 이때 각 움직임은 음기와 양기를 조절함으로써 움직임의 기운은 흐르게 되고, 변화하게 된다. 이 움직임의 흐름과 변화가 바로 춤사위로 나아가는 것이며, 또한 팔풍을 행하는 것이라 할 수 있다.

2. 풍과 결부된 춤의 표현

풍과 결부된 춤에 대한 생각, 또는 사물의 움직임을 풍과 결부시켰던 생각은 고려 시대부터 기록에 남아 있다.

우선 춤 움직임과 관계없이 풍과 무, 또는 무와 풍이 결합된 용례를 들자면, 고려의 문신인 최자(崔滋, 1188-1260)가 서도(西都) · 북경(北京) · 강도(江都)를 읊은 「삼도부(三都賦)」에서 버드나무가 바람에 흔들리는 모양을 무풍(舞風)이라 표현했다.

강 이름이 대동이라	名爲大同
해맑고 굼실굼실 번쩍여 출렁출렁	皛溔晃漾
양편 언덕 수양버들은	兩岸垂楊
온종일 춤을 추며	終日舞風[43]

예문의 3연과 4연에서 대동강가 양쪽 언덕에 있는 버드나무가 흔들리는 모습을 버드나무가 춤춘다고 표현하면서, 그냥 춤춘다(舞)라 하지 않고 바람결에, 바람처럼 춤춘다(舞風)고 했다. 이러한 용례를 통해 오래전부터 춤(舞)과 바람(風)이 긴밀히 연관되어 있다고 인식했음을 알 수 있다. 또한 바람에 흔들리는 사물의 모습을 '춤춘다'라고 표현했음도 알 수 있다.

43 崔滋.「三都賦」:『東文選』卷2.

유사한 예를 여러 시문에서 볼 수 있다. 이규보(李奎報, 1168-1241)의 시 중에 "어쩌면 좋을까 저 푸른 버들(無奈綠楊何)/ 미친 바람에 꽃은 어지러이 춤춘다(狂風舞亂花)"[44]라는 구절이 있다. 미친 듯이 부는 강한 바람에 무질서하게 흔들리는 꽃들의 모습을 흔들린다고 하지 않고, 어지럽게 춤춘다(舞亂)고 했다. 사물의 움직임을 풍과 연관된 춤추는 모습으로 묘사했던 것이다.

또 김종직(金宗直, 1431-1492)은 「정통찬의 지정(池亭)에서 놀았는데, 이날 갑자기 비가 내렸다(遊鄭通贊池亭, 是日急雨)」라는 시에서 "초목들은 저녁볕에 반짝이고(草木耿斜陽)/ 남은 바람에 잔물결이 춤추네(餘風舞漣漪)"[45]라고 읊었다. 큰 바람이 분 뒤에 부는 바람(餘風)으로 인해 연못에 잔물결이 일렁였고, 잔물결의 모습을 역시 춤춘다고 표현했다.

조선 초기 학자인 남효온(南孝溫, 1454-1492)이 「남양(南陽) 화량진(花梁鎭) 영중(營中)에서 감흥(南陽花梁營中感興)」이라는 제목으로 쓴 5수 중 3수에서 "회오리바람에 춤추는 비가 남쪽 포구 지나니(回風舞雨過南浦)/ 오월 달 찬 기운에 짧은 베옷 서늘하네(短布凄其五月寒)"[46]라 표현했다. 이 시에서도 비가 춤춘다(舞雨)고 묘사하면서, 회오리바람으로 춤추는 비의 모습을 설명했다.

그리고 김상헌(金尙憲, 1570-1652)의 칠언율시 중에도 "봉지(鳳池)에 날아내린 난새는 거울 속 엿보고(鳳池飛下鸞窺鏡)/ 계수나무에 날아온 학은 바람 속에 춤추네(鷄樹飄來鶴舞風)"[47]라고 했다. '학무풍(鶴舞風)'이라 했으니, 학이 계수나무에 날아온 모습과 그 위에서 학이 움직이는 모습을 춤춘다고 표현했다. 여기서도 그냥 춤춘다 하지 않고, 바람결에 또는 바람과 같이 춤춘다

---

44 李奎報.『東國李相國全集』卷3「古律詩」「梁閣校見和, 復用前韻」: "無奈綠楊何/ 狂風舞亂花."

45 金宗直.『佔畢齋集』卷5「遊鄭通贊池亭, 是日急雨」: "草木耿斜陽 / 餘風舞漣漪."

46 南孝溫.『秋江集』卷3「南陽花梁營中感興」: "回風舞雨過南浦 / 短布凄其五月寒."

47 金尙憲.『淸陰集』卷6「銀臺次李子時詠雪韻 名敏求」: "鳳池飛下鸞窺鏡/ 鷄樹飄來鶴舞風."

고 했다. 바람에 의해 춤이 추어지고, 춤의 모습에서 바람을 본 것이다. 『설문해자』에서 설명하는 상상 속의 신조(神鳥) 인 봉(鳳)의 모습에 대한 인상이 이와 같았을 것이다.

조선 후기 실학자 이덕무(李德懋 1741-1793)는 눈 덮인 주변의 풍경을 노래하며 "잡다한 논들은 풍무를 허락하고(雜畓隨風舞/ 높고 가파른 산은 환한 달빛을 벗삼네(崢嶸伴月昭)"[48]라 했다. '잡답수무풍(雜畓隨風舞)'은 눈 덮인 겨울 논 위로 바람이 이리저리 부는 모습을 묘사한 것으로, 바람과 춤이 깊게 연관되었다는 의식을 전제로 그냥 바람이 분다 하지 않고 바람의 춤이 추어진다고 했다.

이와 같은 용례들에서 버드나무, 잔물결, 흔들리는 꽃, 회오리치는 비, 학 등의 움직이는 사물들의 모습을 묘사하는 데 바람을 연관시켜 무풍 또는 풍무라는 용어가 사용되었음을 알 수 있다. 즉, 움직이는 사물들을 춤춘다고 표현하면서 바람을 연관시키고 있으니, 다양한 바람이 다양한 움직임을 연상시키고 있다. 또 이 움직임들을 춤춘다고 했다.

또한 주목할 내용은 바람과 춤이 결합한 무풍(舞風) 또는 풍무(風舞)라는 표현이 관용적으로 사용되었다는 점이다. 그 의미는 춤추는 바람, 바람처럼 추는 춤, 바람결에 추는 춤이라고 할 수 있다. 그래서 무풍 또는 풍무라는 표현은 풍의 특성이 춤을 설명하기도 하고, 춤의 역할이 풍의 의미를 강화하기도 한다. 이러한 인식과 표현 방식은 고려와 조선 시대 내내 춤 움직임의 표현에 직접 적용되어 표현되었다. 그러한 용례들을 다음 절에서 설명하고자 한다.

48 李德懋.『青莊館全書』卷1「嬰處詩稿」「戊寅孟春, 良叔宅咏雪, 共賦, 十六韻」: "白圍茆屋小/ 皓壓棘籬搖/ 雜沓隨風舞/ 崢嶸伴月昭."

3. 풍과 결부된 춤 움직임의 표현

여기에서는 고려와 조선의 춤에 대한 묘사들 중에서 풍과 관련한 춤 움직임의 양상을 살펴볼 것이다. 풍과 관련한 춤 움직임의 양상이 고려와 조선에서 크게 다르지 않으므로, 시대를 구분하지 않을 것이다. 그리고 춤 움직임의 양상을 궁중 정재의 악장(樂章), 민간의 풍류에서 행한 춤에 대한 풍부한 기록들을 통해 살펴볼 것이다.

먼저 춤 움직임에 풍이 직접 결부된 표현들을 분석할 것이다. 여기에는 풍이 춤 움직임을 일으키는 경우도 있고, 춤을 춤으로써 풍이 일어나는 경우도 살펴볼 것이다.

다음은 춤 움직임에 풍이 간접적으로 드러난 표현들을 분석할 것이다. 풍이 여러 사물을 통해 간접적으로 표현된 춤 움직임을 볼 것이다. 춤 움직임에 관한 내용들은 춤 움직임의 특징을 포착해 묘사하기도 했고, 춤 움직임의 느낌을 연상되는 사물에 비유해 표현하기도 했다. 궁중 연향과 문인 풍류, 시정 풍류의 기록을 통해 볼 것이다.

마지막으로 감상자, 관찰자의 입장에서 표현된 내용이 아니라, 실제로 춤을 출 때 춤꾼에게 지시된 동작 용어와 설명들에서 풍과 관련한 춤 움직임들을 볼 것이다. 이는 『정재무도홀기(呈才舞圖笏記)』를 통해 분석할 것이다.

풍이 직접 결부된 춤 움직임

궁중 연향에서 춤의 표현

궁중 연향에서 추는 정재(呈才)의 악장(樂章)은 조선 건국의 성업(聖業)과 선대 임금의 위업 및 공덕을 기리고 임금의 만수무강과 자손의 번성을 송축(頌祝)하는 내용이 대부분이다. 그런데 정재 악장에는 각 정재 작품의 주제와 관련한 내용 또는 구조에 관한 구체적 내용도 담겨 있고, 해당 정재의 진행을 묘사하는 과정에서 연회의 전경과 춤추는 모습과 춤의 질감, 감상도 표현되어 있다. 이 정재 악장의 내용들에서 단편적이긴 하지만 궁중 연향에서 추었던 춤의 움직임과 동작을 볼 수 있고, 풍(風)과 결부된 춤 움직임, 춤 움직임에서 구현하고자 했던 미의식도 엿볼 수 있다. 궁중무를 묘사한 『고려사(高麗史)』「악지(樂志)」의 악곡과 조선조 의궤의 정재 악장에서 풍이 직접 결부되어 표현된 춤 움직임들을 살펴보고자 한다.

우선 고려의 당악(唐樂) 중에 〈포구락(抛毬樂)〉의 창사에서 "수놓은 비단 소매 바람에 나부끼니 봉새가 나는 듯[繡袂風翻鳳擧]"[49]이라는 표현이 있다. 기녀가 춤을 추는데 소매가 바람에 나부끼는[風翻] 모습이 봉새가 날개를 펴고 나는 듯하다는 것이다. 이러한 표현에서 비단 소매의 춤사위가 마치 바람에 의해 나부낀다는 느낌을 받을 수 있고, 소매의 춤사위에서 바람을 느낄 수도 있다.

『고려사』「악지」에 실린 〈낭도사(浪淘沙)〉는 유영(柳永)이 기녀에 둘러싸여 연락(宴樂)에 열중한 장면을 표현한 노래다. 그중에 "어떤 사람 비연처럼 나서서[有箇人飛燕精神/ 빨리 환패 들고 꽃자리에 올라가[急將環佩上華茵/ 박판은 그냥 붉은 소매 따라 울리는데[捉拍 隨袖紅擧/ 바람에 흔들리는 버들처럼 움직이는 허리[風柳腰身]"[50]라는 대목에서 '풍류요신(風柳腰身)'은 기녀가 박판을 연주하며 춤추는 모습이다. 가느다란 허리로 추는 춤이 바람 따라 살랑살랑 움직이는 버드나무의 모습과 같다는 것이다. 바람 따라 움직이는 춤 움직임을 묘사했다.

조선 후기 창제된 〈무산향(舞山香)〉의 창사에도 "바람에 의지한 경쾌한 춤사위가 구름을 떨쳐 나는 듯[倚風輕舞拂雲飛]"[51]이라는 표현이 있다. 여기

49 『高麗史』「樂志」: "繡袂風翻鳳擧." 한흥섭(2009). 『고려시대 음악사상』. 소명. p.319 인용.

50 『高麗史』「樂志」: "有箇人人, 飛燕精神, 急將環佩上華茵, 捉拍畫隨袖紅擧, 風柳腰身." 위의 책. p.374 인용.

51 〈舞山香〉 唱詞: "衆中偏得君王笑, 催換香羅窄袖衣, 遊響新歌鶯囀樹, 倚風輕舞拂雲飛."

서 '의풍경무불운비(倚風輕舞拂雲飛)'는 기녀의 춤사위가 바람을 타고 가볍게 움직이며 구름 위에서 나는 듯하다거나, 혹은 바람에 의지해 춤을 추니, 바람에 의지한 춤사위가 구름을 날릴 정도로 경쾌하다는 것이다. 즉, 궁중 연향에서 춤을 출 때 바람처럼 가볍게 추는 것을 지향했음을 알 수 있다.

〈춘앵전(春鶯囀)〉의 창사에도 유사한 표현이 있다. "비단 소매가 바람에 가볍게 춤추네[羅袖舞風輕]"[52]라 했으니, '무풍경(舞風輕)'은 춤이 바람을 타는 듯 가볍다거나, 비단옷 소매 사이로 바람이 지나가 춤을 추듯이 한다는 것을 표현한 것이다. 혹은 비단 소매 춤이 바람처럼 가볍다고도 해석할 수 있다.

그리고 〈장생보연지무(長生寶宴之舞)〉에도 "빙빙 도는 춤 물결에 향초의 싱그런 향내가 흩날리고[揚蘭 舞廻波/ 조용한 바람결에 버들가지가 느리게 살랑거린다[靡靡柳淡淡風]"[53]라 했다. 앞의 행에서 파도가 빙빙 돌듯이[舞廻波] 춤이 추어진다고 했고, 뒤의 행에서 버들가지가 살살 흔들리는[靡靡柳] 춤 움직임은 담담풍(澹澹風)으로 일어나고 있다. 조용하고 담백한 바람이 부드럽고 느린 춤 움직임으로 나타난 것으로, 춤꾼의 느릿느릿하고 완만한 춤 움직임을 묘사했다.

이와 같이 정재 악장에서 춤을 표현한 내용 중에는 바람[風]이 직접 인용되어 춤 움직임의 모양새를 표현하고 있다. 바람에 의해 춤이 일어나기도 하며, 회(回)나 담담(澹澹), 무풍경(舞風輕)과 같이 바람의 다양한 형상과 질감을 춤의 움직임에서 볼 수 있다.

김천홍(2002). 『정재무도홀기창사집』. 민속원. p.99 인용.

52 〈春鶯囀〉 唱詞 "羅袖舞風輕." 이의강 옮김(2006). 『국역순조무자진작의궤』. 보고사. p.300 인용(『純祖戊子進爵儀軌』 附編, 樂章 3면).

53 한국예술학과 음악사료강독회 역주(2001). 『高宗辛丑進宴儀軌』 권1. 민속원. pp.186-187 인용(『高宗辛丑進宴儀軌』 券 1, 35면 좌).

민간의 풍류에서 춤의 표현

민간의 풍류는 사대부나 중인, 악공, 기녀들이 주로 행한 풍류로, 이들은 풍류의 연행자이면서 관객으로 풍류를 즐겼다. 이들이 남긴 기록에 춤의 종목, 춤에 담긴 의미, 춤을 만들게 된 배경, 춤추는 기녀 등을 설명했고, 춤추는 모습도 표현했다. 이 표현들에서 풍과 직접 결부된 춤 움직임들을 볼 수 있다.

이익(李瀷, 1681-1763)의 악부시(樂府詩)와 홍순학(洪淳學, 1842-1892)의 「연행가(燕行歌)」에서 춤 움직임을 볼 수 있다.

천풍취수(天風吹袖)

성은을 노래하며 일어나 춤추려 하니	歌詠聖恩欲起舞
하늘 바람이 소매에 불어 빙빙 도는 걸 돕네	天風吹袖助回旋[54]

아리ᄯᅡ온 노ᄅᆡ소ᄅᆡ
쳥쳔의 놉히 ᄯᅳ고
츔츄난 기ᄉᆡᆼ ᄉᆞᄆᆡ
바람길의 나뷔긴다[55]

위의 예문은 이익이 지은 119편의 악부 중에 천풍취수(天風吹袖)라는 제목의 악부시다. 제목인 천풍취수는 하늘의 바람이 춤 소매에 분다는 의미다. 그리고 1연에서 성은을 찬하기 위해 가무를 행하는데, 2연에서 하늘의 바람이 춤옷의 소매에 불어 회선(回旋)하는 춤 움직임을 돕는다 했다. 춤옷 소매의 회선하는 움직임에 바람이 영향을 미친다는 것이고, 여기서 천풍은 자연 현상으로서 바람이기도 하지만, 신성(神性)으로서 하늘의 바람이라 해

54 李瀷/ 李敏弘 옮김(2008). 『海東樂府』. 문자향. p.415 인용.
55 洪淳學/ 李石來 校註(1976). 『紀行歌詞集』. 신구문화사. p.27 인용.

석할 수 있다. 임금의 성은을 노래하는만큼 신성한 하늘의 바람이 분다는 것이다.

아래 예문은 홍순학이 사행 노정 중에 벌어진 연회에서 보았던 춤의 모습이다. 이 예문에서 주목하는 대목은 "춤츄난 기싱 스민 바람길의 나뷔긴다"다. 바람결에 나부끼는 듯한 춤추는 소매가 작자의 인상에 남았던 모양이다. 바람결에 소매가 나부낄 수도 있고, 춤꾼이 춤추면서 소매가 나부껴 보일 수도 있는데, 작자는 바람이 불어 움직임이 일어나고 소매가 나부끼는 것으로 보았다. '바람길의 나뷔긴다'라는 한글 표현은 정재 악장에 비해 춤 움직임을 좀 더 생생하게 보여주고 있다.

또 이유원(李裕元, 1814-1888)은 『임하필기(林下筆記)』「문헌지장편(文獻指掌編)」의 「처용무」에서 이제현(李齊賢, 1287-1367)이 〈처용무(處容舞)〉를 보고 지은 시를 소개했다.

저 옛날 신라의 처용 노인이	新羅昔日處容翁
푸른 바다에서 나왔다는구나	見說來從碧海中
붉은 입술에 하얀 이로 야월(夜月)을 노래하고	貝齒頳脣歌夜月
치켜 올라간 어깨에 자줏빛 소매로 봄바람에 춤을 추네	鳶肩紫袖舞春風[56]

〈처용무〉의 기원과 춤의 인상이 집약적으로 표현되어 있다. 3연에서 처용의 붉은 가면을 알 수 있고, 4연에서 처용의 태(態)를 알 수 있다. 연견(鳶肩)은 위로 치켜 올라간 어깨를 말하는데, 탈의 턱이 가슴에 닿기 때문에 어깨가 치켜 올라간 듯 보이는 것이다. 그런 자세로 자줏빛 소매를 이리저리 흔들며 춤추는데, 봄바람을 맞으며 춤을 춘다(舞春風)고 했다. 처용의 춤에

56 李裕元/ 민족문화추진회 옮김(2008). 『신편 국역 임하필기』 3권. 한국학술진흥재단. p.80.

서도 바람과 함께 추는 모습을 볼 수 있다.

표 6-2. 궁중 연향과 풍류에서 풍과 결부된 춤 움직임 표현

출전	내용	춤 움직임 묘사
〈포구락〉	수놓은 비단 소매 바람에 나부끼니 봉새가 나는 듯 (繡袂風翻鳳擧)	繡袂風翻
〈낭도사〉	바람에 흔들리는 버들처럼 움직이는 허리(風柳腰身)	風柳腰身
〈무산향〉	바람에 의지한 경쾌한 춤사위가 구름을 떨쳐 나는 듯 (倚風輕舞拂雲飛)	倚風輕舞
〈춘앵전〉	비단 옷소매, 춤은 바람에 하늘거리네(羅袖舞風輕)	舞風輕
〈장생보연지무〉	빙빙 도는 춤 물결에 향초의 싱그런 향내가 흩날리고 (揚蘭茝舞廻波) 조용한 바람결에 버들가지가 느리게 살랑거린다 (靡靡柳澹澹風)	澹澹風
「天風吹袖」	하늘 바람이 소매에 불어 빙빙 도네(天風吹袖助回旋)	天風吹袖, 回旋
「燕行歌」	춈츄난 기싱 ᄉᆞᄆᆡ 바람길의 나뷔긴다	바람길의 (바람결에)
〈처용무〉	치켜 올라간 어깨에 자줏빛 소매로 봄바람에 춤추네 (鳶肩紫袖舞春風)	舞春風

고려와 조선의 궁중 연향과 풍류에서 추어진 춤들에 대한 표현과 감상에서 수메풍번(繡袂風翻), 풍류요신(風柳腰身), 의풍경무(倚風輕舞), 무풍경(舞風輕), 담담풍(澹澹風), 천풍취수(天風吹袖), 회선(回旋), 바람길의(바람결에), 무춘풍(舞春風)이라 표현한 춤 움직임을 볼 수 있다. 이 춤 움직임들에서 바람에 의해 춤이 일어나거나, 바람의 회(回)나 담(澹), 경(輕)한 형태나 질감을 춤 움직임으로 드러냈음을 알 수 있다. 그리고 이와 같이 바람이 드러난 춤 움직임들을 묘사했다는 사실은 관객들이 이러한 춤 움직임을 의식하고 주목했기 때문이다.

풍이 간접적으로 드러난 춤 움직임

궁중 연향에서 춤 움직임의 표현

고려의 당악과 속악으로 연행된 악곡들과 조선의 정재 악장에는 풍을 간접적으로 드러내고, 풍의 특성을 보이는 춤 움직임들이 표현되었다. 하늘을 나는 기러기, 난새, 날렵한 제비, 가볍게 날아다니고 하늘을 나부끼며 내려오는 눈송이의 움직임을 빗대어 춤 움직임을 표현하고 있다.

『고려사』「악지」〈포구락〉에서 청평악(淸平樂) 다음의 창사(唱詞)에 "가까이 보니 가는 허리 버들 같고, 다시 보니 춤은 돌며 떠다니는 눈송이 같구나[近看柳腰似折, 更看舞回流雪]"[57]라는 표현이 있다. 춤 움직임이 바람 따라 감돌며 떠다니는 눈송이 같다는 것이다. 이처럼 눈송이의 움직임에 비유한 춤 움직임에서 감돌며 유유히 부는 바람을 감지할 수 있다.

조선 초기에 재연한 〈육화대(六花隊)〉의 창사에는 "화려한 자리에 춤추는 그림자 지나가니 눈송이 나부끼는 듯 하온데[華茵影過 知回雪之將飄]"[58]라 했다. '지회설지장표(知回雪之將飄)'에서 기녀의 춤추는 모습을 눈송이가 바람 따라 빙글빙글 돌면서 내려오는 것에 비유했고, 이때 부는 바람을 표풍(飄風)으로 표현했다. 표(飄)는 회오리바람을 일컬으며, 여기서 표현된 바로는 빠르게 감기는 바람처럼 춤춘다는 뜻이다.

〈무고(舞鼓)〉의 창사에도 무원(舞員)의 춤추는 모습을 나는 제비에 비유했다. "바람에 어른거리는 눈그림자처럼 사뿐 돌다가[因風回雪影]/ 제비 한 쌍이 날아서 돌아오는 듯[還似燕雙飛]"[59]이라 했으니, '환사연쌍비(還似燕雙飛)'

57 『高麗史』「樂志」〈拋毬樂〉: "近看柳腰似折, 更看舞回流雪." 한흥섭(2009). 『고려시대 음악사상』. 소명. p.319 인용.

58 〈六花隊〉 唱詞: "華茵影過 知回雪之將飄." 김천홍(2002). 『정재무도홀기창사집』. 민속원. p.336 인용.

59 〈舞鼓〉 圓舞 唱詞: "裁雲作舞衣, 因風回雪影, 還似燕雙飛." 한국예술학과 음악사료강독회 역주(2001). 『高宗辛丑進宴儀軌』 권1. 민속원. p.180 인용.(『高宗辛丑進宴儀軌』 券 1, 34

는 제비가 날렵하게 날아가는 듯한 춤 움직임을 보여준다는 것이다.

〈오양선(五羊仙)〉의 창사에도 "화려한 무희의 자태는 펄럭이며 나는 큰 기러기보다 묘치(妙致)가 있다[華姿妙於翩翩鴻 / 노래는 봉황보다 맑고 춤은 난새가 도는 것처럼 묘하도다[歌淸儀鳳, 舞妙回鸞]"[60]라고 했다. 즉, 무희의 춤추는 모습이 빨리 나는 큰 기러기[翩翩鴻]의 움직임보다 묘하다고 했고, 회란(回鸞)처럼 묘하다고 했다. 난(鸞)은 신조(神鳥)로서 봉황(鳳凰)을 보좌하는 새이고, 닭의 오채(五彩)의 털을 갖췄고 소리는 오음(五音)에 맞는다[61]는 새다. 또 "난(鸞)이라는 새는 스스로 노래하고 봉(鳳)이라는 새는 스스로 춤춘다."[62]고 했다. 위에서 인용한 〈오양선〉의 창사에서 난과 봉은 대구(對句)를 이룬 상태에서 자리를 바꿔 역설(逆說)하고 있으니, 무희의 춤추는 모습이 봉황이 춤추는 듯하다는 것이다. 『설문해자』에 의하면 봉황이 날면 천하가 태평스러워진다 했고, 봉황이 바람을 일으킨다고 했다.[63] 그러므로 무희의 춤추는 모습이 봉황의 날갯짓처럼 묘하며, 봉황이 날면 태평스러워지듯이 태평스러운 움직임을 표현하고자 했던 것이다.

이 밖에도 〈영지무(影池舞)〉의 창사 중 "음악과 춤은 너울거리네[樂舞婆娑]"[64]는 춤이 너울거리는[娑] 모양을 묘사하고 있다. 회파(廻波)는 바람에 의해 물결치는 것이며, 파사(婆娑)는 스스로 움직여 바람이 이는 것이다. 간접적으로 바람과 바람의 특징을 느낄 수 있다.

면 좌).

60 〈五羊仙〉 竹竿子 口號: "華姿妙於翩翩鴻 … 歌淸儀鳳 舞妙回鸞." 김천홍(2002). p.208 인용.

61 "神鳥鳳凰之佐, … 毛色備五彩, 鳴中五音." 장삼식(1977). 『대한한사전』. 박문사. p.1808 인용.

62 『山海經』 36편 「大荒南經」 '载民國': "鸞鳥自歌, 鳳鳥自舞." 최형주 역해(2004). 『산해경』. 자유문고. p.355 인용.

63 段玉裁 注. 『說文解字注』: "見則天下大安寧." 許愼/ 段玉裁 注(1973). 『說文解字注』. 臺北: 藝文印書舘. p.150 인용.

64 〈影池舞〉 唱詞: "樂舞婆娑." 이의강 옮김(2006). 『국역순조무자진작의궤』. 보고사. p.296 인용(『純祖戊子進爵儀軌』 附編, 樂章 3면).

그리고 이러한 춤 움직임들은 가볍고[輕] 나는[飛] 특징을 보여주고 있다. 공기 중에서 가볍게 날아다니는 기러기, 난새, 날렵한 제비, 눈송이에 비유되는 춤 움직임들이 보여주는 인상이 대개 경(輕)과 비(飛)의 특징을 보여주고 있으며, 편(翩), 선(躚), 불(拂), 표(飄)로 표현된 춤 움직임들도 공중에서 바람을 타고 날기 때문에 경과 비의 특징을 보여준다.

가볍고 나는 느낌이 직접 표현된 경우도 있다. 〈아박(牙拍)〉의 창사 중에 "부용대에서 경쾌하게 묘한 춤을 추도다[輕盈妙舞芙蓉臺]"[65]라는 묘사가 있는데, 경영(輕盈)은 경쾌하고 여유 있는 몸가짐을 말한다. 부용대에서 추는 춤의 자태가 경쾌하고[輕] 여유 있으며 아름답다는 것이다. 가볍고 나풀거리는 춤 움직임에서 바람을 느낄 수 있다. 〈첩승무(疊勝舞)〉의 창사에도 유사한 표현이 있다. "선녀의 치맛자락 바람에 흔들리는 양 몸놀림이 가볍네[仙裙風動好輕身] / … 대모반 안으로 나붓이 춤추며 나아오네[玳瑁盤中軟舞來]"[66]가 그러하다. 바람에 따라 선녀의 치맛자락[仙裙]이 움직여서 몸이 가벼워 보인다는 것이고, 대모반으로 나올 때의 연무(軟舞)는 춤추는 자태와 움직임이 부드럽다는 것이다.

즉, 위의 〈아박〉, 〈첩승무〉의 정재의 창사에서 춤의 움직임이 가볍다[輕], 부드럽다[軟], 빨리 난다[翩]라는 특징을 확인할 수 있다. 그 외 〈무고〉에서 구름을 마름하여 춤옷을 만들었다[裁雲作舞衣][67]고 했으니, 이는 하늘을 떠다니는 구름으로 춤옷을 만들었으니, 하늘을 날 듯이 가볍게 떠다니며 춤을 추라는 의미인 것이다.

이와 같이 궁중 연향에서 추었던 춤에서 바람의 여러 형태를 빌려 춤의 움직임을 표현하기도 했고, 바람으로 인해서 움직이는 동물, 사물의 형상

---

65 〈牙拍〉 唱詞: "輕盈妙舞芙蓉臺." 김천흥(2002). 『정재무도홀기창사집』 민속원. p.95 인용.

66 〈疊勝舞〉 3疊 唱詞: "仙裙風動好輕身", 5疊 唱詞: "玳瑁盤中軟舞來." 위의 책. pp.302-303 부분 인용.

67 〈舞鼓〉 唱詞: "裁雲作舞衣." 김천흥(2002). 『정재무도홀기창사집』. 민속원. p.151 인용.

으로 춤 움직임을 표현하기도 했다. 그리고 이러한 춤 움직임들은 바람의 특징인 경(輕)과 비(飛)를 보여주고 있다. 바람은 내려앉지 않고 공기 중에서 유동하며 가볍고, 공기 중에서 날며 사물을 날리게 한다. 이러한 바람이 공기 중에서 봉황, 기러기, 제비, 눈송이 등을 날게 하는 것이다. 가볍게 날아다니며 여러 바람의 형상을 만들어낸다. 무회유설(舞回流雪), 편편연쌍접요화(翩翩然雙蝶繞花), 회설지장표(回雪之將飄), 편편무광수(翩翩舞廣袖), 편홍(翩鴻), 무묘회난(舞妙回鸞), 편선지무(蹁躚之舞), 회선(回旋), 회파(廻波), 파사(婆娑), 경영(輕盈), 불운비(拂雲飛), 편편(翩翩) 등은 바람으로 인해서 만들어지는 다양한 춤의 움직임들인 것이고, 춤추는 춤꾼과 춤을 보는 관객들은 이러한 춤의 움직임들을 풍류에서 추는 이상적인 춤 움직임으로 추구했던 것이다.

민간의 풍류에서 풍이 간접적으로 드러난 춤 움직임

민간의 풍류에서도 바람에 의해 움직이는 사물에 비유하거나, 바람의 특성을 반영한 춤 움직임들을 볼 수 있다.

김인겸(金仁謙, 1702-1772)이 사행록(使行錄)으로 지은 『일동장유가(日東壯遊歌)』에 다음의 구절이 있다. "동래 기생 대구 기생 청홍(靑紅)으로 무리지어/ 무수(舞袖)가 편편(翩翩)하여 행운(行雲)이 머무는 듯"[68]이라 했으니, 무리지어 춤추는 기생의 소매 사위가 빨리 나부껴서(翩翩) 구름이 머물러 있는 듯하다고 표현했다. 편편(翩翩)은 나부끼는 움직임으로 빨리 부는 바람을 느낄 수 있다. 또 가던 구름이 머무는 듯하다는 것은 가벼워서(輕) 공중에 떠 있는 모양이다.

평양 연광정(練光亭)에서 검무를 추었던 기생 추강월(秋江月)에게 신광수(申光洙, 1712-1775)가 지어준 시에도 춤 움직임이 표현되었다. "아름다운

68 金仁謙.『日東壯遊歌』: 金仁謙/ 崔康賢 譯註(2007).『日東壯遊歌』. 보고사. pp.74-75 인용.

소매가 번회하는 춤사위는 사람 간장 녹이네[珠袖飜回合斷腸]"[69]에서 '주수번회(珠袖飜回)'는 아름다운 소매가 엎어졌다 뒤집어졌다 하며 돌아가는 움직임이다. 번(飜)과 회(回)의 춤 움직임에서 경(輕)과 비(飛)한 바람의 특징을 느낄 수 있다.

또 신광수는 「관무(觀舞)」라는 시에서 "황삼의 긴 소매로 너울너울 춤추는 모습[黃衫長袂舞垂垂] 동풍에 간드러지게 움직이는 버들가지일세[裊裊東風弱柳枝]"[70]라 했다. 여기서 장메무수수[長袂舞垂垂]는 긴 소매를 드리워서 추는 움직임이다. 이 춤 움직임이 동풍에 살랑살랑 흔들리는 버들가지 같다고 했으니, 장메무수수의 움직임에서도 가볍고[輕] 부드러우며, 살랑거리는 바람을 볼 수 있다.

제비나 신선의 움직임으로 춤 움직임을 표현한 경우도 있다. 아래의 예문은 『기완별록(奇玩別錄)』에서 기생과 재인들의 공연을 묘사한 부분이다.

> 쳠쳠빅납(——白衲) 역군(役軍)이요 편편치슈(翩翩彩袖) 무동(舞童)이라
> 묘(妙)ᄒᆞᆫ 얼골 고은 아ᄒᆡ 뉘집 ᄌᆞ식 반ᄒᆞ여셔
> 녹의홍상(綠衣紅裳) 밉시 잇고 슈식픽물(首飾佩物) 출난(燦爛)ᄒᆞ다
> 제비 갓치 가바야이 엇기 우ᄒᆡ 올나 셔셔
> 손츔이며 칼츔이며 신긔ᄒᆞ고 이상ᄒᆞ다
> 조비연(趙飛燕)의 츈연무(春燕舞)나 양틱진(楊太眞)의 여상무나[71]

예문의 1연에서 '편편치슈(翩翩彩袖) 무동(舞童)이라'는 표현은 무동의 소

69 申光洙. 「練光亭贈劍舞妓秋江月」: "蛾眉顧眄能生氣 珠袖飜回合斷腸." 李能和/ 李在崑 옮김(1992). 『朝鮮解語花史』. 동문선. p.298 재인용.

70 申光洙. 『石北集』 권9 「觀舞」: "黃衫長袂舞垂垂 裊裊東風弱柳枝 誰使一身兼百態 畫堂看到日斜時."

71 윤주필(1999). 「경복궁 중건 때의 전통놀이 가사집 『奇玩別錄』」. 『문헌과 해석』. 통권 9호. 문헌과 해석사. pp.210-211 인용.

매 사위가 빨리 날아 너울너울 나부낀다는 말이다. 현행 평택 농악이나 안성 농악에서 무동을 탄 새미들의 손동작이 편편채수와 같을 것이다. 그리고 4연과 5연에서는 무동을 타고 어깨 위에서 손춤과 칼춤을 춘다고 했고, 이 모습을 6연에서 조비연(趙飛燕)의 춘연무(春燕舞)와 양틱진(楊太眞)의 여상무에 비교했다. 조비연은 한(漢) 성제(成帝) 때의 후궁으로 가벼운 몸매로 춤을 잘 추어 '비연'이라는 이름이 붙여졌다고 한다. 성제가 미행했을 때 그의 춤을 보았는데 그때 지은 춤곡이 '춘연곡'이었을 것이라고 한다.[72] 또한 양태진은 양귀비의 본명으로 여상무는 예상무(霓裳舞)를 말한다. 당 현종이 월궁(月宮)을 구경하고 예상우의곡(霓裳羽衣曲)을 지었다고 하는데, 양귀비가 이 곡에 맞춰 춤을 잘 추었다고 하니,[73] 예상무는 신선 선녀가 입는 무지개 옷을 입고 추는 춤이다. 즉, 선녀의 춤인 것이다. 어린 기녀가 추는 손춤이며 칼춤을 고사에 전해진 조비연의 춤에 비유했고, 양귀비가 추었다는 예상우의무에 비교했다. 기녀는 제비처럼 가볍고 날랜 춤 움직임을 구사했으며, 양귀비가 추었다는 예상우의무처럼 가볍게 선녀의 춤을 춘다는 것이다.

그 외 풍류에서 추는 가벼운 춤 움직임은 여러 대목에서 볼 수 있다. 채제공(蔡濟恭, 1720-1799)이 풍악을 즐기고 시를 지었는데, "한 쌍의 어린 기생 몸이 가볍고[一雙少妓最輕身] 춤추는 검은 날아올라 여름에 눈 흩날리네[舞劍飛騰生夏雪]"[74]라는 구절에서 쌍으로 춤추는 기생의 몸놀림이 매우 가볍다고[最輕身] 했다. 또 김재찬(金載瓚, 1746-1827)이 지은 「제여악도(題女樂圖)」 중에 '무동(舞童)'이라는 시에서도 "가볍게 춤추며 대자리에 올라[輕舞登筵]"[75]

72 위의 글. p.211 각주 134) 참조.

73 위의 글. p.211 각주 135) 참조.

74 蔡濟恭. 『樊巖集』 卷14 「灣尹携妓作樂 感念舊事 草成長句」: "一雙少妓最輕身, 舞劍飛騰生夏雪."

75 金載瓚. 『海石遺稿』 卷1 「題女樂圖」: "舞童 少女其姝 紫笠綠衫 輕舞登筵 喚爾童男."

라고 표현했다. 춤추는 무동의 움직임이 가볍다는 것이다. 이처럼 가볍게 춤추는 움직임에 관객들은 감흥했고, 이를 노래했다.

표 6-3. 궁중 연향과 풍류에서 풍이 간접적으로 드러난 춤 움직임

출전	춤추는 장면	춤 움직임 묘사
〈포구락〉 *『고려사』 「악지」	가까이 보니 가는 허리 버들 같고, 다시 보니 춤은 돌며 떠다니는 눈송이 같구나. (近看柳腰似折, 更看舞回流雪)	舞回流雪
〈육화대〉	화려한 자리에 춤추는 그림자 지나가니 눈송이 나부끼는 듯 하온데(華茵影過 知回雪之將飄)	回雪之將飄
〈무고〉 『고종신축 진연의궤』	제비 한 쌍이 날아서 돌아오는 듯(還似燕雙飛)	還似燕雙飛
〈오양선〉	화려한 무희의 자태는 펄럭이며 나는 큰 기러기처럼 묘치가 있네 / 노래는 봉황처럼 맑고, 춤은 난새가 도는 것보다 묘하도다(華姿妙於翩鴻 歌淸儀鳳 舞妙回鸞)	翩鴻, 舞妙回鸞
〈영지무〉	음악과 춤은 너울거리네(樂舞婆娑)	婆娑
〈아박〉	부용대에서 경쾌하게 묘한 춤을 추도다(輕盈妙舞芙蓉臺)	輕盈
〈첩승무〉	선녀의 치맛자락 바람에 흔들리는 양 몸놀림이 가볍네 … 대모반 안으로 나붓이 춤추며 나아오네 (仙裙風動好輕身 … 玳瑁盤中軟舞來)	軟
『일동장유가』	무수(舞袖)가 편편(翩翩)하여 행운(行雲)이 머무는 듯	舞袖翩翩
「연광정증 검무기추강월」	아름다운 소매가 번회하는 춤사위는 사람 간장 녹이네 (珠袖飜回合斷腸)	飜回
「관무」	황삼의 긴 소매로 너울너울 춤추는 모습(黃衫長袂舞垂垂) 동풍에 간드러지게 움직이는 버들가지일세(裊裊東風弱柳枝)	舞垂垂裊裊
〈한양가〉	너른 쇼ᄆᆡ 긴 한삼을 곡죠마다 ᄂᆞ붓길 제	ᄂᆞ붓기다
『기완별록』	편편치슈(翩翩綵袖) 무동(舞童)이라, 조비연(趙飛燕)의 츈연무(春燕舞)냐 양틔진(楊太眞)의 여상무(霓裳舞)냐	翩翩綵袖 春燕舞 霓裳舞

이상 궁중 연향과 민간의 풍류에서도 풍이 직접 결부되지는 않았으나, 바람의 특성과 바람의 형태를 보여주는 춤 움직임을 보았다. 무회유설(舞回流雪), 편홍(翩鴻), 환사연쌍비(還似燕雙飛), 무묘회란(舞妙回鸞), 파사(婆娑), 경영(輕盈), 무수편편(舞袖翩翩), 번회(飜回), 접편편(蝶翩翩), 무수수(舞垂垂), 뇨뇨(裊裊), 경무(輕舞), 편편채수(翩翩彩袖), 등공(騰空), 느붓기다 등으로 정리할 수 있다. 또 공기 중에 날아다니며 바람을 타고 움직이는 나비, 제비, 버들가지, 선녀의 움직임에 비유되었다. 그리고 바람과 관련한 춤 움직임들은 경(輕)과 비(飛)의 특징을 갖고 있다. 민간의 풍류에서 추었던 춤 움직임은 궁중 연향에서 추었던 춤 움직임들과 일맥상통하고 있다.

춤 동작 용어에 나타난 풍의 양상

여기에서는 춤꾼들이 춤을 추기 위해 춤 동작을 설명한 용어들 속에서 풍과 관련한 춤 움직임을 분석하고자 한다. 『정재무도홀기』[76]에는 조선 시대의 궁중무에서 동작을 지시하는 동작 용어가 기록되어 있고, 동작의 느낌을 설명한 용어들도 있다. 이러한 용어들이 풍과 관련하거나 풍을 표현하고 있는지를 살펴볼 것이다.

홀기에서 춤에 대한 설명은 무원(舞員)의 등 · 퇴장, 배치와 동선, 동작 설명으로 나눌 수 있다. 무원의 등 · 퇴장은 전체 진행에서 설명하고 있으며, 배치와 동선은 작대도(作隊圖)와 배열도(排列圖)에서 그림과 함께 설명하고 있고, 춤 동작에 대해서는 용어로 설명하고 있다. 『정재무도홀기』에 나오는 동작 용어들은 거(擧), 대(擡), 락(落), 선(旋), 회(回), 대(對)와 배(背), 진(進)과 퇴(退), 요(搖), 전(轉), 앙(昻), 불(拂), 번(飜), 표(飄), 환(煥), 휘(揮) 등이 있다. 무원은 이러한 동작 용어가 설명하는대로 춤을 추니, 예를 들어 〈헌선도(獻仙

76 이 글에서는 『癸巳 呈才舞圖笏記』를 중심으로 분석했다.

桃)〉의 7번째 박(拍)에서 "선모는 우수를 들고[仙母擧右袖, 좌우 협모는 모두 외수를 들고[左右挾 擧外袖], 악절에 맞춰[隨樂節] 미전사를 창한다[唱尾前詞]."[77]고 했을 때, '거(擧)'라는 동작 설명에서 무원들은 우수(右袖)나 외수(外袖)를 들어 춤추는 것이다. 그리고 홀기에는 구체적인 동작을 지시하지 않고, 춤 동작의 느낌을 설명한 용어가 25개 있다. 동작의 느낌을 설명한 용어는 25개다.[78] 이 중에 풍이 직접 또는 간접으로 표현된 동작들이 있다.

〈춘앵전〉에서 보이는 용어로 사사보여의풍(傞傞步如意風)과 풍류지(風流枝)가 있다. 이 정재의 24번째 박에서 춤추는 사사보여의풍[79]에서 사사보(傞傞步)는 취해 춤추며 걷는 모양이고, 여의풍(如意風)은 바람을 생각하는 것처럼[如意風] 하라는 뜻이니, 사사보여의풍은 바람에 흔들리듯이 사뿐사뿐 가볍게 걸으며 춤추라는 동작이다. 이 정재의 26번째 박에서 춤추는 풍류지(風流枝)[80]는 나뭇가지가 바람에 흔들리는 것처럼 춤추라는 동작이다. 풍류지의 동작을 지시한 용어에서 수신요합절무지(隨身腰合節舞之)라 설명했는데, 이 동작을 수수무(垂手舞)로 추었다고 한다.[81] 바람의 움직임이나 바람이 불어서 움직이는 사물에 춤의 동작을 비유하고 있다.

그리고 바람이 직접 거론되지는 않았으나, 바람에 따라 움직이는 사물에 비유된 동작 표현들이 있다. 〈헌선도〉에서 추어지는 수양수무(垂楊手舞)[82]

---

77 『癸巳 呈才舞圖笏記』〈獻仙桃〉: "○ 拍 步虛子令 仙母擧右袖, 左右挾 擧外袖, 隨樂節, 唱尾前詞."

78 동작의 느낌을 설명한 용어는 25개다. 過橋仙, 落花流水, 媚弄, 拂花簾, 飛金沙, 飛履, 傞傞步如意風, 斜曳裾, 雲步而舞, 垂楊手舞, 燕歸巢, 筵風擡, 轉花持, 打鴛鴦場, 塔塔高, 風流枝, 合蟬, 響屧足蹈, 紅程도돔舞, 花前態, 歡弄, 歡弄蓮花而舞, 歡花舞, 廻鸞, 廻波身이다.

79 『癸巳 呈才舞圖笏記』〈春鶯囀〉: "○ 拍 傞傞步如意風 隨樂節舞."

80 『癸巳 呈才舞圖笏記』〈春鶯囀〉: "○ 拍 風流枝 隨身腰合節舞之."

81 현행 〈춘앵전〉에서 추는 '풍류지(風流枝)'는 두 팔을 뒤로 여미고 허리를 비스듬히 숙여 무릎을 굽혔다 폈다 하며 상체는 앞과 뒤로 움직이면서 춤을 춘다. 손선숙(2005). 『궁중정재용어사전』. 민속원. p.363 인용.

82 『樂學軌範』 卷4 時用唐樂呈才圖儀 〈獻仙桃〉: "擊拍 左右挾北向而舞. 受寶籙舞 舞進 挾手舞 舞退 垂楊手舞 復位 樂止."

는 버드나무 가지가 흔들리듯 팔을 드리우고 추는 동작이다. 버드나무 가지가 바람에 살랑살랑 흔들리는 모습을 연상하게 한다.

또 〈춘앵전〉에서 회란(廻鸞), 회파신(廻波身), 비금사(飛金沙), 비리(飛履)가 춤 움직임에서 풍을 연상시킨다. 회란은 〈춘앵전〉의 8번째 박에서 춤추는 동작으로,[83] 난새처럼 날개를 펴고 돌듯이 춤추라는 동작이다. 실제 동작은 좌우일대전(左右一大轉)으로, 좌와 우로 한 번씩 크게 도는 춤이다. 양 팔을 벌리고 좌와 우로 돌면, 큰 소매가 날리게 되는데, 이때 마치 큰 새가 날개를 활짝 펴고 나는 듯하다. 좌우일대전의 동작을 회란으로 설명했다.

회파신은 〈춘앵전〉의 29번째 박에서 춤추는 동작으로,[84] 물결이 빙빙 돌듯이 몸을 돌리라는 의미다. 실제 동작은 좌우일전(左右一轉)으로, 두 팔을 옆으로 펴고 좌우로 도는 것이다. 회란보다 규모가 작지만, 역시 회파신의 동작에서 바람을 타고 빙글빙글 도는 움직임을 볼 수 있다.

비금사는 〈춘앵전〉의 27번째 박에서 지시된 동작으로,[85] 금빛 모래가 날리듯이 춤추라는 동작이다. 실제 동작은 진퇴(進退)로 설명되었는데, 앞으로 나아갔다 뒤로 물러나는 동작이다. 이러한 진퇴의 동작을 금빛 모래가 바람에 날리듯이 추라고 설명했다.

비리는 〈춘앵전〉의 11번째 박에서 지시된 동작으로,[86] 날아오르듯 발을 가볍게 딛으며 춤추라는 동작이다. 실제 동작은 선거우지차거좌지(先擧右趾次擧左趾)다. 장단에 맞춰 오른발 왼발 순으로 한 발씩 앞으로 나가며 추는 동작을 신선이 날아오르듯 가볍게 발을 딛으라는 것이다. 비금사의 동작이나 비리의 동작은 가볍고 나는 듯이 추어야 한다.

---

83 『癸巳 呈才舞圖笏記』〈春鶯囀〉: "○ 拍 廻鸞 左右一大轉."
84 『癸巳 呈才舞圖笏記』〈春鶯囀〉: "○ 拍 廻波身 左右一轉."
85 『癸巳 呈才舞圖笏記』〈春鶯囀〉: "○ 拍 飛金沙 進退."
86 『癸巳 呈才舞圖笏記』〈春鶯囀〉: "○ 拍 飛履 先擧右趾次擧左趾."

표 6-4. 『정재무도홀기』의 풍과 관련한 동작 용어

동작 이름	설명	실제 동작
사사보여의풍 (傞傞步如意風)	바람을 생각하는 것처럼 사뿐사뿐 걷는 동작	·
풍류지(風流枝)	나뭇가지가 바람에 흔들리는 것처럼 춤추는 동작	수신요합절무지 (隨身腰合節舞之)
수양수무 (垂楊手舞)	버드나무 가지가 흔들리듯 팔을 드리우고 추는 동작	* 『악학궤범』에 실린 동작
회란(廻鸞)	난새처럼 날개를 펴고 돌듯이 추는 동작	좌우일대전 (左右一大轉)
회파신(廻波身)	물결이 빙빙 돌듯이 몸을 돌리며 추는 동작	좌우일전 (左右一轉)
비금사(飛金沙)	금빛 모래가 날리듯이 춤추라는 동작	진퇴(進退)
비리(飛履)	날아오르듯 발을 가볍게 딛으며 추라는 동작	선거우지차거좌지 (先擧右趾次擧左趾)

이상에서 살펴본 불수, 번수, 이수고저, 사사보여의풍, 풍류지, 수양수무, 회란, 회파신, 비금사, 비리는 『정재무도홀기』에 기록된 동작 중에 풍이 직접 결부되었거나 간접적으로 표현된 동작들이다. 또한 동작에 비유된 풍의 가볍고 나는 특징을 반영했기 때문에 이 동작 용어들에서도 경(輕)과 비(飛)의 특징이 있음을 확인할 수 있다.

그리고 동작에 따라 풍의 형태와 질감의 상이함을 알 수 있다. 사사보여의풍은 술에 취해 발이 땅에 닿는지 닿지 않는지 인식하지 못하며 걷는다는 가벼운 걸음이니, 가벼운 바람을 볼 수 있다. 또 회란과 회파신에서는 각각 크거나 보통으로 빙글빙글 도는 동작이니, 그러한 바람을 볼 수 있다.

또 바람이 불어 움직이는 모양을 비유한 풍류지, 수양수무, 회란, 회파신, 비금사, 비리는 각각 바람을 타고 움직이는 나뭇가지의 움직임, 버드나무의 움직임, 난새의 움직임, 빙글빙글 도는 파도의 움직임, 바람에 날리는 모래, 나는 듯한 발걸음에 비유되고 있다. 이렇게 춤 동작을 바람에 의해 움직이는 사물에 비유했던 배경은 사물들의 움직임을 춤으로 보았고, 그 춤이 풍에서 비롯되었다는 인식 때문이었다. 그리고 실제 동작이 있음에도 별도로 동작의 느낌을 용어로서 설명한 이유는 그 동작의 느낌을 가장 효과적으로 표현하기 위해서였다. 실제로 춤을 추는 무원에게 요구되었다는 점을 볼 때, 전통춤 움직임에서 풍과의 관련은 더욱 깊다고 하겠다.

4. 한국 전통춤 움직임의 원리로서 풍

조선 시대까지 춤 움직임에 풍이 결부되어 감상되거나 움직임으로 지시된 것은 풍의 형식과 내용이 춤 움직임과 관련되어 있다고 인식했기 때문이며, 이러한 인식은 춤을 보는 데 심미적 기준이나 춤 움직임의 원리로 적용되었다.

풍의 형식이라는 측면에서 팔풍은 여덟 가지 바람만을 가리키는 것이 아니라 무수하게 다양한 바람을 의미한다. 공간을 기준으로 한 팔풍과 시간을 기준으로 한 팔풍들은 풍의 다양한 질감과 형태를 보여준다. 특히 공간을 기준으로 나눈 팔풍에서, 염풍(炎風)은 뜨거운 바람이고, 도풍(滔風)은 넓고 그득한 바람이고, 훈풍(薰風)은 연기로 훈(薰)할 때처럼 더운 바람이다. 거풍(巨風)은 크고 폭이 넓은 거친 바람이고, 처풍(凄風)은 선선한 바람이고, 요풍(飂風)은 높이 부는 바람이고, 여풍(厲風)은 세차게 부는 바람으로 화(禍)가 있는 괴로운 바람이고, 한풍(寒風)은 차디찬 바람이다.

이렇게 바람의 물리적 특성으로 드러나는 무겁거나 가볍거나, 따뜻하거나 차갑거나, 거칠거나 부드러운 것은 바람의 다양한 질감과 형식들이니, 이 바람들이 춤 움직임으로 나타날 수 있는 것이다. 느린 바람은 느린 춤 움직임으로, 빠른 바람은 빠른 춤 움직임으로, 무거운 바람은 무거운 춤 움직임으로, 휘어지는 바람은 곡선의 춤 움직임으로, 맴도는 바람은 회전하는 춤 움직임으로 표현할 수 있다.

이때 각 움직임은 음기와 양기를 조절함으로써 움직임의 기운이 흐르게 되고, 변화하게 된다. 이 움직임의 흐름과 변화가 바로 춤사위로 나아가는 것이며, 또한 팔풍을 행하는 것이라 할 수 있다.[87]

그리고 풍의 내용적 측면에서 "춤은 팔풍(八風)을 행하고 절주(節奏)에 조화를 이루는 것이다."[88]라고 했을 때, 춤이 팔풍을 행한다(舞所以行八風)는 것은 음기와 양기의 조화로운 흐름을 운영하는 것이다. 이때 악에서 팔음, 팔괘, 십이 율려가 조화롭게 운영되듯, 춤 움직임에서도 역의 원리에 맞게 음기와 양기가 조화된 팔풍이 운영되어야 한다. 이를 유교 악론으로 확대하면 팔음, 팔괘, 십이 율러가 조화롭게 운영되어 이룬 태평성대의 음악을 행하라는 뜻과 상통한다. 또한 정치적으로 보았을 때 천지 만물이 음기와 양기를 조화롭게 운영해 팔풍이 순조로운 태평성대를 행하라는 뜻이기도 하다.

악무에 능했던 김억(金檍)을 '풍무자(風舞者)'[89]라 칭했던 이유도 해석할 수 있다. 그는 음양의 기운을 잘 운영해 조화롭게 풍을 일으켜 이를 춤으로 보여줬고, 바람에 의지해 바람결에 춤을 추는 자이기도 했던 것이다. 즉, 풍을 잘 운영해 훌륭한 춤을 추었기 때문에 그를 풍무자라 칭했던 것이다.

이상에서 설명한 풍과 무의 관계는 기록상 고려 시대부터 확인할 수 있

---

87 조선 시대까지 춤 움직임으로 표현된 풍회설(風回雪), 무풍경(舞風輕), 담담풍(澹澹風), 회선(回旋), 무회유설(舞回流雪), 편편무광수(翩翩舞廣袖), 편홍(翩鴻), 무묘회란(舞妙回鸞), 편선지무(蹁躚之舞), 회파(廻波), 파사(婆娑), 경영(輕盈), 불운비(拂雲飛), 무수편편(舞袖翩翩), 번회(飜回), 접편편(蝶翩翩) 등의 춤 움직임들은 음기와 양기의 흐름으로 일어나는 바람의 다양한 형식이며, 팔풍을 행한 것이라 할 수 있다.

88 『악학궤범』「서」: "歌所以永言而和於律. 舞所以行八風而成其和節."

89 朴宗采. 『過庭錄』「燕巖湛軒風流」: "時有琴師金檍, 號風舞者, 嘐嘐齋所名也." 전통예술원 편(2002). 조선 후기 문집의 음악사료 . 민속원. p.172 참조.

으며, 풍과 무를 무풍(舞風) 또는 풍무(風舞)로 연관지었음을 확인할 수 있었다. 춤에서 풍이 매우 핵심적 요인이며, 풍(風)을 잘 운영하는 것이 무(舞)라는 의식이 오랫동안 유지되었던 것이다. 풍(風)과 무(舞)를 무풍(舞風) 또는 풍무(風舞)로 연관지었던 의식은 한국 전통춤의 움직임에서 풍이 근원적이고 핵심적 요인이었기 때문이다.

참고 문헌

사전

단국대학교 동양학연구소(2008). 『漢韓大辭典』. 서울: 단국대학교출판부.

許愼 撰/ 段玉裁 注(1973; 2판). 『說文解字注』. 臺北: 藝文印書 .

손선숙(2005). 『궁중정재용어사전』. 서울: 민속원.

신기철 · 신용철 편저(1980). 『새우리말큰사전』. 서울: 삼성출판사.

中文大辭典編纂委員會(1962). 『中文大辭典』. 臺北: 中國文化硏究所.

원전 및 주석서

강명관 주(2009). 『한양가』. 성남: 신구문화사.

『高麗史』「樂志」.

국립국악원 편(1982). 한국음악학자료총서 9 『樂書』. 서울: 국립국악원.

국역 『樂學軌範』 1(1985). 서울: 민족문화추진회.

金尙憲, 『淸陰集』 卷6.

김승유 편역주(2002). 『樂記集釋』 1권. 서울: 청계출판사.

金仁謙/ 崔康賢 譯註(2007). 『日東壯遊歌』. 서울: 보고사.

김인환 역해(2006). 『周易』. 서울: 고려대학교출판부.

金載瓚(2001). 『海石遺稿』. 민족문화추진위원회 편. 서울: 영인문화사.

金宗直,『佔畢齋集』 卷5.
김천흥 편역(2002).『정재무도홀기창사보』. 서울: 민속원.
南孝溫,『秋江集』 卷3.
敏澤/ 성신중국어문연구회 옮김(1998).『중국문학이론비평사: 선진 편』. 서울: 성신여대출판부.
朴齊家/ 정민 외 옮김(2010).『貞蕤閣集』 하권. 서울: 돌베개.
班固/ 신정근 역주(2005).『白虎通義』. 서울: 소명.
申光洙,『石北集』 권9.
安玟英/ 金信中 역주(2003).『譯註 金玉叢部』. 서울: 박이정.
양동숙(2005).『갑골문해독』. 서울: 서예문인당.
呂不韋/ 김근 옮김(1993).『呂氏春秋』 1권. 서울: 민음사.
呂不韋/ 홍승직 역해(1996).『여씨춘추』. 서울: 고려원.
염정삼(2007).『『說文解字注』 부수자 역해』. 서울: 서울대학교출판부.
李奎報,『東國李相國全集』 卷3.
李能和/ 李在崑 옮김(1992).『朝鮮解語花史』. 서울: 동문선.
李德懋,『青莊館全書』 卷1.
이유원/ 민족문화추진회 옮김(2008).『신편 국역 임하필기』 2권. 서울: 한국학술진흥재단.
이의강 옮김(2006).『국역순조무자진작의궤』. 서울: 보고사.
李瀷/ 李敏弘 옮김(2008).『海東樂府』. 서울: 문자향.
인남순 · 김종수 옮김(2001).『고종황제 50세 경축연향 여령정개홀기』. 서울: 민속원.
장기근 · 김봉영 옮김(1972).『淮南子 抱朴子』. 서울: 대양서적.
전통예술원 편(2002).『조선후기 문집의 음악사료』. 서울: 민속원.
鄭求福 編(1988).『海東樂府集成』 1권. 서울: 여강출판사.
조남권 · 김종수 옮김(2000).『樂記』. 서울: 민속원.
蔡濟恭,『樊巖集』 卷14.
좌구명/신동준 옮김(2006).『춘추좌전』. 서울: 한길사.

최형주 역해(2004).『山海經』. 서울: 자유문고.

何新/ 洪熹 옮김(1990).『神의 起源』. 서울: 동문선.

한국예술학과 음악사료강독회 역주(2001)『高宗辛丑進宴儀軌』 1권. 서울: 민속원.

한국예술학과 음악사료강독회 역주(2007).『國譯純祖己丑進饌儀軌』 1권. 서울: 민속원.

洪淳學/ 李石來 校註(1976).『紀行歌詞集』. 서울: 신구문화사.

단행본 및 논문

김영희(2012). 전통춤의 움직임에 드러난 풍의 양상 연구. 성균관대학교 대학원 박사학위논문.

김혜원(2005). '바람 風'을 소재로 하는 관용 표현 한 · 중 대조.『한국언어문화연구』. 9집.

노베르, 장 조르주 지음, 육완순 옮김(1987).『무용가에게 보내는 노베르의 편지』. 서울: 도서출판 금광.

문재곤(1990). 한대역학연구: 卦氣易學의 전개를 중심으로. 고려대학교 대학원 박사학위논문.

성무경(2001).『金玉叢部』를 통해 본 雲崖山房의 풍류세계.『泮橋語文硏究』. 통권 제13호.

송방송(1982). 국립국악원 소장『樂書』 해제.『한국음악학자료총서 9 樂書』.

신은경(1999).『風流-동아시아 미학의 근원』. 서울: 보고사.

양동숙(2005).『갑골문해독』. 서울: 서예문인당.

윤주필(1999). 경복궁 중건 때의 전통놀이 가사집『奇玩別錄』.『문헌과 해석』. 통권 9호.

이기동(2005).『하늘의 뜻을 묻다』. 파주. 열림원.

이은주(2005). 신광수의『관서악부』 소고: 풍류를 중심으로.『한국한시연구』. 13호.

장사훈(1990).『한국전통무용연구』. 서울: 일지사.

정병석(1999). 「설괘전」의 팔괘괘상설에 나타난 우주의 해석 체계. 『역학연구』. 3집.
정상홍(2001). 『시경 "風"의 詩歌發生學的 양상 연구. 『중국문학연구』. 22권.
한흥섭(2003). 『우리 음악의 멋 풍류도』. 서울: 책세상.
_____(2009). 『고려시대 음악사상』. 서울: 소명출판.

제7장

조선 시대 춤이 있는 의례

조경아

1. 왜 의례인가?

조선 시대에 춤은 공연만을 감상하기 위해 단독으로 존재하지 않았다. 근대 이후 상업적으로 입장료를 지불하고 공연을 보기 전까지 춤은 대부분 '의례(儀禮)' 공간에서 행해졌다. 춤을 중심으로 바라보면, 조선 시대 의례는 춤이 벌어진 '춤판'의 공간이었다. 따라서 조선 시대 춤은 의례라는 판의 맥락 속에서 이해되어야 한다.

의례에서의 춤은 조선 시대의 예악(禮樂) 관념과 밀접하다. 『예기(禮記)』 「악기(樂記)」에서 "예와 악을 모두 터득한 것을 일러 덕이 있다고 하니, 덕이란 터득했다는 것이다(禮樂皆得, 爲之有德, 德自得也)"라고 했다. 결국 예와 악의 궁극적인 지향점은 덕을 갖춘 인격의 완성이었다.[1] '악(樂)'은 가무악이 모두 포괄된 용어였으므로, 조선 시대 춤의 궁극적인 지향점은 '덕을 갖춘 인간'인 것이다.

> 조선 시대 유학의 예악사상은 『예기』 「악기」에서 강조하는 사상을 근간으로 하여 형성되고 발전했다. '악은 같게 하는 것'이고 '예는 다르게 하는 것'이라서, 같으면 서로 친하고 다르면 서로 공경하는 방식으로 작동된다. 악은 통합하여 같게 하고 예는 분별하여 다르게 한다는 보완적인 역할은 이념적으로 강조되기만 하는 것이 아니라 실제 현실 생활에서 응용되고 적용되었다. 그 구체적인 실현 가운데 대표적인 것이 곧 조선 시대 왕실에서 행했던, 예와 악을 갖추어 연행하는 국가 전례 곧 오례(五禮)다.[2]

위의 인용문처럼 조선 시대에 예와 악은 상보적인 관계로 공존했다. 조선 시대의 의례는 다층적인 구조를 갖고 있었다. 국가 차원에서 행해지는 것뿐만 아니라, 지방 관아 차원이나 개인 차원에서도 행해졌다. 국가와 지방 관아, 개인 차원에서 행해지는 의례의 격(格)과 대상이 달랐기 때문에 그 의례에 포함된 춤도 달라졌다. 차별적 질서인 '서(序)'를 표방하는 예의 공간에서, '화(和)'를 표방하는 악은 공존 · 통합 · 화합의 역할을 수행했다.

서양에서도 의례에 내재한 차별과 통합의 기능에 주목했다. 의례의 차별적인 측면은 사회적 지위가 잘 드러나도록 짜여 있는 의례 절차와 의복 등에서 찾을 수 있다. 반면에 의례 자체가 지닌 통합적 측면은 의례 행사를 치르기 위해 주기적으로 모이는 과정에서 관계가 공고해진다는 것이다. 에밀 뒤르켐(Émile Durkheim)은 의례를 통해 개인은 집단적인 자아를 경험하고 일치된 유대 관계를 재확인해 사회적 결속을 보강한다고 보았다.[3]

---

1 송지원(2011). 음악의 근원. 『음악, 삶의 역사와 만나다』. 경인문화사, p.47.

2 위의 글. p.32.

3 Wechsler, Howard J.(2005). 『비단 같고 주옥 같은 정치』. 임대희 옮김. 고즈윈. pp.73-74.

의례와 춤의 결합은 조선 시대의 예악 관념에 따른 것이었다. 춤은 의례의 순서에서 공연되기도 했으나, 공식적인 의례를 마친 뒤에 춤이 공연되기도 했다. 이 글에서는 '의례'라는 용어를 '행사를 치르는 일정한 법식(法式)'이라는 사전적 의미대로 광범위한 범주로 사용하고자 한다. 이는 의례를 조선 시대로 한정하지 않고, 현재까지 적용될 수 있는 용어로 사용하려고 하기 때문이다. 현재의 시각으로 해석하면, 의례는 공동의 삶의 중요한 시기에 이뤄지는 행사이며, 일종의 '공동체의 추억 혹은 공동체의 축제'라고 할 수 있다.

다음 절에서는 조선 시대에 어떤 의례에 춤이 존재했는가를 살펴보기로 한다. 이 글은 의례 속의 춤의 존재 자체를 확인하는 데 목적이 있기 때문에 개별 의례에서 춤의 특징과 역사적 변천은 관심사가 아님을 밝혀둔다.

2. 궁중, 국가 의례의 춤

조선 시대는 예제(禮制)를 중시했으므로, 국가 의례가 국초부터 정비되었다. 의례에는 필수적으로 악(樂)이 수반되었고, 여기서의 '악'은 가무악의 총체였으므로 춤이 결합된 경우가 많았다. 국가 의례인 오례(五禮)는 천(天)·지(地)·인(人)에 관한 각종 제사로 여러 신을 섬기는 길례(吉禮), 혼례·조회·조하·책봉례·양로연 등으로 만민을 친목하게 하는 가례(嘉禮), 중국과 이웃 나라의 사신맞이로 나라를 친목하게 하는 빈례(賓禮), 군사 관련 의례로 나라를 균평하게 하는 군례(軍禮), 상장례로 나라의 근심을 애도하는 흉례(凶禮)인데,[4] 흉례를 제외한 의례에 춤이 존재했다. 여기에서는 어떠한

4 송지원(2009). 조선 시대 궁중의례의 예악. 『한국사시민강좌』 제45집. 일조각. p.103; 김문식·김지영·박례경·송지원·심승구·이은주(2011). 『왕실의 천지제사』. 돌베개. p.16.

국가 의례가 춤이 펼쳐지는 '판'이 되었는가를 알아보기로 한다.

천신 · 지기 · 인귀를 위한 길례의 춤

길례는 제사 의례다. 조선 시대에 길례는 가장 핵심적인 의례로 중시되었다. 제사는 '보본반시(報本反始)', 즉 시초를 되돌아보아 근본에 보답한다는 뜻으로, 제사를 통해 자신이 존재하게 된 근본을 잊지 않는 것이다.[5] 국가 제사는 제사를 올리는 대상에 따라 명칭이 달랐다. 제사의 예는 천신(天神)에게 지내는 것을 '사(祀)', 지기(地祇)에게 지내는 것을 '제(祭)'라 하고, 인귀(人鬼)에게 지내는 제사를 '향(享)'이라 하며, 문선왕(공자)에게 지내는 것을 '석전(釋典)'이라 했다.[6]

길례 제사의 등급에 따라 음악과 춤의 시행은 달랐다. 가장 큰 규모의 제사인 대사는 사직(社稷) · 종묘(宗廟) · 영녕전(永寧殿) · 원구(圜丘)가 해당되며, 모두 음악과 일무가 시행되었다. 중사로는 풍운뇌우(風雲雷雨) · 우사(雩祀) · 선농(先農) · 선잠(先蠶) · 문선왕 제사 등이 있으며 역시 음악과 일무가 포함되었다. 소사에는 영성(靈星) · 명산대천 · 둑제(纛祭) 등이 해당되며, 원칙적으로는 음악과 일무가 배제되었으나, 둑제는 예외적으로 악무가 포함되었다.

제사에서 공연되는 춤인 일무(佾舞)는 삼재(三才) 사상에 근거해 공간이 배치되었다. 댓돌 위, 즉 당상에서 연주하는 등가(登歌)는 하늘을 상징하고, 댓돌 아래, 즉 묘정에서 연주하는 악대인 헌가(軒架)는 땅을 상징하며, 등가와 헌가, 즉 하늘과 땅 사이에서 춤을 추는 일무는 사람을 상징한다.[7]

---

5 이재숙 외(1998). 『조선조 궁중의례와 음악』. 서울대학교출판부. p.3.

6 법제처(1982). 『국조오례의 4』「국조오례의서례」'길례.' 법제처. p.11.

7 송지원(2010). 『장악원, 우주의 선율을 담다』. 추수밭. p.81.

아악 일무가 쓰이는 의례

제사에 쓰이는 음악과 일무는 아악과 속악으로 나뉜다. 그에 따라 아악 반주에 맞춰 춤추는 아악 일무와, 속악 반주에 맞춰 춤을 추는 속악 일무가 있다. 1428년(세종 10)에 원단 · 사직 · 풍운뇌우 · 우사 · 선농 · 선잠 등의 제사에 향악을 쓰지 않기로 하면서[8] 아악 위주의 악무(樂舞)를 연주하는 전통으로 바뀌었다.[9] 『국조오례의서례』에서 아악 일무가 공연된 제사는 사직 · 풍운뇌우 · 선농 · 선잠 · 우사 · 문선왕 제사다.[10]

아악 일무에서 문무의 무원은 왼손에 약(籥, 피리), 오른손에 적(翟, 꿩깃)을 들며, 무무의 무원(舞員)은 왼손에 간(干, 방패) 오른손에 척(戚, 도끼)을 든다. 『국조오례의서례(國朝五禮儀序例)』에 따르면, "약은 소리를 내기 위한 것이요, 적은 모양을 내기 위한 것이다. 간은 방패로서 자기 몸을 가리기 위한 것이요, 척은 도끼로서 적을 치기 위한 것이다."[11] 라고 했다.

① 대사의 아악 일무: 사직제

국가의 대사인 사직제에서 아악 일무가 시행되었다. 사직은 국토의 신인 사(社)와 곡식의 신인 직(稷)에게 지내는 제사다. 사직은 농업사회에서 민생과 관련된 최고의 신이었으므로, 조선 시대에 종묘보다도 위상이 높았다. 『국조오례의(國朝五禮儀)』에서도 가장 먼저 사직제가 기록되었다. 또한 종묘는 서울에만 있었으나, 사직단은 지방의 주현(州縣)에까지 설치되어 수령들이 제사를 주관했을 정도로 지방에서도 중요하게 진행된 제사였다. 18세기 이후 사직에서 거행하는 정기적인 제례는 매년 정월에 거행하는 기곡, 2

8 『세종실록』 권39. 1428년(세종 10) 10월 4일(정해).

9 김문식 · 김지영 · 박례경 · 송지원 · 심승구 · 이은주(2011). 『왕실의 천지제사』. 돌베개. p.86.

10 이혜구 역주(2000). 『신역 악학궤범』. 국립국악원. p.104.

11 법제처(1982). 『국조오례의 4』 p.154.

그림 7-1. 사직제 문무. 『국조오례의서례』

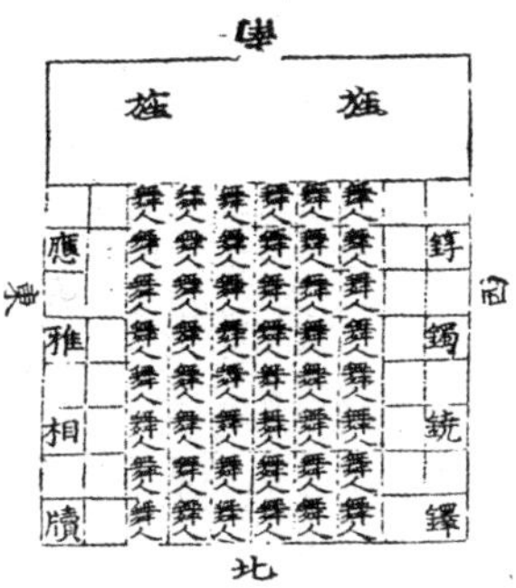

그림 7-2. 사직제 무무. 『국조오례의서례』

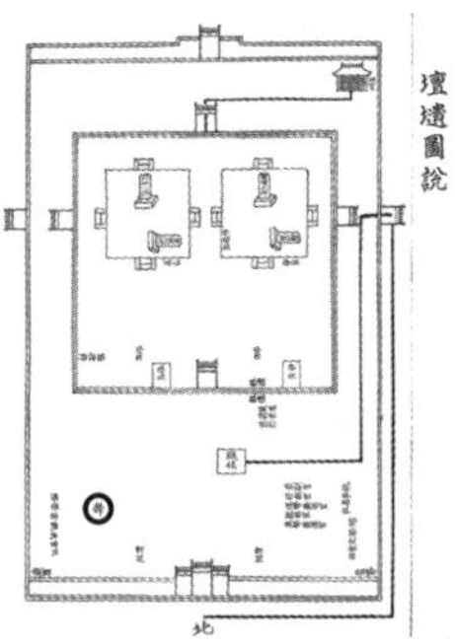

그림 7-3. 사직제의 일무 위치. 『사직서의궤』

월에 거행하는 춘향, 8월에 거행하는 추향, 12월에 거행하는 납향이 있었다.[12] 즉 1년에 4번 이상 거행하는 사직제에서 아악 일무가 행해진 것이다.

사직의 의식 절차와 악무는 조선 시대에 큰 변화 없이 이어졌다.[13] 『국조오례의』와 『국조오례의서례』에 따르면, 사직제의 악무는 영신과 전폐의 절차에서 문무인 열문지무(烈文之舞)를 추었다. 초헌에서는 문무(文舞)가 퇴장하고 무무(武舞)가 입장했으며, 아헌과 종헌에서는 무무인 소무지무(昭武之舞)를 추었다.[14] 사직제에서는 육일무를 추었는데, [그림 7-1]과 [그림 7-2]처럼 『국조오례의서례』에서는 6×8=48, 48인이 일무를 추었으나, 조선 후기에는 6×6=36, 36인이 일무를 추었다. 대한제국 이후에는 황제국의 위상에 맞도록 팔일무로 변경되었다.

② 중사의 아악 일무: 풍운뇌우 · 우사 · 선농 · 선잠 · 문선왕

중사에서의 행해졌던 아악 일무는 바람 · 구름 · 우뢰 · 비에게 제사 지내는 풍운뇌우(風雲雷雨)와 기우제인 우사(雩祀), 농사의 신인 신농씨(神農氏)에

12 김문식 · 김지영 · 박례경 · 송지원 · 심승구 · 이은주(2011). 위의 책. pp.162, 187.

13 이재숙 외(1998). 『조선조 궁중의례와 음악』. 서울대학교출판부. p.19.

14 김문식 · 김지영 · 박례경 · 송지원 · 심승구 · 이은주(2011). 위의 책. p.206.

게 풍년을 기원하는 선농(先農), 양잠의 신인 서릉씨(西陵氏)에게 풍성을 기원하는 선잠(先蠶),[15] 공자에게 제사 지내는 문선왕(文宣王) 제향이었다. 이들 제사의 대상과 내용은 달랐으나, 『국조오례의서례』에서는 모두 동일한 아악 일무를 올린다고 했다.[16] 『국조오례의서례』에서 문무인 열문지무와 무무인 소무지무는 모두 6×8=48인으로 구성된 육일무로서, 사직제의 일무와 형태가 같았다. 다만 사직제는 남향을 위로 한다면, 다른 제사에서는 북향을 위로 한다는 점만 달랐다.

속악 일무가 쓰이는 의례

아악과 속악 일무(佾舞)는 무엇이 달랐을까. 정조(正祖)도 이것이 궁금했었나 보다. 정조가 전악(典樂)에게 물어보니, "아악과 속악의 춤은 대체(大體)는 같으나, 절주(節奏)가 같지 않다."[17]라는 답변을 얻었다. 춤의 큰 흐름은 같으나, 음악의 흐름이 다르다는 것이다. 또한 무구(舞具)가 달랐다. 문무에서 약 · 적을 드는 것은 같으나, 무무에서 검(劍) · 창(槍) · 궁시(弓矢: 활과 화살)를 드는 것이 달랐다. 무무인 정대업지무에서 앞의 두 줄은 검을, 중간 두 줄은 창을, 뒤의 두 줄은 궁시를 들었다.

① 대사의 속악 일무: 종묘 · 영녕전 · 원구

속악으로 연주된 대사는 종묘 · 영녕전 · 원구의 제향이다. 『악학궤범』 영녕전 항목에서 "음악과 춤은 종묘의 것과 같다."[18]라고 했다.

종묘는 역대 왕과 왕비의 신위를 모신 종묘에 올리는 제사로, 사직과 더불어 길례에서 가장 중요한 제사였으므로, 악무의 시행도 신중하게 진행되

---

15 선농제는 경칩 후에 선농에게 제향했고, 음력 3월에 선잠에게 제향했다.

16 『국조오례의서례』 권1. 길례. '아부악현도설.'

17 『정조실록』 권6. 1778년(정조 2) 11월 29일(을묘).

18 이혜구 역주(2000). 『신역 악학궤범』. p.167.

그림 7-4. 보태평지무. 〈종묘친제규제도설〉 제7폭 부분. 19세기 후반. 국립고궁박물관.

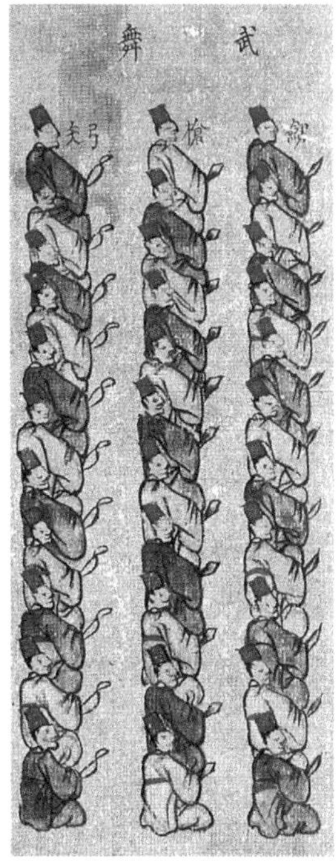

그림 7-5. 정대업지무 대기하는 모습. 〈종묘친제규제도설〉 제7폭 부분.

었다. 세종대에 회례 악무로 제정되었던 정대업과 보태평 악무를, 세조는 제례용 악무로 사용했다. 1464년(세조 10) 1월 14일의 종묘제례에서 처음으로 보태평지무와 정대업지무를 시행했다. 이처럼 세조가 보태평지무와 정대업지무를 제례악으로 사용할 수 있었던 것은 수양대군 시절부터 아버지 세종을 도와 기녀를 데리고 보태평과 정대업의 악무 창작을 총괄했기 때문이다.

신악(新樂)의 절주(節奏)는 모두 임금이 제정했는데, 막대기를 짚고 땅을 치는 것으로 음절을 삼아 하루저녁에 제정했다. 수양대군 이유(李瑈) 역시 성악(聲樂)에 통했으므로, 명하여 그 일을 관장하도록 하니, 기생 수십 인을 데리고 가끔 금중(禁中)에서 이를 익혔다. 그 춤은 칠덕무(七德舞)를 모방한 것으로, 궁

시(弓矢)와 창검(槍劍)으로 치고 찌르는 형상이 다 갖춰져 있었다.[19]

천신에게 드리는 대사인 원구 제사에서도 속악 일무를 추었다. 세조 이전에 원구제례악에 관해 상세한 기록이 없으므로, 어떠한 춤을 추었는지 구체적으로 알 수 없다. 1428년(세종 10) 이후 제사에서는 아악 일무를 추었다가 1464년(세조 10) 1월 15일의 원구제례에서 처음으로 향악 일무인 보태평지무와 정대업지무가 쓰였다. 원구제는 건국 초와 세조조 및 대한제국 시기에 간헐적으로 행해졌는데,[20] 대한제국 시기에 원구제의 악무는 다시 아악으로 변경되었다.[21] 즉, 원구제의 일무는 아악 일무–향악 일무–아악 일무로 바뀌는 역사적 변화가 있었다.

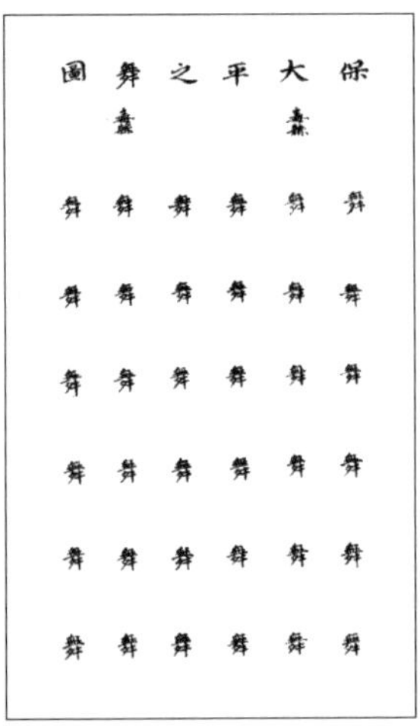

그림 7–6. 보태평지무도. 『세조실록』 악보

그림 7–7. 정대업지무도. 『세조실록』 악보

---

19 『세종실록』 권126. 1449년(세종 31) 12월 11일(정사). 국역은 조선왕조실록 사이트(http://sillok.history.go.kr) 참고함. 이하 실록의 기사도 같음.

20 이재숙 외(1998). 『조선조 궁중의례와 음악』. p.14.

21 김문식 · 김지영 · 박례경 · 송지원 · 심승구 · 이은주(2011). pp.79–89.

종묘·영녕전·원구 제례에서 신을 맞이하는 영신, 폐백을 드리는 전폐, 첫 번째 술잔을 올리는 초헌에서 보태평지악 연주에 맞춰 문무인 보태평지무를 추었다. 또한 두 번째 술잔을 올리는 아헌, 세 번째 술잔을 올리는 종헌에서 정대업지악 연주에 맞춰 무무인 정대업지무를 추었다.[22]

일무는 [그림 7-6]과 [그림 7-7]에서 보듯이 제후국의 예를 따라 육일무를 사용했다. 둑을 든 2인이 인도해, 6일과 6열로 구성된 36인이 일무에 참여했다. 정대업지무도에서 앞의 두 줄은 검을 들고, 중간 두 줄은 창, 뒤의 두 줄은 궁시를 들었다.

② 중사의 속악 일무: 경모궁제례

경모궁(景慕宮)은 정조의 아버지 사도세자(1753-1762)를 위한 제례로, 정조대에 새롭게 제정된 의례였다. 경모궁제례악은 보태평과 정대업을 근간으로 만들었으므로, 일무 또한 그에 준해 육일무(6×6)로 제정했다. 문무(文舞)는 약적(籥翟)을 들었으며, 무무(武舞)는 앞의 두 줄은 검을, 중간의 두 줄은 창을, 뒤의 두 줄은 궁시를 들었다.[23] 보태평지무, 정대업지무와 춤은 같으나 이름을 달리해 문무는 계희운지무(啓熙運之舞), 무무는 보융은지무(報隆恩之舞)라 했다.

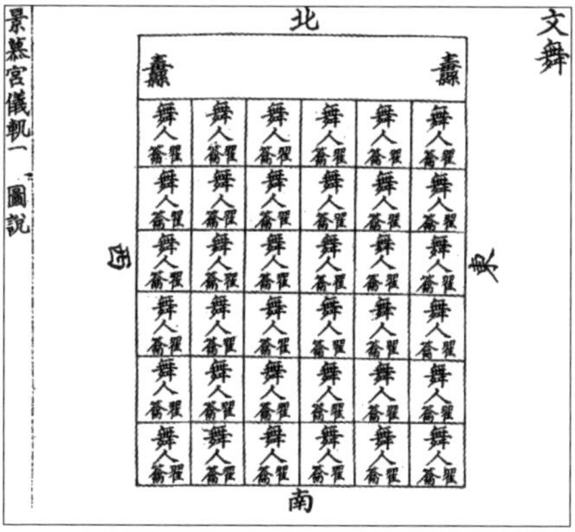

그림 7-8. 경모궁제례의 문무. 『경모궁의궤』

22 『세조실록』 권32. 1464년(세조 10) 1월 15일(무진).

23 『경모궁의궤』 권1. 일무도설(佾舞圖說)의 '문무'와 '무무'.

③ 소사의 속악 일무: 둑제 · 영성제 · 수성제

둑제(纛祭)는 소사임에도 일무가 뒤따랐다. 둑제란 '전쟁신' 혹은 '군왕'을 상징하는 둑기(纛旗)에 지내는 제사다.[24] 둑제는 정기적으로 봄의 경칩과 가을의 상강에 거행했고, 출병을 할 때는 반드시 둑제를 지냈으며, 무관만 참여하는 제례였다. 둑제는 도성뿐만 아니라 병영과 수영이 있는 지방의 군사 요충지에서도 거행되었다. 태조 이성계가 원나라 장수인 나하추를 물리친 공덕의 내용이 담긴 납씨가(納氏歌)를 청산별곡의 선율로 노래했으며, 이성계의 위화도 회군을 찬양한 정동방곡을 서경별곡 선율로 노래했다.[25]

그러한 노래에 맞춰 둑제에서는 10인의 악생이 간척무(干戚舞) · 궁시무(弓矢舞) · 창검무(槍劍舞)를 추었다. 둑제 초헌의 절차에서 악생 4인이 간척무를 추고, 납씨가를 부른다. 아헌에서는 악생 4인이 궁시무를 추고 납씨가를 부르는데, 모두 북쪽을 향해 춤을 춘다. 종헌에서는 악생 2인이 창검무를 추고 납씨가를 부르고, 창을 든 1인과 검을 든 1인이 마주해서 춤을 춘다. 철변두에서는 간척 · 궁시 · 창검을 든 사람이 모두 정동방곡을 부르고, 세 번 돌고 나아갔다 물러났다 했다.[26]

영성제(靈星祭)는 농업신으로 받들어지는 별인 영성(靈星)에게 지내는 제사이며, 수성제(壽星祭)는 수명장수를 관장하는 별인 수성(壽星, 老人星)에게 지내는 제사다. 『국조오례의』에 영성제와 수성제는 소사로 기록되어 악무가 곁들여지지 않았으나, 중종대에 폐지된 두 제사를 정조가 복구하는 과정에서 악무를 수반하려고 했다. 정조는 두 별 제사의 악무를 고민하며 "요즈음의 것을 내버려두고 옛날의 것에 집착할 필요가 없겠기에, 내가 먼저

---

24 사당은 서울의 동쪽인 지금의 뚝섬에 있다. 이재숙 외(1998). 『조선조 궁중의례와 음악』. p.70.

25 김성혜(2009). 둑제(纛祭)의 음악사적 고찰. 『음악과 민족』 제38호. 민족음악학회. pp. 30-43.

26 이혜구 역주(2000). 『신역 악학궤범』. pp.122-123.

그림 7-9. 둑제 초입 배열도.
『악학궤범』

그림 7-10. 둑제 회선도.
『악학궤범』

그림 7-11. 둑제 진퇴도.
『악학궤범』

태평무(太平舞)의 제도를 군악(軍樂)에 흉내내어 사용해 봄으로써, 그것이 쓸 수 있는 것인지를 시험하려 한다."라고 했다.[27]

이러한 시도에 따라 전폐에서 천자무(天字舞), 초헌에서 하자무(下字舞), 아헌에서 태자무(太字舞), 종헌례에서 평자무(平字舞)를 추도록 했다. 음악은 여섯 박자이고, 춤은 여섯 번 몸을 돌려 바꾼다(六轉).[28] 천하태평의 글자를 추며 춤추는 모습은 고려 당악정재의 왕모대가무에서 '군왕만세(君王萬歲)' 혹은 '천하태평'의 글자를 만드는 방식과 비슷했다. 정조는 한나라의 제도를 따라 음악은 속부의 음악을, 춤은 동남(무동)으로 구성했으며, 이일(二佾)인 2×8=16인이 출연하도록 정했다.[29] 이일무라고 하지만, 형태는 일무의 줄의 형태가 아닌 글자춤의 형태다. 정조의 서거로 두 별의 제사 춤은 시행되지 못했지만, 영성제의 일무는 새로운 형식의 일무 대형을 보여준다는

---

27 『홍재전서(弘齋全書)』 권178. 「일득록」 18. 훈어(訓語) 5.

28 송지원은 '전(轉)'을 회전으로 보았으나, '전'이란 얼굴을 돌리며 몸을 돌리는 것이라고 했으니, 90도 정도의 각도를 도는 것도 '전'에 포함될 수 있으므로 몸 방향을 변화시키는 정도로 해석함이 타당하다고 본다. 2015년 국립국악원의 '영성제' 재구성에서는 1박에 1회전을 해 무척 빠른 춤으로 재구성했다.

29 송지원(2007). 『정조의 음악정책』. 태학사. pp.192-204.

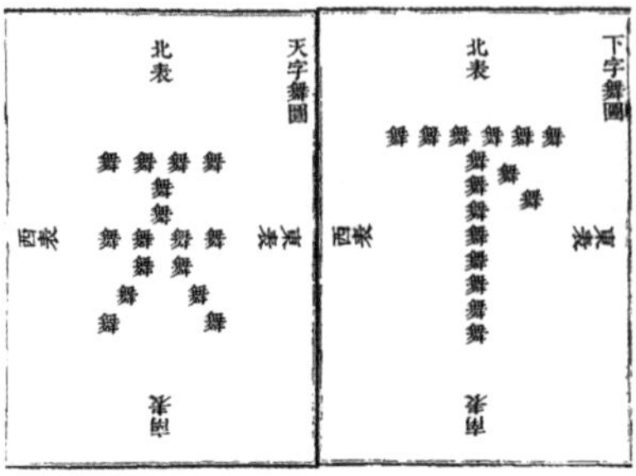

그림 7-12. 천자무도(天字舞圖), 하자무도(下字舞圖)

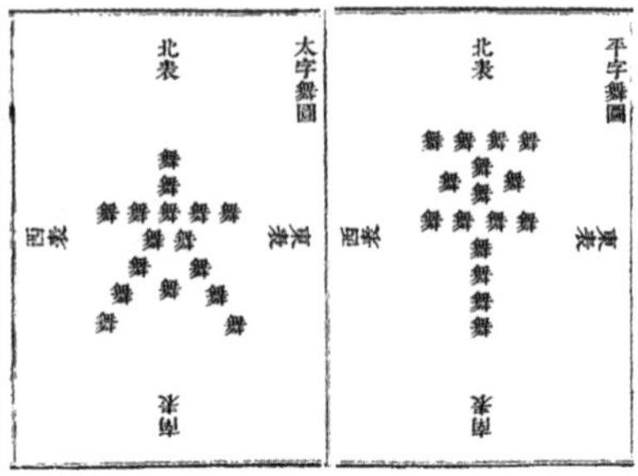

그림 7-13. 태자무도(太字舞圖), 평자무도(平字舞圖)

의미에서 조명될 필요가 있다.

일무의 일정과 왕의 관심

장악원에서 가장 많이 준비하고 공연했던 춤은 일무였다. 길례가 국가에서 중시되었고, 다양한 제사 의례의 횟수가 많았기 때문이다. 예컨대, 왕이 친히 제사하는 종묘제는 오향제(五享祭)로 1년 중 다섯 차례-음력 1월 · 4월 · 7월 · 10월 상순, 납일(臘日)[30]-였는데, 이때에 일무가 공연되었다. 또 음력 1월과 7월에는 영녕전의 제사에서도 일무를 올렸다. 종묘와 영녕전의 정기 제사만 하더라도 한 해에 일곱 차례였다. 그때마다 장악원에 소속된 연주자들과 악생(무동, 악공)이 음악과 속악 일무를 연행해야 했다. 또한 아악 일무를 춤추는 사직제는 1년에 세 차례-음력 2월 · 8월의 첫 무일(戊日)과 납일-가 정기적인 제사 일정이었다. 따라서 정기적 대사만 해도 1년에 총 열 차례의 일무를 행해야 했다.[31] 중사로서 일무가 공연되는 풍운뇌우제(風雲雷雨祭) · 선농제 · 선잠제 · 석전제 등이 있고, 소사로서 둑제의 일무에

30 조선 태조 이후에는 동지 뒤 셋째 미일(未日).

31 송지원(2010). 『장악원, 우주의 선율을 담다』. p.81

이르기까지 다양한 국가의 길례에서 일무가 공연되었다. 대사와 중사에서 음악 연주를 담당한 공인(工人)과 더불어 문무와 무무를 추는 자들은 깨끗이 재계하고, 하루를 예조에서 유숙했다.[32] 일무 무원들의 연간 공연 횟수와 업무량은 상당했음을 짐작할 수 있다.

이처럼 일무가 국가 제례에서 공연되었기 때문에, 『조선왕조실록』에서 춤 관련 논의는 대부분이 일무였다. 몇 가지의 사례를 들어보기로 한다. 국가 전례 정비에 관심이 많았던 영조는 "일무를 추는 사람들을 보니, 몸을 굽혔다가 펴고 옆으로 도는 자세가 음악의 마디와 전혀 맞지 않았다."라고 지적하면서 이륙좌기(二六坐起)[33]의 정기 연습을 통해 절주에 맞게 힘쓰라고 했다. 또한 "음악의 소중함은 춤에 있다."라고 강조하면서 춤이 절도에 맞지 않으면 악(樂)이라고 말할 수 없다고 영조는 강조했다.[34] 정조는 속악 악공이 1백 68명과 아악 악생 90명으로는 일무를 출 때 인원이 부족하지 않느냐고 물었다. 당시에는 일종의 예비 악생인 대년 악생(待年樂生)을 썼다.[35] 순조대에 효명세자는 일무에 관심을 갖고 어지럽혀진 폐단을 바로잡게 했으며, 장악원의 의견에 따라 대년 악생 72명에게 봉급을 주면서 일무를 연습하도록 했다.[36] 효명세자는 당시의 음악이 점점 번거롭고 촉박하게 되었다고 하면서 "일무와 약적(籥翟)과 간척(干戚)의 의식에 이르러서는 모두 온화하고 점잖은[雍容] 기상에 합치되어, 신과 사람이 화합하는 경지에 이르도록" 하라고 명했다. 또한 장악원의 정기 연습날에는 옛날 악을 익히도록 하고, 후세의 번거롭고 촉박한 악을 하지 않도록 하는 글을 장악원의 벽에 써 붙이라고 명했다.[37] 조선 후기는 임진왜란으로 파손된 일무의 원모

32 법제처(1982). 『국조오례의(4)』 「국조오례의서례」. pp.40-42.
33 매달 2 · 6자가 들어간 정기 연습날로, 2 · 6 · 12 · 16 · 22 · 26일을 말한다.
34 『영조실록』 권115. 1770년(영조 46) 7월 8일(임자).
35 『정조실록』 권6권. 1778년(정조 2) 11월 29일(을묘).
36 『순조실록』 권28. 1827년(순조 27) 3월 11일(병술).
37 『순조실록』 권31. 1830년(순조 30) 4월 9일(정묘).

습을 복구하려고 노력했던 시기였다.[38]

경사가 일이 있을 때 추는 가례의 춤

가례(嘉禮)는 왕실의 관례라든지 결혼식, 정월 초하루와 동지에 행하는 의례, 중국 황제의 조서나 칙서를 받는 영조서의와 영칙서의, 왕이나 왕비의 호를 높여주는 의식인 존호 의식, 노인을 위한 양로연, 책봉례 등 소위 경사나 명절 의례가 해당된다.[39] 가례 중에서 연향적 성격이 있는 정지회의(正至會議) · 양로연(養老宴) · 진연(進宴)에서 춤이 동반되었다.

회례연의 춤: 아악 일무 · 속악 일무 · 당악정재 · 향악정재

정지회의는 정월과 동지에 지내는 회례연(會禮宴)을 말한다. 회례연은 인군(人君: 임금)과 신하가 화합해 일체가 되는 것이 목적인 연향이다. 왕과 왕세자 및 문무백관만 회례연을 행하는 것이 아니라, 여성인 중궁 또한 내전에서 왕세자빈과 내외명부와 함께 회례연을 열었다. 세종대에 의례를 정비한 이래 회례연은 매년 정월에 한 차례 행했으나, 중종대 이후 회례연을 자주 정지했다. 선조대 이후는 정기적으로 여는 회례연이 사라졌다.[40]

회례에 아악 일무가 처음 선보인 것은 1443년(세종 15) 1월 1일이었다.[41] 이 때의 회례연은 아악이 처음으로 사용되었다는 점과, 무동의 첫 번째 출연이라는 점에서 주목되는 의례다. 제3작을 올릴 때, 아악 반주에 맞춰 악생이 문무를 추었고, 제4작을 올릴 때, 아악 반주에 맞춰 악생이 무무를 추었다. 육일무로 구성된 일무에서 무무는 6×8=48인과 정 2인, 순 · 탁 · 요 ·

38 김영희 · 김채원 · 김채현 · 이종숙 · 조경아(2014). 『한국춤통사』. 민속원. pp.171-172.
39 송지원(2010). 『장악원, 우주의 선율을 담다』. 추수밭. p.80.
40 김종수(2003). 『조선시대 궁중연향과 여악 연구』. 민속원. pp.58-59, 274.
41 『세종실록』 권59. 1433년(세종 15) 1월 1일(을묘).

그림 7-14. 곡진도. 기녀의 정대업. 『악학궤범』

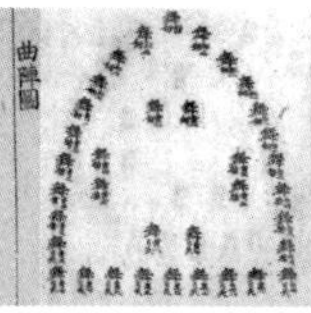

그림 7-15. 예진도. 기녀의 정대업. 『악학궤범』

그림 7-16. 직진도. 기녀의 정대업. 『악학궤범』

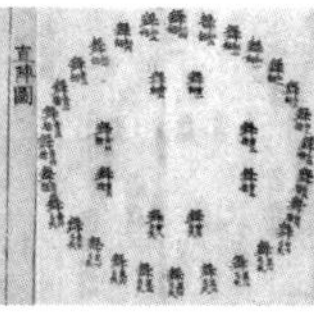

그림 7-17. 원진도. 기녀의 정대업. 『악학궤범』

그림 7-18. 방진도. 기녀의 정대업. 『악학궤범』

탁 · 응 · 아 · 상 · 독 잡이 8인으로 악생 58인이 출연했다.[42] 무동이 처음으로 출연한 정재도 공연되었다. 제6작을 올릴 때, 당악 반주에 맞춰 무동이 몽금척지기(夢金尺之伎)를 추었고, 제7작을 올릴 때, 당악 반주에 맞춰 오양선지기(五羊仙之伎)를 추었다. 제8작을 올릴 때, 향악 반주에 맞춰 동동지기(動動之伎)를 추었고, 제9작을 올릴 때, 향악 반주에 맞춰 동동지기(動動之伎)를 올렸다.[43] 아악 일무와 당악 정재와 향악 정재에 이르기까지 회례연 의례에서는 다양한 춤이 펼쳐졌다.

같은 회례연이더라도 기녀가 출연한 경우는 좀 더 다채롭게 공연되었다. 1466년(세조 12) 1월 1일에 근정전에서 조하를 받고 회례연을 베풀 때는 백관들뿐만 아니라, 외국 사신인 왜인(倭人)과 야인(野人)도 참여했다. 그 자리에서 정대업과 보태평의 춤을 추게 했는데[44] 이때는 기녀들이 출연했으며, 속악 일무의 형태였다. 특히 기녀가 회례연 등 연향에서 추는 정대업은 곡진 · 직진 · 예진 · 원진 · 방진 등 다양한 진법을 구사하는 특징을 보인다.

양로연의 춤

양로연은 노인을 우대해 베푸는 연향이다. 서울에서는 왕과 중궁이 몸소

---

42 이혜구 역주(2000). 『신역 악학궤범』. p.109.

43 위의 글. pp.108-109.

44 『세조실록』 권38. 1466년(세조 12) 1월 1일(갑진).

연향에 참여했다. 조선 시대에 효(孝)는 매우 중요한 덕목이었다. 효는 부모와 조상에 대한 개인 윤리에 국한되는 것이 아니라, 효제충신(孝悌忠信) 등과 같이 '충(忠)'의 기초를 이루는 것으로 국가 통치의 가장 기본적인 이념으로 인식되었다.[45] 그런 의미에서 효도로써 국가를 다스리고 백성을 교화하는 효치(孝治)를 이상으로 생각했다. 천하를 효도로 다스림은 나의 노인을 대접하는 마음으로, 남의 노인에게도 대접하는 것이다. 임금이 효도로 천하를 다스리면 천하가 화평해 재변이나 어지러운 일이 일어나지 않는다고 여겼다. 천한 신분의 노인까지 양로연에 초대한 것은 세종대였다. "양로(養老)하는 까닭은 그 늙은이를 귀하게 여기는 것이고, 그 높고 낮음을 헤아리는 것이 아니니, 비록 지극히 천한 사람이라도 모두 들어와서 참석하게 하라"[46]라고 명했다.[47]

1433년(세조 15)에는 예조에서 양로연 의례를 정비하면서, 춤도 함께 언급했는데 각 절차에 따른 춤은 다음과 같다.

"양로연에 식탁을 올리면 헌가(軒架)에서 휴안지악(休安之樂)을 연주하고, 꽃을 올리면 풍악을 그친다. 음식을 올리면 수보록지악(受寶籙之樂)을 연주하고, 첫잔에 문명지곡(文明之曲)을 노래하고 문무(文舞)를 추며, 음식을 올리면 헌가(軒架)에서 근천정지악(覲天庭之樂)을 연주하고, 둘째 잔에 헌가에서 무열지곡(武烈之曲)을 연주하고 무무(武舞)를 추며, 음식을 올리면 헌가에서 수명명지악(受明命之樂)을 연주하고, 셋째 잔에 오양선지기(五羊仙之伎)를 하고, 음식을 올리면 황하청지악(黃河淸之樂)을 연주하고, 넷째 잔에 아박지기(牙拍之伎)를 하고, 음식을 올리면 만년환지악(萬年懽之樂)을 연주하고, 다섯째 잔에 무고지기

45 이재영(2007). 조선시대 『효경』의 간행과 그 간본. 『서지학연구』. 38. p.325.

46 『세종실록』 권57, 1432년(세종 14) 8월 17일(계묘).

47 조경아(2011). 조선시대 사람들의 춤. 『음악, 삶의 역사와 만나다』. 국사편찬위원회. pp.181-183.

(舞鼓之伎)를 하고, 대선(大膳)을 올리면 태평년지악(太平年之樂)을 연주하고 인하여 정동방지곡(靖東方之曲)을 노래하는데, 이상의 음악 이름과 곡조 이름을 모두 의주(儀注)에 기록할 것이옵니다." 하니, 그대로 따랐다.[48]

즉, 양로연에서 공연된 춤으로는 아악 일무인 문무와 무무, 당악정재인 오양선지기, 향악정재인 아박지기와 무고지기였다. 여기서는 춤을 전문적으로 추는 무원들이 춤을 담당했다면, 일반인이 춤을 추는 경우도 양로연에서는 종종 있었다.

바로 양로연에 초대된 노인들이 추는 춤이다. 1440년(세종 22) 9월에 근정전(勤政殿) 양로연에서 잔치가 한창 무르익자 뜰 아래에서 초대된 남성 노인이 춤췄다.[49] 1440년(세종 22) 9월에는 경복궁 사정전(思政殿)에서 중궁의 주관으로 여성 노인을 초대한 양로연이 열렸다. 초대된 2백 31인의 여성 노인은 대규모의 인원이었다. 분위기가 무르익자, 늙은 할미 중에 일어나서 춤을 추는 사람도 있었다.[50]

나이가 많은 대신을 대상으로 기로연(耆老宴)을 베풀어 주기도 했는데, 이 또한 양로연의 성격이었다. 1719년(숙종 45)에 숙종은 기로신(耆老臣)에게 먼저 잔치를 베풀어 주었다. 춤 공연 종목은 숙종의 진연과 기로신 잔치에서 같았는데, 10인의 무동이 초무 · 아박무 · 향발무 · 무고 · 광수무를 공연했고, 마지막으로 무동이 아닌 5인이 처용무를 공연했다[51]([그림 7-19]).

48 『세종실록』 권61. 1433년(세종 15) 8월 8일(무자).

49 『세종실록』 권90. 1440년(세종 22) 9월 6일(을사).

50 『세종실록』 권90. 1440년(세종 22) 9월 12일(신해).

51 조경아(2009). 조선후기 의궤(儀軌)를 통해 본 정재 연구. 한국학중앙연구원 박사학위논문. pp.223-224.

그림 7-19. 기사사연도(耆社私宴圖). 『기사계첩(耆社契帖)』 1720년. 이화여대박물관.

진연의 춤

진연은 의정부 육조의 신하, 종친과 의빈의 친인척, 공신들이 왕실과 한 집안사람처럼 친애의 정을 표하는 연향이자, 정재의 중요한 무대이기도 했다. 『경국대전』에 "의정부 육조에서 단오 추석 행행(行幸) 강무(講武) 후, 왕세자와 세자빈 탄신에, 충훈부에서 네 계절의 중간 달에, 종친부와 의빈부에서 매년 두 번, 충익부에서 매년 한 번, 진연을 올린다."고 규정되어 있다. 그 밖에 왕과 중궁 및 대비의 탄신에 진연을 올렸고, 정월 초하루에 임금이 대비전에 진연을 올리기도 했다.[52] 조선 후기 연향 중에 17종 의궤에 춤이 기록되어 있는데, 이들 연향의 목적은 여성인 왕실 어른의 장수를 축원해 열린 경우가 가장 많았으며, 왕이 기로소에 들어간 것을 경축하거나, 왕의 장수 및 즉위 30년 · 40년 등을 경축하려는 것이었다.[53]

52 김종수(2003). 『조선시대 궁중연향과 여악 연구』. pp.60-63.

53 조경아(2009). 조선 후기 의궤(儀軌)를 통해 본 정재 연구. p.266. 부록으로 조선 후기 진연 때에 공연된 정재 목록이 표로 제시되었으니 참고 바람.

진연 의례의 절차 속에서는 다양한 정재가 공연되었다. 정재의 공연은 의례와 함께 진행되었다. 진풍정 · 진연 · 진찬 · 진작 · 수작에서는 정재 공연보다 의식의 진행이 우선이었다. 의식의 진행과 공연과의 상관성은 "매번 올릴 때 음악이 시작되고, 올리는 것이 끝나면 음악이 그친다."[54]라는 내용에서 알 수 있다. 즉, 연향에서는 의식 절차가 중심이고, 음악은 부수적으로 뒤따르는 것이었다.

그림 7-20. 봉수당진찬도. 『화성능행도병(華城陵行圖屛)』 중 제1첩 1795년. 국립중앙박물관.

음악 연주에 함께 수반되는 정재 공연도 마찬가지였다. 연향에서 어떤 새로운 절차가 시작되면, 그에 따라서 음악이 시작되고, 절차를 마치면 진행 중인 정재 공연이라도 끝마쳐야 하는 것이다. 이는 진연에서 의례가 악무보다 중시되었던 측면을 보여준다.[55]

진연은 참석자의 구성에 따라 내연(內宴)과 외연(外宴)으로 나뉜다. 외연을 실질적으로 정치를 주도하는 군신이 주축이 되는 연향이라 한다면, 내연은 왕실 가족 및 친인척과 명부가 주요한 참여자가 되는 연향이다.[56]

주빈과 참석자의 차이로 인해, 내연과 외연에서 정재가 공연되는 양상도

54 송방송 · 조경아 · 이재옥 · 송상혁(2007). 『국역 순조기축진찬의궤』 권3 부편. p.159.

55 조경아(2009). 조선후기 의궤를 통해 본 정재 연구. p.98.

56 김종수(2003). 위의 책. pp.80-81.

다르게 나타났다. 조선 후기 내연과 외연은 의궤 기록을 통해 자세히 알 수 있다. 우선, 내연과 외연의 정재별 출연진의 규모는 내연에서 더 컸다. 내연에서 정재를 공연한 여령(女伶)이 외연에서 정재를 공연한 무동보다 대부분 많았다. 다음으로, 공연된 정재 수는 대부분 내연에서 더 많았다. 마지막으로 내연과 외연에 선정된 정재 종목의 내용을 보면, 외연보다는 내연에서 당악정재와 향악정재가 다양하게 공연되었으며 메시지를 담은 창사도 다수 불려졌다. 즉, 정치성이 짙고 엄격한 격식으로 예를 갖춘 외연에서는 정재가 소략하게 구성되었고, 상대적으로 정치성이 약하고 가족적인 연향으로 격식성이 덜한 내연에서는 정재가 다채롭고 풍성하게 구성되었다. 예(禮)와 악(樂)의 관계로 의례와 정재의 관계를 상정할 때, 예가 큰 곳에서는 악도 크다고 예상할 수 있는데, 정재의 경우는 그렇지 않았다. 예(의례)가 성한 곳에서 악(정재)은 소략하게 나타났고, 예(의례)가 비교적 소략한 곳에서 악(정재)이 성했다.[57]

1765년(영조 41)의 수작(受爵) 의례에서는 춤 종목 구성이 독특하다. 제1작을 올릴 때, 아악 일무인 문무(文舞)와 무무(武舞)가 공연되었으며, 각각 18인씩 구성되었다. 이 경우 외에는 조선 후기 진연 때에 아악 일무가 공연된 경우가 없었다. 이 수작례에서 무동 8명이 속악(俗樂)을 담당했는데, 어떤 정재를 공연했는지는 알 수 없으며, 처용 5인은 별도로 배정되었다.[58]

나라 손님을 맞이할 때 추는 빈례의 춤

중국 사신 의례의 춤

사객연(使客宴)은 중국에 대한 사대(事大)와 일본 유구국(琉球國) 등에 대

57 조경아(2014). 조선 후기 내연(內宴)과 외연(外宴)의 정재 구성 비교. 『무용역사기록학』. 제34호. 무용역사기록학회. p.252.

58 英祖 乙酉年 受爵儀軌 卷2.28b9-10a12. '雅樂賞格秩' '俗樂賞格秩.'

한 교린(交隣)을 위해 각 나라의 사신에게 베푸는 연향이다.[59] 명 사신과 청 사신이 궁중에서 향유한 조선의 춤은 주로 정재였다. 사신연(使臣宴) 악무는 국제 관계 속에서 이뤄진 것이므로 중요하게 여겼다.

조선 초기 의례의 정비 과정에서 사신연의 악무는 가장 먼저 언급되었다. 1402년(태종 2) 6월에 예조(禮曹)에서는 의례의 절차를 정비할 때에, '국왕연사신악(國王宴使臣樂)'과 '의정부 연조정사신악(議政府宴朝廷使臣樂)'에서 공연되는 정재의 종목을 결정했다. '국왕연사신악'[60]에서는 11잔을 올리는 의례의 절차에 따라 모두 5종목의 정재가 공연되었다. 제3작에서 오양선, 제4작에서 연화대, 제5작에서 포구락, 제6작에서 아박, 제7작에서 무고를 공연했다. 다음으로 '의정부 연조정사신악'에서는 8작을 올리는 의례의 절차에 따라 연화대 · 아박 · 무고 정재가 공연되었다.[61]

조선 초기에는 명나라와의 관계를 염두에 둔 악무 창작도 적극적으로 이어졌다. 태종대에 창작된 〈근천정〉 · 〈수명명〉과 세종대에 창작된 〈하황은〉 · 〈하성명〉 · 〈성택〉 정재는 모두 명 사신을 위한 연향에서 쓰기 위한 목적으로 만들어졌다. 명과의 조공-책봉 관계가 춤의 내용으로 여실히 드러나는 대목이다. 세조대 사신연에는 조선 태조의 승전을 상징적으로 표현한 〈정대업〉이 공연되기도 했다.

명 사신을 위한 춤 공연을 주로 여악이 담당했다면, 청 사신을 위한 춤 공연은 주로 무동이 담당했다는 점이 가장 큰 변화였다. 또한 명 사신을 위한 연향에서는 명나라를 칭송하는 내용이 적극적으로 정재 창사에 반영되었

59 김종수(2003). 『조선시대 궁중 연향과 여악 연구』. p.60.

60 '樂'이라는 한자의 범주에 춤이 들어 있음을 주의 깊게 봐야 한다. '국왕연사신악'이라는 제목에 반주 음악과 정재가 함께 포함되어 있다. 대부분 '樂'을 음악, 혹은 풍악이라고 한정해 번역하는 경우에 번역문만 읽는 사람은 '춤'이 제외되어 있다고 인식하기 때문에 주의를 요한다. 따라서 다시 원문을 중심으로 전통 시대의 기록을 살펴보면 춤이 존재했던 영역이 확장될 가능성이 크다.

61 『태종실록』 권3. 1402년(태종 2) 6월 5일(정사).

표 7-1. 청 사신 입경연향의

의례 절차	춤	음악	무동 복색
제1작	광수무(廣袖舞)	보허자악(步虛子樂)	남의(藍衣)
제2작	아박무(牙拍舞)	정읍악(井邑樂)	흑수의(黑繡衣)
제3작	향발무(響鈸舞)	보허자악	홍의(紅衣)
제4작	고무(鼓舞)	정읍악	남의
제5작	광수무	여민락(與民樂)	녹의(綠衣)
제6작	광수무	여민락	심록의(深綠衣)
제7작	광수무	여민락	녹의
제8작	광수무	여민락	남의
제9작	광수무	여민락	남의
완배례	사무(私舞)	향악(鄕樂)	남의

다면, 청 사신을 위한 연향에서는 정재 창사에 청 사신을 위한 내용을 담지 않았다. 청 사신을 위한 사신연의 춤은 『통문관지(通文館志)』(1720)에 따르면, 광수무 · 아박무 · 향발무 · 무고 등 네 종목이었는데, 모두 내용보다는 움직임 위주의 정재로 종목이 구성되었다. 청 사신이 사신연의 의례 절차에 따라 어떤 정재 공연을 보았는가는 『통문관지』 권4의 '사대(事大)' 부분의 기사에 비교적 자세하다.[62] 그 내용을 간략히 정리하면 〈표 7-1〉과 같다.

---

62 『通文館志』 권4.22a10-24b2. '入京宴享儀' "(상략)···奏步虛子樂, 藍衣, 廣袖舞. 副提調一員及提擧二員, 各執盞受酒【第一酌】副提調詣殿下跪進. 提擧二員詣兩使前跪進. 殿下執盞, 與兩使竝揖擧酒訖. 相揖.【樂止○凡酌酒皆提調爲之】奏與民樂, 提擧二員, 分就兩使前跪割肉. 提調詣殿下前跪割肉. 進饅頭擧筯訖.【樂止】進第二酌, 奏井邑樂, 黑繡衣, 牙拍舞. 進湯初味擧筯訖.【樂止】第三酌, 奏步虛子樂, 紅衣, 響鈸舞. 第四酌, 奏井邑, 樂藍衣, 鼓舞. 第五酌, 奏與民樂, 綠衣, 廣袖舞. 第六酌, 奏與民樂, 深綠衣, 廣袖舞. 第七酌, 奏與民樂, 綠衣, 廣袖舞. 第八酌 · 第九酌, 奏與民樂, 藍衣, 廣袖舞, 竝如上儀. 自第二酌後, 必奏與民樂而進湯. 七味然後請完杯禮, 奏鄕樂, 藍衣, 私舞, 完杯訖."

숙종대 편찬된 『통문관지』와 유사한 시기에 청 사신 아극돈(阿克敦, 1865-1756)의 조선 사행 견문을 묘사한 화첩과 그림에 대한 제시와 발문을 모은 서첩이 『봉사도(奉使圖)』로 제작되었다.[63]

그림 7-21. 무동의 향발무. 정여, 『봉사도』 제18폭, 관소 연청 전연 부분. 중국민족도서관.

『봉사도』 제18폭([그림 7-21])은 명 사신이 청국으로 돌아가는 날에 교외에 마련된 연청에서 전송하는 잔치[餞宴] 장면이다. 칙사의 자리를 남별궁 연청의 동벽에 서향으로 마련했고, 국왕의 자리를 서벽에 동향으로 마련했다. 몸이 불편한 숙종을 대신해 왕세자 이윤(李昀; 景宗, 1688-1724)이 교외로 출궁해 곤룡포에 익선관 차림으로 연회에 참석했다.[64] 왕세자와 청 사신 뒤에는 각기 조선의 신하와, 청 사신 일행이 네 명씩 배치되었다. 무대 중앙에는 두 명의 연청 앞 오른쪽 막차(幕次)에는 악공들이 서서 연주하는 모습이 보이며, 왼쪽 막차에는 무동들이 다음 순서를 기다리는 듯하다.

두 명의 무동이 중앙에서 큰 돗자리로 마련된 무대에서 춤을 추고 있다. 각기 안쪽 팔을 치켜 올리고, 바깥쪽 팔을 내리면서 서로 상대(相對)해 춤추는 모습이다. 이 춤은 무엇일까? 무구(舞具)가 두드러지지 않아 그림만으로는 명확한 식별이 어려우나, 『통문관지』에서 제3작 향발무의 의상만 유일하게 '홍의(紅衣)'였으므로, 향발무로 추정된다.[65]

---

63 정은주(2012). 『조선시대 사행기록화』. 사회평론. pp.347-355.

64 위의 글. p.393.

65 조경아(2014). 조선시대 중국 사신의 춤 향유. 『무용역사기록』. 제35호. 무용역사기록학회. pp.147-149.

일본 사신 의례의 춤

조선 전기에 일본 국왕의 사신이 도착하면 한강에서 환영연을 열었고, 여러 거추(巨酋)의 사신은 동평관(東平館)에 도착했을 때 처음으로 환영연을 베풀어 주었다.[66] 『경국대전』의 「대사객(待使客)」에 따르면, 서울에서의 연향은 첫째, 일본 사신이 수도에 도착하는 날에 예빈시(禮賓寺)에서 영접해 위로연을 베푼다. 둘째, 하례하는 날에 임금이 대궐 안에 연회를 차려준다. 셋째, 하직 인사를 하는 날에도 연회를 차려준다. 넷째, 예조에서 연회를 차려주며, 마지막으로 돌아갈 때에도 송별연을 차려주었다.

일본 사신은 궁중 연향에서 어떠한 춤을 보았을까. 『세종실록』에 기록된 연인국사의(宴隣國使儀)에는 빈례로 진행된 의례 절차가 자세히 전한다. 그러나 음악과 춤에 대해서는 술잔을 올릴 때, "속악(俗樂)과 잡기(雜伎)를 사용한다"는 짤막한 내용만 전하므로,[67] 구체적인 춤 종목을 알기 어렵다. 『국조오례의』 권5의 「빈례(賓禮)」에 수록된 인국 사신(隣國使臣)에게 연회(宴會)하는 의식에서도 "곡(曲)과 춤은 그때에 품주하여 교지(敎旨)를 받는다"[68]는 간략한 내용만 전할 뿐 춤 종목이 등장하지 않는다. 다만 음악과 춤을 미리 아뢰어 임금의 하교로 정해진다는 원칙은 알 수 있다.

일본 사신은 세종대에 회례연에 참석해 남악(男樂)이 공연한 〈문무〉·〈무무〉·〈몽금척지기〉·〈오양선지기〉·〈동동지기〉·〈무고지기〉를 감상했고, 단종대에는 여악(女樂)이 공연한 〈봉래의〉를 보았던 듯하다. 세조대에 회례연에 참석한 일본 사신은 〈정대업지무〉와 〈보태평지무〉를 향유했고, 성종대에 일본 사신은 〈초무 금척무〉를 비롯해 임금이 지정한 정재를 볼 수 있었다. 중국 사신연을 위해서는 정재를 만드는 경우가 있었으나, 일본 사신을 위해 별도로 만든 정재는 없었고, 일본 사신을 배려한 공연 종목도 언급

---

66 신숙주 지음, 신용호 외 주해, 『해동제국기』, p.157. '서울에서 맞이하고 보내는 연회.'

67 『세종실록』 「오례」 빈례, 연인국사의(宴隣國使儀).

68 법제처 편, 『국조오례의(國朝五禮儀): 2』(법제처, 1981). pp.315-318.

되지 않았다. 사대의 대상이었던 중국과 교린의 대상이었던 일본은 춤 공연 종목에서도 뚜렷한 차이를 보였다. 특히 중국 사신이 참여하지 않았던 회례연에 일본 사신이 참여한 기록이 많이 보이는데, 거기에서 조선 왕업을 칭송한 내용의 〈봉래의〉나 〈정대업지무〉, 〈보태평지무〉를 일본 사신이 향유했다는 점이 특징적이다.[69]

나라의 재앙을 물리치는 군례의 춤

군례(軍禮)는 군대와 관련된 의례다. 열병 의식, 사냥을 하며 무술을 조련하는 강무 의식, 출정 의식 그리고 왕이 활쏘기를 하는 의례인 친사의(親射儀)도 군례에 속한다.[70]

12월 말, 제야의 밤에 연행되는 계동대나의(季冬大儺儀)는 12명의 가면 동자 및 방상씨들이 노래와 춤을 연행했다. 이 세시 행사에는 역신을 몰아내는 나례의(儺禮儀, 驅儺儀)를 거행했다. 관상감(觀象監)에서 행사 하루 전에 12세에서 16세의 '진자(侲子: 아이)'를 48명 선정했는데, 이들은 가면과 붉은 두건과 웃옷을 입고 채찍을 잡는다. 방상씨로 꾸민 4인과 붉은 두건과 웃옷을 입은 악공 20명을 진자들이 따라다니며 노래를 부르는데 이때 춤을 추었을 가능성도 있다. 나례군 일행이 사대문(四大門: 흥인문 · 숭례문 · 돈의문 · 숙정문) 주변에서 제사를 지내면 나례가 끝난다. 나례의를 마치면 관처용놀이로 이어져 학 · 연화대 · 처용무합설이 공연되었다.[71] 즉, 군례로 행해진 나례의에서 진자들이 노래와 함께 춤을 추었을 가능성과 함께 정재 학 · 연화대 · 처용무합설이 곁들여져, 나라의 재앙을 물리치는 목적으로 기

69 조경아(2015). 조선시대 일본 사신의 춤 향유. 『무용역사기록』. 제37호. 무용역사기록학회. pp.190-191.

70 송지원(2010). 『장악원, 우주의 선율을 담다』. 추수밭. p.80.

71 김영희 · 김채원 · 김채현 · 이종숙 · 조경아(2014). 『한국춤통사』. p.162.

그림 7-22. 「태평연도(太平宴圖)」
전라북도 유형문화재 제139호. 개인 소장.

능을 했던 것이다.

군례의 성격을 보이는 그림 속에 춤이 있어([그림 7-22]) 주목된다. 「태평연도(太平宴圖)」라는 이 그림은 1728년(영조 4) 이인좌의 난을 평정한 후 창덕궁의 인정전에서 잔치를 연 모습을 그린 그림이다. 무신들이 주로 잔치에 참여하고 있는데, 정전 뜰에는 오방 처용무와 5인의 무동이 함께 처용무를 추고 있다. 화면 오른편에는 북이 있으니, 무고 정재도 공연 종목으로 포함되었을 것이며, 화면 왼편에는 포구문이 있으니, 포구락 정재도 공연되었을 것이다. 난을 평정한 이후에, 그 기쁨으로 잔치가 열렸고, 그러한 잔치에서 무동의 정재가 공연되었던 것이다.

3. 관아, 지방 의례의 춤

양로연의 춤

노인들을 위한 양로연(養老宴)은 궁궐뿐만 아니라 왕이 행행(行幸)하는 지방의 길목에서도 이뤄졌다. 1528년(중종 23) 10월 15일에는 중종이 20여 년

만에 세종대왕과 소헌왕후 심씨의 능인 여주 영릉(英陵)에서 참배를 드렸다. 중종의 행차가 궁궐로 돌아가는 길에는 차례대로 여주-이천-용인의 노인들을 위해 양로연을 베풀었고, 그 자리에서 노인들은 춤으로 영광과 기쁨을 표현했다. 예컨대, 중종이 친제를 지낸 날인 15일에는 여주에서 양로연을 베풀었다. 여주 목사도 참여했는데, 중종은 정광필(鄭光弼, 1462-1538)과 심정(沈貞, 1471-1531)에게 여주의 노인들에게 춤추기를 권하는 것이 어떠한지 의견을 물었다.

> "지금 재변(災變)이 있으므로 음악을 쓰지 않아야 하겠으나, 노인들을 위해 음악을 연주하려 한다. 성종조의 옛일을 보면 노인이 다 일어나 춤추었거니와 지금은 재변이 있으므로 일어나 춤추게 하는 것이 미안하나 노인을 위한 일이고 또 드문 거사이니 궁벽한 촌간의 노인이 다 일어나 춤추게 하여 영행(榮幸)을 보이는 것이 어떠한가?" 하니, 정광필과 심정이 아뢰기를, "저 궁벽한 촌간의 노인이 이러한 성사(盛事)를 만났는데 어찌 우연하겠습니까? 재변이 있는 때일지라도 뭇 신하와 연락(宴樂)하는 것이 아니라 만대에 유전(流傳)할 성사이니, 늙은 사람을 다들 기쁘게 하여 일어나 춤추게 하는 것이 옳겠습니다." 하니, 상이 주서(注書)를 시켜 노인들에게 말해 일어나 춤추게 했다.[72]

재변은 전날인 14일에 번개가 친 것을 말하는데,[73] 하늘의 변고가 있으면 자숙해 삼가는 뜻으로 음악을 연주하지 않았다. 그러나 여주에 임금이 거둥해 베푸는 양로연은 매우 드문 기회이기 때문에 중종은 권도(權道)를 발휘해 노인들을 위한 음악을 연주하고 춤추게 해 기쁨을 한껏 누리도록 한다. 그뿐만 아니라 서울의 양로연에서는 양로연 참석자에게 가자(加資)를

72 『중종실록』 권63, 1528년(중종 23) 10월 15일(계축).

73 『중종실록』 권63, 1528년(중종 23) 10월 14일(임자).

그림 7-23. 해영연로도(海營燕老圖). 『풍산김씨세전서화첩(豊山金氏世傳書畵帖)』. 1725년경. 개인 소장.

주지만 시골 노인에게는 때때로 하지 못한다고 하여, 노인 중에 양인에게는 가자를 주고 천인에게는 관목면(官木綿) 2필과 정포(正布) 2필을 주는[74] 자상한 배려도 잊지 않았다.[75]

[그림 7-23]의 해영연로도(海營燕老圖)는 노인들이 양로연에서 춤을 추었던 모습이 그대로 나타난다. 이 그림은 김양진(金楊震, 1467-1535)이 황해도 감영에 있을 때, 양로연을 베푼 장면이다. 마당에 두 기녀가 춤을 추고 있고, 화면 오른편에 초대받은 노인들이 두 손을 높이 올려 기쁨의 춤을 추고 있는 것이 확인된다. 아마도 양로연 잔치에서는 춤이 적극적으로 권장된 듯하다.

74 『중종실록』 권63, 1528년(중종 23) 10월 15일(계축).

75 조경아(2011). 조선시대 사람들의 춤. 『음악, 삶의 역사와 만나다』. pp.185-186.

사신연의 춤

지방에서 중국 사신연의 춤

명 사신이 서울로 들어오는 주요한 길목에서는 잔치와 춤이 베풀어졌다. 명 사신이 들어오는 대륙 사행로는 의주(義州)- 정주(定州)- 안주(安州)- 평양(平壤)- 황주(黃州)- 개성(開城)- 한성(漢城)이었다. 성종대에는 이곳에 재상(宰相)과 승지(承旨)들을 보내 잔치를 베풀고 상을 내려주었으며, 원접사(遠接使)·관찰사(觀察使)도 사신이 이르는 곳마다 잔치를 베풀었다.[76]

명 사신이 들어오는 관문인 의주부터 공연이 있었다. 1595년(선조 28)에 명 사신을 위해 의주에서 잔치를 베풀었으며 창악(娼樂)이 곁들여졌다.[77] 정주에서의 춤 공연은 1539년(중종 34)의 기록도 전한다. 기녀의 춤(妓舞)을 기둥 밖에 준비시켰는데, 명 사신은 마루에서 무악(舞樂)을 하도록 명하고 의자에 기대어 관람했다.[78] 원래 무대는 기둥 밖인 야외였는데, 명 사신은 기녀의 춤을 좀 더 가까이 보고 싶었던지 마루에서 무악을 하도록 한 것이다. 명 사신인 예겸(倪謙, 1415-1479)이 조선에 사신으로 왔다가 남긴 기록인 『조선기사(朝鮮紀事)』[79]에 아래와 같은 내용이 전한다.

> 안흥관(安興館)에 이르니, 왕이 예조참판 이변(李邊)을 보내 와서 안무를 묻고 연회를 베풀었다. 성대하게 꾸민 여악(女樂) 30여 무리가 두 줄로 서서 각자 악기를 품고 대청에 올라 꿇어앉았다. 이변은 "이는 왕명을 받들어 서울에서

---

76 『성종실록』 권110. 1479년(성종 10) 윤10월 11일(계해); 『성종실록』 권129. 1481년(성종 12) 5월 16일(경인).

77 『선조실록』 권62. 1595년(선조 28) 4월 18일(경신).

78 『중종실록』 권90. 1539년(중종 34) 4월 6일(계묘).

79 『조선기사(朝鮮紀事)』는 예겸이 이끈 사신 일행이 1450년 정월 초하루부터 1월 10일 요동을 출발해 2월 3일 압록강을 다시 건너 귀국할 때까지 모두 62일간의 여정을 일기체로 기록한 여행기다.

데리고 와서 받들게 한 것이다."라고 진언했다. 그러나 엄하게 꾸짖으며 사양하고, 이들을 내쳐서 물러나게 했다. 연회에는 평안도 도관찰사 한확(韓確)과 안주(安州) 목사 박이녕(朴以寧)이 동석했다.[80]

위의 기록에서 주목되는 점은 두 가지다. 첫째는 서울에서 안주까지 30인의 여악이 파견되었다는 점이다. 안주 지역도 주요 사행로이므로, 교방에 소속된 여악이 있었을 것이다. 그런데도 예조참판이 특별히 가무악을 담당할 여악 30인을 서울에서부터 데려와 출장 공연을 준비했다는 사실이 이채롭다. 둘째는 명 사신이 여악을 거부해서 공연이 이뤄지지 못했다는 점이다.

평양에서 명 사신들은 동기(童妓)의 춤을 비롯해 다양한 구경거리를 즐겼다. 1537년(중종 32)에 명 사신들이 평양 대동문(大同門)에 이르러 선 채로 광대들의 잡희를 구경했다. 이튿날 잔치에서는 어린 기녀 4명에게 첩리(帖裏) 차림에 우립(羽笠)을 쓰고 추는 춤을 보았는데, 명 사신이 즐거워하며 국왕께서 늘 성대한 예를 보여주어 매우 감사하다고 했다.[81] 평양에서 어린 기녀가 추었던 춤은 무엇일까? 의상이 군복인 점을 미뤄보아 4인 검무였을 것이다.

지방의 사행 노정에서 중국 사신은 접대 의례 후에 베풀어진 잔치에서 다양한 춤을 향유했다. 기록의 한계로 구체적인 춤 종목이 드러나는 것은 검무 정도에 그치지만, 기녀와 동기의 공연을 비롯해 무동의 공연까지 지방의 사행 노정에서 즐길 수 있었다. 때로 지역의 공연을 위해 서울에서 30여명의 여악 공연단이 파견된 사례도 있었다. 사행 노정에서 산대 잡희도 빠지지 않고 등장하는데, 잡희 안에도 춤의 존재가 있었다.[82]

---

80 『사조선록 역주 2』. 조선기사(朝鮮紀事). 김한규 옮김(2012). 소명. p.69.

81 『중종실록』 권84. 1537년(중종 32) 3월 4일(계미).

82 조경아(2014). 조선시대 중국 사신의 춤 향유. 『무용역사기록』. 제35호. pp.131-137.

지방에서 일본 사신연의 춤

임진왜란 이전에 삼포와 노정과 서울에서 베풀어 주었던 일본 사신 연향이, 임진왜란 이후에는 동래 지역으로만 한정되어 베풀어졌다. 따라서 일본 사신을 위한 의례에서의 춤도 동래에서만 이뤄졌다. 임진왜란 직전에 일본 사신연에 남악을 쓰도록 정했고, 임진왜란 이후에 동래에서 연향을 마련해야 했는데, 동래에서는 남악 마련의 고충이 컸다.[83]

남악을 준비하기 어려운 동래 지역의 형편과 함께, 왜인들도 남악보다는 여악을 요청했다. 1612년(광해군 4) 9월에 "왜인을 접대할 때 여악을 베풀지 않은 탓으로 화를 많이 내고 있다고 하는데, 어떻게 하면 좋겠는가?"라고 광해군이 물으니, 이덕형은 여악을 베풀더라도 무방하다고 대답한다.[84] 결국 이 시기에 일본 사신연에 다시 여악을 쓰게 되었다.

「동래부사접왜사도(東萊府使接倭使圖)」 그림을 보면, 일본 사신을 위한 연향 공간의 이해를 돕는다. 이 그림은 1813년 이후의 작품으로 정선(鄭敾, 1676-1759) 화풍이 반영되었다고 한다. 동래부사가 일본 사신을 맞이하는 장면이 그려져 있다([그림 7-24]).[85]

연대청 안의 동편에는 조선측의 관원들이, 서편에는 일본 사신들로 나뉘어 있다. 자리 배치로만 보아도 중국 사신은 동편에 자리해 우위에 놓았던 반면에, 일본 사신은 서편에 자리해 조선을 더 우월하게 여겼던 점이 달랐다.

연대청의 중앙에서는 춤추는 4인의 기녀가 보인다. 안쪽의 2인은 연소기(年少妓) 혹은 동기(童妓)이며, 바깥쪽 2인은 머리를 올린 염발기(斂髮妓)로서 성인 기녀다. 동기의 복식은 홍색 치마에 노란 저고리이며, 기녀는 푸른 치마에 남색과 분홍색 저고리를 입었다. 저고리가 좁고 짧은 형태인 것은 동

---

83 『광해군일기』 권46. 1611년(광해군 3) 10월 10일(병자).

84 『광해군일기』 권57. 1612년(광해군 4) 9월 18일(기유).

85 신남민(2008). 동래부사접왜사도병 연구. 한국학중앙연구원 석사논문. pp.66-68.

그림 7-24. 연대청에서 기녀의 4인무.
「동래부사접왜사도(東萊府使接倭使圖)」 7폭 부분.
국립중앙박물관.

기나 기녀나 같다.

네 기녀가 추는 춤은 무엇일까. 둘씩 상대해 춤을 추고 있으며, 무구를 들지 않은 맨손 춤이다. 동기는 두 팔을 모두 나란히 옆으로 벌리고 있는 반면에, 동편의 염발기는 두 팔을 모두 옆으로 벌리고 있으나, 서편의 염발기는 왼팔을 내리고 오른팔만 올리고 있는 장면이다. 기녀의 동작이 대칭되지 않는 것으로 보아 그림에 약간 오류가 있는 듯이 보인다. 초무 혹은 입춤이 떠오르기는 하지만, 구체적으로는 알 수 없다. 춤을 추는 기녀 아래에는 머리 얹은 세 기녀가 앉아서 대기하고 있다. 아마도 다음 순서를 기다리고 있는 듯이 보인다. 「동래부사접왜사도」의 연대청 연향 장면은 비록 무슨 춤을 추는지 알 수 없으나, 춤을 추는 맥락을 시각적으로 보여준다. 외교사절로 온 일본 사신을 맞이하는 엄중한 의례의 절차에 따라 춤이 공연되었다. 이는 조선 시대 춤의 국제 교류 현장이자, 엄중한 의례 속에서 춤이 공연되는 무대였다.[86]

지방 관아의 춤

지방 관아에서 주관하는 의례 속에도 춤이 다양하게 존재했다. 예컨대, 지방 수령들이 공식적으로 개최한 연향으로는 과거 급제자의 축하연이

86 조경아(2015). 조선시대 일본 사신의 춤 향유. 『무용역사기록』. 제37호. pp.181-191.

있다.

평양에서는 평안도의 도과(道科)를 시행하고 급제자를 발표한 후에, 대동강에서 유희를 베풀었다고 한다. 「평안감사향연도」에는 평양에서 시행한 도과 급제자를 위한 잔치가 기록되었다.[87] 이런 잔치자리에서는 평양의 기생들이 정재를 담당했다. [그림 7-25]의 맨 위부터 헌선도 · 오방처용무 · 포구락 · 검무 · 무고의 춤이 그려져 있다. 이들은 동시에 공연된 것이 아니라, 한 화폭에 담으려고 했던 것이다. 평양에 기예가 뛰어난 기녀가 다수 포진해 있으므로, 지방 관아 중에서 춤 실력도 매우 뛰어났을 것이다.

그림 7-25. 부벽루연회도. 「평양감사향연도」. 국립중앙박물관.

4. 사가, 개인 의례의 춤

국가나 지방 관아 단위의 의례가 아닌, 개인들이 주관하는 의례에서도 춤이 존재했다. [그림 7-26]은 1605년(선조 38) 4월의 경수연(慶壽宴)을 기록한 것이다. 일종의 개인적 차원의 양로연이라고 할 수 있다. 계원 명단이 별도로 작성되어 있으므로, 이들 계원이 비용을 함께 내고, 부모님의 장수를 축하하는 잔치를 마련한 것이다. 이때 이동지 대부인 정부인 인천 채씨는 103세의 최고령자로 참여했고, 진흥군 대부인 정경부인 파평 윤씨는 83세로

87 이훈상(2008). 조선 후기 지방 파견 화원들과 그 제도, 그리고 이들의 지방 형상화. 『동방학지』. 제144집. 연세대 국학연구원. p.339.

참여했다. 고령자인 대부인 10명과 차부인 10명이 참석 대상이었다. 어머니들을 위해 마련한 잔치였다.

이 잔치에서도 춤이 빠지지 않았다. 화면의 가운데에 남자 2인이 서로 상대해 춤을 추고 있다. 『경수연도첩』 앞부분의 절목에 따르면, 상수(上壽)는 계원에 한하며, 상수가 끝난 후에는 두 사람이 짝을 이뤄 춤을 춘다고 기록되었다(每以二員爲耦入舞).

『선묘조제재경수연도(宣廟朝諸宰慶壽宴圖)』는 1605년 4월에 거행된 경수연을 다섯 장면에 그린 것이다. 이 경수연은 1603년(선조 36) 1월에 이거(李遽, 1532-1608)의 모친 채씨가 만 100세가 되었다는 보고를 받은 선조가 물자를 하사하고 한성부판윤을 제수함으로써 모친을 기쁘게 했던 사실에서 비롯되었다. 채씨가 102세가 된 1605년 4월에는 70세 이상 노모를 모시고 있는 13명이 계(契)를 결성했다. 선조는 특령을 내려 비용을 보조하게 하고 '경수연'을 열게 했다. 제3장면은 선조가 내린 사악(賜樂)으로 무동의 춤이

그림 7-26. 자제의 춤. 경수연도(慶壽宴圖). 『경수연도첩』. 1605년. 서울역사박물관.

그림 7-27. 무동의 춤 『선묘조제재경수연도(宣廟朝諸宰慶壽宴圖)』 제3장면. 1605년.

그림 7-28. 자제의 춤 『선묘조제재경수연도(宣廟朝諸宰慶壽宴圖)』 제5장면. 1605년.

공연되고 있었다. 소매 밖으로 나온 붉은 매듭실로 볼 때, 향발로 추정된다. 제5장면은 바로 자손들이 당에 올라 대부인들에게 배례 및 헌수하고 두 명씩 짝지어 춤을 추는 모습을 그렸다.[88] 연로한 부모 앞에서 춤을 추었던 것은, 늙은 나이에도 어머니를 기쁘게 하기 위해 노래자(老萊子)가 색동옷을 입고 춤을 추었던 고사를 실현한 것이었다.

[그림 7-29]는 1602년(선조 35) 5월에 의주 객관인 청심당에서 개최된 계회를 그린 그림이다. 동방 과거시험에 합격한 동기생들은 형제에 비유될 정도로 일생 동안 유대 관계를 형성했다. 특히 사마시(司馬試)는 벼슬길로 나아가는 관문이어서 동류 의식은 더욱 돈독했다. 사마시에 함께 합격한 5인이 함경도 의주에서 만나 계회(契會)를 열고 이를 기념해 만들었다.[89]

88 박정혜 · 이예성 · 양보경(2005). 『조선왕실의 행사그림과 옛지도』. 민속원. pp.127-129.

89 국립국악원 편(2004). 『조선시대 음악풍속도 II』. 민속원. pp.221-222.

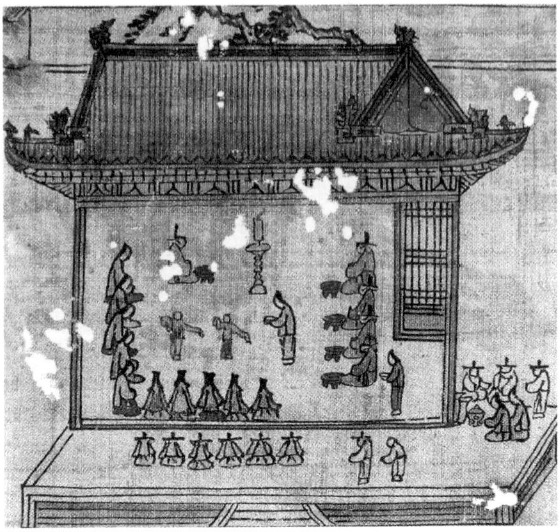

그림 7-29. 「기축사마동방록(己丑司馬同榜綠)」 부분. 1602년(선조35).
진주 유씨 모산종택.

이런 계회의 의례에서도 춤이 곁들여졌다. 2인의 무동이 주빈들 가까이에 자리해서 춤을 추어 흥을 돋우었다.

5. 의례 속의 춤, 그 현재적 울림

『예기』「악기」에 "기쁘기 때문에 말하고, 말하는 것만으로는 부족하므로 노래부르고, 노래부르는 것만으로는 부족하므로 감탄하며, 감탄하는 것만으로는 부족하므로 자신도 모르게 손으로 춤을 추고, 발로 춤을 춘다."라고 했다. 춤은 기쁜 감정을 가장 극대화시킨 예술이다. 『악학궤범』에서는 악(樂)의 효용성에 대해 이렇게 언급했다. "악이라는 것은 하늘에서 나와 사람에게 머무르는 것이요, 빈 것에서 발생해 자연에서 완성되니, 사람의 마음으로 하여금 느끼고 움직이게 해서, 혈맥을 뛰게 하고, 정신을 유통케 한다."[90] 느끼고 움직이게 하고, 혈맥을 뛰게 하고, 정신을 유통케 한다는 악의 효용성은 현대에도 여전히 요청된다. 악의 효용은 조선 시대에 다양한 춤판 속에서 살아날 수 있었다.

국가 오례에서, 지방 관아 의례에서, 개인 의례에서 춤의 판이 마련되었다. 대부분 춤에 전문적인 무동이나 기녀가 춤을 담당했지만, 때로는 비전문인도 춤을 추었다. 자식으로서 어버이 앞에서 춤을 추기도 했고, 즐거운 마음을 이기지 못해 양로연에 참석한 노인들이 춤추기도 했다. 앞에서 든 다양한 사례들을 통해 엄숙하리라 예상했던 조선 시대의 의례 안에서 춤이 존재하는 양태가, 오히려 현재보다도 다양하고 광범위하다는 사실을 알았다. 현재의 수준에서는 각 의례에서 춤이 존재했다는 것을 확인하는데 그치지만, 우리에게 던지는 묵직한 울림이 있다.

근대 이후 극장춤의 발달이, 오히려 삶에서 춤을 멀어지게 한 것은 아닌지 반문해 볼 시점이다. 춤의 전문성 추구가 삶과는 동떨어진 감상용으로만 머물러 있는 것은 아닌지 성찰이 필요하다. 조선 시대에 춤이 어디에 머물러 있었던가를 보면, 오히려 춤 기량이 극도로 발달한 현재보다 더 많은 삶의 영역에 침투해 있었다.

조선 시대에는 의례가 있는 곳, 의식이 있는 곳에 춤이 포함된 악이 존재했다. 현재에도 여전히 의식이 있으나, 의식이 있는 곳에 춤이 포함된 경우는 오히려 적은 편이다. 의례를 삶의 중요한 순간이라고 한다면, 현재는 삶의 중요한 순간에 춤이 존재하지 않는 경우가 더욱 많아진 것이다.

근래 커뮤니티 댄스의 대두는 독립적인 공연예술로 존재한 춤의 발달이, 삶과의 거리가 동떨어진 춤 현실에 관한 비판적 대안으로 해석될 수 있다. 즉, 삶의 중요한 현장으로 다시금 춤을 가져오려는 모색이 커뮤니티 댄스

90 "樂也者, 出於天而寓於人, 發於虛而成於自然, 所以使人心, 感而動, 盪血脈, 流通精神也." 『樂學軌範』 序.

가 아닐까 한다. 그런 맥락에서 본다면, 조선 시대의 춤 전통에서 우리가 길어올려야 하는 유산은 춤의 형식보다는, 춤과 삶의 공존이라는 지점이라 생각한다. 이것이 오늘날 춤의 위기에, 새로운 모색이 되지 않을까 한다.

참고 문헌

원전 및 주석서

『景慕宮儀軌』.

『受爵儀軌』.

『樂學軌範』.

『通文館志』 → 한국고전번역원(http://db.itkc.or.kr)

『弘齋全書』 → 한국고전번역원(http://db.itkc.or.kr)

『국역 증정교린지』 → 한국고전번역원(http://db.itkc.or.kr)

『국조오례의』. 법제처 옮김(1982). 서울 : 법제처.

『국역 순조기축진찬의궤: 권3 · 부편』. 송방송 · 조경아 · 이재옥 · 송상혁 역주(2007). 서울 : 민속원.

『사조선록 역주 2』. 김한규 옮김(2012). 서울 : 소명출판.

『신역 악학궤범』. 이혜구 역주(2000). 서울 : 국립국악원.

단행본 및 논문

국사편찬위원회 편(2011). 『음악, 삶의 역사와 만나다』. 서울: 경인문화사.

김문식 · 김지영 · 박례경 · 송지원 · 심승구 · 이은주(2011). 『왕실의 천지제사』. 파주: 돌베개.

김성혜(2009). 纛祭의 음악사적 고찰. 『음악과 민족』 민족음악학회. 제38호.

김영희 · 김채원 · 김채현 · 이종숙 · 조경아(2014). 『한국춤통사』. 서울: 보고사.

김종수(2003). 『조선시대 궁중연향과 여악 연구』. 서울: 민속원.

박정혜 · 이예성 · 양보경(2005). 『조선왕실의 행사그림과 옛지도』. 서울: 민속원.
송지원(2007). 『정조의 음악정책』. 서울: 태학사.
_____(2009). 조선시대 궁중의례의 예악. 『한국사시민강좌』. 제45집. 서울: 일조각.
_____(2010). 『장악원, 우주의 선율을 담다』. 서울: 추수밭.
신남민(2008). 동래부사접왜사도병 연구. 한국학중앙연구원 석사논문.
이재숙 외(1998). 『조선조 궁중의례와 음악』. 서울: 서울대학교출판부.
이재영(2007). 조선시대 『효경』의 간행과 그 간본. 『서지학연구』. 38집. 서지학회.
이훈상(2008). 조선 후기 지방 파견 화원들과 그 제도, 그리고 이들의 지방 형상화. 『동방학지』. 제144집. 연세대 국학연구원.
정은주(2012). 『조선시대 사행기록화』. 서울: 사회평론.
조경아(2009). 조선 후기 儀軌를 통해 본 呈才 연구. 한국학중앙연구원 박사학위논문.
____ (2014). 조선 후기 내연(內宴)과 외연(外宴)의 정재 구성 비교. 『무용역사기록학』. 제34호. 무용역사기록학회.
____ (2014). 조선시대 중국 사신의 춤 향유. 『무용역사기록』. 제35호. 무용역사기록학회.
____ (2015). 조선시대 일본 사신의 춤 향유. 『무용역사기록』. 제37호. 무용역사기록학회.
Howard J. Wechsler(1985). 『비단 같고 주옥 같은 정치』. 임대희 옮김(2005). 서울: 고즈윈.

인터넷 자료

조선왕조실록(http://sillok.history.go.kr)
한국고전번역원(http://db.itkc.or.kr)

제8장

한국 근대 지식인층과 무용학적 담론의 생성

유화정

'이론'은 '실천'을 전제로 한다. 모든 실천의 현상은 논리적으로 정리되었을 때 이론이 될 수 있다. 그러나 '이론'은 '실천'의 현상을 완벽하게 재현하지 않는다. 논리적으로 정리되는 과정은 일반화를 수반하기 마련이고 이 과정에서 잔가지가 제거된 깔끔한 이론은 본래의 실천과 동일할 수 없기 때문이다. 또한 이론에는 이론가의 관점이 들어가기 때문에 마치 카메라로 실경을 담아낼 때처럼 본래의 전체적인 모습을 그대로 담아낼 수 없기도 하다. 이러한 생각들은 사람들로 하여금 "역시 이론보다는 실천이 중요하다.", "실천 없는 이론은 아무 쓸모도 없다"는 결과를 만들어내기도 한다. 이 글에서는 이론과 실천의 관계를 대립적으로 바라보면서 나타나는 이론에 대한 과소 평가를 걷어내고, 이론 역시 인간의 복합적인 행위로부터 나오는 산물임에 초점을 두고 출발하고자 한다.

다양한 이론의 발생은 사회 · 문화적 배경 및 개인의 상황과 깊은 연계성을 가지며, 앞서 언급했듯이 실천을 그대로 재현하지 않기에 더욱 의미 있다. 이론은 실천의 현상을 특정한 관점으로 깊이 있게 바라보도록 하면서 실천이 나아가야 할 방향을 제시한다. 실천의 현상이 변형되었을 때 이론 역시 변형의 흐름을 타며 따라가고 이 둘은 마치 앞서거니 뒤서거니 끊임없이 함께 달리며 스스로의 페이스를 조절하는 마라톤 선수와도 같다.

무용은 이러한 이론과 실천의 오묘한 관계를 가장 분명하게 나타낼 수 있는 사례가 된다. 무용 자체가 순간적으로 사라지는 데 의미를 지닌다면 무용이론은 그러한 무용을 잡아두고 텍스트화하기 때문이다. 이론을 발생시키는 여타의 다양한 예술 분야나 사회 현상은 그 자체로써도 증거물을 남기기 마련이지만, 무용은 이론과 함께 하지 않을 때 그 어떤 것도 남길 수 없다. 사람의 뇌리를 스치는 잔상이나 기억 정도가 남을 뿐이다.

이 글에서는 이러한 무용이론의 발생과 흐름을 무용 실기의 역사적 흐름에 따라 살펴보는 기존 방식에서 벗어나, 무용이론의 초기 형태라고 할 수 있는 무용학적 담론이 어떠한 배경 속에서 형성되었는지 살핌으로써 이론 자체의 발생 원인을 추적하고자 한다. 특히 한국이 일본을 통해 서구와의 교류를 본격적으로 시작하게 된 1900년대부터 광복에 이르는 1940년대까지, 즉 한국의 근대라고 통용되는 시기에 형성된 무용학적 담론들을 연구 대상으로 설정하고자 한다. 또한 담론의 주체 격이었던 지식인층을 집중적으로 연구해 그들이 어떠한 연유로 무용예술에 관심을 갖게 되었으며, 어떤 방향성을 염두에 두고 무용예술을 담론화했는지, 그 과정은 무용가의 행보에 어떠한 영향을 주어 한국 근대 춤문화를 이끌거나 혹은 보좌했는지 볼 것이다.

한국의 근대 사회는 서구의 문물이 물밀듯이 들어오면서 전근대까지 한국인들의 가치관을 지배했던 중국의 유교사상에 대한 의심과 좌절이 시작된 때였고, 자본주의가 발전함에 따라 사회가 급변함은 물론 다양한 이데올로기들이 충돌과 공존을 거듭하던 시기다.[1] 자유주의, 개인주의, 도덕개혁론, 사회주의, 무정부주의, 페미니즘 등 각종 사회정치사상이 만개했으며 신분 차별을 포함한 봉건제적 사회 구조의 폐지가 이뤄져 근대인으로서의 자아 각성이 더욱 가속화되면서도 안정적으로 자리 잡은 때다.[2] 또한 각종 미디어의 등장으로 실제 사람들이 모여 담화를 나누던 전통적 담론의 공간이 신문, 잡지, 이론서와 같은 출판물로 옮겨지면서 담론의 확장 속도가 기존의 상황과는 비교가 안 될 정도로 빨라졌다. 담론끼리의 경쟁과 성장, 그리고 이론으로 굳혀지는 과정 역시 왕권 아래 학문이 발달했던 조선시대와 비교했을 때 민주적이고 다원적이었으므로 현대의 무용학적 담론 및 이론의 발달 과정과 유사한 상황이었다고 볼 수 있다.

이에 따라 여기에서는 현대 한국 춤문화에 긍정적 혹은 부정적 결과를 초래한 근대의 무용학적 담론 생성 과정의 양면을 객관적으로 바라보면서, 현대 한국의 무용학이 진정한 학문으로서의 체계성을 갖추고 양질의 연구를 생산할 수 있는 토대 마련의 실마리를 찾고자 한다. 이를 통해 무용이론의 영역이 무용 실기와의 끊임없는 상호 보완적 관계를 유지할 수 있기를 염원한다.

1. 무용학적 담론

담론이란 무엇인가?

모든 학문은 개인 혹은 공동체의 작은 생각으로부터 시작되어 담론으로서 소통된다. 또한 이것이 공적 영역에서 반복적으로 발설되면 공론이 되

1 유화정(2015). 한국 소설에 나타난 춤추는 여성상. 『무용역사기록학회지』. 제36호. p.253.

2 김수진(2006). 신여성 현상의 세계적 차원과 사회적 차이. 『한국여성학회지』. 제22권 1호. p.186.

고, 공론의 텍스트가 출판되어 다수의 인정을 받았을 때 비로소 이론으로 탄생한다. 따라서 어떤 분야에서든 이론의 발자취를 탐색하고자 할 때, 이론을 낳게 한 실제 현상만큼이나 필수적으로 연구해야 할 분야가 바로 담론이다. 현대 다양한 학문 분야에서 담론이 큰 주목을 받고 있고 담론 자체에 대한 연구 분야 역시 발전하고 있는 이유가 여기에 있다.

담론의 정의는 시대별 · 분야별로 다양하게 나타나 그 범주조차 명확치 않지만, 일단 언어와 텍스트로 구성되어 있고 이것이 특정한 가치관을 가진 발화자에 의해 청취자에게 발설된다는 데 공통적 의미를 지닌다. 또한 개별적이며 사소한 내용의 언어 및 텍스트가 아니고 사회와 긴밀한 연계성을 가지고 공적 영역에서 통용되는 언어 및 텍스트라는 데 특징이 있다.[3] 담론에서는 담론의 주체가 매우 중요하게 여겨지는데, 그 이유는 발화자인 주체의 가치관이 그를 둘러싼 사회 · 문화적 배경과 깊이 관계하며 나타나게 되고, 담론의 대상이 되는 특정 사회 현상이 발화자의 개인적 상황과 연계되어 있을수록 적극적인 담론의 생성이 일어나기 때문이다.

미셸 푸코(Michel Paul Foucault)는 『담론의 질서(*Order of Discourse*)』를 통해 담론의 개념을 정의한 선구자로서 다양한 사회적 실천과 제도들은 모두 담론 형식에 의해 구성된다고 보았다. 사회 내에서의 의미들을 생산하는 주체가 바로 담론이라는 것이다. 인간의 이성으로부터 나오는 생각들 역시 담론을 통해 조정되므로 무수히 많은 생각 중 무엇이 지식이고 지식이 아닌지에 대해 규정하는 것 역시 담론이라고 말했다.[4] 담론을 펼치는 주체들은 이러한 과정 속에서 끊임없이 서로 경쟁하며 사회 내의 지식을 위계화하고 지식인층을 형성하거나 또는 지식인층 외의 사람들을 배제한다. 대중은 그들의 지식을 점차적으로 받아들여 하나의 굳어진 사회적 가치 체계가

---

3 백선기(2015). 『미디어 담론』. 커뮤니케이션북스. pp.xiii-xvii.

4 Edgar, Andrew & Sedgwick, Peter(2002). 『문화이론사전』. 박영진 외 옮김. p.130.

만들어진다. 담론이 거대해질수록 대중들의 관념은 유연성을 잃게 되며 그러한 사회에서 자신의 입지를 세우고 생계를 이어가기 위해서는 본인의 독립적인 생각을 바탕으로 행동하기보다는 담론과의 타협점을 지키며 사람들과의 관계를 유지하게 된다. 사회학에서는 이를 거대담론, 지배담론이라고 칭하며, 특히 사회적 약자나 소수자들이 이러한 담론에 의해 지배받으며 삶에서의 행동을 결정하게 된다고 보고 있다. 이러한 관점에서 무용 실기의 주체인 무용가들의 예술적 행보 역시 그 사회의 담론, 특히 무용학적 담론과 깊이 관련 있음을 유추할 수 있다. 물론 이상적인 예술가의 행보는 그 어떤 지배적 담론에도 영향받지 않고 독자적이며 자유로운 예술세계를 펼쳐나가는 것이겠지만 역사적으로 그러한 자유를 완벽히 거머쥔 예술가는 거의 없다고 볼 정도의 실정이다. 모든 예술가는 다른 사람들과 마찬가지로 한 시대와 사회의 일원이므로 과거부터 전해져 내려오는 전통적 담론 및 동시대의 담론을 무시하고 살아갈 수 없기 때문이다.

사회철학자 위르겐 하버마스(Jürgen Habermas)는 개개인의 공적 담론들이 펼쳐지는 모든 유 · 무형의 장소를 공론장이라 지칭하고, 이 공론장의 시발점을 17~18세기 프랑스의 살롱(salon)에서 찾았다.[5] 살롱은 주로 여주인들이 운영하는 문화의 공간이자 사교의 장으로 학자, 예술가, 문인, 정치가 등 다양한 분야의 교양인들이 모여 신분과 계급을 막론하고 민주적으로 대화하고 토론하는 곳이었다. 살롱에서는 미술 · 무용 · 음악은 물론 철학, 시, 예절에 대한 비평들이 풍부하게 발생해 프랑스 지성사와 문화사의 한 축을 담당했다. 살롱과 같은 전통적 공론장에서 펼쳐진 자유로운 담화는 하버마스가 이상적으로 생각한 담론의 형태였다. 그는 이후 미디어의 발전으로 이뤄진 담론의 무분별한 확장이 민주적인 담론 체계를 붕괴시킨다며 비판

5 김성호(2013). 새로운 온라인 공론장에서의 비전문가의 미술비평. 『한국미학예술학회지』. 제39호. p.188.

했다. 다수의 대중이 매스미디어를 통해 소수의 담론을 일방적으로 받아들이게 되면 실제 사람들이 한 공간에 모여 담론을 교류하던 민주적 방식보다 훨씬 비자유적이고 지배적이라는 생각에서였다.[6]

한국의 근대 사회는 이러한 전통적 담론의 방식과 미디어 담론의 방식이 공존했던 시기다. 전통적 담론의 장소로는 조선 후기부터 중간계층 및 기생들의 악가무(樂歌舞) 연행 공간으로 존재했던 풍류방과 기방(妓房)의 잔재를 거쳐, 새롭게 등장한 문화공간 다방이 그 역할을 했으며, 미디어 담론은 인쇄 기술의 발달과 함께 문인들에 의한 이론서 및 소설의 활발한 출판과 각종 신문 및 잡지의 사설 등이 한 축을 담당했다. 하버마스는 미디어 담론에 대해 부정적으로 바라봤으나 담론을 객관적 관점에서 하나의 사회 현상이자 이론의 초기 형태로 본다면, 긍정적 측면과 부정적 측면을 가리는 것은 별 의미가 없다. 담론의 주체와 형태가 변화하는 양상 자체도 사회 현상의 하나이며 문화 연구의 대상이 되기 때문이다. 우리가 특정 시대와 지역의 문화를 연구할 때 예술, 의례, 언어, 놀이 등의 문화적 산물을 자료로 활용해 연구하게 되는데 담론 역시 이러한 문화의 산물 중 하나로서 인간의 행위이자 사회 변화의 중요한 증거 자료가 된다.

담론은 이제 다양한 분야에서 연구되어 법률적 담론, 의학적 담론, 미학적 담론 등의 세부 분과로 분리되기도 하는데, 무용학적 담론 역시 이러한 예시들과 마찬가지로 한 문장보다 긴 언어의 복합적 단위라는 기본 정의에 따라 무용에 대한 발화자의 생각 내지 사회의 공통적인 가치 체계가 담겨 공적 영역에서 발설되는 담화를 의미한다. 담론은 늘 발화자의 의지에 의해 청취자들에게 발설되는 것이므로 무용학적 담론 역시 무용에 대한 발화자의 가치관이 있어야 하고 무언가를 주장하고자 하는 의지가 있어야 한다. 따라서 무용학적 담론이 생성되려면 일단 무용에 대한 사회적 관심이

---

6 Habermas, Jürgen(1990). 『공론장의 구조변동』. 한승완 옮김. 나남. pp.100-117.

있다는 배경 속에 춤문화와 개개인의 연계성 또한 존재해야 한다. 무용이 사회에서 어느 정도의 중요한 위치를 차지할 때 무용학적 담론 역시 생성 가능하다.

무용과 담론

한국의 무용학

무용에 대한 담론 자체는 결코 복잡하지 않다. 발화자와 청취자 사이에 언어와 무용이 있으면 담론은 자연발생적으로 이뤄진다. 쉽게 말해 상대방의 무용을 평가하는 순간부터 무용에 대한 담론은 발생하는 것이다. 그러나 무용학적 담론의 경우는 조금 달라진다. 무용 뒤에 '학(學)'이 붙었기 때문이다. 이는 무용이 학문의 한 분야로서 자리매김하기 위한 필요 조건이나 방향성이 정립되어야 함을 말한다.

한국의 무용학은 근 100년 사이에 큰 발전과 변화를 이뤘는데 무용예술의 현상을 이론적으로 정리하며 의미를 부여하던 초기 형태에서 인류학, 사회학, 미학, 철학, 교육학, 심리학, 의학 등 다양한 다른 학문과의 융·복합을 통해 학문적인 체계를 이룩하는 현대에 이르렀다. 태혜신·박명숙(2012)은 무용학이 학문적 정체성을 형성시키는 과정에서 복잡한 인간의 행동 중 하나인 무용을 설명하기 위해서는, 다른 학문의 이론적 지식 체계를 흡수하고 학제간 활발한 연구를 통해 문제를 해결하는 방식이 필연적이었다고 말한다. 현재 한국 무용학의 발전 현황에 대한 모색을 위해 '한국연구재단 인문사회연구본부의 학문단별 전문위원 분야 분류표'를 참고하면, 무용학은 문화융복합단의 문화/예술/체육으로 대분류되어 있고, 소분류는 무용이론/비평, 무용철학/미학/무용사, 무용보/움직임분석, 무용심리학(무용치료 포함), 무용사회학/인류학, 무용교육(안무/연출 포함)으로 되어 있다.[7] 또한 무용학의 태동과 함께 시작된 대학에서의 무용학 교육 현황을 살펴보기 위해 한국 최초로 무용과가 설립된 이화여자대학교의 1971~1974년, 그리고 2013~2015년의 무용과 및 무용학과 교과목 개설 현황(이론 과목)을 참고하면 〈표 8-1〉과 같다.[8]

표 8-1. 이화여자대학교 무용과, 무용학과 교과목 구성(1971~1974년/2013~2015년)

이화여자대학교 무용과, 무용학과 교과목 구성		
1971~1974년	2013~2015년	
학사(무용과)	학사(무용과)	석 · 박사(무용학과)
무용개론, 무용교과과정, 민속학, 무용사, 색채학, 무용미학, 무용감상, 무용교육론, 무용작품해설, 무용음악, 무대미술, 기능학, 해부학, 생리학, 한국무용사, 건강관리, 운동역학, 무용세미나, 포크댄스	한국무용사, 외국무용사, 무용교육개론, 컨템포러리 무용비평, 몸과 움직임 읽기, 무용양식연구, 무용미학의 기초, 무용치료 및 바디컨디셔닝, 무용연구 및 현장조사, 무용리더십 세미나, 대중문화와 무용, 무용기보와 창작, 무용예술론, 춤인류학이해, 무용학연구법	몸과 움직임 세상 연결하기, 무용비평세미나, 무용인물 및 작품연구, 한국창작무용지도법, 테크놀로지를 활용한 디지털댄스, 무용음악 세미나, 외국무용사 세미나, 무용교육학 세미나, 동서양무용문화연구, 한국무용유형연구, 봄과 춤, 무용공연 제작, 21세기 발레연구, 무용분석연구, 무용예술코드, 공연예술 협동제작, 무용비평, 무용인류학 연구, 발레작품 연구분석법

위의 표에 나타난 1971~1974년의 무용과 교과목(이론 과목)을 분야별로 정리하면 무용개론, 무용교육, 무용미학, 무용비평, 무용 역사, 민속무용 분과로 분류되고, 이외 다른 학문 관련 과목이 색채, 음악, 미술, 기능학, 해부학, 생리학, 건강, 운동역학 등으로 나타난다. 또 2013~2015년의 학사(무용과)(이론 과목)의 경우에는 무용개론, 무용리더십, 무용미학, 무용비평, 무용사회학, 무용움직임분석, 무용 역사, 무용인류학, 무용학연구법, 무용치료의

---

7 태혜신 · 박명숙(2012). 무용학의 융복합적 접근. 『한국콘텐츠학회논문지』. 제12권 제12호. p.3. 인용.

8 이화여자대학교에 무용과가 설립된 1963년도의 교과과정은 자료가 존재하나 그 후 7년간의 자료가 남아 있지 않은 관계로, 1971~1974년과 최근 2013~2015년의 교과과정을 비교했다.

분과로 나타난다. 석 · 박사(무용학과)(이론 과목)는 무용교육, 무용미학, 무용비평, 무용 움직임 분석, 무용인류학, 무용 역사, 무용음악, 몸, 공연 제작, 테크놀로지의 분과로 나타난다. 이와 같이 20세기 중반부터 현대에 이르는 한국 무용학의 내용 자체는 한국연구재단의 분야 분류표와 같이 철학, 자연과학, 역사학, 문화학 등의 기본 학문과의 융합 형태에서 크게 벗어나지 않았으며, 다만 교과목의 외적 형태가 다양해졌고 테크놀로지, 무용학연구법, 무용치료, 무용 움직임 분석과 같은 현대 사회에 적합한 새로운 내용의 이론들이 등장했음을 알 수 있다.

이렇듯 무용학은 한 시대와 사회에서 함께 성장해 나가는 다른 학문들과의 융 · 복합을 통해 이론적 체계를 마련하고 있다. 따라서 무용학적 담론에 대해 접근할 때에는 담론이 발생하는 시대와 사회에서 통용되는 다양한 분야의 담론들을 탐색해야 할 것이다. 이 글의 연구 대상인 개항부터 광복에 이르는 한국 근대에 통용된 학문 및 담론에는 민족주의, 사회주의, 한국학, 동양학, 서양미학, 계몽주의, 리얼리즘, 모더니즘 등이 있다. 이들이 무용과 융합되면서 어떠한 무용학적 담론이 형성되는지, 또한 그 과정이 어떠했는지 살펴보기로 한다.

무용학적 담론의 생성 조건

무용학적 담론이 생성되려면 담론의 생성 조건과 마찬가지로 발화자와 청취자가 있어야 하고, 사회에서 중요한 위치를 차지하거나 활발히 활동하는 무용가와 무용 작품이 있어야 한다. 또한 발화자에게는 무용에 대한 가치관은 물론 공적 영역에서 무용에 관련한 담화를 발설하고 싶은 의지가 있어야 한다. 한국 근대 사회에서 무용학적 담론이 생성되었다면 이와 같은 여건이 모두 충분히 존재했음을 의미한다.

한국 근대는 개화기 이후 일제 강점기와 해방을 겪으며 사회 전반에 급격한 변화가 있었고, 이에 따라 춤문화 역시 춤의 형식 · 공간 · 주체 등에 큰 변화가 있었던 때였다.[9] 전근대까지 무용가의 역할을 일임했던 기생들은 대부분이 권번으로 흡수되거나 배우, 가수와 같은 신종 연예인이 되거나 혹은 춤판에서 자취를 감췄고, 무당들은 무속에 대한 불신과 타도를 피해 음지로 숨어들었다. 대신 예술과 학문에 대한 근대적 교육을 받은 후 유학을 다녀와 서양의 무용예술 형식을 도입해 창작세계를 펼치는 남성, 여성 무용가들이 사회 전면에 등장했으며, 이들은 기존의 기생이나 무당과 달리 해외 순회 공연, 개인 연구소 설립, 영화 출연 등 사회 내에서 두각을 나타내는 활동을 하며 미디어의 전파력을 타고 소위 스타덤에 올랐다. 또한 춤의 공간은 궁중, 양반의 사택, 풍류방, 기방으로부터 서구식 극장 및 파티 홀 등으로 옮겨갔으며 이에 따라 서구식 종합 무대예술에서 추는 춤인 레뷰 댄스(revue dance)[10]와 오락의 목적으로 추는 사교춤 등이 젊은이들 사이에서 성행하기도 했다. 과거의 전통을 중요시하고 무속문화와 유교사상을 기반으로 추어졌던 춤사위는 외래의 전혀 다른 춤사위와 혼종되기 시작했으며, 음악과 무대미술, 의상, 작품의 스토리 면에서도 외국 예술의 소재들과 융합해 새로움을 추구했고, 이러한 작품이 세련되었다고 생각하는 사회적 분위기가 형성되고 있었다.

이렇듯 춤문화 전반에 급격한 변화가 몰아치는 동시에 사회적으로 이슈가 되는 무용가들이 대거 등장했고, 그들이 펼치는 예술 활동의 공간 역시 사적인 공간에서 공적인 공간으로 변모했음은, 이를 바라보는 지식인층을 포함한 대중들 사이에서 무용학적 담론이 생성할 수 있는 여건으로 작용했다. 물론 전근대 사회의 활발한 춤공간이었던 풍류방 역시 대중 사이에 존재한 공적 영역의 특징을 지니기도 했다. 풍류방을 운영하고 예술 감상과

9 유화정(2015). 한국 소설에 나타난 춤추는 여성상. p.5.

10 레뷰 댄스란 드라마, 희극, 오페라, 발레, 재즈 등의 다양한 음악과 춤을 활용해 화려하게 연출하는 서양식 무대예술에서 추는 춤이다. 주로 캉캉, 탭댄스 등 쇼에서 흥미를 돋우기 위해 추어졌다.

활동에 적극적으로 참여했던 중간계층은 사대부에 대한 저항정신을 기반으로 하위문화집단을 형성했고, 동시에 친목 도모에 목적을 두고 공적 담론을 나눴으며, 그 담론 사이에는 춤에 대해 비평하고 설명하는 무용학적 담론이 포함되어 있었기 때문이다.[11] 그러나 풍류방에서의 공적 담론은 사대부의 문화, 즉 유교 중심의 예악사상을 모방하는 데 그쳤기에 예술의 기능 및 미학에 대한 근대적 사고 방식으로 확장되지 못했고, 인쇄술의 부재에 따른 전파력의 부족으로 그들의 담론이 사회를 흔들기까지는 그 힘이 다소 미약했다.

다시 근대로 돌아와서 지식인층이 무용가들의 작품에 관해 담론을 펼치기까지는 무용가들의 활발한 활동뿐 아니라 그들 개인이 무용을 담론화하면서 추구할 수 있는 실질적 이득, 혹은 내면에 숨쉬고 있는 예술에 대한 관심이 있어야 했다. 이것은 바로 당시 사회에 만연했던 민족주의와 계몽주의에 깊은 연관성이 있다. 새로이 설립된 학교에서의 교육과 유학을 통해 근대적 교육을 받고 성장한 지식인층은 한국을 근대 사회로 이끌기 위한 새로운 인식을 적극적으로 수입하고 한국에 맞도록 변형시키며, 사회 전반에 교육하고 확장해야 할 의무감을 강하게 지니고 있었다. 이들은 기존의 가치 체계를 뒤흔들어 놓은 서구적 방식에 따라 세계관을 재구성했으며, '우월한 자가 번성하고 열등한 자는 멸망한다'는 사회진화론을 기반으로 치열하게 경쟁해야 한다고 믿었다.[12] 이로부터 부상한 이데올로기가 바로 근대적 민족주의와 계몽주의다. 지식인층을 압도한 이 사상들은 문화예술에도 반영되어, 민족을 개화시키고 국제 사회 속에서 성장하게 할 목적을 예술 작품에 그대로 투영시켰으며, 이를 위해서는 민족 전통의 예술 형식과 외국의 세련된 예술 형식을 적극적으로 융합시켜야 함을 강하게 주장했다.

11 유화정(2014). 조선 후기 풍류방과 기방의 춤문화 비교연구. 『대한무용학회지』. p.21.

12 오세준(2014). 한국의 근대적 민족주의 형성 과정과 서구의 문화, 예술의 수용. 『한국문화예술교육학회』. 제11권. pp.15-18.

무용예술 면에서도 한국 전통의 춤사위와 외국의 춤사위 및 소재들을 융합시켜 극장무대에 적합하게 창작한 무용가들에게 박수를 보냈으며, 이들을 중심으로 한 무용학적 담론이 그들의 모임 안에서, 그리고 신문 및 잡지에 쏟아져 나왔다.

이와 같이 한국 근대 사회는 신종 무용가의 등장과 무용 공간의 변화가 급격히 이뤄지면서 무용학적 담론이 생성될 수 있는 토양이 조성되었으며, 지식인층을 중심으로 성행한 근대적 민족주의와 계몽주의에 따른 담론이 활발히 펼쳐져 무용의 형식 및 무용가들의 행보에 큰 영향을 미쳤다.

이제 다음 절에서는 이러한 무용학적 담론의 주체격인 지식인층의 형성과 성장 및 그들이 주창한 이데올로기와 학문에 대해 자세히 알아보면서 무용학적 담론의 형태가 어떠했는지 본격적으로 살피기로 한다.

2. 담론의 주체: 한국 근대 지식인층

신지식인층의 등장

삶을 이어나가는 모든 인간은 생활 속에서 자신만의 지식을 체득하고 공유해 나간다. 따라서 지식이 없는 인간은 존재하지 않는다고도 볼 수 있지만 인류 역사에 문명이 시작된 이후로 기본적 생활 지식을 넘어선 복잡한 체계의 학문적 지식이 등장하면서, 이에 능통한 집단들이 두각을 나타나게 되었다. 이 집단은 시대와 사회에서 요구하는 지식에 따라 활동의 성향 및 이데올로기가 다르게 나타나며 출신이나 직업의 종류, 신분, 소속 등에서 공통점을 찾을 수 없다. 따라서 끊임없이 공중에 부유하며 사상이 달라지는 순간 해체되고 마는 성격 때문에 집단의 온전한 단합이 지속되기 어려웠다. 그러나 언어를 통해 지식을 전달하고 확장시키기를 일삼고, 현 사회의 체제를 유지하는 학문을 보좌하거나 혹은 새로운 체제의 전복을 꿈꾸며 일상을 보내는 관습 덕에 그들만의 영역과 담론이 자연스럽게 생성되는 것이다.

한국의 경우 고대 왕조국가가 수립되어 지배계급이 형성된 1세기경에 이미 지식인층이 형성되었을 것으로 짐작되고 있다. 고구려 광개토대왕의 남정(南征) 시기에 백제는 일본과 문화적 · 군사적 교류를 활발히 했는데 이때 『천자문』과 『논어』를 일본에 전했다는 기록이 『일본서기(日本書紀)』에 드러나 있다. 또한 고구려는 372년에 국립학교 격인 태학(太學)을 설치해 인재를 양성했으며, 신라가 삼국통일을 이룰 때에는 세속오계를 필두로 한 화랑도를 설치해 인물들을 국가에 등용했다. 신라 말기의 신분 제도인 골품제의 육두품 이하의 지식인들은 그들끼리의 연맹으로 고려 개국에 참여한 바 있으며, 고려 말기에는 주자학을 공부한 사대부층이 불교 중심의 고려를 배척하고 조선의 개국 이념인 배불숭유를 제공했다. 조선 시대는 유학사상을 중심으로 한 지식인층이 거머쥔 권력이 가장 높았던 때이며, 도성과 거리 먼 향토까지 서당이 전국적으로 확대 보급되었음을 보면 국가에서 통용되는 지식의 중요성이 상당했음을 짐작할 수 있다. 또한 벼슬을 사양하고 향리에 묻혀 도학과 시문을 즐기는 사림(士林)이라는 지식인층 역시 형성되어 있었고, 조선 후기에는 그간의 신분 체계가 급격히 무너짐과 동시에 실학이 보급되면서 개화파 지식인들이 개혁주의를 펼치게 되었다.[13]

이 글에서 다룰 한국 근대의 지식인층은 한말(韓末)에 정치, 사회 활동을 주도했던 지식인층의 쇄도와 더불어 이후 새롭게 등장한 신지식인 집단을 말한다. 한말 지식인층은 1870년대 전후에 태어나 독립협회, 갑오정권, 계몽운동을 거치며 대한제국의 성립과 유지에 일조한 이들이었는데, 1900년대 초 일제 강점이 시작되면서 대다수가 생계 수단을 찾아 총독부 관리, 신

---

13 한국민족대백과. 검색어: 지식인. http://encykorea.aks.ac.kr/Contents/Index. 2015.12.10.

문기자, 기업 지배인 등 기능적 엘리트 혹은 평범한 사회인으로 변모했고 사회를 이끌어가는 지식인층으로서의 역할을 종결했다.[14] 반면 신지식인은 출신 성분이나 방향성 면에서 이들과 많은 차이점을 드러낸다. 한말 지식인층은 정부측으로부터 관비 유학의 혜택을 받아 미국과 일본을 다녀온 후 관료가 되고자 하는 성향이 강했지만, 일제 강점 이후 정부 차원의 유학생 파견이 어려워지면서 사비 유학을 다녀온 신지식인층은 비교적 국가와의 연계성 문제에서 자유로웠다. 또한 1910년대 이후부터는 국권의 완전한 상실과 일제의 무단통치로 인해 한국이 하나의 국가라기보다는 사회로서 인식되었고, 이렇듯 불안정한 사회에서는 관료가 되거나 권력을 거머쥘 필요성이 실질적으로 사라진 것이었다. 이러한 환경 속의 신지식인층은 안정적인 직업으로의 길보다는 민족의 부활과 새로운 국가 성립을 위해 자신들이 앞장서야 한다는 의무감이 강할 수밖에 없었고, 이들이 유학을 통해 한국에 들여오고 발전시킨 다양한 사상은 정치뿐 아니라 비정치 분야에도 적용되어, 어떤 것이든 민족의 승리를 위한 수단이 되어야 한다는 가치관으로 자리 잡았다.

학문 및 이데올로기

한국 근대 사회는 일제에 의해 언론 · 출판의 자유가 박탈된 상황이었지만 한편으로는 이전까지 짓눌려 있던 국가주의 지배 체제에서 벗어난 상태였기에 자유롭고 진보적인 다양한 사상들이 소개될 수 있었다. 신지식인층은 자신들의 유학 경험과 번역 능력을 이용해 민주주의, 문화주의, 사회주의 등의 최신 서양 사상들을 들여오고 한국에 맞게 발전시키려 노력했다.

---

14 이태훈(2008). 1920년대 초 신지식인층의 민주주의론과 그 성격. 『역사와 현실』. 제67호. p.23.

1920년대 이후부터는 이전의 무단통치기에서 문화정치기로 정세가 변화하면서 지식인층으로 하여금 담론의 영역을 조금이나마 유지할 수 있게 되었는데, 이러한 물결을 타고 세계 정세의 급변에 발맞춰 실력 위주의 성장을 이룩하려는 운동이 본격적으로 시작되었다.

당시 신지식인층을 중심으로 주창된 학문 및 이데올로기는 자유주의, 개인주의, 도덕개혁론, 사회주의, 무정부주의, 민족주의, 계몽주의, 문명화론, 사회진화론, 리얼리즘문학, 페미니즘 등이었다.

이 중 사회진화론은 다윈의 생물학적 진화론을 사회학적으로 응용한 사상으로 사회가 끊임없이 발전 가능하며 생물계에서 일어나는 적자생존 및 자연도태의 법칙이 그대로 적용된다고 보는 것이다.[15] 이 사상은 19세기 제국주의를 중심으로 세계 열강들이 팽창해 나갔던 사태의 이론적 근거가 되었다. 사회진화론을 기반으로 피어난 계몽주의는 전통적 제도나 종교와 같은 구습(舊習)을 부정하고 인간의 이성이 모든 사회 문제를 해결할 수 있다는 생각이다. 따라서 자유와 평등 아래 교육을 통해 혁신해야 한다는 주장이 강하게 드러난다. 이와 관련해 신지식인층은 한국이 식민지화된 원인을 과거 조선의 내부 문제에 두고 일본을 문명국의 모델로 삼아야 한다고 생각했다.[16] 또한 신지식인층의 담론에서 가장 중요한 역할을 했던 민족주의는 종족적 · 역사적 · 언어적 기준 등으로 사회를 분리한 뒤 정체성을 부여함과 동시에 민족이 자치에 대한 권리를 가져야 하고, 민족 구성원은 자신의 행위를 스스로 통제할 자유를 가지며, 민족적 정체성을 공유할 것을 요구한다. 특히 구성원 개개인의 모든 기획 및 문화가 민족 전체의 기획 및 문화로 포섭되며 하나의 큰 목표를 위해 통합해야 한다는 데 의미를 갖는다.[17]

---

15 Edgar, Andrew & Sedwick, Peter(2002). p.58.

16 정상우(2001). 1910년대 일제의 지배 논리와 지식인층의 인식: 일선동조론과 문명화론을 중심으로. 『한국사론』. 제46집. p.224.

17 Edgar, Andrew & Sedwick, Peter(2002). p.198.

한편 페미니즘은 여성의 모든 권리가 남성에게 종속되어 있음을 직시하고 여성을 자유롭게 해방시키며 가부장제를 제거하는 사회의 재건에 대한 주장이다. 한국 근대의 신지식인층은 남성으로 이뤄져 있으며 근대 남성적 담론의 근원지였다고 볼 수도 있으나 이들이 서양에서 들여온 페미니즘 사상과 자유주의, 계몽주의 등에 의해 신식교육을 받은 여성들이 등장하면서 신여성이라는 새로운 계층이 등장한 바 있다. 신여성 중에는 최승희, 나혜석, 윤심덕 등 신식 여성 예술가가 대부분을 차지했으며, 신여성 및 여학생들에 대한 사회적 관심이 커지면서 전근대의 예술가였던 기생에 대한 관심이 줄어드는 등 한국 예술문화에 큰 영향을 주었다.

근대 지식인층이 주창하고 활동의 기반으로 삼았던 다양한 학문 및 이데올로기는 출신 및 직업이 각기 다른 그들을 묶어주는 중요한 매개체였으며, 이러한 사상들에 대한 그들의 주장이 각종 인쇄물로 창작되어 사회에 전파되었다. 특히 『동아일보』는 지식인층의 생각을 전달할 수 있는 가장 유력한 매체였으며,[18] 『창조』(1919), 『폐허』(1920), 『문예공론』(1929), 『예술운동』(1929) 등의 문학지를 비롯해 리얼리즘 문학을 위시한 소설의 출판 역시 지식인층의 담론을 확장하고 계층을 유지하는 요소로 작용했다.

지식인층에 의한 무용학적 담론의 생성

실질적 모임의 장소, 다방

근대 지식인층이 가장 빈번히 모여 담론을 나눈 장소는 1920년부터 등장하기 시작한 커피문화의 공간인 다방이다. 현민이 쓴 "현대적 다방"(『조광』, 1938.6)에 따르면, 당시의 다방은 '차를 파는 다방'과 '차를 마시는 기분을 파는 다방'으로 나뉘었다.[19] 이 중 예술에 대한 담론이 이뤄졌던 곳은 당연 '차

18 이태훈(2008). 1920년대 초 신지식인층의 민주주의론과 그 성격. p.21.

를 마시는 기분을 파는 다방'이다. 당시에 이러한 다방을 운영하던 사람들은 주로 문인, 화가, 영화배우, 가수, 영화감독 등이었으므로[20] 다방의 단골 손님들도 같은 부류의 지식인들 혹은 예술가들이 많았다. 다방은 단순히 커피를 마시는 공간이 아닌 문화예술을 사랑하는 이들의 회합지로서 토론을 하거나 정보를 교환할 수 있는 장소의 역할을 했던 것이다. 점차 다방은 각 장소의 개성을 드러내기도 했는데, 예를 들어 '비너스' 다방은 배우와 감독, 배우 지망생들이 자주 드나드는 곳이었고, 소공동의 '플라워'는 젊은 문인과 신문기자들이 드나들며 출판기념회가 자주 열리는 곳이었다. '돌체'라는 이름의 다방은 음악광들의 아지트였으며, '문예살롱'은 문인들의 휴식공간이자 비즈니스의 장소가 되었다.[21] "끽다점 평판기"(『삼천리』, 1934.5)에 의하면, 배우와 기생들이 주로 출입하던 다방 '멕시코'의 벽면에는 무용가 최승희의 무용 사진이 걸려 있었다고 한다.[22]

무용가를 비롯한 당시의 예술인들은 본인의 예술 활동 홍보와 자본금 마련을 위해 스스로를 각종 미디어에 노출시키기를 마다하지 않았고 자의 혹은 타의에 의해 영화나 광고에 출연하거나 소설의 주인공으로서 소재를 제공했다. 이러한 과정에서 문인들, 다른 분야의 예술인들, 신문 · 잡지 기자들과의 친분은 필연적이었고, 그들의 만남이 대부분 다방에서 이뤄진 것이다.

다방 이외의 지식인층의 모임 장소로는 '조선광문회'와 같은 민족주의 독립운동가들의 출판사무소가 신문화의 요람지 역할을 했으며, 프롤레타리아 문학인들의 집결지로서 『문예운동』, 『예술운동』 등을 간행한 '카프

---

19 장유정(2008). 『다방과 카페, 모던보이의 아지트』. 살림출판사. p.342.

20 최여진(2014). 근대 한국 커피문화 공간 연구. 원광대학교 석사학위논문. p.54.

21 위의 글. p.62.

22 한국사데이터베이스_한국잡지자료_끽다점평판기
http://db.history.go.kr/item/level.do?itemId=ma&setId=1300870&position=0. 2015. 12. 25.

(Korea Artista Proleta Federatio: KARF)'[23] 등이 있다. 그러나 이러한 장소들은 담론이 발생되는 고정된 영역으로서의 집결지라기보다는 출판물을 만들어 미디어 담론을 발생시키는 데 더 큰 목적이 있는 곳이었다.

집필 활동

1900년대 초 무용학적 담론이 텍스트화된 사례는 『동아일보』, 『조선일보』, 『매일신보』와 같은 신문과 『개벽』, 『여성』, 『조광』, 『삼천리』, 『사해공론』 등의 잡지에 주로 나타난다.[24] 당시는 무용에 대한 이론적 견해를 지닌 무용가나 학자들이 부족한 상황이었고 무용에 대해 논의하는 체계 역시 정립되어 있지 못했으나 최승일 · 박영인 · 김동환 · 김동인 · 한설야 · 정지용 · 모윤숙 · 윤복진 · 김문집 등의 문인들이 무용 비평에 가담했으며, 김영 · 송양하 · 권순구와 같은 기자들의 글과 오병년 · 문철민과 같이 순수하게 무용 비평만으로 이름이 알려진 사람들의 글이 남아 있다.[25] 이들의 글은 주로 서양식 무대에서 추어지는 신무용에 대한 긍정적 · 부정적 논평이었으며, 민족주의와 사회주의 사상을 기반으로 한 내용들이었다. 특히 김동환의 "무도란 여하한 것인가"[26]의 내용을 보면 1항에서는 무용이란 음악을 모체로 한다는 것, 2항에서는 조선의 춤은 예로부터 높은 사람에게 바치는 의미이기에 서양의 무용과 같이 무용수 자신의 표현이 자유롭게 나타나지는 못한 실정이라는 것, 그리고 3항은 무대무용과 사교무용의 다른 점, 4항에서는 무용이 여권 신장의 방법으로 역할을 할 수 있음을 말했다. 김동환은 또한 『동아일보』 생활문화 칼럼에 7일간에 걸쳐 "조선무용진흥론"을

---

23 조선 프롤레타리아 예술가 동맹.

24 민현주(2000). 한국무용 비평의 흐름과 평문에 관한 분석. 경희대학교 박사학위논문. p.94; 성기숙(2007). 근대 신무용의 장르 인식과 공연미학. 『대한무용학회논문집』. 제51권. p.165.

25 민현주(2000). 위의 글. pp.94-95.

26 김동환. 무도란 여하한 것인가. 『개벽』. 1922년 6월.

집필했는데 이는 무용을 소재로 한 최초의 글이었다.[27] 주요 내용을 이루는 원문을 두 부분 발췌해 보았다.

무용이란 것은…희비애락의 감정이 끄러오르게 되면 저절로 발이 부동되고 손이 내밀어지는 것으로 심하면 겻사람을 끌어안거나 토석을 집어뿌리고 말기까지에 이르나니 이 동작이 선율적으로 흐를 때를 가르켜 무용이라 할 것이다. 즉 문학이 문자를 노래가 음향을 회화가 색채를 통하야 감정의 표현을 엇드시 무용은 몸짓으로써 표현되는 것이라. 그럼으로 인간치고 원시인이나 문명인 할것업시 다 춤출 소질을 가지고 잇다 볼 것이니 유아가 두려우면 손을 해헤 내두르는 것도 일종 공포 감정의 무용적 표현이라 볼 것이다.[28]

위의 내용은 일종의 무용에 대한 정의라고 할 수 있으며 무용이 몸짓을 통해 감정을 표현하는 예술임을 내포하고 있다. 이 밖에도 텍스트화된 무용학적 담론의 많은 부분이 당시 한국에서 공연되었던 무용을 정의하고 분류하는 기초적 내용들을 다루고 있다.

우리들은 모든 예술상 언동을 조선의 행복을 위하는데에 바처야 한다…독선적 개인적인 금일 뿔조아 사회에 유행하는 무용은 배격하여야 가할 것이라 밋는 바이다…신시대의 무용은 반드시 다인수가 하는 군무이어야 하겟다…언문도 모르는 무산무식의 대중들까지 감상할 수 잇는 점이 널니 민중적 예술이 될 수 잇는 것이라…끗흐로 외국을 보면 무용에 대한 저서가 산적되여 잇고 무용학교와 강습소가 얼마나 만흔지 모르는데 우리에게는 너무 업다. 어서 입과 글로써 전 민중에게 무용을 고취식키자.

---

27 민현주(2000). 위의 글. p.95.

28 『동아일보』. 조선무용진흥론. 1927년 8월 10일~17일. 3면.

위의 내용은 무용에 대한 기초적 설명에서 나아가 당시 한국인들에게 필요한 신무용이 무엇인지 본격적으로 주장하고 있는데, 뿔조아(부르주아) 식의 개인적 무용은 배격하고 정신과 육체의 고양을 함께 이룰 수 있는 군무가 민중적 예술이 될 수 있음을 강한 어조로 말하고 있다. 또 무용에 대한 저서 출판과 교육이 활성화되어 있는 외국의 경우를 예로 들면서 우리 민족도 그와 같이 성장할 것을 촉구하고 있다.

글쓴이 김동환은 1921년 일본 동경대학 영문학과에 유학했으며, 1924년 등단한 후 조선 프롤레타리아 예술가 동맹인 카프에 가담해 시를 쓰기도 하고, 『동아일보』 순회 기자 및 조선일보 기자로도 활동한 근대의 대표적 문인이다. 당시 인기를 끈 대중적 월간지인 『삼천리』를 간행했으며, 해방 직후 친일 문제로 반민특위에 회부되었다가 1950년 납북되었다.[29] 그의 행적과 글에는 사회주의 사상을 기반으로 예술을 통해 국민을 계몽시키려는 생각이 잘 드러나 있다.

한편 월간지 『개벽』에 김기진이 쓴 글 "今日의 문학, 明日의 문학"[30]에는 이 시대의 학문과 사상이 지나치게 복잡해지고 서로 경쟁하면서 그 뿌리를 잃게 되었다며, 무용 · 노래 · 문예를 비롯한 예술은 인간으로부터 비롯되어야 하며, 생의 비참한 감정으로부터 나온 것임을 잊지 말아야 한다고 주장했다. 즉, 무용예술이 인간의 삶과 가까워야 한다는 내용이다. 김기진은 1921년 일본 릿쿄(立敎)대학 영문학부에 입학 및 중퇴한 후 『매일신보』, 『시대일보』, 『중외일보』 등의 기자로 활동했으며, 출판사를 운영하거나 토월회를 조직한 바 있다. 그의 초기 작품들은 정치를 위한 수단으로서의 문학 활동을 펼쳤으나 점차 인텔리의 내면 독백이나 일기체 형식의 수필, 소설 등을 통해 통속성을 획득했다.[31]

---

29 권영민(2004). 『한국현대문학대사전』. 서울대학교출판부. p.102.

30 김기진. 今日의 文學, 明日의 文學. 『개벽』. 1924년 2월.

31 권영민(2004). 위의 책. pp.75-76.

또한 당시의 인기 무용가 최승희의 도구(渡歐: '구라파(유럽)'로 건너감) 고별 공연을 본 한설야가 그 소감을 월간지 『사해공론』[32]에 집필했는데 승무와 검무에서 조선인의 특성을 전혀 찾을 수 없고 진실성이 결핍되어 있으며 그릇된 모방성이 있을 뿐이라고 비판함과 동시에, 최승희는 조선 춤에 정신을 집어넣어야 할 것임을 주장했다. 이러한 글은 최승희의 춤이 더욱 조선춤이 될 수 있도록 하는 충고의 기회가 되기도 했다.[33] 한설야는 1920년 중국 북경의 익지영문학교에서 사회과학을 공부하다가 1921년에는 일본 니혼(日本)대학 사회학과를 3년간 다니고 귀국했다. 이후 강사 생활을 하면서 프롤레타리아 문학에 관심을 두었고 장편 · 단편소설 집필에 능력을 발휘했다. 광복 후에는 월북해 북한 문학 전개에 큰 영향을 미쳤다.

무용학적 담론은 신문과 잡지 외에도 소설 속에 간접적으로 드러나 있다. 한국 근대의 소설은 실제 사회 현상과 인물들을 그대로 소설 속에 투영시키는 리얼리즘 문학을 표방했으므로, 내용에 나타난 인물들의 대화나 작가의 전지적 시점 문장에서 당시 문인들을 지배했던 담론들에 대해 유추할 수 있다. 특히 이태준의 소설 『복덕방』의 주인공인 안경화는 국내외에서 성공한 신여성이자 무용가로서 실존 인물인 최승희를 투영한 인물이며, 이 여성이 구문물을 대표하는 세 명의 노인과 대립하는 모습에서 신문물만을 좇고 전통을 거부하는 신무용에 대해 염려하는 문인들의 담론을 엿볼 수 있다. 이태준은 1927년 동경 조치(上智)대학 예과에 입학, 중퇴했으며 구인회 동인으로 활동하며 제2회 조선예술상을 수상하기도 했다. 그는 민족이 나아가야 할 길에 대한 방향성 및 착취와 피착취로 분화된 계급에 대해 고민하는 지식인이었다.[34] 또한 이광수의 『서울』에는 서양식 댄스 파티에서 서양식 댄스를 즐기는 젊은이들이 불현듯 한국의 전통적 춤사위를 경험하

32 한설야. 무용 사절 최승희에게 보내는 서. 『사해공론』. 1938년 7월.

33 정병호(1995). 『춤추는 최승희』. 뿌리깊은 나무. pp.120-121.

34 최명익. 이광수 씨의 작가적 태도를 논함. 『비판』. 1931년 9월. p.74.

게 되면서 우리 민족의 정신을 되새기는 내용이 나온다.[35]

> "아! 저게 한국 춤이로구나." … 그들은 연경의 춤을 자기네의 가슴을 울리는 무슨 깊고 높음이 있는 것을 느꼈다. … "인제 우리나라가 독립이 되었으니 우리 예술도 화창한 기상을 띠어야 할 텐데." …나는 이것을 '우리를 찾는 심정'이라고 부르지요. 이렇게 찾아내면 우리 예술이 있는 모양으로 우리 철학도 있을 것 같아요. … "잃어버렸던 나라를 찾는 것이 혁명이라면 잃어버렸던 정신을 찾는 것도 혁명이 아닐까?"[36]

이 텍스트에서는 작가의 계몽주의와 민족주의가 무용학적 담론과 결합되어 소설 속 이야기로 나타났음을 알 수 있으며, 이는 신문·잡지 등에 직접적으로 나타난 무용학적 담론과 내용 면에서 유사하다. 작가 이광수는 이외에도 『무정』을 통해 주인공이 기생에서 무용가로 변모하는 시대적 과도기를 배경으로 한 내용의 집필을 함으로써 민족주의적으로 민족 계몽에 접근하는 형태를 보였다.

지금까지 한국 근대 지식인층의 집필 활동상을 보면서, 무용학적 담론의 형태가 무용에 대한 정의 및 역사적 배경을 설명하는 데서 나아가 시대에 필요한 무용의 형태 및 의미에 관해 주장하고 있음을 알아보았다. 그들이 이상적으로 생각한 무용예술은 지식인층 사이에서 크게 성행한 사회주의, 계몽주의, 민족주의, 사회진화론, 사실주의, 페미니즘적 사상을 기반으로 한 것이었다. 즉, 예술을 위한 예술보다는 인간을 위한 예술로서 무용이 존재해야 하며, 민족의 실생활과 가까워야 하고, 국제 사회에서 우리 민족이 나아가야 할 방향을 무용예술 역시 도모해야 하며, 무용예술이 남성과 여성의

---

35 자세한 내용은 유화정(2015)의 논문 참고.

36 이광수(2013). 『이광수 문학전집 소설 28-서울』. 신율. p.136.

평등을 고취시킬 수 있는 계몽적 수단임을 말하고 있다. 또한 무용학적 담론에 대해 집필한 대부분의 작가들이 출신 성분과 삶의 형태에서 공통점을 지니고 있음을 알 수 있었다. 그들은 일본 내지 중국으로 유학을 다녀온 신지식인층으로 서구 및 일본의 근대적 학문 및 사상에 능통했으며 급진적인 프롤레타리아 문학 및 예술을 표방하거나 민족주의 사상을 신봉했다. 귀국 후에는 출판계 및 교육계, 언론계에 종사하면서 그들끼리의 예술공동체나 문학연구소를 차렸으며 광복 후에는 월북했다. 또한 그들의 삶은 실질적인 직업전선에 전념하기보다는 담론 생산에 주력하는 모습을 보였다.

이처럼 한국 근대 지식인층이 생산한 무용학적 담론에는 동시대와 사회를 관통하는 담론이 그대로 투영되어 있으며, 이는 한국 근대 춤문화에 대한 이론 확립의 기초 체계를 제공했다.

3. 한국 근대 춤문화와 지식인층의 필연적 만남

무용에는 본래 말이 없다. 말이 없는 까닭에 얻은 플러스와 마이너스가 분명히 있다. 예술이 탄압받고 검열당한 수많은 세월 속에서 정확한 말이 없는 덕에 그 화살을 빗겨나가기도 했지만, 말로 설명하지 못하면 알아듣지 못하는 철학자들로부터 예술로서의 인정을 받지 못하기도 했다. 무용이론은 바로 이러한 플러스와 마이너스 사이에 존재한다. 말 없이도 위대한 무용의 가치와 의미를 말로써 풀어내는 탓에 박수받지 못할 때도 있지만, 무용이론이 이뤄내는 무용의 가치 확장과 의미 전달은 사회 내에서 무용이 더욱 빛날 수 있도록 도모한다.

이 글에서는 이러한 무용이론의 초기 형태라고 할 수 있는 무용학적 담론에 대해 관심을 갖고, 특히 한국 근대의 지식인층에 의해 생성된 무용학적 담론의 형태와 방향성을 집중적으로 연구했다. 무용학적 담론이 생성되기 위해서는 담론의 주체와 청취자, 그리고 활발히 이뤄지는 무용예술이 있어야 하며, 특히 담론의 주체는 무용학적 담론을 펼쳐야만 하는 이유를 갖고 있어야 한다.

이와 관련해 한국 근대 지식인층은 유학을 통해 서구의 진보적인 사상을 익히고 고국에 돌아와, 국권을 잃고 불안정한 사회를 계몽해야 할 의무감을 강하게 지닌 이들이었다. 그리고 그 의무감은 예술을 비롯한 비정치적 분야까지 모두 민족의 계몽 수단으로서 존재해야 한다는 의식으로 발전되었다. 그들의 의식은 민족주의, 계몽주의, 사회진화론, 사회주의, 페미니즘 등을 기반으로 형성된 것이었다. 이러한 환경에서 무용예술은 지식인층의 집필 활동을 통해 확장되는 무용학적 담론에 의해 평가되었으며, 어떤 면에서는 예술의 방향성을 조정받기도 했다. 무용에 대한 평가 기준이 단순히 예술성이나 흥미성에 있지 않고, 동시대에서 통용되는 담론들 사이에 존재했던 것이었다. 담론은 어떤 무용은 이끌어주고 또 어떤 무용은 배제하는 기준으로 작용했다. 이는 현대 한국을 비롯해 다양한 시대와 사회에서 유사하게 나타나는 현상이라고 볼 수 있다. 또한 현대 한국에서도 여전히 전통적 한국 춤에 관한 담론에서는 민족성의 뿌리를 지켜야 한다는 담론이 늘 존재하고 있으며, 20세기 중반 이후 모더니즘의 유입으로 인해 예술성과 개인의 감정 표현에 치중했던 무용이 점차 인간의 실생활과 연관되는 방향으로 변화하고 있는 것을 보아, 당시의 무용학적 담론은 현대의 무용학적 담론, 그리고 이론과 연결되고 있음이 분명하다.

그렇다면 이제 와 생각해 보건대, 한국 근대 춤문화와 지식인층의 만남은 필연적이었을까?

우연의 반복은 필연이라는 생각을 드리우게 한다. 그리고 필연적 만남이었다는 생각은 항상 만남이 이뤄지고 난 이후에 결과적으로, 그리고 회의적으로 드는 생각이다. 현대에 와서 돌이켜봤을 때 한국 근대의 무용학적 담론이 활발히 생성되고 무용이론의 초기 형태로 자리할 수 있었던 것은 그들의 만남이 필연적이었다는 생각을 하도록 한다. 그리고 우리는 이제 또 다른 생각에 도달하게 된다. 이 시대의 이론가들이 펼치는 무용학적 담론과 현대 춤문화의 만남이 과연 필연적일지, 아니면 스치는 우연으로 끝나고 말지 궁금해지는 것이다. 그리고 이 모든 노력과 생각은 가장 원초적이고 나이가 많으면서도, 현대까지 예술의 한 자리를 지키고 있는 무용을 위해 존재한다.

참고 문헌

단행본 및 논문

권영민(2004). 『한국현대문학대사전』. 서울: 서울대학교출판부.

김성호(2013). 새로운 온라인 공론장에서의 비전문가의 미술비평. 『한국미학예술학회지』. 제39호.

김수진(2006). 신여성 현상의 세계적 차원과 사회적 차이. 『한국여성학회』. 제22권 1호.

민현주(2000). 한국무용 비평의 흐름과 평문에 관한 분석. 경희대학교 박사학위 논문.

백선기(2015). 『미디어 담론』. 서울: 커뮤니케이션북스.

성기숙(2007). 근대 신무용의 장르 인식과 공연미학. 『대한무용학회논문집』. 제51권.

오세준(2014). 한국의 근대적 민족주의 형성 과정과 서구의 문화, 예술의 수용. 『한국문화예술교육학회』. 제11권.

유화정(2014). 조선후기 풍류방과 기방의 춤문화 비교연구. 『대한무용학회지』. 제72권 4호.

_____(2015). 한국 소설에 나타난 춤추는 여성상. 『무용역사기록학』. 제36호.
이광수(2013). 『이광수 문학전집 소설 28-서울』. 서울: 신율.
이태훈(2008). 1920년대 초 신지식인층의 민주주의론과 그 성격. 『역사와 현실』. 제67호.
장유정(2008). 『다방과 카페, 모던보이의 아지트』. 서울: 살림출판사.
정상우(2001). 1910년대 일제의 지배논리와 지식인층의 인식: 일선동조론과 문명화론을 중심으로. 『한국사론』. 제46집.
정병호(1995). 『춤추는 최승희』. 서울: 뿌리깊은 나무.
최여진(2014). 근대 한국 커피문화 공간 연구. 원광대학교 석사학위논문.
태혜신 · 박명숙(2012). 무용학의 융복합적 접근. 『한국콘텐츠학회논문지』. 제12권 제12호.
Edgar, Andrew & Sedgwick, Peter(2002). 『문화이론사전』. 박명진 외 옮김(2012). 서울: 한나래출판사.
Habermas, Jürgen(1990). 『공론장의 구조변동』. 한승완 옮김(2001). 서울: 나남.

신문 및 잡지

『동아일보』 1927. 조선무용진흥론. 8월 10일~17일.
김기진. 今日의 文學, 明日의 文學. 『개벽』. 1924년 2월.
김동환. 무도란 여하한 것인가. 『개벽』. 1922년 6월.
최명익. 이광수 씨의 작가적 태도를 논함. 『비판』. 1931년 9월.
한설야. 무용 사절 최승희에게 보내는 서. 『사해공론』. 1938년 7월.

인터넷 자료

한국민족대백과. 지식인. (http://encykorea.aks.ac.kr/Contents/Index)
한국사데이터베이스 근현대한국잡지자료 끽다점평판기
(http://db.history.go.kr/item/level.do?itemId=ma&setId=1300870&position=0)

제9장

한국 창작춤, 그 혼종의 역사

황희정

1. 한국 창작춤의 시작

개화기 한국 무용계의 형성과 활동

우리나라는 1894년 갑오개혁을 전후로 다양한 서구의 선진 자본주의 문화와 자본이 대거 유입되면서 춤도 피치 못할 변혁을 거치게 되었다. 우리나라의 춤은 왕실에서 의례의 한 부분으로 존재했고 이것을 연행했던 계층은 기생이었다. 왕실에서 춤을 비롯한 여러 가지 예악을 담당했던 기생들은 소속기관이었던 장악원(掌樂院)이 1897년 교방사(敎坊司)로, 1915에는 이왕직 아악부로 점차 규모가 축소되면서 궁중 밖으로 방출되었다.

이렇게 나온 관기들은 일제에 의해 기생조합을 결성해 활동하도록 강요받았는데 1910년대 이후부터는 서울에서 '다동조합', '신창조합', '광교조합',

'한남조합' 등의 형태로 활동했다. 이 기생들을 통해 당시 민속춤뿐만 아니라 일부 상류층만이 향유하던 궁중무까지 대중 앞에 소개되었다. 당시 악(樂)·가(歌)·무(舞)가 각각의 장르로 분리되기 전이라 '연주회'라는 이름으로 음악과 함께 공연되었다. 춤은 하나의 놀음이 아니라 서구식 일면 무대에서 행해지는 공연으로 연희되었으며 공연 수입으로 조합을 운영해야 했던 당시의 여건으로 인해 춤 공연은 대중 미학의 통속성을 강화하는 방향으로 나아가며 대중이 흥미 있어 할 만한 것들을 무대에 적극 반영했다.

자연스럽게 대중의 기호와 취미에 맞는 방향으로 전통춤의 개량이 시도되었다. 예를 들어 단성사 극장의 전속 단체였던 강선루(降仙樓) 일행은 1912년 4월 21일에는 단성사 공연에 앞서 기생 가무를 개량하는 작업이 자신들의 특색[1]임을 적극 선전했으며, 실제 얼마 후에 강선루 일행은 악곡의 춤 장단이 너무 느려서 관객이 지루함을 느낄 우려가 있다며 개량의 의지를 시사했다.[2] 다동권번은 동작뿐 아니라 의상의 색깔도 다양하게 변화를 주었고[3] 향악 정재 〈무고〉를 변형한 것으로 보이는 〈사고무〉라는 작품을 선보였다. 또 한성기생조합소 시기에는 〈향응용무〉, 〈이화무〉, 〈시사무〉, 〈지구무〉, 〈무동〉, 〈팔선무〉, 〈팔선여무〉, 〈안악무〉, 〈서민 안악무〉, 〈헌반도〉 등의 춤이 새로 창작된 것인데, 그 실체를 확인할 수는 없지만 당시 안무력이 축적되지 않았음을 고려해 보건대 기존 민속춤과 궁중무를 변용해 새로운 이름을 붙인 작품들이라 추측된다.

이들 기생은 전통춤이나 그것의 개량춤만을 공연한 것이 아니라 서양 춤도 무대에 올렸다. 특정한 줄거리나 플롯 없이 쇼처럼 진행되는 형식인 〈레

---

1 『매일신보』. 1912.4.21; 김영희(2006). 『『매일신보』 전통 공연예술 관련 기사 자료집』. 도서출판 보고사. pp.43-44 참조.

2 『매일신보』. 1912.4.26; 김영희(2006). 『『매일신보』 전통 공연예술 관련 기사 자료집』. 도서출판 보고사. p.45 참조.

3 『매일신보』. 1915.9.10; 김영희(2006). 『『매일신보』 전통 공연예술 관련 기사 자료집』. 도서출판 보고사. pp.188-189 참조.

뷔(revue)〉도 선보였으나 그 수준은 높지 않았던 것으로 보인다. 서구 문화의 유행에 따라 단지 관객을 모으기 위한 목적이었을 텐데 "서양 사람들이 유치원에서 어린 아이들을 즐겁게 하기 위해 장난하는 유희"[4]라고 표현했을 정도로 조롱 섞인 평가를 받았다. 반면 〈전기광무〉, 〈전기무〉, 〈전기호접무〉 등의 이름으로 공연된 춤은 매우 인기를 끌었다. 나비처럼 너풀거리는 넓은 의상 위로 색색의 조명을 바꿔가며 쏘아 마치 의상이 순식간에 바뀌는 것 같은 효과를 준 로이 풀러(Loie Fuller)의 〈스커트 댄스〉를 모방한 춤으로 짐작된다. 볼거리 면에서 신기해 비슷한 제목으로 여러 번 공연되었다.

이처럼 기생들은 왕실과 교방에서 방출되어 상업적으로 조합 활동을 하며 전통춤의 개량과 서양 춤의 습득을 시도했으나 뚜렷한 예술춤으로서의 양식화를 이루지는 못했고 서양 춤의 수준도 낮아 별다른 반향을 불러일으키지 못했다.

신무용의 출현과 한국 창작춤

기생조합에서 고군분투했던 전통춤의 개량화는 뜻밖의 방향에서 찾아왔다. 바로 1930년대 최승희와 조택원의 전통춤을 소재로 한 창작 활동이었는데 기생조합과는 반대로 이것은 양춤을 바탕으로 한 전통춤의 이식 같은 형태로 시작되었다. 이 두 무용가는 일본 현대 무용가 이시이 바쿠(石井漠)의 문하에서 현대무용을 배우며 공연 활동을 시작했으나 이후 전통춤을 소재로 한 창작품을 올리면서 큰 호평을 받았다. 특히 최승희는 특유의 천부적 재능으로 짧은 시간에 전통춤을 배워 작품화하고 한국춤의 틀이 되면서 한국 창작춤의 역사를 열었다고 볼 수 있다. '한국 창작춤'의 시작을 1980년

4 『매일신보』. 1920.10.17; 김영희(2006). 『『매일신보』 전통 공연예술 관련 기사 자료집』. 도서출판 보고사. pp.466-467 참조.

대 이후로 잡은 몇몇 선행 연구[5]에도 불구하고 흔히 '신무용기'라고 하는 1930년대 최승희와 조택원의 활동부터로 본 것은 이 두 무용가를 선봉으로 한국의 전통무용을 개량해 무대화하는 '한국 창작춤'의 움직임이 본격화되었기 때문이다. 일부 연구자들은 신무용을 1980년대 한국 창작춤의 전신(前身), 배경처럼 구분하기도[6] 하지만 최승희와 조택원의 전통을 소재로 한 작품들의 움직임 어법과 안무 철학을 봤을 때 한국 창작춤의 그것과 다르지 않다. 따라서 실제 한국 창작춤은 이들이 전통을 소재로 한 작품을 발표하며 국내외적으로 주목받았던 1930년대부터라고 볼 수 있다.

새로운 예술 장르 혹은 사조가 발생할 때에는 이전과 구분되는 춤 철학과 그에 따른 안무법을 갖기 마련이다. 낭만주의-고전주의-모더니즘-포스트모더니즘으로 이어지는 서구 무용사에서 보듯이 기존의 것에 대한 부정과 반발, 춤에 대한 새로운 해석으로 새로운 무용 사조와 장르가 발생한다. 춤에 규칙과 형식을 부여하고 가장 정확하고 우수한 기량을 추구한 고전주의 발레, 그런 엄격한 형식에서 탈피하고 인간의 자연스러운 움직임과 개성을 추구한 모더니즘, 그리고 이성 합리주의로 반대 논리를 억압한 모더니즘에 반발해 해체를 통해 진정한 춤에 도달하려 한 포스트모더니즘 운동이 그러하다. 신무용과 한국 창작춤은 '전통춤의 개량화', '전통춤의 현대화'로 같은 곳에 지향점을 두며 춤 철학을 공유하고 있다. 따라서 두 시기는 구분되지 않는 하나의 연장선으로 파악하는 것이 올바를 것이다. 외래춤의 추가적인 이식으로 외형적인 춤어법이 확장된 것에 대해 새로운 장르 출현이라는 의미를 부여하는 것은 재고(再考)되어야 할 것이다.

---

5 윤덕경(2015). 한국 창작무용의 정체성과 가능성. 『한국무용연구학회』. 33(1). pp.47-79.

6 안제승(1976). 신무용의 과제와 전통 현대와의 관계. 『춤』. 5월호.
이 밖에도 많은 논문이 신무용을 한국 창작춤의 전신으로 보고 하나의 장르처럼 구분하고 있다. 신무용 혹은 한국 창작춤에 대한 수십 편의 논문이 선행 논문의 입장을 그대로 담고 있으므로 일일이 열거함은 생략하도록 하겠다.

'신무용'이란 용어에 대해 살펴보면 두 가지 의미로 통용됨을 알 수 있다. 첫 번째는 당시 전통춤을 제외한 예술로서의 무대춤을 모두 지칭하는, 즉 서양의 춤뿐 아니라 최승희가 만들었던 전통을 소재로 해서 창작한 모든 춤을 포함하는 것이다. 1926년 6월 19일자 『매일신보』 기사에서 최승희가 출연하는 이시이 바쿠의 공연을 소개하면서 '신무용'이라는 용어가 지면에 등장[7]하는데 이 때의 공연 목록은 〈성전의 춤〉, 〈방황하는 혼의 무리〉, 〈습작〉, 〈그로테스크〉, 〈까막잡기〉, 〈젊은 반과 님프〉 등의 현대무용이었다. 당시의 실제 쓰임으로 보았을 때 신무용이란 새로 등장한 모든 예술춤에 대해 교방에서 배출된 기생들이 주류가 되어 연행하던 전통무용과 차별화하기 위해 쓰면서 생긴 시대적 용어다. 당시의 매스컴이 임의로 붙인 잠정적인 호칭이었으며[8] 말 그대로 당시의 모든 '새로운 무대춤'으로 전통춤과 대척점에 있는 외국 무용도 포함하는 용어였다.[9]

두 번째는 해방 후 무용사를 정리하는 과정에서 '신무용'의 개념에 대해서 강이문은 "전통적 한국 무용에 새로운 생명을 주어 그것을 시대에 적응하게끔 창의적으로 만든 무용이다."[10]라고 했고, 조동화는 1962년 『한국연예연감』에서 '신무용'의 기원과 편년을 구분하면서[11] 한국 무용의 현대화 작업을 뜻하는 말로 굳어져 가게 되었다. 이것은 전자보다 '신무용'이란 용어가 매우 좁은 의미로 축소된 것이다. 서양춤을 습득하고 작품 활동하던 최승희와 조택원 등이 한국 전통춤의 움직임을 이식하고 조선에서 소재와 정서를 찾은 무용 작품들이 괄목할 만한 성과를 내면서 국내외의 주목을 받자 한국 창작춤은 이후 전통춤과 더불어 한국춤 안에서 계승 작업이 이

---

7 魚의 舞 새 舞踊家 崔承子 첫무대 자태. 매일신보. 1926. 6. 19. 한국근대춤 자료사. p.201.

8 강이문(1976). 한국신무용고. 『무용』. 제3집. 한국문화예술진흥원. p.129 참조.

9 조동화(1976). 『문예총감』(개화기~1975). 한국문화예술진흥원. pp.475-476.

10 박선욱(1993). 한국 근대무용에 있어 춤 움직임 특질 연구. 이화여자대학교 석사학위논문. p.11.

11 위의 글. p.53.

뤄졌고 이들의 작품을 신무용이라 지칭했다. 최승희의 월북 이후에도 높은 작품성으로 인해 후속 무용가들에게 활동이 이어진 반면, 초창기에 만들었던 서양 춤과 다른 무용가들의 춤들은 도태되었다. 또 일본에서 신무용이 전통적 기법을 바탕으로 한 창조적 무용이라는 의미가 수용되면서 신무용은 곧 최승희 · 조택원의 한국 창작춤과 동격처럼 여겨진 것이라 할 수 있다.

앞서 말한 것처럼 무용 장르란 안무법과 움직임 원리, 그리고 안무 철학 등에서 구분이 이뤄지는데 1930년대 최승희 · 조택원의 창작 활동은 이전의 전통춤과 뚜렷한 구분을 두면서 '한국 창작춤'을 탄생시켰다. 최승희와 조택원은 이시이 바쿠의 문하에서 현대무용을 배웠다. 초기의 작품 활동은 현대 무용가를 스승으로 둔 만큼 현대무용으로 시작하지만 이후 조선의 춤에서 자신의 정체성을 찾아가면서 최승희는 한성준에게 보름간 한국춤을 배우고[12] 한국 전통춤을 모티브로 창작 활동을 했다. 조택원은 조선인으로서 외국 춤을 추는 것에 대한 한계를 느끼고 또 조선인은 조선의 것을 해야 된다는 것을 깨달아 한국 창작춤을 만들기 시작했다. 최승희의 〈초립동〉, 〈무당춤〉, 〈수건춤〉, 〈부채춤〉, 〈장고춤〉, 〈에헤라 노아라〉, 〈풍랑을 헤가르고〉, 〈물동이춤〉, 조택원의 〈가사호접〉, 〈춘향조곡〉, 〈부여회상곡〉 등의 작품은 한국 창작춤의 시작이며, 이 중 몇몇은 현재까지 레퍼토리로 종종 상연되고 있다. 또 〈장고춤〉, 〈부채춤〉 같은 작품들은 후속 무용가들에 의해 발전되면서 한국 창작춤의 주요 레퍼토리로 자리하고 있다.

최승희 · 조택원에서 출발한 한국 창작춤은 현재까지 80여년이라는 짧지 않은 기간을 존속했다. 그 탄생과 발자취 또한 혼종의 역사라 부를 만큼 여타의 장르가 복잡하게 얽혀 있다. 여기서는 한국 창작춤이 어떻게 발전했고 오늘날 어떤 모습인지, 다른 장르와 구별되는 독창적인 움직임 원리는

---

12 김영희 외(2014). 『한국춤통사』. 도서출판 보문사. p.351.

무엇인지, 또 여러 장르의 혼종으로 탄생한 한국 창작춤의 발자취에서 기존 장르가 어떤 방식으로 수용되고 결합되었는지 밝히고자 한다. 이것은 앞으로 한국 창작춤이 수많은 변모 속에서도 가지고 가야 할 특수한 원리를 제시하고, 우리만의 독창적인 움직임 기법을 지켜나가기 위해 필요한 작업일 것이다.

2. 한국 창작춤 속 전통춤

한국 전통춤의 어제와 오늘

한국 전통춤이란 과거에서부터 이어져 내려온 문화유산으로서 그것이 생성 혹은 연행될 당시의 사상과 가치관을 담고 있는 춤이라 할 수 있다. 전통이란 역사적으로 전승된 물질문화, 사고와 행위 양식, 사람이나 사건에 대한 인상, 갖가지 상징군[13]에 이르기까지 복합적인 의미를 담고 있다. 한국춤에서는 전통춤과 창작춤으로 나눌 수 있고, 여기서 전통춤으로 분류되는 시기는 보통 근대화되기 이전 조선 시대까지의 춤을 말한다. 춤이란 다른 문명의 발달 과정과 마찬가지로 고대부터 있어 왔고 제의 기록에서도 춤을 추어 왔음을 알 수 있지만 고조선과 삼국 시대, 통일신라 시대, 조선 시대를 거치면서 실질적으로 근대까지 전해진 춤은 조선에서 행해졌던 춤이기 때문이다. 삼국 시대에 생성되었던 춤도 조선 시대에 흡수되어 실체를 확인할 수 있는 몇몇 궁중 정재만 남아 있고 소실된 춤은 확인할 수 없다. 다만 조선 시대 『궁중무도홀기』에 기록이 남아 있는 레퍼토리는 사람을 통한 전승은 끊겼더라도 복원을 통해 생성되기도 한다. 현재 우리나라

13 『두산백과사전』. "전통."

의 전통춤을 정리하자면 형성 방식에 따라 다음과 같이 분류할 수 있다.

첫째, 조선 후기까지 연행되어 그것을 습득한 무용가가 후속 세대에 직접 전승한 경우다. 일제 강점기를 거친 우리나라는 급격한 개방화와 맞물려 전통의 많은 부분이 단절되고 소실되었다. 궁중에서 방출되어 조합을 결성하며 많은 작품을 만들고 극장이나 요리점에서 활동을 했던 기생들은 무대에 맞는 양식화된 춤을 만드는 데 실패하며 사라졌다. 그러나 일부 전통춤을 놓지 않았던 무용가들은 해방 후에 그 가치를 인정받으면서 많은 후학 양성에 기여했다. 이들은 해방 후 무형문화재 제도가 생긴 이후 주요 춤 종목이 문화재로 지정됨에 따라 보유자로 인정되어 전통춤의 보급과 전승에 힘썼다. 대표적으로 국립국악원 같은 기관은 어려운 환경에서도 전통춤을 놓지 않은 김천흥, 성경린, 장사훈 같은 이왕직 아악부 출신 예술가들의 결과물이라 할 수 있다.

둘째, 조선의 어느 순간엔가 단절되었지만 홀기(笏記)를 통해 복원한 경우다. 전통이란 한순간의 끊김도 없이 계속적인 전승이 필수적인 것은 아니다. 어느 시대에 전적으로 단절되고 망각되었던 것이 후대에 가치를 인정받아 되살아나는 것도 전통춤으로 볼 수 있다. 복원은 그 대표적인 예라 할 수 있다. 조선 시대에 연행되었던 53가지의 궁중 정재는 대한제국 시절 몇몇 무용가가 직접 추었던 경험으로 전승한 〈처용무〉, 〈춘앵전〉 등의 10가지의 레퍼토리를 제외하고는[14] 현재 연행되고 있는 것들은 홀기를 통해 복원한 작품들이다. 우리나라 무보에 해당하는 홀기는 동작을 예악의 원리에 따라 이름을 붙이고 그 동작명을 순서대로 나열한 것이다. 의물(儀物)이나 무대장치, 의상의 그림도 수록되어 있어 당시 연행되었던 춤의 형태를 알 수 있는 매우 귀중한 자료다. 그러나 동작과 동작의 연결을 알 수 없어 복원 시 이 부분은 다른 정재의 움직임 원리를 참고로 해서 복원자의 안무가 들

14 내가 겪은 20세기 제자 관재 성경린 씨. 『경향신문』. 1973.5.26. 참조.

어가게 된다. 이런 이유로 복원된 작품에 대한 시비가 일기도 하는데 홀기를 해석해 만들었다는 점에서 전통춤으로 인정할 수 있겠다.

셋째, 조선 시대까지 존재했던 민속에서 행하던 움직임을 무대예술화한 춤이다. 한성준, 이매방이 대표적 인물로 이들은 즉흥적이고 양식화되지 않았던 당시의 민속춤을 무대예술화하는 데 성공한 안무가이자 춤꾼들이다. 교방에서 기생들이 수건을 들고 추거나 무속의 굿에서 행하던 것을 작품으로 만든 〈살풀이〉, 불교적 색채가 강하고 전통 춤사위의 정중동(靜中動) 동중정(動中靜)의 정수라 일컫는 〈승무〉, 경기 무속춤을 재구성해 진쇠 · 낙궁 · 터벌림 · 도살풀이 장단에 맞춰 추는 〈태평무〉, 진도 씻김굿에서 추출한 북놀이로 한국의 흥이 살아 있는 〈진도북춤〉 등의 작품이 있다. 이 춤들은 춤사위와 안무 원리를 보았을 때 조선 시대의 민속적 문화유산을 간직한 작품들이고 그 예술성이 뛰어나 많은 무용인이 배우고자 하는 인기 있는 레퍼토리들이다. 특히 이매방은 탁월한 기량으로 춤에 현란하고 낙차가 큰 호흡을 자유자재로 사용해 그의 춤들은 소박한 민속춤이면서도 '화려하다'는 평가를 받는다.

그런데 이 전통춤이라는 것은 과거에 만들어졌거나 과거의 기록을 보고 재현한 춤만을 말하는 것은 아니다. 오늘날도 계속 창작이 이뤄지고 있다. 전통춤과 창작은 일견 대립된 관계로 보이지만 전통에서 모티프를 가져오고, 스토리가 없는 완전 추상적인 전통적 음양오행의 순환적 움직임 원리와 사상, 그리고 한국춤 특유의 정중동 · 동중정 혹은 흥 · 멋 · 한 · 태를 가지고 오늘날 만들어진 춤을 말한다. 음악과 의상 역시 근대화 이전의 것을 따른다. 최종실의 〈소고춤〉, 정재만의 〈허튼춤〉, 이매방의 〈사풍정감〉 등이 대표적이다. 이 밖에 〈굿거리춤〉, 〈무당춤〉, 〈한량무〉, 〈시나위〉 등도 전통 무용가들이 각자의 이름을 붙여 안무하고 공연에 올리고 있다. 이러한 춤들은 조선 시대의 춤 기법을 따르므로, 고전주의적 기법을 따른다 해서 이름 붙여진 '신고전주의' 발레처럼 신전통춤이라 부를 수 있을 것이다.

그림 9-1. 〈이매방 살풀이〉 중에서. 우봉이매방춤보존회 제공.

신고전주의 발레의 가장 두드러진 경향은 연극적인 내용과는 대립되는 순수한 동작이나 디자인이 강조되면서 추상성을 획득하는 것이다. 신전통춤들은 전통춤과 마찬가지로 비문학적 · 추상적 동작에 몰두하며, 줄거리 전달을 위한 제스처의 사용이 없다. 모든 표현까지 거부하는 신고전주의와는 다르지만 추상성이 두드러지고 전통춤을 새롭게 계승 발전시키고 당시의 미적 체험에 관심을 부여한다는 점에서 오늘날 창작되었지만 전통춤으로 분류될 수 있다.

전통춤의 수용과 변용

한국 전통춤의 기본적 특징은 궁중 정재의 예악사상이나 음양오행의 원리 등에 따른 추상성이며, 이를 통해 흥 · 한 · 멋 · 태의 미감을 나타낸다.

즉, 전통춤에서의 동작은 그 하나하나가 구체적인 의미를 지니기보다는 전체적인 움직임의 원리가 호흡을 통해 '맺고 푸는' 과정을 통해 비가시적인 원리를 가시적으로 유형화한 체계를 가진다. 한국 창작춤은 이러한 전통춤을 변용하고 외국 춤을 혼합해 더욱 다양한 표현이 가능한 한국춤의 세부 장르다. 한국 창작춤은 국악, 한복, 전통 춤사위에 얽매이지 않고, 중국 · 일본 · 서양 혹은 대중춤에서까지 제한 없이 필요한 요소를 안무에 사용한다. 전통춤에서 파생한 한국 창작춤이 전통춤과 공유하는 영역이 존재하는 것은 당연하지만 20세기 중반까지 전통춤에 가까웠던 한국 창작춤은 1970년대를 지나면서 현대무용에 더 가까워진 듯 보이며 장르의 모호성이 나타나고 있다. 오늘날 공연되고 있는 한국 창작 작품들이 현대화되면서 전통적 색채가 흐려졌지만 한국 창작춤은 앞서 제시했던 전통춤의 요소들을 수용하면서 그것을 표준하는 데 기여했다. 이전까지 어떤 교과서적인 법칙 없이 개인적으로 성립된 움직임들은 무대예술화에 집중하는 한국 창작춤으로 인해 일정한 움직임 기준이 개발되었다. 즉, 전통적 요소를 추출해 체계적으로 정리하는 작업을 했다.

'기본'이라는 이름으로 정리된 기초 춤사위[15]는 학교와 국 · 시립무용단에서 각자의 수준에 맞게 안무되었다. 훈련의 첫 단계에 사용되며 각 부위 움직임의 기법이 집약되어 있다. 발을 내딛는 보법은 뒤꿈치 → 발바닥 → 발코의 순서대로 바닥에 꾸-욱 누르듯이 디디며 그 힘으로 상체는 위로 호흡한다. 또 뗄 때는 끈적한 아교에서 발을 떼듯이 뒤꿈치부터 끈끈하게 떼어야 한다. 이 보법에 따라 걸음을 걸을 때 1박을 3부분으로 쪼개어 1/3박에는 딛고 2/3박에는 중심을 옮기며 마지막 3/3박에 무릎을 굽신해야 경박하

15 한국춤에서는 춤의 움직임을 '춤사위'라고 하는데 이것은 1981년 정병호가 『춤사위』라는 책을 내면서 제시되었다. '사위'라는 말은 춤에서 낱낱의 일정한 동작을 말할 때 사용되는데 민속 예능인에 의해 구전되던 것이다. 이제는 한국춤에서 움직임을 지칭하는 용어로 일반화된 개념이다.

지 않고 진중한 느낌이 나온다. 무거운 발걸음은 느리고 차분한 동작뿐 아니라 흥이 솟는 상체 동작을 할 때도 힘있게 안정적으로 지지해 주면서 동작 연결 시 상체의 흐름을 매끄럽게 해준다. 발을 드는 받침체[16]를 할 때 발바닥은 바닥과 수평이면서 엄지발가락에 해당하는 발코는 위로 세우고 무릎을 든다. 종아리는 수직으로 세운 자세를 한다. 돌 때는 뒤꿈치를 축으로 하는데 이 기법은 창작춤에도 개발된 것으로 빠른 회전을 용이하게 하고 방향을 바꿔 짚는 발코의 곡선이 강조된다.

팔은 수평으로 양팔을 들되 곡선을 유지해야 한다. 양팔을 양옆으로 뻗어 들 때 팔꿈치를 뒤로 돌려 팔꿈치의 방향이 뒤로 향하게 한다. 손가락까지 선이 연장되도록 손을 가지런히 하는데 엄지손가락을 완전히 붙이지도 멀리 떨어트리지도 않고 자연스럽게 놓는다. 이렇게 팔을 돌려 들면 앞에서는 직선이지만 위에서 보면 살짝 둥그런 곡선 형태의 팔선을 이루고 옆에서도 곡선이 만들어진다. 팔꿈치가 아래로 향하는 직선보다 부드러운 느낌을 준다. 감기 동작은 올리는 팔을 올리기 전 박자에 뒤집어 손바닥부터 직선으로 올리고 그 손을 내릴 때에 팔꿈치는 바깥으로 향하고 손바닥은 귀 뒤를 훑듯이 내려 앞으로 반원을 그리며 제자리로 간다. 이 때 반대 팔은 뒤집는 준비 동작을 하고 정박에 같은 순서로 실행한다. 턱은 당기고 정수리는 위에 당기는 듯한 느낌을 주어 척추와 연장선상에서 긴장감을 주어야 하며 동시에 꼬리뼈 부분은 바닥으로 당긴다. 즉, 위아래 양쪽으로 팽팽하게 당기는데 이것은 춤에 무게감을 주며 땅과의 교감을 중시하는 전통적 원리를 담고 있다.

한국 창작춤에서 수용하고 변용한 가장 중요한 전통춤의 요소는 '호흡법'이다. 한국춤에서 호흡은 모든 움직임이 생성되는 원천이자 동작의 흐름이

---

16 발 밑에 어떤 물체를 받친다는 뜻으로 물체를 받치며 발과 무릎이 올라가게 된다. 김영희(1997). 『호흡기본』. 현대미학사. p.50.

다. 한국춤에서 '춤을 잘춘다'를 가늠하는 중요한 기준은 호흡을 얼마나 잘 터득해 춤사위를 연결하는가에 달려 있다고 해도 과언이 아니다. 기본적으로 아랫배에 중심을 두고 바깥으로 전달되는 호흡은 몸통, 팔, 다리까지 전파되며 움직임을 이룬다. 상하 방향으로 이뤄지는 호흡, 좌우로 이뤄지는 호흡, 또 빠른 움직임에 중심을 잡아주는 호흡으로 나눌 수 있다.

상하 호흡은 감기 동작에 해당한다. 팔을 수직으로 올릴 때 들이마시는 호흡을 하여 어깨와 반대 팔까지 같이 위로 올라가며 맺고, 수직 팔을 귀 뒤로 감고 내리면서 내쉬는 호흡을 하여 풀 때 사용된다. 좌우 호흡은 좌우새와 어르기를 할 때 사용된다. 좌우새와 어르기는 동작 사이사이에 보일 듯 말 듯 들어가는 호흡으로 동작을 맛깔스럽게 만든다. 또 자즌걸음을 할 때는 빨리 걸으면서도 상체가 흔들리지 않고 위아래 움직임이 보이지 않게 아랫배에 힘을 줘 중심을 잡는 역할을 한다. 이 모든 호흡은 정지하는 동작일 때 호흡의 움직임이 있고 움직이는 동작일 때 호흡은 잡아주는 역할을 하는 정중동 · 동중정의 원리로 이뤄진다.

이러한 동작과 호흡법이 창작춤의 발달과 함께 표준화되고 보급됨에 따라 군무에서의 '합(合)'이 발달하게 되었다. 한국춤에서 '합이 맞아야 한다'는 것은 '호흡의 일치'라고 볼 수 있다. 호흡을 제각기 놀면 개인은 우수할지라도 군무에서 같은 동작을 하더라도 조화롭지 못한 그림이 나온다. 군무의 연습은 곧 합을 맞추는 과정이라 볼 수 있는데 같은 순간, 같은 지점에 호흡을 맺었다가 같은 순간, 같은 지점에 푸는 합이 잘 이뤄졌을 때 호흡은 군무의 숫자만큼이나 거대한 에너지로 관객에게 전달된다. 합이 잘 맞는 공연은 공간을 장악하며 대단한 미적 카타르시스를 불러일으키는데 한국 창작춤에서 이 부분은 분위기를 고조시키는 절정에 자주 사용된다. 한국 창작춤은 이렇듯 전통춤의 원리를 체계화 · 표준화하며 한국춤의 기교 발달과 전문화에 기여했다.

3. 한국 창작춤 속 고전 발레

고전 발레란?

고전 발레란 두 가지 뜻으로 사용되고 있다. 학술적으로 사조상 낭만 발레 이후 나타난 고전주의 형식을 지닌 발레를 말한다. 시기적으로는 19세기 중반부터 후반까지이며, 마리우스 프티파(Marius Petipa, 1822-1910)가 마린스키 극장(Marinskii Teatr) 안무가로 활동하며 창안한 형식이다. 고전주의 발레는 춤과 마임을 사용해 줄거리를 전개한다. 교향곡의 서곡처럼 발레의 내용을 처음에 예고하듯이 꾸민 서곡(prelude) 부분과 솔리스트(soliste: 독무자)들이 줄거리와는 상관없이 다채로운 춤들을 많이 보여주는 디베르티스망(divertissment), 남녀 주역 무용수들의 화려한 발레 기술을 보여주는 그랑 파드되(grand pas de deux) 형식이 빠짐없이 들어간다.[17] 그랑 파드되는 남녀 주역 무용수가 추는 커플 댄스인데 느린 음악에 맞춰 추는 아다지오(adagio), 남녀가 번갈아가며 자신의 기량을 뽐내는 독무인 바리에이션(variation), 커플 댄스가 절정으로 치닫는 코다(coda) 부분으로 이뤄져 있다. 남녀 주역의 기량을 유감없이 과시하는 볼거리로 콩쿠르 작품이나 갈라 공연에 자주 사용된다. 사조상의 엄격한 고전 발레란 이러한 형식을 갖춘 전막 발레를 말한다.

일반적인 의미에서 고전 발레란 고전주의적 틀을 깨고 새로운 방향으로 나아갔던 발레 뤼스(Ballets Russes)[18]가 현대 발레를 탄생시키기 이전까지의 모든 사조를 지칭한다. 넓은 의미에서 고전 발레란 수백 년의 고전에 기초

17 네이버시사상식사전. "고전주의 발레."

18 1909년 세르게이 디아길레프(Sergei Diaghilev)가 파리에서 조직한 발레단으로 '러시아 발레단'이란 뜻이다. 고전 발레에 대항해 혁신적인 안무작들을 선보였고 현대 발레의 장을 열었다.

한 발레라는 뜻으로 오늘날 클래식 전통에 도전한 현대 발레와 대립되는 장르 개념이다.[19] 고전 발레의 수십 가지 레퍼토리 중 〈백조의 호수〉, 〈호두까기 인형〉, 〈잠자는 숲속의 미녀〉는 가장 인기 있는 작품으로 마리우스 프티파가 완성한 고전주의 발레의 형식이 집결된 작품이다. 고전 발레의 레퍼토리는 위와 같은 초현실적인 판타지를 구현한 동화부터 〈돈키호테〉, 〈라 바야데르〉처럼 소설·시 등의 문학에서 모티프를 따온 것들이 주류를 이룬다.

우리나라에 발레가 처음 공연된 것은 1890년대 초 러시아 공사관에서 베베르 공사 부인이 주최한 무도회에서였지만 우리나라 사람이 발레를 처음 본 것은 러시아의 니콜라이 2세 대관식 축하 공연에서였다.[20] 우리나라 대표단 일행이었던 민영환, 윤치호, 김득련, 김도일 등은 이 행사에서 키로프 발레단(현 마린스키발레단)을 접했다. 제목은 알 수 없으나 극장의 규모에 압도당했던 것 같다. 1917년 혹은 1918년 헬렌이라는 14~15세의 러시아 소녀가 종로의 우미관에서 영화 상영 중 막간에 하얀 옷을 입고 나비춤을 추었는데 김을한에 의하면 하얀 튀튀와 토슈즈를 신었다[21]고 기억하는 것으로 보아 발레였음을 짐작할 수 있으나 별다른 기록이 없어 문서상 확인할 길이 없다. 정식 기록으로는 1925년 『조선일보』[22]에 김동한의 무도를 소개하면서 '발렛트 단쓰'가 등장하므로 이 때로 봐야 할 것이다. 1928년 10월에는 일본 후지다 기게루와 사카이 시요코가 〈道化者 1〉, 〈요정〉이라는 발레 작품을 했다. 이것은 막간 발레가 아닌 첫 내한 발레 공연으로 사카이는 엘리아나 파블로바(Eliana Pavlova)의 제자이며 토슈즈를 신고 공연했다.[23] 엘

19 김말복(2011). 『무용예술코드』. 한길아트. p.311.

20 이규태(1991). 키로프 발레와 朝鮮. 『춤』. 7월호. p.56 참조.

21 김경애·김채현·이종호(2001). 『우리 무용100년』. 현암사. p.244 참조.

22 『한국춤통사』. p.338; 이역에서 환영받은 김동한 씨의 무도. 『조선일보』. 1925.3.3.

23 황희정(2006). p.65 참조.

리아나 파블로바는 전설적인 러시아의 발레 무용수 안나 파블로바(Anna Pavlova)의 제자로 일본으로 망명했으며 1931년 7월 4~5일 우리나라 '희락관(喜樂館)'에서 창작 발레를 선보였다. 러시아에서 정통 발레를 훈련받은 전문 무용수가 일본을 통해 우리나라에 내한 공연한 것으로 러시아 발레의 첫 국내 소개라 할 수 있다.

이러한 발레의 국내 공연은 주로 외국인들의 내한 공연 형태로 이뤄졌고, 이에 감화된 국내 무용인의 배출이 이뤄지진 않으면서 단발성 공연에 그치게 되었다. 본격적인 발레 수입은 한국전쟁 이후 1950년대부터 프랑스, 독일, 일본, 미국 등지에서 발레 내한 공연을 가지며 이뤄졌다고 할 수 있다. 특히 1969년 10월 동아일보사 주최로 이뤄진 일본의 〈백조의 호수〉 전막 공연을 시작으로 1975년 영국 로열 발레단의 내한 공연 등[24]은 서구 고전 발레를 감상하고 역시 깊은 정통 발레단의 수준을 볼 수 있는 기회였을 것이다. 더불어 동영상 자료를 접하기 힘들었던 당시의 상황을 고려해 볼 때 고전 발레의 형식, 구성, 기법, 무용수의 기량을 직접 눈으로 확인할 수 있는 귀중한 기회였을 것으로 짐작할 수 있다.

고전 발레의 형식을 품은 한국 창작춤

한국 창작춤은 1960년대 대규모 군무 공연이 가능해지면서 고전 발레의 형식을 차용하기 시작했다. 그전까지 한국 창작품은 주로 소품 위주의 짧은 작품이 대부분이었다. 한 작품의 길이가 15분을 넘지 않는 길이로 스토리의 전달보다는 전체적인 심상을 담아내거나 특정 상황이나 장면을 설정한 춤이었다. 따라서 보통 1시간 이상의 시간을 요하는 공연의 경우에 최소 5개 이상의 작품들이 올라가곤 했다. 최승희 · 조택원이 활동하던 1930년

24 황희정(2006). p.66 참조.

대까지는 우리나라에 단발성 발레 공연이 몇 번 있었을 뿐이고 그마저 깊은 영향을 주진 않았던 것으로 보인다. 그럼에도 불구하고 최승희의 춤을 보면 척추를 곧게 펴는 것, 사선을 이용한 여성스러운 자태 연출, 환한 미소, 드라마틱한 다양한 표정 연기 등은 한국 전통춤이나 이시이 바쿠의 현대무용에서는 찾아볼 수 없는 요소다. 발레에서 강조하는 여성미, 무대에서 몸의 전시를 효과적으로 돋보이게 하기 위해 최대한 몸을 연장해 쓰는 기법과 유사성을 갖는다.

한국 창작춤뿐 아니라 전반적인 모든 한국춤에서 소품 위주의 공연이 이뤄지다가 고전 발레처럼 전막 공연 형식이 한국춤에도 나타난 것은 1962년 국립무용단의 창단 이후다. 1941년 조택원 안무의 〈학〉, 〈부여회상곡〉 같은 작품에서도 그 흔적을 찾을 수는 있지만 본격적인 무용극 형태로서의 양식이 제대로 시도되고 정착되기 시작한 것은 국립무용단이 창단되고 대작을 공연하기 위해 고전 발레와 같은 장과 막으로 이뤄진 형식을 도입한 이후다. 그동안 왕실의 후원 없이 자생해야 하는 무용계 생태계에서 개인 작품 위주의 소품 공연은 당연한 선택이었고 불안정한 무용단 운영은 무대에 대한 투자를 할 수 없는 환경이었다. 하지만 국립무용단의 창단으로 국가의 후원을 받게 되면서 안정적인 양질의 무용수들을 작품에 투입해 훈련시킬 수 있는 환경이 마련되었다. 또 정기 공연에서는 대극장을 규모를 채우고 개인이나 개인 무용단이 보여주지 못했던 차별화된 작품을 공연하기 위해 스펙터클한 볼거리와 장대한 무대장치 제작의 필요성을 느끼게 되었고, 그것을 위해 고전 발레와 같이 우리에게 친숙한 설화를 바탕으로 무용극 레퍼토리를 만들었다.

국립무용단을 30년간 이끌었던 송범(본명 송철, 1926-2007)은 최승희의 공연으로 무용예술에 눈뜨고 조택원의 제자로 입문했으며 발레로 무용을 시작했다. 국립무용단 창단 전까지 현대무용과 모던 발레 위주의 작품 발표를 하면서 '민족 발레'에 대한 꿈을 키웠다. '민족 발레'란 서양의 것을 그대로 수용하는 것이 아니라 우리나라식의 발레를 만들어 보려는 시도를 말한다. 일본 현대 무용가 이시이 바쿠는 일본적인 현대무용의 실천[25]을 그의 춤 철학으로 삼았고, 최승희 · 조택원에게도 "너희는 너희 나라에 돌아가서 너희 민족이 가지고 있는 춤을 다시 한 번 배워야 한다. 거기서 너의 독창적인 예술을 끌어내야 한다."[26]고 권했다. 이에 고무된 최승희 · 조택원이 외국 춤으로 시작했지만 한국의 춤에서 정체성을 찾아야 함을 깨닫고 한국 창작춤에 몰두했다. 이들의 영향을 받은 송범 역시 '민족 발레'를 안무 철학으로 내세웠고 그것은 창작 무용극으로 귀결되었다. 송범은 사석에서 자주 "언젠가 〈백조의 호수〉와 같은 춤을 만들고 싶었다."고 말했는데,[27] 이 말 뜻은 낭만적 주제와 고전적 형식미를 결합한 발레 형식의 한국화를 통해 민족 발레를 만들고자 했던 바람이다. '우리 것'이라는 차별성으로 세계에 진출하고 후대에 길이 남는 레퍼토리를 만들고자 했음을 알 수 있으며, 그것은 곧 〈별의 전설〉(1973), 〈왕자 호동〉(1974), 〈춘향전〉(1977), 〈도미부인〉(1984), 〈은하수〉 (1986)[28] 등 국립무용단 작품에 용해되어 있다.

이 창작 무용극들은 고전 발레의 형식에 한국적 설화와 움직임을 넣은 장편 무용 작품이다. 〈왕자 호동〉은 고구려 시대 왕자 호동과 낙랑 공주의 비극적 사랑, 배신과 죽음에 대한 설화이고, 〈춘향전〉은 기생 딸 춘향과 양반 자제인 이도령의 사랑을 다룬 고전 소설, 〈도미부인〉은 삼국 시대 도미부인의 정절과 부부의 애틋한 사랑에 대한 설화다. 친숙한 동화나 문학 작품의 모티프를 줄거리로 삼았던 고전 발레와 유사한 방식으로 소재를 선택했다. 또 극의 전개는 이야기를 전달하는 스토리텔링에 해당하는 마임 및

25 이애순(2002). 『최승희 무용예술연구』. 국학자료원; 이시이 바쿠(1940). 『나의 얼굴』. 동경: 모던 일본사.

26 조택원(1976). 나의 춤 반세기의 영욕- '가사호접'에서 다 못한 이야기. 『춤』. 3월호.

27 김태원(2012). 국립무용단 도미부인, 국립극장. 『미르』. 9월호.

28 이수경(2012). 송범 무용극에 내재된 한국 전통무용의 창조적 수용에 관한 연구. 숙명여자대학교 석사학위논문. pp.10-11. 송범 무용극 공연 연보 참조.

그림 9-2. 〈도미부인〉 중에서. 국립극장 제공.

제스처, 디베르티스망처럼 무용수의 기량을 보여주는 군무, 남녀 주인공의 2인무, 독무 등으로 구성되어 있고, 남녀 주역과 군무진을 나누고 주역을 중심으로 군무진이 대형을 변화하며 남녀의 춤을 강조하는 역할임을 볼 때 고전 발레의 형식이 한국 창작춤에 수용되었음을 알 수 있다. 즉, 한국 창작춤이 대형화하고 우리 것을 무대화하면서 고전 발레의 형식을 품었다고 할 수 있다.

움직임 기법에서도 영향을 받았다. 한국 창작춤을 주도한 최승희, 조택원, 송범 등이 모두 현대무용과 발레로 춤 훈련을 시작하면서 그들의 몸은 서구의 것을 먼저 흡수한 이력을 갖고 있다. 따라서 발레로 훈련된 몸의 교훈으로 한국춤을 추면서도 척추, 목선, 팔, 시선 처리 등은 이미 대형 일면 무대에 최적화된 발레의 움직임이 내재되었을 것이다. 특히 일정한 축이 없이 천천히 돌던 우리나라 춤사위에서 뒷꿈치를 축으로 시선을 앞쪽에 고정시키고 빠르게 도는 것으로 변한 기법은, 축은 다르지만 척추를 곧게 세우고 역시 시선을 한 곳에 고정시키는 발레의 회전과 매우 유사하다 하겠다. 우리나라 전통춤의 움직임과 이야기에 무대에서 장점을 가지는 서양의 것을 포용해 조합했음을 알 수 있다.

4. 한국 창작춤 속 현대무용

서구 현대무용의 흐름과 유입

우리나라는 개화기 이후 20세기 초부터 레뷔춤이나 스페인, 러시아, 헝가리, 슬라브 등의 민속무용이 공연되어 큰 볼거리를 제공했으나 우리나라에 예술로서 춤이 인식되고 정착된 것은 일본인 현대무용가 이시이 바쿠의 1926년 경성공회당 공연 이후다. 3월 1일에 열린 제1회 무용발표회에서 그는 〈수인(囚人)〉, 〈등산(登山)〉, 〈멜랑꼬리〉라는 작품을 선보였는데, 이때 최승희와 조택원이 그의 문하로 들어가 우리나라에 한국 창작춤과 현대무용의 선구자가 되었기 때문이다.

20세기 초 유럽에서는 오랜 종주로 군림하던 고전주의 발레가 퇴조하고 뉴 댄스(new dance), 노이에 탄츠(neue tanz) 등으로 불리는 새로운 사조의 현대무용이 등장했다. 마리우스 프티파가 러시아에서 35종의 레퍼토리를 창작하며 이룩한 고전주의 발레는 정형화된 형식과 교과서적으로 체계화된 우수한 테크닉으로 약 50년간 발레의 눈부신 발전에 기여했지만 형식과 의미 없는 기교의 과시는 이제 진부해졌고 문화예술계 전반에 불어닥친 모더니즘 경향과 맞물려 탈피하고 파괴해야 할 기존 관습이었다. 대안으로 등장한 현대무용은 미국인 이사도라 덩컨(Isadora Duncun, 1878-1927)에 의해 창시되었지만 그 춤 철학은 미국이 아닌 유럽에서 먼저 받아들여져 독일에서 루돌프 폰 라반(Rudolf von Laban, 1879-1958)과 마리 뷔그만(Mary

Wigman, 1886-1973) 같은 표현주의 현대무용이 등장했다. 일본의 극작가 오사나이 가오루(小山内薫)와 음악가 야마다 고사쿠(山田耕作)는 이런 유럽의 경향을 이시이 바쿠에게 전해 주었고 이 중 달크로즈의 리드믹 운동에 매력을 느껴 이를 자신의 무용시 운동의 기초로 택했다.[29] 여기서 '무용시(舞踊詩)'란 폴 발레리(Paul Valéry)가 "시란 가장 엄밀하게 사용된 언어의 예술이다."라고 한 말과 일맥상통하는 것으로 묵극적인 지시어가 아닌 투명한 신체 움직임 그 자체를 신봉하는 것이다. 인간이 '말'에 종속되어 있는 것을 직시해 그것을 부정하고 순수한 언어인 '신체' 자체를 표현의 주체로 삼기 때문에 '무용시'라는 용어를 사용한 것이다. 이것은 일본의 전통 무용과 발레와 대척점에 서며 일본 근대 무용의 시초가 되었는데 그 개척자가 이시이 바쿠였다.

이시이 바쿠의 1926년 경성공회당 공연이 그동안 볼거리 위주의 춤을 즐기던 한국 관객에게 큰 인상을 주었음은 자명하다. 춤을 '예술'로 인식하게 된 최초의 사건이라 할 수 있으며, 그 결과는 한국 무용계의 선구자 두 명을 배출하는 것으로 나타났다. 최승희와 조택원은 즉 우리나라 현대무용의 선구자이자 한국 창작춤의 선구자이기도 한 것이다. 해방 후 최승희가 남편 안막을 따라 월북하고 조택원과 송범 등이 한국 창작춤에 몰두하면서 이시이 바쿠를 통해 들어온 독일의 현대무용은 우리나라 무용계에 별다른 반향을 불러일으키지 못했다.

우리나라에 현대무용이 적극 도입된 것은 1960년대 미국의 마사 그레이엄(Martha Graham) 기법부터라 할 수 있다. 마사 그레이엄 기법은 긴장과 이완(contraction and release)을 움직임 메소드로 해서 고전 발레만큼이나 정형화되고 체계적인 훈련을 통한 고난도의 기교를 요구하는데 그 표현 방법과 안무 구성이 세련되고 인간 내면의 본질에 대한 주제가 보편성을 가져 우

---

29 황희정(2006), p.23.

리나라에도 급속도로 유행했다. 이것을 당시 이화여대 교수였던 박외선이 1962년 국내에 전파하면서 우리나라에 그레이엄 기법은 학교를 중심으로 현대무용의 교본처럼 교육되었다. 박외선에 이어 육완순도 미국 마사 그레이엄 센터에서 기법을 수학하고 돌아와 국내에 전파시키면서 현대무용의 실질적 대모 역할을 했다. 감정과 신체의 결합, 춤과 극, 혹은 이야기의 무용극적 결합을 특징으로 하는 그레이엄 기법은 미술계에 불어닥친 추상회화와 맥을 같이하며 한층 세련된 모더니즘 기법으로 추앙받았고,[30] 따라서 춤의 지성화에 촉매제 역할을 했다. 육완순은 이화여대 동문을 중심으로 컨템포러리 현대무용단을 조직하고 활발한 공연을 하면서 1980년대까지 그레이엄 기법은 우리나라에서 독보적인 위치를 차지했다.

1990년대부터는 해외 유학파 무용가들이 속속 출현하면서 다른 현대무용 기법도 들여오고 포스트모던 댄스도 생겨나면서 현대 춤은 다각화되고 다양한 양상의 공연 형태들이 나타났다. 그러면서 견고히 유지해 오던 한국무용, 발레, 현대무용이라는 삼분법적으로 세분화된 전공은 서로 더욱 활발하게 교류하며 장르 간 경계가 낮아지고 있다. 더 나아가 다른 장르와의 콜라보레이션도 거부감 없이 이뤄지면서 현재 다시 한 번 전환기를 맞고 있다.

이란성 쌍생아, 한국 창작춤과 현대무용

우리나라에 현대무용을 보급한 이 역시 아이러니하게도 최승희와 조택원이다. 이들은 한국 창작춤의 창시자이자 1926년 3월 경성공회당에서 열린 일본의 현대무용가 이시이 바쿠의 공연을 보고 그의 문하에 입문해 정식으로 교육을 받은 우리나라 1세대 현대 무용가들이다. 이시이 바쿠는 달

30 황희정(2006). p.37.

크로즈와 마리 뷔그만의 표현주의 현대무용에 영향을 받아 일본 현대무용을 개척했고, 그것을 일본 춤의 역사적 특수성으로 개혁 및 발전시키려 노력한 인물이다. 따라서 그는 서구 현대무용 미학의 수용과 더불어 일본적 춤 창작화라는 개념이 늘 이중으로 교차하게[31] 되는데, 이러한 그의 춤 철학은 현대무용 활동에서 한국 창작춤을 창안하게 된 최승희와 조택원의 안무 철학에 깊은 영향을 주었다는 것이 무용사적 정설이다. 이시이 바쿠에게 "너희 나라의 문화나 전통을 잊지 말기를" 당부받은 최승희와 조택원은 현대무용을 기본으로 배운 상태에서 우리나라 전통춤의 소재와 움직임을 무대화했다. 이 과정에서 현대무용은 한국 창작춤에 깊숙이 자리하게 되었음은 자명하다. 최승희와 조택원은 1926년부터 3년이 넘는 기간 동안 이시이 바쿠의 문하에서 현대무용을 체득해 외국 춤으로 훈련된 몸을 가지고 있었다. 한 번 체화된 무용 동작과 몸을 쓰는 원리는 이후 안무를 할 때 자연스럽게 배경으로 작용하게 된다. 1930년대 한국 전통의 움직임과 소재를 무대화하면서 이러한 바탕은 일견 한국춤의 무대화에 기여하게 된다. 좁은 방 안에서 행해진 교방춤은 동작의 범위가 작고 가까이에서만 전달될 수 있는 잔 호흡이 매력적인 반면, 관객과 거리가 있는 넓은 일면 무대를 채우기에는 적합하지 않았다. 또 의례의 일환으로 이뤄진 궁중 정재의 경우 의례와 분리해 단독으로 무대를 채울 만큼 움직임이 역동적이지 않았다. 그런데 한국 창작춤은 현대무용처럼 동작을 밖으로 발산하고 사선을 사용해 선을 연장하고 허리를 꼬아 사용해 신체가 날씬해 보이도록 하는 각도를 사용한다. 이는 팔다리가 긴 서구적 몸에 대한 동경이자 관객과 거리가 먼 일면 무대에 적응하기 위한 변화라고도 볼 수 있다. 시선 역시 얼굴 방향과 같거나 바닥을 응시하지 않고 과감하게 관객을 보거나 사선 방향을 향한다. 이런 몸 사용은 신체를 더욱 신장되어 보이도록 하고, 일면에만 자리한

31 이시이 바쿠(2011). 김채원 옮김. 『이시이 바쿠의 무용예술』. 민속원. p.17.

관객에게 무용수의 몸이 잘 전시되도록 움직임을 재편시켰다.

'한국 창작춤'은 그 태생부터 서구의 표현주의 현대무용과 동일한 모태에서 출발한 쌍생아와 같은 관계라고 할 수 있다. 당시는 무용인들의 숫자도 많지 않았고 장르의 세분화가 이뤄지지 않았고 전문화의 수준이 미흡해 외국 춤과 한국 전통춤 모두를 이것저것 습득해 무대에 올리던 시기였다. 최승희, 조택원뿐 아니라 해방 후 한국춤에 큰 기여를 한 송범도 현대무용으로 춤을 시작했으며 반대로 전통춤을 추었던 무용가들, 예를 들어 기생조합의 무용수들도 사교춤, 레뷔춤 같은 서양춤을 추는 등[32] 장르 속성에 따른 독자적인 테크닉이 발달하지 않았던 시기였다. 이후 대학에 한국무용, 발레, 현대무용의 전공이 생기고 국립무용단과 국립발레단 등 전문 국·시립무용단들이 생기면서 이전까지 복수의 장르 활동을 했던 몇몇 무용가는 한국 무용에 집중하게 되었다. 한국 창작춤의 계보를 잇는 세대로 송범의 국립무용단 안무작들, 김백봉의 〈부채춤〉·〈우리 마을 이야기〉, 김진걸의 〈내 마음의 흐름〉 등이 있다. 대학의 한국무용, 현대무용, 발레의 삼분화된 전공과 전문무용단의 설립을 기점으로 한국 창작춤, 한국춤의 장르적 독자성은 견고해지며 전문화하게 되었다.

반(半) 발레에서 출발해 내면의 심상을 추상적 움직임으로 유형화한 현대무용은 한국 창작춤의 곳곳에서 발견된다. 먼저 한국 창작춤의 움직임 형상화 과정은 현대무용의 메커니즘과 매우 유사하다. 표현주의 현대무용의 추상화 과정은 전통춤과 달리 발레와 같은 구체적인 마임, 제스처로 전달하는 스토리텔링을 지양하고 마음의 심상을 주제별로 장마다 배치해 추상적으로 시각화한다. 움직임 전개를 통해 안무가는 관객에게 표현하고자 하는 감정을 전달하고 공유하고자 한다.

한국 창작춤은 1970년대 '창무회'의 활동과 1979년 '대한민국무용제' 이

---

32 김경애·김채현·이종호(2001). p.27.

후 마사 그레이엄의 표현주의 현대무용의 표현법과 움직임을 대거 수용하면서 전환기를 맞게 된다. 이전까지는 〈초립동〉, 〈부채춤〉, 〈화관무〉, 〈산조〉 등 경쾌하거나 단아한 고전미를 뽐내는 소품 위주의 작품이었다면 이때부터는 현대무용의 어둡고 심각한 분위기의 창작 활동들이 나오기 시작했다. 당시의 현대무용이란 미국 마사 그레이엄 기법을 말한다. "감정과 신체의 결합, 춤과 극, 혹은 이야기의 무용극적 결합을 특징으로 하는 그레이엄 기법은 미술계에 불어 닥친 추상회화와 그 맥을 같이하며 한층 세련된 모더니즘적 기법으로 추앙받았다. 일례로 1979년 시작된 대한민국무용제에서는 처음 몇 년 동안 마사 그레이엄 기법을 습득한 현대무용이 주요 상을 독식했고 이후 90년대까지 여러 차례 주요 수상권에 들었다."[33] 한국에서 그레이엄 기법의 전파는 이화여대를 중심으로 무용 전공이 있는 학교에 빠르게 전파되면서 그레이엄 기법이 곧 현대무용 장르처럼 인식되는 좁은 시각을 형성하기도 했다.

그레이엄의 작품들은 춤에서 세련된 모더니티의 발현이었고 인간 내면의 고뇌와 비극을 형상화했다. 이러한 주제들은 우리나라 무용가들에게도 공감대를 얻으며 한국 창작춤의 어법을 확장하는 데 사용되었다. 그동안 사랑, 효, 홍 · 신명 혹은 전통 신화 · 문학에서 소재를 찾았던 한국 창작춤은 이제 '나'로 관심을 돌리기 시작했다. 신무용 시기부터 이어온 한국 창작춤의 분위기는 기쁨 및 행복 등의 이미지를 예쁘고 가벼운 동작으로 밝게 표현했으며, 민족의 암울한 현실을 소재로 하는 작품이더라도 강렬한 동작보다는 곱고 부드러운 춤사위를 주로 사용했다. '나'로부터 모든 인식이 유도되는 근대 철학의 주관주의를 적극적으로 수용한 현대무용의 모더니티 움직임 기법뿐 아니라 추상적이고 내재적인 주제들까지 채택하면서 많은 변화를 가져왔다. 주로 마임(mime: 무언극)에 의존했던 한국춤의 감정 표현

33 황희정(2006), p.37.

은 표현주의 현대무용을 통해 감정을 동작으로 유형화할 수 있게 되었다. 그리고 각 장의 주요 심상을 추상적 이미지로 표현하는 현대무용 양식으로 바뀌었다. 내면의 심상을 몸을 통해 밖으로 표출하는 것을 원리로 하는 표현주의 경향에 따라 춤 어휘도 내지르기, 뻗기, 젖히기 등 밖으로 에너지를 분출하는 경향이 뚜렷해졌다.

또 주제나 움직임 외적으로 의상이나 음악에서도 1970년대부터는 뚜렷한 계단식 변화를 보였다. 가장 큰 변화는 우선 버선을 벗고 맨발로 춤을 춘 것이다. 창무회를 필두로 맨발로 무대에 서는 작품들이 늘어나면서 버선을 신고는 하지 못했던 격렬한 동작들이 가능하게 되었다. 버선코 곡선과 잘 어울리는 부드러운 동작과 버선의 미끄러움 때문에 몸의 가속력 흐름에 따라 방향을 전개했던 기존 안무법과 달리, 갑자기 멈추거나 상체를 숙였다 과감히 젖히는 동작, 빠른 회전 후 갑자기 멈춘다거나 더 나아가 몸통을 숙이며 돌다 세우며 멈추는 동작도 연습을 통해서 가능하게 되었다. 이런 동작 폭을 극적으로 바꿀 수 있는 기법은 감정을 시각적으로 형상화하는 데 적절한 테크닉을 부여해 주었다. 자연스럽게 의상에서도 변화가 있었는데 치마 저고리, 바지 저고리 같은 전통 한복 의상만을 입던 방식에서 벗어나 감정적 동작이 잘 전달되고 어두운 분위기에 적합도록 디자인되었다. 누덕누덕하거나 상체 선이 잘 보이도록 비치는 의상부터 심지어는 기존에는 할 수 없었던 팔을 없앤 노출 의상도 디자인되었다. 치마를 벗고 바지를 입기도 했는데 전통 바지통이 아닌 밑단을 넓게 개량한 것이었다.

이렇듯 1930년대 같은 모태에서 출발한 한국 창작춤과 현대무용은 이후 1970년대 창작춤이 어법을 확장하는 데 크게 교감하면서 이란성 쌍생아와 같은 밀접한 관계를 확인했다. 1980년대부터는 현대무용 또한 한국적 소재로 눈을 돌리면서 서구와 차별화되는 한국의 독창적인 현대무용을 모색하려 노력하면서 두 장르 간의 거리는 한층 더 좁혀졌으며 그것은 지금도 계속되고 있다.

5. 한국 창작춤, 혼종에서 독창적 원리로

한국 창작춤은 1930년대에 최승희 · 조택원에 의해 시작되어 궁중 정재와 민속춤 등 전통춤만이 있던 한국춤의 한 분야를 개척했다. 이시이 바쿠 문하에서 표현주의 현대무용과 발레를 접한 이들은 초반에는 서양 춤 위주의 공연을 했으나 조선의 춤, 조선의 발레를 해야 한다는 것을 깨닫고 서양 춤에 전통 춤사위를 이식해 한국 창작춤을 개발했다. 국내외적으로 크게 호평을 받으며 활동을 했으나 8 · 15해방과 한국전쟁을 거치면서 최승희는 월북하고 조택원 및 다른 무용가들은 힘겹게 명맥을 이어가고 있었다.

1962년 국립무용단이 창단되고 1963년 이화여대를 시작으로 대학에 속속 무용과가 설치되면서 한국 창작춤은 도약의 계기를 마련했다. 국가의 후원인 국립무용단은 안정적으로 작품 활동을 할 수 있는 터전을 마련하면서 짧은 소품 위주의 공연이 아닌 긴 호흡을 가진 대작을 창작하게 되는데 한국 창작춤 1세대부터 이어져 내려온 서양 춤의 조선화 · 한국화라는 안무 철학은 발레의 형식을 차용한 '무용극' 형태로 나타났다. 또 대한민국 지성의 산실인 대학에 무용과가 빠른 속도로 신설됨에 따라 우수한 양질의 무용가들이 배출될 수 있었고 이들은 춤의 지성화에도 기여했다.

최승희의 춤 어법 이후 이렇다 할 춤 어법을 개발하지 못하고 답보 상태에 있던 한국 무용계는 1979년 대한민국무용제를 비롯한 각종 창작 무대에서 그레이엄 기법으로 무장한 현대무용에 밀리면서 입지가 좁아지자 미국식 표현주의 현대무용 기법을 받아들여 제2의 도약을 하게 되었다. 버선을 벗고, 아름답고 여성적인 한국미보다 어둡고 심각한 색깔을 추구하시 시작했다. 무용극적 마임이나 제스처를 일절 배제하고 인간 내면의 본질적인 고뇌와 자아 성찰을 주제로 심상의 추상적 형상화에 주력했다.

이렇듯 그동안 전통춤은 물론이고 현대무용과 발레까지 수용하며 변혁을 겪어온 한국 창작춤은 혼종의 역사라 해도 과언이 아닐 것이다. 한국 창작춤은 '한국'이라는 것 때문에 전통춤과의 움직임 원리를 공유하면서도 '창작'이라는 용어 때문에 끊임없는 변화를 요구받는다. 1990년대에 들어 포스트모더니즘이 들어오자 춤의 삼분법적 장르의 혼합뿐 아니라 다른 분야와의 콜라보레이션도 이뤄지면서 현재 한국 창작춤은 정체성이 모호해지고 그 방향에 대해 심각한 고민에 빠져 있는 상태다. 기존의 어법을 고수하면 '진부하다'는 평가를 받고 관객으로부터 외면받으며, 새로운 것을 하자니 '한국춤'이라는 장르가 갖고 있는 관습을 벗어나게 되는 딜레마라 할 수 있다.

혼종의 역사를 걸어왔고 포스트모더니즘 시대에 다시 한 번 변화를 모색해야 하는 어려운 시점에 한국 창작춤은 한국춤인가라는 질문이 안팎에서 들리고 있다. 하지만 여기서 우리가 잃지 말아야 할 것은 한국 창작춤이 걸어온 혼종의 발자취에서 '우리 것'에 대한 끈질긴 집념과 고민을 놓은 적이 없다는 점이다. 한국 창작춤은 비록 시작은 전통춤에 서구의 것을 이식한 것이 아닌 오히려 서구의 것에 전통춤을 이식한 형태로 시작되었지만 그 외국 춤들을 한국춤에 적합하게 변용시키면서 한국 창작춤의 장르적 독창성과 전문성을 키워나갔다. 뒤꿈치부터 내딛는 발걸음, 머리 위로 감는 팔의 동선, 발동작, 회전 기법이 정교하게 다듬어지고 표준화되었을 뿐 아니라 부채를 다루는 법, 살풀이 수건과 장삼을 날리는 법, 장고춤을 추는 기본자세까지 소품을 이용한 춤에 전문적인 발전을 이뤘다. 부채 한쪽 끝은 안쪽 팔꿈치에 붙어 있는 것처럼 움직여야 하고, 몸은 흔들림이 없으면서도 수건과 장삼은 호흡이 천의 끝에 머문 듯이 힘 있게 날려야 하며, 장구춤을 출 때 북편의 팔은 뻗고 채편은 곁가락을 넣으면서 북편이 장구를 쓸 듯이 오른쪽 왼쪽을 옮겨 다니면서도 유려한 움직임을 해야 된다는 것은 이제 한국춤에서 기본 중의 기본이 되었다. 예전 영상과 현재 무용인들의 공연을 보면 얼마나 춤 동작이 체계화되고 전문화되었는지 한눈에 비교할 수 있다.

또 가장 중요한 한국 창작춤의 독창성이란 바로 '호흡법'이라 할 수 있다. 호흡으로 '맺고 푸는' 움직임의 기본 원리는 한국춤 장르가 갖고 있는 차별화된 움직임 기법이다. 이 호흡은 단순히 숨을 들이쉬고 내쉬는 게 아니라 들이쉴 때 몸의 사용, 내쉴 때 몸의 사용을 구분해 그 흐름에 따라 동작을 진행한다. 빠른 움직임에서는 안에서 흔들림 없이 잡아주는 역할을 하고 정적인 동작에서는 안에서 끊임없이 일정한 방향으로 향하는 호흡을 유지함으로써 정중동(靜中動) 동중정(動中靜)을 이룬다. 그것이 가시적으로는 어깨 놀림으로도 드러난다. 아랫배에서 시작되어 몸 전체와 어깨에 이르는 호흡의 낙차를 이용한 어깨 놀림은 한국춤을 화려하게 만드는 요소이고 우리만의 독창적인 기교다. 위아래, 좌우로 마음대로 놀리는 호흡은 춤의 분위기를 이루고 관객의 시선을 사로잡는 최상의 기술이다. 호흡 기술은 전문적인 오랜 훈련 기간이 필요할 뿐 아니라 타고난 재능도 있어야 습득이 가능하다.

최근의 한국춤 전공자들의 창작 작품에서 이런 호흡법이 배제되고 있는 것은 안타까운 현실이 아닐 수 없다. 답보 상태에 있는 한국춤의 새로운 돌파구를 위해 다른 분야의 요소를 흡수하는 것은 문제가 안 되나 한국춤만의 독창적인 호흡 기교를 등한시하는 것은 한국춤 자체를 거부하는 것이나 다를 바 없을 것이다. 호흡을 잃어버린 한국춤은 색깔이 사라지고 곧 '그것이 한국 무용인가'라는 질문에 스스로 대답을 찾지 못하는 상황이 되어버릴 것이다. 한국춤의 호흡이 살아 있는 창작 공연을 보면 그 주제나 의상, 사지의 움직임이 전혀 전통춤과 다름에도 불구하고 매우 독창적인 한국의 색깔을 품고 있음을 인지할 수 있다. 이러한 공연이 세계에서 경쟁력을 갖는 한국춤이 될 수 있으며 여기에서 답을 찾아야 한다. 외국 무용 전공자들이 더 잘하는 동작에 동화되기보다는 우리의 전통 호흡 기법을 충실히 습득하고 발전시키면서 이것을 담보로 동작을 창출해야 차별화된 우리의 어법을 지킬 수 있으며 이것이 더욱 경쟁력을 기르는 방편이 될 수 있을 것이다.

참고 문헌

단행본 및 논문

김경애 · 김채현 · 이종호(2001). 『우리 무용100년』. 서울: 현암사.

김말복(2011). 『무용예술코드』. 파주: 한길아트.

김영희(2006). 『『매일신보』 전통 공연예술 관련 기사 자료집』. 파주: 도서출판 보고사.

김영희 · 김채원 · 김채현 · 이종숙 · 조경아(2014). 『한국춤통사』. 서울: 도서출판 보문사.

김종욱(2014). 『한국근대춤 자료사』. 서울: 아라.

박선욱(1993). 한국 근대무용에 있어 춤 움직임 특질 연구. 이화여대 석사학위 논문.

윤덕경(2015). 한국 창작무용의 정체성과 가능성. 『한국무용연구학회』. 33(1).

이수경(2012). 송범 무용극에 내재된 한국 전통무용의 창조적 수용에 관한 연구, 숙명여자대학교 석사학위논문.

이시이 바쿠(1940). 『나의 얼굴』. 동경: 모던 일본사.

____(2011). 김채원 옮김. 『일본 현대무용의 개척자 이시이 바쿠의 무용예술』. 서울: 민속원.

이애순(2002). 『최승희 무용예술연구』. 서울: 국학자료원.

정병호(1981). 『춤사위』. 한국문화예술진흥원.

정기 간행물

『경향신문』. 1973.5.26.

국립극장 『미르』. 2012.9월호.

『매일신보』. 1912.4.21.

『매일신보』. 1912.4.26.

『매일신보』. 1915.9.10.

『매일신보』. 1920.10.17.

『매일신보』. 1926.6.19.
『무용』. 1976. 제3집.
『조선일보』. 1925.3.3.
『춤』. 1991.7월호.
『춤』. 1976.3월호.
『춤』. 1976.5월호.

인터넷 자료

두산백과사전. “전통”
네이버시사상식사전. “고전주의 발레”

제10장

춤, 사회, 무용계

윤지현

1. '한국의 무용계'라는 용어

'한국의 무용계'[1]라는 용어는 "한국 사회에서 무용 공연의 생산과 유통 및 소비에 관여하는 모든 행위자를 포함"하는 의미로 떠올려진다. 곧 무용가, 무용교육기관 종사자, 수련 중인 예비 무용가, 공연 기획자, 비평가, 언론, 극장, 관객, 조명과 무대장치 등 공연장 스태프들, 의상 디자이너, 음악가, 영상 및 촬영, 무용 연구자 등을 모두 포함하는 거대한 집단이다. 이는 예술을 사회제도로 고찰하고, 예술계(art world)[2]를 제안했던 하워드 베커

1 이 글에서 '무용계'는 하워드 베커의 예술계의 개념을 차용한 경우와 한국의 무용 현장에서 통용되는 '무용 분야의 구성원과 조직'을 칭하는 경우, 두 가지가 함께 사용되었다.

2 하워드 베커의 'art world'는 국내 학계에서 '예술세계'와 '예술계'로 혼용되고 있다. Becker, Howard(1982). *Art World*, Berkeley: University of California Press.

(Howard Becker)의 개념과 다르지 않다. 베커의 예술계를 구성하는 행위자 대부분을 포함하기 때문이다. 베커는 예술계를 "예술 작업에 참여하는 많은 행위자의 작업을 조정하는 제도적 장치로서 예술 작품을 창조하고, 분배하며, 평가하는 모든 인습 및 행위의 체계"로 정의한다. 그에 의하면 예술계의 구성원은 예술 작품 생산에 중심적 역할을 하는 핵심 인력과 그를 보조하는 보조 인력으로 구분된다. 핵심 인력인 예술가는 특별한 예술적 재능이 있고 예술 작품에 필수적인 공헌을 하는 사람이며, 보조 인력은 작품 제작에 필요한 물질적 재료를 공급하는 사람, 전시 및 공연의 재정적 보조를 담당한 사람, 작품의 합리화를 위한 비평과 미학을 담당한 사람, 감상자와 검열자, 과거와 현재의 다른 예술가 등을 포함한다.

그런데 한국의 무용 공연 현장에서 통용되는 '무용계'라는 용어는 종종 이보다 협소하게 사용된다. 대체로 "극장무용으로 일컬어지는 장르의 춤을 추는 사람과 공연 제작에 참여하는 사람"을 뜻하는 경우가 많고, 때로는 "예술중 · 고교를 거쳐 대학의 무용과에서 수학한 전현직 무용가"로 범위가 극히 제한되기도 한다. 더욱이 '한국의 무용계'라는 용어의 현장 용례는 "무용계 특유의 문화가 있고, 그 문화를 습득하고 공유해 온 사람들"이라는 뜻일 때가 많아서, 종종 그렇지 않은 사람들을 구분짓거나 배제하는 의도로 사용되기도 한다. 이처럼 '한국의 무용계'라는 용어의 현장 의미가 협소한 것은 한국 무용계의 배타적 성격의 단면을 드러낸 것으로 보인다. 이러한 배타성이 근 · 현대기 한국의 무용예술에 예술성과 전문성을 담보해 왔다는 점에서 그 긍정적 기여마저 부정할 수는 없다. 그러나 지난 세기 중반 이후 우리 사회가 당면해 온 세계사적 상황과 인류 사회의 변화 단계 속에서 한국 무용예술의 고립과 관객으로부터의 소외를 초래한 원인이 되고 있는 것은 아닌지 성찰이 필요해 보인다.

베커의 예술계를 차용한, 전자의 '한국의 무용계'를 상정할 경우 필자는 춤[3]을 연구하는 사람으로서 무용계의 일원이 된다. 무용 현상을 연구 대상으로 연구와 강의를 하고 있기 때문이다. 물론 무용계의 핵심 인력은 아니고 보조 인력으로 포함된다. 반면 한국의 무용 현장에서 통용되는, 후자의 의미를 적용하게 되면 필자는 무용계 내부의 구성원으로 인정되지 않을 때가 상당히 많다. 예술중·고교나 무용학원, 대학의 무용교육 과정 등 한국의 무용계는 물론 한국 사회가 인정하는 무용가 양성 과정을 거쳐 춤 실기를 익힌 적이 없기 때문이다. 예술계를 주창했던 베커의 개념을 따르면 무용 연구자로서 무용계 내부자로서의 위상을 갖지만 한국의 무용 현장에서 통용되는 의미로는 무용계의 내부자로 분류될 수도, 경우에 따라서 외부자로 배제될 수도 있다. 이런 점에서 필자는 한국 무용계의 내부와 외부, 포함과 배제의 미결정적 위치, 곧 경계의 긴장 상태에 놓여 있다고 할 수 있다. 경계의 긴장이란 경계의 변화와 이에 직접적으로 연동되는 내·외부자로서 위상 변화에 대면함에 따라 현장 변화에 민감할 수밖에 없다는 뜻이다.

당연히 한국 무용계의 경계가 고정되었던 적은 없었다. 무용계의 경계는 무용예술이 고정될 수 없는 것처럼 고정될 수 없다. 언제나 변화하고 유동적이다. 2000년대 중반 무용이 아닌 다른 전공을 했던 필자는 무용계의 내부자, 곧 '춤을 추는 사람'이 아니었지만 무용과 대학원에 입학할 수 있었다. 그 당시만 해도 춤을 추는 사람, 그것도 한정적인 일부 무용 장르의 실기 전공자들로만 채워지던 무용과 학위과정이 무용 실기가 없거나 대중 무용 장르의 실기자 등 다른 경력의 인원을 수용하기 시작했다는 사실은 한국 무

3 이 글은 '춤'과 '무용'을 구분 없이 혼용하고 있음을 밝힌다. '무용'이 대체로 한국의 근대화 과정에서 서구로부터 유입된 극장 공연 형식의 춤을 의미한다면, '춤'은 이보다는 광의의 춤 현상 전반을 포괄적으로 의미한다. 곧 예술 위계상 대체로 하위에 놓이는 민속춤을 비롯해 공동체적 행사나 사회적 여흥의 맥락에서 자연발생적이고 집단적으로 경험하는 춤 현상 등을 포함한다. 국내 무용 연구의 일각에서는 두 용어와 관련해 역사적·사회적·정치적 경험과 권력 작용을 드러냄으로써 그 함의를 구분해 왔고, 그 구분은 한국의 춤 현상을 이해하는 데 유용한 관점을 제공해 왔다.

용계의 경계가 이전과 다른, 유동하는 변화를 겪고 있었음을 보여준다. 동시대 예술의 경향에서 목격하게 되듯이 하나의 예술 프로젝트가 아카이브와 연극, 무용, 음악, 퍼포먼스, 공연, 영화 스크리닝, 학술 모임, 워크숍 등을 포괄한 총체적 프로그램이 되고, 학술 연구와 연계되는 복합적인 성격으로 확대되는 예술 현상을 감안한다면 오늘날 한국 무용계의 경계는 전에 없이 큰 폭의 조정을 맞고 있거나 곧 조정해야 하는 상황이라 할 것이다. 동시대 무용의 이러한 변화를 기초 장르에 한정된 무용 실기에 기반을 둔 무용가로만 구성된 협소한 범위의, 한국 무용계가 과연 포용적이고 유연한 태도로 주도하고 맞이할 수 있는지 성찰이 요구되는 시점이라 할 수 있다.

동시대 예술의 총체성 · 복합성으로 설명되는, 무용과 다른 예술 장르와의 융합, 무용 공연 형식의 실험과 변화에 따른 무용계 범위의 확대는 무용계 내부의 위계에도 영향을 미친다. 앞에서 언급한대로 한국 무용계는 일반적으로 고급예술(fine arts)로 여겨지는 극장무용의 생산에 참여하는 사람들로 구성된다. 이러한 무용계 내부 구성원들은 경력과 사회적 승인 여부에 따라 다시 다층적인 위계로 구분된다. 무용가로서의 사회적 명성을 획득한 무용가로부터 그 아래로 경력에 따라 무용가로서의 승인을 받았으나 경력이 이에 미치지 못한 경우, 무용가로서 갓 사회적 승인을 받은 경우, 수련 중인 예비 무용가 등이다. 과거 무용가 사이의 위계가 연륜과 경력에 따라 단선적으로 배열이 가능했었다면 현재는 무용계가 맞고 있는 예술 형식의 변화와 다원화로 인해 더 이상 가능하지 않다. 그간 한국 무용계의 공연 생산이 전통무용, 한국 창작춤, 발레, 현대무용 등 주류 장르에 편중되었다면 이제는 이들 주류 무용 장르 외에도 재즈나 비보잉(B-boying) 등 실용무용이 교육되고 무대화되고, 다원예술(interdisciplinary art)을 표방한 실험적 · 융합적 공연이 동시적으로 시도되고 있다. 무용 장르 사이의 위계적 구분이 변화하고, 무용가 양성 과정이 다원화함에 따라 그 구분은 간단치 않게 복잡해지고 있기 때문이다.

동시대 예술의 경향이 확대됨에 따라 한국 무용계도 내부와 외부의 경계는 물론 내부의 위계도 복잡하고 다원화하며 모호해지고 있다. 사회의 변화가 전에 없이 가속화된 가운데 예술의 변화 또한 그 영향을 받는 것이다. 무용은 그 형식과 기법, 주제 등에서의 실험과 변화를 시도하고 있으며, 이에 따라 무용계 경계의 유동적 상태도 지속되고 있다. 이 글은 한국 무용계를 사회와 무용의 변화에 관련해 살펴보고자 하며, 이어 한국의 무용 현상에 대한 무용 분야의 사회학적 접근에 대해 살펴보고자 한다. 무용에 대한 사회학적 접근과 논의는 사회와 무용의 관계 및 그 변화에 대한 이해를 높이고, 사회 변화의 영향을 받는 한국 무용계에 대한 이해를 용이하게 해준다. 또한 무용과 사회의 관계를 전제로 사회의 변화가 무용과 무용계에 미치는 영향과, 무용계의 경계 변화에 미치는 영향에 대한 이해를 넓힐 것이다. 이 글은 무용과 사회의 관계, 한국 무용계의 현황과 특징, 무용사회학의 전개, 무용의 동시대성과 무용계의 경계를 다룬 네 개의 절로 구성된다.

2. 무용과 사회

무용과 사회의 관계

예술가의 자유로운 창작 정신과 도전적 실험으로 꽃을 피우는 예술은 특정한 형식 또는 유형으로 고정될 수 없다. 무용도 마찬가지다. 고전 발레의 엄격한 형식주의에 도전하며 현대무용이 등장했고, 현대무용의 기법이 고정되면서 무용가의 자유를 제한하자 포스트모던 댄스의 저항과 충격이 뒤를 이었다. 그러나 근현대 무용사 속에서 발견하게 되는 무용의 이러한 변화는 일부 무용가의 천재적 영감과 예술적 통찰에 의해 일어난 것이 결코 아니다. 절대군주의 철권 통치가 끝나고 산업화에 기반을 둔 자본가 계급의 성장과 인본주의에 기반을 둔 개인의 권리와 개성의 발견 등 시대사적 흐름과 발전 단계가 개인의 자유로운 표현을 지향하는 현대무용의 등장이 가능하게 했다. 이어 세계대전과 핵무기, 환경 문제의 등장 등의 재난 상황의 대면은 인류의 이성과 과학적 진리, 역사의 진보에 대한 절대적 믿음에 대한 회의를 제기했다. 이와 함께 다원적 가치와 차이에 대한 각성과 존중이 모더니즘의 다음을 사고하게 했으며, 이러한 시대사적 흐름이 포스트모던 댄스의 출현으로 이어졌다. 곧 무용예술의 변화는 역사와 정치, 과학기술, 사회문화의 발전 단계와 직·간접적으로 연결되어 있다. 이들 사례에서 보듯이 무용예술과 그 변화에 대한 이해는 사회와 사회 변화에 대한 관찰과 이해를 통해 더욱 확장할 수 있다.

한편 무용 형식이 변화하게 되면 무용을 생산, 소비하는 인력과 기관, 제도 등을 포함하는 무용계의 구성원과 이들 범주의 경계도 함께 변화한다. 흔히 동시대 예술의 경향과 관련해 경계의 모호성을 지적하기도 한다. 예술 자체의 경계는 장르 간 융합이나 해체 등 예술 실험의 시도 속에서 이미 지난 세기 중반 이후 모호해짐이 더욱 가속화되었다. 포스트모던 댄스의 다양한 시도들, 예를 들면 극장 밖 공간에서의 무용 공연, 아름답고 단련된 몸이 아닌 일상의 몸과 몸짓으로 구성된 공연, 보여주는 무대가 아닌 참여와 소통, 치유를 시도하는 공연, 영상과 전자매체 등 기술과의 결합을 실험한 공연 등은 이미 기존 무용 공연의 경계를 조정해 왔다. 최근 유럽의 동시대 예술은 포스트모던 댄스의 시도와 상상력을 훌쩍 넘어서고 있다. 다음은 하나의 예술 프로젝트에 대한 소개 글이다. 최근 동시대 예술의 동향을 보여준다는 점에서 주목할 만하다.

> 시대 현상을 분석하고 장소성과 결부한 리서치 기반 프로젝트와 예술가-큐레이터 협업의 프로젝트 경향과도 연관[…] 한 번의 행사나 퍼포먼스로

끝나는 것이 아니라 학술 연구에 기반을 두고 다양한 장르의 예술가와 전문가가 협업해 전시나 퍼포먼스만이 아니라 예술이론 워크숍, 대중 강연, 세미나, 스크리닝 등 방대하고 다양한 프로그램을 총체적으로 결합하고 있다.[4]

이들은 예술 자료를 활용하고, 동시대 예술을 기록하는 아카이빙 작업과도 연계되면서 예술에서 학술 연구의 비중과 중요성을 부각시킨다. 이미 국내에서도 국립현대무용단의 일부 기획과 시도가 리서치를 기반으로 한 큰 프로젝트 형식을 띠었음을 상기할 필요가 있다.[5] 이론가와 연구자, 아키비스트(archivist)의 역할과 참여 비중이 커졌음을 확인하게 된다. 이러한 동시대 예술의 경향을 무용의 동시대 경향으로 관찰한다면 무용의 경계는 이를 반영하는 방향으로 새로 지어지는 중이라 할 수 있다.

동시대 예술 경향의 사례에서도 볼 수 있듯이 예술의 변화는 사회 및 시대 변화와 연결된다. 사회를 통해 예술을, 예술을 통해 사회를 더 잘 이해할 수 있으며, 이는 예술에 대한 사회학적 접근의 유용성을 드러내는 근거가 된다. 춤과 사회는 서로 영향을 주고받는다. 다른 예술과 마찬가지로 무용은 사회의 영향을 받고(반영적 접근), 사회 또한 무용의 영향을 받는다(형성적 접근).[6] 무용 공연을 들여다보면 그 춤이 속해 있는 사회의 일면을 관찰

---

4 김서영(2013). "유럽 냉전 이후 역사와 예술 현상. 그리고 동시대 예술의 모색." http://blog.naver.com/PostView.nhn?blogId=ggcfart&logNo=70179046702 인터넷 자료(2015. 11. 10. 검색)

5 대표적인 예로 국립현대무용단의 2014년 '공간사랑 컨템포러리 프로젝트'를 들 수 있다. '역사와 기억'이라는 대주제 아래 기획된 이 프로젝트는 대극장 공연인 렉처 퍼포먼스 〈우회공간〉과 소극장 공연 〈여전히 안무다〉, 아카이브 전시 〈결정적 순간들: 공간사랑, 아카이브, 퍼포먼스〉, 출판 등으로 구성된 프로젝트다.

6 알렉산더(Victoria D. Alexander)는 예술과 사회의 관계를 반영적(reflexion), 형성적(shaping) 접근을 통해 설명한다. 그는 예술과 사회의 관계는 직접적이기보다는 예술가, 게이트 키퍼, 예술시장, 소비자 등에 의해 매개된다고 보았다. 이 글에서는 무용과 사회

하고, 이해할 수 있다. 또 반대로 무용 공연이 사회적으로 통용되는 가치나 행위를 강화시키는지 아니면 약화시키는지를 살펴봄으로써 춤이 사회에 미치는 영향을 추적해 볼 수도 있다.

무용에 대한 사회학적 접근

무용과 사회의 관계에 대해 반영적 접근을 한다는 의미는, 무용이라는 사회문화적 산물을 면밀히 관찰한다면 해당 사회에 대한 정보를 얻을 수 있고, 그 사회에 대한 이해가 깊어질 수 있다는 것이다. 모든 예술이 그러하듯 무용도 사회적으로 생산된 텍스트이기 때문이다. 무용은 해당 사회의 발전 단계나 체제, 생산 및 과학기술의 범위 안에서 그 사회의 가치와 개인 또는 집단의 관심과 정서를 직·간접적으로 반영한다. 다음으로 무용과 사회의 관계에 형성적 접근을 한다는 것은 무용이 사회에 영향을 줄 수도 있음을 전제로 한다. 무용은 예술 장르의 하나인 동시에 사회적인 의사소통의 매체다. 무용 공연의 생산과 유통에 참여하는 개인 또는 집단은 의도적으로 자신의 가치 체계나 이해를 대변하는 의사를 담아 사회에 영향을 주려고 한다. 제작에 주도적으로 참여하는 사람의 입장과 이해에 따라 그 내용은 사회적 통념을 강

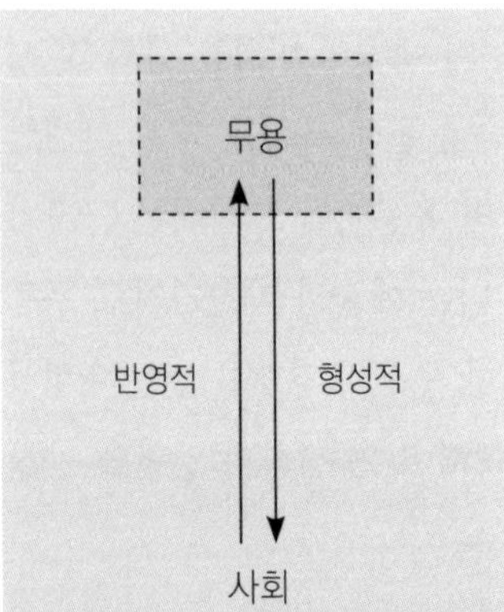

그림 10-1. 무용과 사회의 관계. 무용은 사회 속에 위치한다. 무용과 사회의 관계는 일방적이 아니라 상호적인 영향 관계로 쌍방향이며, 이들의 경계는 막힌 것이 아니라 열린 것으로 점선으로 표시된다.

의 관계를 적용해 소개했다. 알렉산더, 빅토리아(2010). 『예술사회학』. 최샛별·한준·김은하 옮김. *Arts and Socidety*. 2003. 살림. 참고.

화할 수도, 또는 그 반대일 수도 있다.

무용과 사회의 관계에서 사회가 무용 현상에 반영된 사례는 한국의 무용사에서도 흔히 찾게 된다. 한국의 무용계[7] 또는 무용 생산의 장(field)[8]에서 여성 지도자의 뒤늦은 출현을 들 수 있다. 1962년 설립되었던 국립무용단, 국립발레단 등 국 · 공립무용단의 초대 예술단장은 송범[9]과 임성남[10]으로 모두 남성 지도자들이다. 무용계는 여성이 절대 다수를 차지하는 인구 구성적 특성을 지녔음에도 불구하고 두 단체는 모두 설립 이후 약 30년간 이들 남성 지도자에 의해 이끌어졌다. 각 단체의 제도적 정비와 정책적 주요 결정 권한이 오랜 기간 남성 지도자의 손에서 이뤄진 셈이다. 여성 지도자는 1990년대에 이르러서야 등장했다. 이 현상은 당시 한국 사회의 남성 중심성이 무용계에서도 그대로 작동했던 것으로 이해할 수 있다. 여성 교육이 확대되고 사회 참여가 증가됨에 따라 여성 권익에 대한 사회적 인식과 관심이 커왔고, 이러한 사회 변화가 무용계에서 여성 지도자의 등장이라는 현상으로 나타났다고 하겠다.

무용 공연은 개인 예술가의 작업이 아니라 다수 예술가가 협업하는 공동작업인 동시에 극장이라는 제도를 통해 관객과 만남으로써 완성된다는 점에서 많은 사회적 자원의 투입이 필수적인 예술이다. 특히 주류 장르에 속

---

7 무용계는 '무용예술계'를 줄인 용어로, 예술을 '예술계(art world)'라는 사회제도 분석으로 규명하려 했던 미국 사회학자 하워드 베커(Howard Becker)의 '예술계' 개념을 무용 장르에 적용했다. 예술계에 대해서는 Howard Becker(1982) 참고.

8 무용 생산의 장(field)은 프랑스 사회학자 피에르 부르디외(Pierre Bourdieu)의 '예술 생산의 장(Field)' 개념을 빌려 무용 장르에 적용한 것이다. 예술 생산의 장에 대해서는 피에르 부르디외(1999) 참고. 한국 사회 속 무용예술의 생산장에 대한 선행 연구로 윤지현 · 김재리(2008) 참고.

9 송범(1926~2007): 1973년부터 1992년까지 국립무용단장 역임. 국립무용단은 1962년 창단되었으며, 1973년에 국립무용단과 국립발레단으로 분리했다. 국립무용단의 초대 단장은 임성남이며, 부단장으로 송범과 김백봉이 활동했다.

10 임성남(1929~2002): 1973년부터 1992년까지 국립발레단장 역임.

하거나 규모가 클수록 더 많은 인력과 자원의 동원이 필요해진다. 이런 경우 무용 공연은 자원의 조달과 개입을 통제할 수 있는 개인 또는 집단의 관점을 담게 된다. 그러한 능력을 가진 개인 또는 집단이란 대체로 지배계층이라는 점에서 무용 공연은 보수적 가치와 기존 체제를 강화하는 내용을 담기 쉽다. 유럽 절대왕정 시대의 발레나 우리나라의 경우 조선왕조의 태평성대를 기원하던 궁중 정재는 공연 제작을 지원했던 왕권과 지배 체제의 유지 및 강화를 의도했던 춤들이다.

작품과 관련된 국내 사례로는 1960, 1970년대 국립무용단이나 국립발레단의 다수 무용 작품에서 전통문화의 계승 의지와 짙은 민족주의적 색채를 발견하게 되는 점을 들 수 있다. 급속한 도시화와 산업화 과정에서 사라져 가던 전통과 민족문화를 지키려 했던 당대 정치사회적 신념이 반영된 결과라 할 수 있다. 그러나 동시에 이는 형성적 관계를 보여주는 사례이기도 하다. 곧 당시 무용 공연의 이러한 경향에 대해 비민주적 집권 과정과 정부 운영으로 정치적 정당성이 약했던 정권의 필요와 이해가 작용한 결과로 해석할 수 있기 때문이다. 정치적 정당성 약화를 경제 성장과 민족주의 문화정책으로 만회하고자 했던 정치 권력의 의도가 작동한 것으로 이해되기 때문이다.

형성적 관계를 보여주는 사례로는 극장무용과는 제작 및 유통 과정이 다른 사회 저항적인 춤들이 있다. 이들은 기존의 사회 체제나 보수적 질서에 도전하거나 비판하는 춤들이다. 전통 연희의 하나인 탈춤이나 농민공동체의 농악춤 등이 대표적이다. 탈춤과 농악춤은 연희 과정에서 지배층에 대한 불만을 드러내고 해소함으로써 사회적 불안 요인을 무마하는 체제 유지의 제도로 기능했다. 그러나 시대 상황에 따라서는 비판적이고 저항적인 의사소통의 통로를 넘어 사회적 약자의 의사를 결집하고 폭발적으로 표출해 냄으로써 사회 변화에 영향을 미치기도 했다. 1980년대 민주화운동의 소용돌이 속에서 사회적·정치적 변화를 바라던 시민의 저항 의식과 열망을 담아내었던 1987년 이애주의 〈바람맞이〉가 한국 근현대 무용사의 대표적 사례라고 할 수 있다. 이 전통은 노동운동과 환경, 생태, 인권운동 등의 현장에서 참가자들의 의지를 결집시키는 문화운동과 공연 등으로 이어지고 있다.

무용과 사회의 관계에 대한 무용사회학의 반영적 접근과 형성적 접근은 무용 작품과 사회를 직접적인 관계로 상정한다는 점에서 한계를 드러내고 있다. 무용과 사회가 상호 영향을 주고받는 과정에 개입될 수도 있는 여타의 사회문화적이고 맥락적인 요인들이 고려되지 않는다는 점을 제한점으로 지적할 수 있다. 특히 반영적 접근은 문화와 예술 등은 사회에 의해, 곧 상부는 토대에 의해 결정된다는 마르크스주의의 가정에서 출발했지만 이제 그런 경직된 해석을 수정하지 않을 수 없게 되었다. 무용과 사회의 관계는 상호 영향을 주고받으며, 이들 사이에는 상호 관계를 중재하는 요인들이 있음을 고려해야 한다. 무용가, 소비자, 비평가, 언론, 게이트 키퍼 등 다수의 행위자가 무용 공연의 생산과 유통 및 소비 과정 전체에 개입할 수 있고, 무용과 사회의 상호 관계에 영향을 미칠 수 있음을 고려해야 한다는 점에서 두 접근은 보완이 필요하다.

무용과 사회가 영향을 주고받는다고 한다면 이들은 어떻게 만나고 어떻게 영향을 줄 수 있는가? 무용은 무대 위에서 공연되는 순간 사라지는 무형의 공연예술이며, 사회는 우리 삶의 일상이 속해 있는 곳이지만 특정한 장소나 물질로 규정할 수는 없다. 무형의 무용과 규정할 수 없는 공간인 사회는 어떻게 영향을 주고받을 수 있는가? 무용이 사회 속에서 행위자에 의해 발생하고 관객에 의해 경험된다는 점, 행위자이자 무용계의 핵심 인력인 무용가 또한 사회 속에서 다른 사회 성원들과 관계를 맺으며 활동한다는 점, 무용 공연이 만들어지고 극장을 통해 관객의 감상이 일어나는 과정 또한 사회 속에서 이뤄진다는 점에서 확인하게 되는 것은 무용과 사회의 상호 관계란 실은 사람과 사람의 관계로 중재된다는 것이다. 사람은 사회의

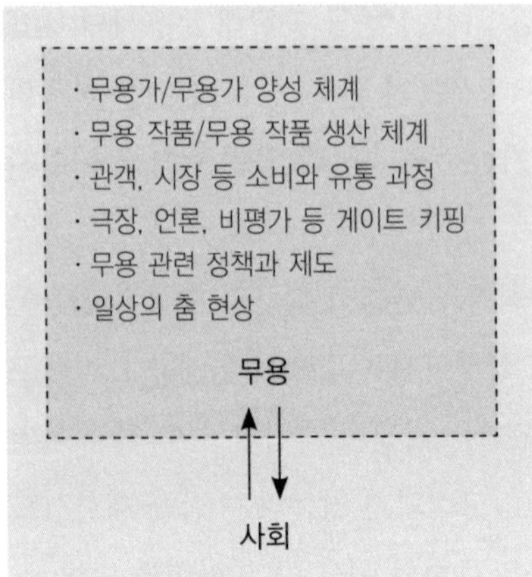

그림 10-2. 무용과 사회의 관계를 보여주는 [그림 10-1]에서 무용 부분을 확대해 무용과 사회가 영향을 주고받는 지점을 구체화한 그림이다. 무용과 사회를 중재하는 맥락과 배경이다.

행위자로서 자신이 처한 위치에서 각기 역할에 따라 상호작용하게 된다. 다양한 맥락에 놓인 사람들의 관계를 통해 무용과 사회는 영향을 주고받는다고 하겠다.

[그림 10-2]는 사회 내부에 존재하는 무용 내부를 확대함으로써 무용과 사회가 만나는 접점을 구체화하고 있다. 무용과 사회는 영향을 주고받으며, 그 관계는 관념적으로 상정되는 무용과 사회의 접점에서 맺어지는 것이 아니다. 추상적이고 관념적인 공간이 아니라 실재하는 구체적 지점이라 할 무용수의 몸이나 사회의 행위자인 다른 구성원, 사회 제도, 기술이 반영된 장치 등에서 성립됨을 보여준다.

이들 지점에 대한 관찰과 분석이 모두 무용에 대한 사회학적 접근의 연구 대상이자 주제가 될 수 있다. 무용가의 몸과 작품의 텍스트, 무용과 관련된 각종 사회 제도 등 구체적 지점에서 무용과 사회는 영향을 주고받기 때문이다. 무용가의 몸과 무용 작품의 텍스트는 각기 속해 있는 사회의 환경과 맥락의 규정에 직접적인 영향을 받는다. 무용을 둘러싼 사회 제도이자 절차인 무용가 양성 제도, 무용 공연 제작 지원 관련 정책과 제도, 무용 공연의 유통과 소비 과정의 주체, 무용의 게이트 키핑 역할을 하는 극장과 비평가, 언론, 후원기관 등도 무용과 사회가 관계를 맺는 구체적 지점이다. 이 구체적 지점에서 무용계의 행위자들이 접촉, 교류하며 영향을 주고받는다. 무용사회학의 관심은 이들 모두를 포함한다.

3. 한국의 무용계

무용사회학과 예술계

무용사회학

무용, 그 자체를 포함해 무용과 관련된 사회적 현상에 대한 사회학적 접근을 포괄하는 '무용사회학'은 무용학과 사회학이 만나는 학제적 분야다. 이 학제성은 연구자의 학문적 배경 또는 개별 연구의 학문적 출발점에 따라 무용학의 하위 분과나 이와 반대로 사회학의 하위 분과로 수용되고 있다. 무용학 내부에서 무용에 대한 이해를 넓혀가는 가운데 사회학적 주제와 방법론을 차용하는 경우가 전자라면, 사회학의 하위 분과라 할 문화사회학이나 예술사회학에서 무용을 연구 대상으로 삼는 경우는 후자에 속한다고 할 수 있다. 그러나 연구자의 학문적 배경 또는 개별 연구의 학문적 출발점이 무엇이건 간에 무용과 사회학이 만난 지점에서의 연구 주제와 관심은 그리 다르지 않다. 왜냐하면 그 출발이 무엇이었건 무용과 사회의 관계, 곧 무용은 사회에 어떤 영향을 주는지, 또는 사회는 무용에 어떤 영향을 주는지가 이 학제성이 성립된 이유이자 연구 주제이기 때문이다.

사회학은 일차적으로 현실 속의 인간과 사회에 대한 심층적 이해를 목표로 하는 학문이다. 인간의 상호작용과 사회조직에 대한 연구를 통해 인간과 사회에 대한 이해를 높인다. 나아가 이러한 이해에 근거해 현실 사회의 문제를 넘어 더 나은 사회를 제안하고 실천한다는 점에서 본질적으로 진보적이라 할 수 있다. 이러한 관점을 무용사회학에 적용해 본다면 무용사회학은 무용과 무용계가 당면한 현실에 대한 이해를 넓힌다는 점이 일차적인 목표로 상정될 것이다. 이어 무용과 무용계의 당면 문제 해결과 진일보한 대안을 위해 사회학적 통찰을 제시하는 것을 목적으로 삼게 된다. 따라서 무용과 사회의 관계에 관심을 갖는 연구자는 현실의 문제를 이해하고, 나아가 대안이 될 새로운 무용과 무용계의 모습을 상상하고 실천하는 학문적 노력을 지향하게 된다.

무용과 사회의 관계에 대해 반영적 접근과 형성적 접근을 하는 무용사회학의 학문적 함의는 다음과 같이 정리할 수 있다. 먼저 반영적 접근의 경우 무용 공연의 내용과 무용계 구조에 대한 관찰과 분석이 당대 사회의 이해에 도움을 준다는 점을 전제로 한다. 그 때문에 무용 공연의 텍스트나 무용계 내부 구조 또는 권력 관계에 대한 연구를 통해 당대 사회에 대한 정보를 얻고, 이해를 위한 근거를 얻게 된다. 무용 공연 텍스트에 대한 연구는 물론이고 무용 공연 텍스트의 구성에 개입하는 요인인 무용계의 구조 및 행위자, 나아가 이들이 속한 사회의 지배 체제와 담론 또는 이념과 위계에까지 연구가 확장될 수 있다. 또한 외부 환경이 무용 공연과 무용계에 작동하는 기제에 대한 분석으로 이어질 수 있다. 무용 공연의 텍스트 분석과 무용계 내부 행위자 연구 및 구조 분석이 주요 접근 방법이다.

한편 형성적 접근의 전제는 예술이 사람들의 머릿속에 어떤 생각을 집어넣을 수 있다는 것이다. 19세기 근대 지식인들은 순수예술이 사람들의 정신적 고양에 도움이 되는 문명화 효과가 있다고 주장했었다.[11] 20세기 이후에는 대중매체의 등장으로 대중문화가 확산하게 됨에 따라 형성적 접근의 다수 연구는 대중문화의 부정적 효과를 집중적으로 분석하게 되었다. 문화와 예술이 지배계급의 가치와 규범, 세계관을 전달하고 보편적으로 타당한 것으로 표현한다는 이유 때문이다.[12] 또한 무의미한 대중문화에 의해 노동자의 주체적인 사고와 생활이 마취되는 것으로 해석했다. 이에 형성적 접근의 경우도 무용사회학의 관심 범위는 무용 공연이 놓인 사회문화적 맥락으로, 무용 공연의 텍스트를 넘어 무용 공연의 생산과 유통, 소비 전 과정을

11 알렉산더(2010). pp.106-107.

12 위의 책. p.109.

대상으로 시간적 · 공간적으로 확대될 수 있다. 형성적 접근의 연구 방법은 매체 효과 분석이나 이데올로기, 헤게모니, 담론 분석 등을 포함한 문화비평이 대표적이다.

예술계로서 한국의 무용계

하워드 베커의 『예술계(*Art World*)』(1982)는 조지 디키(George Dickie)와 아서 단토(Arther Danto) 등 예술철학자들이 예술의 본질에 대한 답을 구하기 위해 주창했던 예술의 제도이론에 바탕을 두고 있다. 디키는 예술을 "예술계라는 사회 제도를 구성하는 사람들에 의해 규정되는" 것으로 정의하는데, 이 경우 예술의 정의는 전통적 의미의 미학적 속성을 대신해 사회 제도라는 사회학적 개념을 중시하게 된다. 예술에서 '제도'이론은 예술 작품의 성격을 사람들이 집합적으로 규정하는 것으로 본다. 베커의 예술계는 사회 제도의 분석으로 예술을 규명하려 했다는 점에서, 곧 예술 활동을 사회적 활동으로 보고, 예술계가 전체 사회를 반영한다고 했다는 점에서 사회학적이다.

베커는 예술 작품은 천재적인 개인 예술가의 영감으로 탄생하기보다는 다수 사람의 협동으로 이뤄진다고 했다. 이로 인해 집합행동 양식으로서의 예술계가 형성된다고 보았다. 그에게 예술계는 예술 작업에 참여하는 여러 행위자의 작업을 조정하는 제도적 장치이고, 동시에 예술 작품을 생산하고 유통하며 평가하는 인습과 행위 체계다. 예술계는 무엇이 예술인지 아닌지, 누가 예술가인지 아닌지를 결정하는데 그 경계는 분명하지 않고 고정되어 있지도 않으며 항상 변화하는 조직으로 설명한다. 동시에 다른 조직으로부터는 독립적이고 자유롭게 작용한다.

그에 따르면 예술계는 첫째 예술 작품의 생산에 주력하는 전문적인 인적 자원으로서 예술가와 그를 돕는 보조 인력이 있다. 둘째 작품 생산과 관련된 모든 결정의 준거틀이라 할 수 있는 예술적 인습이 있다. 이 인습에 대한 지식의 정도에 따라 일반 관객과 비평가 또는 후원자 등 예술계 구성원을 구분할 수도 있다. 셋째 예술 작품의 분배 제도를 포함한다. 분배 제도는 작품 활동을 한 예술가에게 경제적 보상이나 평가를 제공하는 체계다. 대다수 예술가는 이 분배 제도가 취급할 수 있고, 취급하고자 하는 작품을 생산하게 된다. 넷째 비평가와 미학자다. 이들은 예술의 정의와 분류, 평가를 정당화하는 이론적 근거를 제공하는 예술계 인습의 일부를 구성한다. 다섯째 마지막으로 국가다. 국가는 예술가가 할 수 있는 것과 할 수 없는 것을 규정하고, 예술의 분배 제도, 보상과 평판, 기회의 제공 등에 관여한다. 이로 인해 예술가는 국가에 의존하게 되며 작품 또한 국가에 대한 의존성에 기초한다.

베커의 예술계 개념을 빌려 한국의 무용계를 상정해 본다면 무용 작품과 무용가로만 대표되던 무용이 많은 행위자와 관계로 구성된 거대한 집단임을 확인하게 된다. 무용 공연의 생산과 분배에 관계된 예술가와 보조 인력, 비평가와 소비자, 국가, 제도적 관행과 보상 체계 등이 한국의 무용계를 구성하고 있다.

한국의 무용계

한국의 무용, 무용계

베커의 예술계 개념을 차용해 한국의 무용계를 구성하면, 첫째 전문적 인적 자원의 경우 무용가와 안무가가 핵심 인력으로 무용 공연의 생산을 주도하고 있다. 이들을 돕는 많은 보조 인력이 있는데 무용 공연의 경우 음악, 조명, 무대미술, 의상, 드라마투르그, 대본 등 인접 분야 예술가와 극장 스태프들이 있다. 이들은 공연 제작에 직접 참여한다는 점에서 무용계의 예술가, 곧 핵심 인력으로 볼 수도 있다. 이는 한국의 무용계 상황과 관련해 이는 논의의 여지가 있어 보인다. 이 밖에도 공연 홍보와 판매 계통에서 일하는 기획사 스태프와 작품에 대한 평가와 후속 작업에 참여하는 비평가, 언론인 등도 무용계를 구성하는 인력에 포함된다. 최근 동시대 예술 경향의 변화로 인적 구성의 범위는 더 확대되는 것으로 보인다. 무용 공연과 무용가에 대한 학술 연구와 아카이브의 중요성이 커짐에 따라 이와 관련된 연구자, 예술 아키비스트도 무용계의 일원으로 포함되기 때문이다.

둘째, 무용 공연의 생산과 관련된 결정의 준거틀이라 할 무용계 특유의 인습이 있다. 무용 장르의 기법과 무용사적 맥락에 대한 지식과 정보, 무용 작품의 주제와 시대사적 맥락에 대한 규준 등 공식적 혹은 암묵적으로 합의된 기준을 뜻한다. 무용 작품과 무용수의 공연 능력, 무용가의 안무 능력 등에 대한 평가와 비평의 근거가 된다.

셋째, 무용 공연의 분배 제도다. 무용 공연의 경우는 관객 앞에서 공연됨으로써 무용 공연의 생산이 완성되고 감상과 소비가 시작된다. 극장을 포함한 다양한 형태의 공연장에서 관객을 만났을 때만이 무용 공연은 무용가에게 경제적 보상과 평가를 안겨주게 된다. 문학이나 미술의 일부 장르처럼 창작자의 손에서 작품의 생산이 완결되는 것이 아니다. 한국의 무용계에서 생산되는 다수의 무용 작품은 공연 수익을 기대하기 어렵다. 대신 관객의 감상과 전문가의 비평, 지원기관의 사후 평가 등 분배 제도를 통해 경제적 보상과 평가를 제공하게 된다. 시장에서의 자생력이 약하다는 점에서 일반 대중의 구미에 맞추기 위해 예술적 자율성을 포기하는 경우는 많지 않다. 그보다는 무용 공연의 제작과 무용가의 경력을 지원하는 지원기관의 심사 및 평가 항목이나 기준을 의식하기 쉽다.

넷째, 비평가와 미학자다. 무용 비평가와 미학자는 무용의 예술성에 대한 규준과 인습을 제안하고 결정하는 역할을 수행한다. 일반적으로 기대되는 이러한 역할에 덧붙여 한국 무용계의 무용 비평가와 미학자들은 무용 작품과 무용가의 지원을 심사하고 평가하는 역할의 비중이 높은 편이다. 한국 무용계는 시장에서의 자생력이 약하고, 무용 공연 생산과 무용가 경력의 많은 부분을 지원기관의 지원에 의존하기 때문에 이들의 평가와 결정은 중요하다. 다수 지원 심사 및 사후 평가가 이들에 의해 이뤄진다. 종종 비평가의 권한 편중이나 무용가와 비평가 사이의 암묵적 합의 등에 대한 의혹과 심사 결과의 객관성에 대한 논란, 지원심사 제도에 대한 문제 제기 등이 야기되는 이유다.

다섯째, 국가다. 국가는 특정 예술계가 속해 있는 사회의 한 형태다. 국가는 문화예술과 관련된 제도와 정책을 통해 다양한 예술가 보상과 지원, 기회의 제공 등을 결정한다. 한국의 무용계도 국가가 정한 교육 제도 속에서 무용 후속 세대를 양성하며, 무용가의 진로와 사회적 대우에 대한 방향과 수준을 국가 제도 안에서 정하게 된다. 국 · 공립 무용단체의 운영이나 중요무형문화재 제도, 대학교육, 무용 공연과 무용가의 해외 파견 결정, 남성 무용수의 병역 문제, 무용가의 직업 전환 정책이나 복지정책 등이 국가의 문화정책 안에서 결정된다. 국가의 지원과 개입에 대한 무용계의 의존이 커지는 것으로 보인다.

[참고 자료] 한국의 무용 공연과 무용계의 특징

① 무용, 문화예술 분야 최저 관람률의 장르

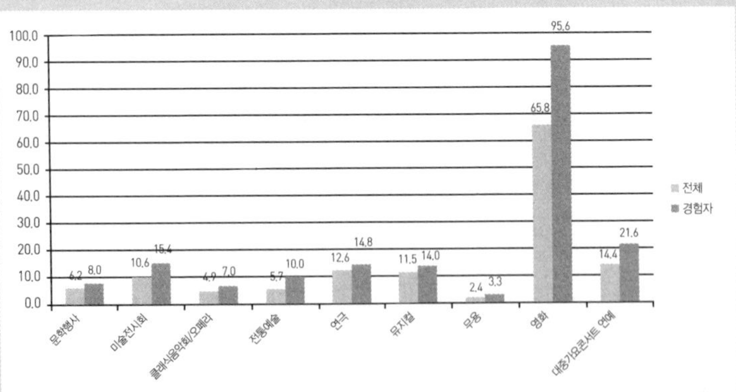

그림 10-3. 2014년 문화예술 분야 관람률
출처: 문화체육관광부 문화예술지식정보시스템

[그림 10-3]은 문화체육관광부가 제공한 2014년도 문화예술 분야 관람률로 문화예술 장르별 관람객 향수 현황을 보여준다. 이 표는 응답자의 중복 답변을 허용한 조사 결과로 장르별 비율의 총합은 100이 넘는다. 보는 바와 같이 장르별로 각기 두 개의 수치와 그래프는 설문에 응한 전체 인원 대비 향수 경험자의 비율과 관람 유경험자(조사 대상자 전체의 71%[13]) 중 각 장르별 향수 경험자의 비율이다. 무용의 경우는 문화예술 장르 중 향수 경험이 가장 낮게 나타났다. 2014년 전체 응답자 중 2.4%가 무용 공연을 위해 극장을 찾았으며, 문화예술 향수 경험이 있는 응답자 중에서는 3.3%가 관람했다. 이는 클래식음악회/오페라의 4.9%, 7.0%나, 심지어 공연이 아닌 문학 행사의 6.2%, 8.0%보다도 낮다.

낮은 관람률 자체보다 심각한 문제는 공연 티켓 구매율과 관련이 있다. 공연 티켓을 구입하는 유효 관객이 얼마나 되느냐의 문제다. 국내 무용 공연의 유효 관객이 거의 없다는 사실은 새삼 놀랄 일이 아니다. 초대석으로 채워지는 공연이 많음은 공공연한 사실이기 때문이다. '무용계 내부 가족잔치'라는 장탄식을 무용 관련 매체에서 어렵지 않게 찾을 수 있다.

[그림 10-4]는 2014년 문화예술 관련 분야에서 가장 많이 지출하는 항목에 대한 조사 결과다. 무용 관람을 1순위로 지출하는 비중은 응답자의 0.5%로 0.4%의 클래식 음악 관람과 함께 가장 낮게 나타났다. 이는 4.6%의 연극/뮤지컬 관람이나 2.4%의 연예/콘서트 관람은 물론 1.5%의 전통예술 관람에도 못 미친다. 게다가 무용 관련 도서나 DVD 등 콘텐츠의 구입과 대여 항목은 아예 0%로 조사되었다.[14]

---

13 문화체육관광부 2014 문화향수 실태조사에 의하면 예술행사 직접 관람률은 2003년 62.4%에 비해 점진적으로 증가했으며, 2012년 69.6%에 비해서도 1.7%가 증가한 71.3%에 이른다.

14 문화체육관광부의 2000년 문화향수 실태조사 보고에서도 무용의 관람률은 2.0%, 관람 의향도 2.0%로 조사되어 최하위 장르였다.

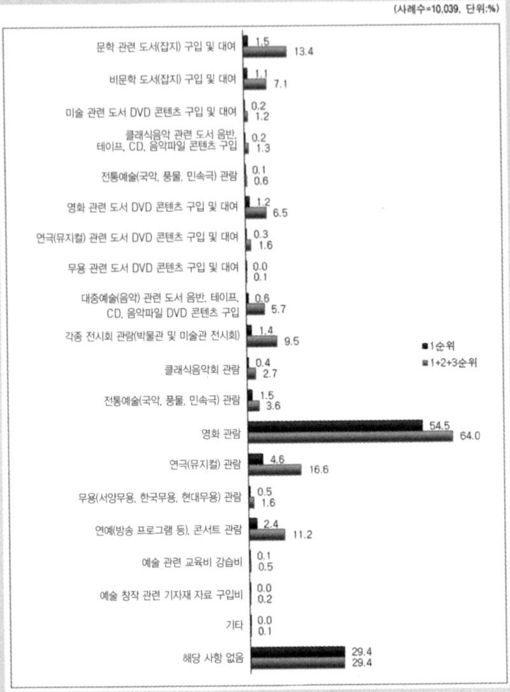

그림 10-4. 2014 문화예술 관련 가장 많이 지출하는 항목

출처: 문화체육관광부 2014 문화향수실태조사 보고서

② 고급무용 혹은 사회로부터 고립 무용

한국 사회에서 무용 공연은 상업적인 대중문화와는 다른 고급한 예술로 인식되어 왔다. 고급예술이라는 사회적 인식은 20세기 초 근대 극장무용이 유입되던 때로부터 시작되었겠으나 1960년대 전면화·본격화된 것으로 보인다. 1960년대 대학 무용과의 설립으로 고등교육과정이 도입되면서 무용의 전문성이 강화되었다고 보기 때문이다.

전문 인력의 양성은 1963년 이화여대 무용과의 설립과 대학교육과정의 확산으로 대학 무용과로 수렴하게 되었다. 대학교육과 국·공립무용단, 무형문화재 제도 등의 도입으로 무용 공연은 한국무용, 발레, 현대무용이라는 주류 장르를 중심으로 전문성이 강화되어 왔다. 전문성의 강화는 고급예술로서의 사회적 인식 또한 강화해 왔다고 할 수 있다. 그러나 무용 공연의 전문성과 고급예술로서의 위상 강화는 일반 관객의 변화하는 기호와 만나며 사회 속에서 자생할 기반을 마련하는 데는 취약했던 것으로 보인다.

③ 무용교육의 대학 집중과 문제들

대학 무용과의 급성장은 전문성을 지닌 무용가 양성의 질적 · 양적 성장을 담당했다는 점에서 긍정적이다. 그러나 대학의 무용과가 무용교육을 독점하고, 무용 공연 제작의 기회 또한 선점해 버림으로써 무용계가 대학 무용과 중심의 생태 구조를 띠게 된 점에서는 긍정적이기보다는 부정적으로 보인다. 대학 무용과의 역할과 권한이 비대해짐에 따라 무용이 사회 변화와 관객의 예술 소비 기호 변화에 적극적으로 대처해 오지 못했던 것으로 보이기 때문이다. 또한 무용교육에서도 무용계의 후속 세대 양성이라는 본연의 역할과 기능에 부합했는지 의문스럽기 때문이다.

변화하는 공연예술 환경 속에서 무용계가 요구하는 인력을 제대로 양성하는지 성찰이 필요하다. 대학 교수진이 공연 활동을 하는 무용가들로 채워짐에 따라 대학교육은 이론보다는 실기로, 학생들은 창작 역량을 기르기보다는 공연 출연자로서의 수련을 받게 되었다. 무용교육의 대학 집중과 관련해 무용계에서 제기되어 온 문제는 다음과 같다.

■ 무용수를 양성하는 실기 중심의 대학교육

무용 기법을 반복 훈련하는 실기 중심의 교육과정은 고등교육기관이 무용수 양성에 치중하는 결과를 낳았다. 무용계의 지속적이고 균형적 발전을 위해 무용수는 물론 창작자, 교육자, 공연 기획자, 무대기술 인력 등의 다양한 인력이 필요함에도 대학 무용과의 교육과정은 무용 공연 출연을 위한 무용수 양성이 중심이 되었다. 무용과 졸업자 모두가 무용수로서의 진로를 선택할 수도 없을 뿐 아니라 직업 무용수가 되었다 하더라도 다른 장르 예술에 비해 취업 가능 연한은 짧다. 그렇기 때문에 무용수로서의 진로에 편중된 교육과정은 현실적이지 않다.

2011년 한국문화예술위원회 공연예술센터에서 진행했던 "차세대 안무가 클래스" 프로그램[15]에 대학 무용과 졸업생들이 대거 참가 신청을 했다는 사실은 시사하는 바가 크다. 프로그램은 무용 기법이나 움직임 구성을 훈련하는 실기교육과 함께 창작자로서의 인문학적 소양을 키우고, 다른 장르 예술의 변화와 경향에 대한 정보를 얻는 교육 내용으로 구성되었다. 교육 내용에 대해 "무용 고유 영역뿐만 아니라, 미학/철학자, 연출가, 무대기술 전문인, 음악, 미술, 스토리텔링 등 다양한 분야의 전문가로 자체 구성한 교육 네트워크를 활용해 무대 공연에 대한 전방위적인 인식의 확대를 유도할 수 있는 프로그램을 연중 진행"[16]한다고 밝히고 있다. 이는 대학교육이 놓치고 있는 바가 무엇인지, 현장의 욕구와 괴리를 보이는 지점이 무엇인지를 재고하게 한다.

■ 융·복합적 공연예술 경향과 유리된 무용교육 삼분화

대학 무용과는 한국무용, 현대무용, 발레로 세부 전공을 나눠 무용가를 양성하고 있다.[17] 대학 무용과가 고수하는 삼분화된 전공 체계는 대학입시제도와 학생 수급 및 교수진 할당 등 대학교육에만 영향을 미치는 것이 아니다. 이 체계는 광범위하게 작동하면서 무용계를 삼분할하고 있다. 대학 무용과 교수의 리쿠르트나 국·공립무용단체의 인력 수급, 국가지원금 책정, 무용 콩쿠르 등이 삼분화되고, 이는 이해 당사자에게 각기 포기할

---

15 2011년 공연예술인 인큐베이팅 프로그램 안무가 분야 차세대 안무가 클래스는 한국문화예술위원회 한국공연예술센터와 문화예술기획 이오공감이 안무가를 정책적으로 육성할 목적으로 마련했다. 2009년도 안무가집중육성사업이나 2013년도 차세대예술인력육성사업(AYAF) 공연예술 분야의 안무가 과정 등도 이와 유사한 한국문화예술위원회의 교육 프로그램이다.

16 2011년 공연예술인 인큐베이팅 프로그램 안무가 분야 차세대 안무가 클래스 참가 안무가 공모 안내문
http://www.koreapac.kr/CustomerService/Notice/Index#articleId=95237

17 김태원(2004), 박순자(2013) 등은 무용의 발전을 위한 대학 무용교육의 방향 제시에 앞서 실기 편중과 삼분화된 전공 체계 등 대학교육의 문제를 지적했다. 김태원(2004). 『춤의 美學과 교육』. 1999년 초판. 현대미학사. pp. 246-259 참고.

수 없는 세력 간 경쟁과 다툼의 요인이 되었다. 그 폐해에 대한 지적이 없지 않았으나 장르 간 긴장과 경합이 강한만큼 쉽사리 바뀌지 않을 것으로 보인다. 그런데 예술 장르 간 통합 경향이 강해지고, 매체와 기술 등을 포함한 융합적 공연예술이 등장하는 동시대 상황에서, 그리고 그보다도 무용 공연예술의 현장에서조차 현대무용과 한국무용, 현대 발레의 장르 간 경계가 모호해지는 상황에서 대학교육이 장르에 따라 세 전공으로 나뉘고, 장르 간 배타적인 태도를 고수하는 상황은 시대와 예술 경향의 변화에 부합하지 못하고 있음을 보여준다.

■ 근대 교육 제도에 잔존하는 도제 관계

도제는 전근대적인 생산 체계에서 유효하던 공예와 예능의 교육 및 제작 방식이다. 도제 내부에 맺어지던 스승과 제자의 관계는 교육자와 학습자, 고용주와 피고용자인 동시에 생산 공동체로 운명을 같이했던 친밀함이었다. 무용의 경우 근대적인 대학교육이 정착했지만 교수와 학생의 관계에는 전근대적 도제 관계의 양상이 남아 있는 것으로 관찰된다. 대학 무용과 내부의 도제적 관계와 교육 양상은 전통 무용의 보존 및 전승과 같이 고정된 무용 기법과 레퍼토리를 전(前)세대로부터 후속 세대로 물려주는 경우 그 유효함을 전적으로 부정할 수만은 없다. 그러나 자유로운 예술을 지향하는 창작 교육에서 도제 관계는 예술가의 창의성을 통제하는 기제로 작동하기 쉽다.

다른 한편으로 도제는 무용계 구성원의 헌신을 짜내는 기제가 되기도 한다. 더욱이 무용교육과 무용 공연 제작 기회가 대학 무용과에 집중되다 보니 교수에게 많은 권한이 집중되고, 학생들의 진로나 무용계 자원의 배분 과정에도 영향을 준다. 교수와 학생의 관계가 종속적 관계의 양상을 띠게 되는 이유다. 대학교육이 시작된 이래로 오랜 기간 동안 대학교수의 무용 공연에 학생들은 교육과 공연 경험을 명분으로 무상으로 참여해 왔다. 교수에게 집중된 무용계 권한과 주종적인 교수/학생 관계가 오늘의 대학교육 안에서 학생들의 '자발적이고 헌신적인' 공연 참여가 지속되게 하는 배경이다. 무용과 학생들은 매년 대학 입시를 통해 대학 교수의 무용 공연에 활용될 수 있도록 준비된 무용수로 공급되고 있다고 해도 과언이 아니다.

④ 지원금에 의존하는 무용 공연

국가 지원금 제도와 무용계 구성원의 헌신에 의존하는 무용 공연의 제작 체계는, 무용 공연의 제작을 재정적 측면과 예술 실험 및 자유로운 창작의 측면에서 제한하는 환경이 된다.

재정적 측면에서 많은 경우 무용 공연 제작에 대한 투자는 지원금과 가용할 수 있는 헌신의 범위 내에서만 허용되는 상황이다. 무용 공연은 수익을 상정하기 어렵기 때문에 창작자를 비롯해 제작에 참여하는 인원은 무용 공연 제작을 위한 투자에 적극적일 수 없다. 이러한 재정적 여건은 다양한 영역의 전문가들과의 협업이 필수적이고, 무대기술과 조명, 음악 등 급속히 발전하는 인접 장르 예술과의 교류와 기술력의 도입이 요구되는 종합 예술인 무용 공연의 제작을 극히 제한한다. 기술력과 유능한 인력의 투입이 제한됨에 따라 질적으로 좋은 작품이 제작되기는 쉽지 않다. 이러한 상황에서 무용 공연이 동시대 관객과 시장을 개발하기는 쉽지 않다.

예술 실험 및 창작의 자유 측면에서 정부와 기업의 지원금이란 양면의 칼날, 곧 무용 공연의 제작을 지원하는 동시에 자유로운 창작과 예술 실험을 제한하기도 한다. 어떤 창작자도 지원금의 성격이나 규정에서 자유롭기는 어렵다. 자생력 없이 지원금 제도에 의존하는 예술 장르가 자유로운 예술과 과감한 실험을 시도하기는 쉽지 않다는 것이다. 지원금 제도는 예술을 체제에 순응하게 할 수 있으며, 지원금 의존도가 높은 한국의 무용은 형식과 주제에서 보수적일 수밖에 없는 상황에 놓인 셈이다.

변화하는 사회와 무용

위의 [참고 자료]에서 한국의 무용 공연을 둘러싼 제작과 유통 및 소비 현상을 보면 무용 공연은 일반 관객과의 소통과 무용예술의 저변 확대에 실패한 것이 아니냐는 우려를 하게 된다. 방송 매체를 통해 접하는 아이돌 가수들의 꽉 짜인 안무나 이를 한끝 차이 나지 않게 따라하는 10대와 젊은 층, 건강을 위해 스스로 움직이며 즐기는 스포츠 댄스, 에어로빅 인구, 무도장과 콜라텍, 심지어 운행 중인 고속버스의 통로 등을 메우는 춤의 향연과 흥을 떠올리면 무용은 한국 사회의 일상에서 가까이 경험하는 문화지만, 무용 공연은 이런 일상 경험의 저변에 숨어 있을 법한 일반 관객의 관심을 자극하거나 유인하지 못했다는 판정에 이르게 된다.

이런 현실 인식에서 많은 의문을 제기하게 된다. 최저의 관람률과 최저의 관람 의사, 최저의 관람 지출 항목이라는 조사 결과가 보여주듯 무용 공연은 동시대 한국 관객의 문화예술 취향과 기호를 충족하는 데 실패했는가? 실제로 이런 정도의 외면이라면 신자유주의 경제 논리가 전방위적으로 작동하는 한국 사회에서 무용 공연의 자생력은 거의 없다는 것인가? 공연시장에서의 자생력이 없는 상황에서 연 2,000건[18]이 넘는 공연이 무대에 오를 수 있는 이유는 무엇인가? 무용가 양성 과정과 무용 공연 제작 과정 등 무용 공연의 재생산 체계는 자생력 위기의 공연 환경에 어떻게 대응하는가?

무용은 대중적인 문화산업 분야와 다른 기초예술 분야이자, 순수예술 장르다. 극장 공연예술인 무용은 소수 애호가의 기호를 자극하는 고급한 예술로 인식되고 있다. 이러한 인식은 전체 문화예술 분야 중 향유 관객의 비중이 가장 낮은 상황, 곧 대중으로부터의 고립에 대한 해명으로 이용되고 있다. 기초 예술을 문화산업과 같이 무한경쟁의 시장에서 동일하게 경쟁하

---

18 문화체육관광부가 발표한 2014년 공연예술 실태조사 자료에 의하면 무용 공연은 전국 1,227개 공연장에서 2,475건(무용 2,016건과 발레 459건)이 공연되었다.
[참고: 문화통계포털]
http://ebook.culturestat.mcst.go.kr/home/view.php?code=3623&searchkey=&searchandor=&searchval=&host=main&site=20150923_084609_1&listPageNow=1&list2PageNow=1

기를 기대할 수는 없다. 또한 문화의 세기라는 21세기, 기초 예술의 발전을 위한 국가적 · 정책적 지원은 예술의 존립을 위해, 그리고 그것이 국가경제나 문화산업의 기초가 된다는 점에서 필요하고 타당하다.

그러나 시장에서 거의 전무해진 무용 공연의 자생력은 무용의 예술성 자체를 의심하게 하고, 다시 거꾸로 예술성을 제한하는 요인이 되기도 한다. 기초 예술로서의 전문성과 난해함을 대중적 외면의 이유로 내세우지만 시대에 부합하는 예술성과 주제 의식이 동시대 관객의 눈높이에 부합하는지에 대한 문제 제기와 평가가 요구되는 시점이다. 또한 무용 공연이 시장에 대한 기대를 접어버림으로써 시장으로부터의 자율성은 얻었는지는 모르겠으나 대신 지원금과 후원금에 의존하게 됨에 따라 무용가들이 지원금 제도와 후원자로부터 예술적 자율성을 지켜낼 수 있느냐의 문제도 제기된다.

시장이 없는 무용 공연의 지속 가능성은 무용 작품에 대한 내재적 분석만으로 관찰이 가능하지 않다. 예술성이 높은 무용 공연이 좋은 평을 받을 수 있겠지만 그것이 무용 공연시장에서의 성공 또는 자생력 확보로, 곧 재투자를 위한 공연 수익을 보장하는 것은 아니기 때문이다. 이와 반대로 전문가들로부터 좋은 평가를 받지 못한 작품일지라도 흥행에서 성공을 거둘 수 있고, 그 성공으로 인해 재평가를 받을 수도 있기 때문이다. 무용미학이나 예술성과 같이 무용 공연의 내재적 분석으로는 이러한 현상에 대한 설명이 어렵다.

현재의 무용계 상황에 대해서는 무용 공연의 내부가 아닌 외부에서 답을 찾는 것이 요청된다. 춤과 사회의 관계와 무용계에 대한 관심, 곧 무용에 대한 사회학적 접근이 필요해지는 것이다. 사회학적 접근이란 결국 무용 공연을 둘러싼 요인들에 대한 이해, 곧 외재적 접근을 의미한다. 문화와 기초 예술을 육성하려는 정부의 정책적 지원과 기업 후원, 무용계 구성원의 자발적 헌신 등 공연 외적 요인이 무용 공연 재생산의 사회적 자원으로 동원되는 현상도 실은 무용 공연 텍스트의 밖에 있다. 그리고 구성원의 헌신을 짜내는 한국 무용계 생태의 특성과의 관련성도 무용 작품의 밖에서 일어나는 일이다. 국가나 기업의 지원, 무용계 성원의 헌신과 생태 구조 등은 무용 공연을 둘러싼 제작 환경이고, 곧 무용이 속해 있는 사회다.

4. 무용사회학의 전개

무용사회학의 전개

국내 무용학계에서 '춤의 사회학'이란 용어는 1985년 5월 『마당』에 실린 채희완의 글, "도취냐, 살풀이냐"에서 처음으로 사용된다.[19] 대중적인 월간지 기획 기사인 이 글은 당대의 두 춤 현상인 행락철 유원지 춤과 춤바람으로 일컬어지던 카바레 춤을 열린/닫힌, 생산/소비, 공동체/개별, 일/놀이로 서로 충돌하는 개념으로 민속춤 전통과의 관련성 속에서 분석하고 있다. 학술 논문의 형식이 아닌 기사 형식의 글이지만 전통과 당대의 춤 현상을 민족미학의 관점으로 분석한다는 점에서 다분히 학술적 성격을 띠고 있다. 또한 당대의 춤 현상으로서 보여주는 춤, 곧 공연 무용이 아닌 일상의 춤문화를 다룬다는 점에서 관점과 주제가 사회로 확장된 글이다.

국내 무용학계의 경우 2000년대 초반까지만 해도 예술로서의 무용 공연과 춤의 미학 및 예술성에 그 연구 관심이 집중되었다. 그러나 극장무용이 엘리트 예술로 자리매김하고 소수 관객에만 소구하는 경향이 두드러진 1990년 중반 이후부터 지나친 전문성과 대중으로부터의 고립이라는 무용계의 위기감이 확산되었다. 이에 무용계의 관심은 무용 공연만이 아니라 무용이 속해 있는 사회로 향하게 되었다. 무용수의 수련 정도와 표현력, 안

19 채희완(1985). 도취냐, 살풀이냐: 춤의 사회학. 『마당』. 45호. 계몽사. pp.24-35.

무, 대본, 음악, 조명, 미술, 장치 등과 같은 무용 공연의 구성 요소에 대한 분석과 평가에 한정되던 연구 주제가 관객 연구와 사회적 수용과 확산, 공연예술로서의 상품성, 사회적 담론 형성과 예술 사조와의 관계 등 공연의 외재적 조건과 환경에 대한 관심으로 확장되었다. 곧 내재적 접근만이 아닌 외재적 접근이 시도되기 시작했다. 당시 무용계가 감지했던 무용예술의 위기는 무용과 사회와의 관계에 주목하게 했다. 국내 무용학계에서 1990년대 중반 이후 무용사회학 관련 논문이 지속적으로 등장한 것은 이러한 문제의식에서 기인한 것으로 보인다.

한국의 무용사회학

국내 무용사회학의 연구 경향은 한국 무용학계의 무용에 대한 사회학적 주제와 관심을 정리하면 일견할 수 있다. 국회도서관 전자자료 검색을 통해 수집한 무용에 대한 사회학적 접근을 시도한 학위 논문과 학술 논문을 중심으로 특징을 살펴보았다. 1980년대부터 현재까지 국내 대학 무용과의 학위 취득 논문과 무용학술단체의 학회지에 수록된 논문 주제를 분석했다.[20]

논문의 주제를 정리하면 세 가지의 특이점을 제안할 수 있다. 첫째, 1990년대 중반부터 무용사회학의 학문적 정립에 대한 연구들이 간헐적이지만 꾸준히 생산되고, 그 비중 또한 상당하다는 점이다. 그리고 그 연장선상에서 사회학적 연구 방법에 대한 관심도 뚜렷해졌다. 곧, 국내 무용학계에서 1990년대 이래로 무용사회학에 대한 관심이 증대했음을 보여주는데 이것

20 사회학적 주제와 관심을 다룬 무용학계 논문의 수집은 국회도서관 전자자료 검색을 이용했다. 주제어로 '무용/사회학', '무용/몸', '무용/민족', '무용/젠더', '무용/담론', '무용/세계화', '무용/문화' 등으로 검색했으며, '무용' 대신 '춤'을 검색어로 함께 사용했다. 검색 시기는 2015년 5월~10월이다(http://dl.nanet.go.kr/SearchList.do).

이 무용사회학의 학문적 정립이란 주제로 포착된다. 또한 그 관심은 현재까지도 지속되고 있다. 둘째, 2000년대부터 몸과 성정체성, 여성주의, 문화의 서구중심주의, 권력 관계, 세계화 등 사회학적 담론 분석의 주제어들이 등장하기 시작한다. 그러나 이들 대부분이 극장무용 공연에 치중하는데, 곧 무용 공연의 주제와 구성 요소에 대한 내재적 접근으로 작품 분석을 시도한다는 점이다. 그 대상도 외국 작가의 작품 분석이 중심이 된다. 셋째, 사회 제도로서의 무용계나 구성원에 대한 연구 등 무용 공연에 대한 외재적 접근을 시도한 연구는 많지 않으며, 더욱이 그 접근이 비판적 성격을 띠기보다는 사회적으로 순기능하는 정책 및 제도 개선 방안의 마련과 같은 기능주의적 성격을 띤다.

무용사회학의 학문적 정립을 다룬 논문들

국회도서관 전자정보 검색을 이용해 '무용/사회학'으로 검색하면 약 40여 개의 논문을 찾을 수 있다. 이 중 음악학 관련 주제인 10여 개는 이번 수집 대상에서 제외하고 약 30개의 논문을 수집, 분류했다.

학술 논문으로 무용사회학이란 용어가 등장한 것은 1990년대 중반 이후다. 김세정 외(1996)의 「무용학에 있어 무용사회학 정립의 의의와 과제」를 시작으로 다수 논문이 무용사회학의 학문적 정립을 주제로 다룬다. 이들은 대체로 무용사회학의 연구 주제와 의의 및 필요성을 국내 학계에 소개하는 데 주력한다. 이 주제는 2000년대 중반까지 간헐적으로 다뤄졌다.[21] 강미선(1996, 2007)은 1960년대부터 2000년대까지 국내 무용학계의 사회학적 연구 논문을 영역별 주제별로 분류했다. 그에 의하면 1990년부터 무용사회학 논문이 증가했으며 1996년까지는 문화, 교육, 대중매체 등 사회 제도와 사회

21 무용사회학의 학문적 정립에 대한 논문으로 김세정 외(1996), 강미선(1996, 2007), 최미자(2006). 무용사회학의 학문적 내용과 과제에 관한 연구. 『한국체육과학학회지』. 15권 1호. 한국체육과학회. pp. 879-888. 등이 있다. 이 밖에도 다수의 석사학위 청구 논문이 있다.

학의 과제나 방법, 기능 등을 다룬 사회학적 이해, 사회화와 사회계층을 다룬 사회 과정, 사회집단과 관련해 사회조직 등이 주제로 다뤄졌다. 이어 1996년 이후 주제는 무용과 사회화, 생활무용, 무용정책, 무용문화, 무용교육 등의 순으로 그 현황을 파악했다.

극장무용 공연의 작품 분석 속 사회학적 담론

영미의 무용사회학이 일반 대중의 춤문화나 청소년의 일탈과 관련해 춤의 역할을 다루는 등 하위문화에 대한 관심과 비중이 높은 반면 국내 무용사회학의 관심은 극장무용과 전통 공연 등 무대화한 무용 공연 등 주류 무용과 관련된 연구의 비중이 크다. 한국 무용학계의 무용에 대한 사회학적 접근과 달리 영미 무용사회학의 연구 관심과 대상은 비판적인 담론 생산이라는 사회학적 조류와 조응하고 연구 대상도 저항적인 하위문화 장르가 부각되어 왔기 때문이다.[22]

또 다른 특징으로는 국내 작가의 작품 분석보다는 해외 유명작과 유명작가에 대한 연구의 비중이 높은 편이다. 초기 사회학적 담론은 무용 공연 텍스트에 대한 민족주의나 후기식민주의, 여성주의 관점에서의 분석이 눈에 띈다.

1990년대 후반부터 좀 더 다양한 사회학적 담론을 다룬 논문이 등장하는데 여성주의, 몸,[23] 정치, 세계화, 춤담론의 변화 등이다. 춤문화에 대한 관심

---

22 무용사회학의 이론화를 소개한 글에서 헬렌 토머스(Helen Thomas)는 춤은 사회학적 관심과 연구가 필요한 분야임을 역설하고, 1960년대 후반부터 영미 사회학계에 나타난 무용에 대한 사회학적 접근들을 연대기적으로 소개했다. Thomas, Helen(1995). *Dance, Modernity and Culture: Explorations in the Sociology of Dance*. Routledge. pp. 1–28.

23 나일화(2008). 푸코의 담론을 중심으로 한 발레리나의 신체에 내재된 권력 분석 : 『감시와 처벌』의 권력 개념을 중심으로. 『무용예술학연구』. 23; 김주희(2010). 발레 「홍등Raise the red lantern」에서 보여지는 젠더화된 몸. 『무용예술학연구』. 30. pp.27–51.; 김신일(2010). 미셸 푸코를 통해 본 현대무용 작품 속에 내재된 몸 담론. 『무용예술학연구』. 31. pp. 1 23.; 김주희(2011). 춤 공연에서 재현된 젠더적 신체가 갖는 의미. 『무용예술학연구』. 34;

과 그 확장으로서 하위문화 속 춤을 다룬 연구는 2000년대 중반부터 비보잉이나 TV광고, 방송 프로그램 등으로 연구 대상과 관심이 확장되는 경향이 나타났다.

정책 제안 연구

시장 개발 및 공연 활성화 방안, 무용인 복지 제도, 사회복지와 무용의 역할에 대한 관심은 2000년대 이후 지속적으로 증가하고 있다. 무용 논문의 주제에서도 2000년대 이후 무용 공연 활성화나 시장 개발, 한국무용 공연의 세계시장 진출 등 무용 공연을 문화상품으로 개발 및 유통하기 위한 방안에 대한 연구와 정책 제안 연구의 증가가 눈에 띈다.[24] 무용인 복지 제도 개선이나 무용을 활용한 사회복지 증진 방안도 주요 주제로 다뤄지고 있다.[25] 사회복지 증진의 경우 문화센터나 사회복지관의 무용 프로그램 개발이나 수혜자 만족도 및 효과 분석을 통한 정책 제안이 요지다. 무용인 조직에 대한 분석은 무용단 내부 직무 향상이나 직업 몰입도, 직무 환경에 대한 관심이 높은 것으로 보인다. 무용단 내부의 갈등 요인과 해소 방안, 직무 환경 개선 방안과 제언 등이다.[26]

---

pp. 61-89 등이 있다.

24 김찬경 · 김준석 · 최현주(2003). 무용 공연시장의 활성화를 위한 전략 변수의 탐색: 시장지향성과 사회화 변수의 역할을 중심으로. 『한국체육학회지』. 42(1). pp.369-389; 이희영 · 박인자(2014). 경제적 · 사회적 요인에 의한 무용공연 시장 수요분석. 『무용예술학연구』. 50(5). pp.115-135; 조남규(2010). 한국 공연예술시장의 현황과 전망. 『한국무용기록학회지』. 18호. pp.79-97 등이 있다. 이 밖에 세계시장 진출과 시장 개발 논의와 관련한 학위논문이 다수 있다.

25 노인이나 아동복지, 최근에는 다문화가정을 위한 무용교육 프로그램의 활용과 성과에 대한 연구가 다수다.

26 이종려 · 조영호(2003). 직업무용단의 내부 마케팅이 단원 조직 동일시에 미치는 영향. 『한국스포츠산업경영학회지』. 8(2). pp.269-286; 최소빈(2003). 무용단의 조직 분위기가 임파워먼트 및 직무 만족에 미치는 영향. 『한국사회체육학회지』. 19호 상권. pp.655-660; 제임스 전(2004). 직업 무용단원의 조직 동일시, 조직몰입 및 이직 의도 분석. 『한국체육

5. 무용의 동시대성과 무용계

이 글은 '한국의 무용계'라는 용어의 사회학적 의미와 한국의 무용 현장에서 사용되는 의미의 협소함에 대한 고찰로부터 시작했다. 예술사회학자 베커의 예술계를 한국의 무용예술에 적용했을 때 한국 무용계는 안무가와 무용가만이 아니라 인접 예술 분야의 예술가들은 물론 무대 종사자, 기획, 비평, 홍보와 유통 관련자 등의 확대된 행위자 집단을 포함할 뿐만 아니라 무용 공연을 예술로 규정하는 기준과 무용계 인습, 무용가의 보상과 평가를 가능하게 하는 분배 체계, 마지막으로 이 모두를 제한하거나 허용하는 국가를 포괄한다. 그 범위가 방대해지는 동시에 춤과 사회와의 관련성이 더욱 뚜렷하게 드러남을 확인할 수 있었다. 반면에 현장에서 통용되는 '무용 공연의 안무가와 무용수'라는 의미는 범위의 협소함을 드러낼 뿐만 아니라 사회와 대중으로부터 단절되고 배타적인 집단의 특징이 강조되었다.

한국의 무용계라는 용어를 사회학적으로 정의하건 또는 무용 현장에서 통용되는 의미로 정의하건 공연 제작 과정이나 참여자의 규모, 사회적 행위자의 참여 여부라는 한국의 무용 공연 제작 실제가 달라지는 것은 아닐 것이다. 무용 공연 제작의 현장에서 협의의 한국 무용계가 동원한 장르 예술가들과 사회적 자원이 그 구성 범위와 규모에서 사회학적으로 확대한 한국 무용계의 행위자들과 다르거나 축소되는 것은 아니기 때문이다. 또한 무용 공연의 제작과 분배, 평가는 확대된 의미의 무용계를 구성하는 행위

학회지』. 43권 2호. pp.81-89. 한국체육학회; 추나영 · 조송현(2008). 무용단장의 리더십이 조직유효성에 미치는 영향. 『한국스포츠산업경영학회지』. 13권 4호. pp.73-85; 소인영 · 강종구 · 정경구(2010). 무용예술 강사의 조직문화와 조직공정성, 조직효과성과의 관계. 『한국사회체육학회지』. 42호 상권. pp.303-314; 이병관 · 성소영(2015). 직업무용단 단원들의 직무 긴장이 직무 만족, 무용단 조직 몰입 및 이직 의도에 미치는 영향. 『무용역사기록학』. 36. pp.277-297 등 다수 논문이 있다.

자들이 관여 및 개입하는 과정이고, 국가는 이러한 과정이 일어나는 사회 문화적 · 정책적 맥락으로 작용하는 현실은 동일하다. 그러나 한국 무용계를 어떻게 규정하느냐에 따라 동시대 예술 변화의 주도성은 물론 향후 무용예술의 변화에 미치는 영향과 그 함의는 달라질 수 있다는 것이 필자의 입장이다.

동시대 무용 공연이 그 내적 구성과 미학적 규준의 급속한 변화를 겪고 있다. 동시대 무용 공연의 제작 환경 또한 전에 없이 변하고 있다. 무용 공연은 이미 지난 반세기 동안 많은 변화를 겪어 왔다. 변화의 단적인 예로 무용 공연의 핵심적 구성 요소로 여겨지는 '몸'의 위상이 대표적이다. 1960, 1970년대 포스트모던 댄스의 장면에서부터 다수 무용 공연이 오랜 훈련으로 익힌 탁월한 기법의 수행과 아름답고 젊은 몸이라는 과거 무용 공연의 형식과 전형성에 도전해 왔으며, 그 가치의 의도적 훼손을 시도해 왔음을 목격했다. 춤 형식과 기법의 훈련에서 벗어난 일상의 몸과 몸짓은 물론이고, 심지어 늙거나 장애가 있거나 병든 몸이 무대에 등장하는 사례는 국내외에서 시도되었다. 이마저 넘어 사람의 몸이 아닌 기계 장치나 디지털 이미지, 영상 등 무용수의 몸을 대체하는 다른 움직임이 무대에 등장한 지 오래다. 또한 새나 말과 같은 동물과의 교감으로 무대를 채우기도 하고, 춤추는 로봇과 캡처된 춤 이미지가 인간의 몸과 함께 무대 위에 공존하기도 한다. 이들 실험적 무용 공연이 확산되면서 무용계 구성원은 물론 무용 관객도 기존의 무용미학에 근거해 동시대 무용 공연의 변화를 이해하기에 어려움을 경험하고 있다.

무용 공연의 공간도 이미 오래전부터 극장 공연의 미학과 전형성에 대한 도전을 받아왔다. 갤러리나 박물관, 야외, 역사성이 있는 특정 장소와 무용을 연결하는 시도들이 무용 공연으로 수용되면서 기존 무용 공연의 예술적 인습과 규준을 위태롭게 하고 있다. 디지털 매체와 인터넷 기반 기술의 발달은 무용 공연의 공간을 가상공간으로까지 확대하고 있다. 관객과의 관계 역시 이들 기술에 기반을 두고 일방이 아닌 쌍방향의 소통이, 생산과 소비가 구분되지 않는 실시간 참여와 공동 제작이 가능해지는 등의 급변을 맞고 있다. 이러한 동시대 공연예술의 변화 속에서 무용 공연은 무용계의 새로운 인습과 규준의 마련을 요구한다.

동시대 예술의 경향과 변화의 영향은 굳이 최근의 유럽 동시대 예술의 정치적 · 사회적 담론과 예술적 실천의 수용에서만 찾을 일이 아니다. 아카이브와 연계된 학제적 무용 공연 기획을 한국의 무용계에서도 수차례 경험하고 있기 때문이다. 아카이브 구축을 병행하는 경향은 춤의 동시대성을 사회와 역사에 매개하는 방식이다. 구술 채록 연구와 예술 자료 전시 및 추모 공연으로 구성되었던 2012년 〈마지막 무동 김천흥 선생 5주기 추모행사〉나 아카이브 전시와 기획 공연으로 구성되었던 2014년 국립현대무용단의 〈공간사랑 프로젝트〉, 한성준기념사업회와 연낙재가 주관했던 〈한성준 탄생 140주년 기념 대한민국 전통무용제전〉들 비롯해 다수 예술가에 대한 학술제와 병행하는 추모 공연을 어렵지 않게 보게 된다. 공연 형식에서도 해설과 영상 자료가 있는 공연이 자주 시도된다. 이들 사례는 동시대 예술 경향과 관련해 굳이 유럽의 동향을 끌어오지 않아도 융합적 · 복합적 · 학술적 경향이 우리 무용 현장에서 이미 시도되고 있음을 보여준다.

이러한 동시대 무용의 변화 앞에서 한국의 무용계 행위자들은 어떻게 대응하고 있는가? 한국의 무용계 행위자들이 무용을 어떻게 규정하는지, 혹은 어떻게 규정할 것인지는 향후 무용의 변화에 영향을 줄 것으로 보인다. 동시대 예술의 변화에 무용의 참여와 역할은 어떠할지, 다른 장르 예술이나 기술과의 협업 과정에서 무용의 주도성은 어떠해야 할 것인지, 동시대 예술 담론의 변화와 성과에 무용은 어떤 기여를 할지 등의 문제를 제기할 수 있다. 이런 맥락에서 '춤을 추는 사람'이라는 배타적 속성이 강한 무용계의 정체성은 취약해 보인다. 반면에 사회학적으로 확대된 정의인 "무용계 속 핵심 인력이자 다수의 내부 행위자와 협업 관계를 맺고 있는 예술가"로서의 정체성에서 동시대 예술의 변화에 조응하는 무용의 잠재성을 기대하게 된다.

1960년대와 1970년대 이후 급속히 질적 · 양적 성장을 해온 한국의 무용 공연이 전문성 확보에도 불구하고 관객과의 소통과 공연시장 확대에 위기를 맞고 있음을 부정하기 어렵다. 앞에서 살펴보았듯이 한국의 무용 공연은 대학 무용과를 중심으로 전문성을 갖추고 급속한 성장을 이뤘으나 대중성에서 문화예술 장르 중 최저 관람률과 최저 관람 지출 비중의 기록을 세우고 있다. 사회의 경제적 안정과 소득 수준이 높아짐에 따라 일반의 문화향수 관람률과 참여 의사가 높아진다는 점에서 공연예술의 발전 잠재력은 개선되고 있다. 그럼에도 침체 국면에 머무르는 한국무용 공연의 문제를 이 글은 무용계의 범위와 개방성의 문제로 진단했다. 곧 '춤을 추는 사람'들의 무용계라는 현장 용어가 무용계를 구성하는 행위자들은 물론 제도와 미학적 기준과 평가 및 분배 방식, 정책에서 선택과 결정에 제약이 되어온 것은 아닌지 성찰의 계기를 동시대 예술 경향의 확산과 한국 무용계의 조응 속에서 찾아보았다.

참고 문헌

단행본 및 논문

강미선(1996). 무용의 사회학적 접근 가능성 탐색. 『한국체육학회지』. 35(4): 514-524.

_____(2007). 무용사회학 연구의 성과와 과제. 『학국무용학회 연차 학술대회 발표자료집』.

김세정 외(1996). 무용학에 있어 무용사회학 정립의 의의와 과제. 『체육과학연구소논문집』. 12: 11-28.
김신아(2002). 사회학적 관점에서 본 1990년대 한국 창작무용. 한양대학교 석사 학위 청구논문.
김태원(2004). 『춤의 美學과 교육』. 1999년 초판. 서울: 현대미학사.
남수정(2002). 한국 사회에 표출되는 무용교육 엘리트층 형성에 관한 고찰. 『한국미래춤학회연구논문집』. 9집.
노현식(2005). 국가 행사 속에 나타난 무용의 사회학적 변천사: 불교문화의 행사를 중심으로. *Korea sport research*. 16(6): 93.
박순자(2013). 무용예술의 발전을 위한 대학무용교육의 방향 제시. 『대한무용학회논문집』. 71(6).
알렉산더, 빅토리아(2010). 『예술사회학』, 최샛별 · 한준 · 김은하 옮김. *Arts and Society*. 2003. 살림.
양종회(1985). 예술의 사회학 이론: 하워드 베커와 자네트 울프를 중심으로. 『외국문학』.
윤지현 · 김재리(2008). 공연 팸플릿에 나타난 한국의 무용장(field): 부르디외 이론을 중심으로. 『한국무용기록학회지』. 15: 93-120.
채희완(1985). 도취냐. 살풀이냐: 춤의 사회학. 『마당』. 45: 24-35. 계몽사.
최미자(2006). 무용사회학의 학문적 내용과 과제에 관한 연구. 『한국체육과학학회지』. 15(1): 879-888.

Becker, Howard(1982). *Art World*. Berkeley: University of California Press.
Bourdieu, P. 『예술의 규칙 : 문학 장의 기원과 구조』. 하태환 옮김(1999). 서울: 동문선.
Burt, Ramsay(2000). Dance Theory, Sociology, and Aesthetics. *Dance Research Journal*. 32(1): 125-131.
Thomas, Helen(1995). *Dance. Modernity and Culture-Explorations in the Sociology of Dance*. Routledge.

인터넷 자료

김서영(2013) "유럽 냉전 이후 역사와 예술 현상. 그리고 동시대 예술의 모색." http://blog.naver.com/PostView.nhn?blogId=ggcfart&logNo=70179046702 (2015. 11. 10. 검색)

국립현대무용단 홈페이지 http://kncdc.kr/

문화체육관광부. 『2014 문화향수 실태조사』. 2014. 12.

2011년 공연예술인 인큐베이팅 프로그램 안무가 분야 차세대 안무가 클래스 참가 안무가 공모 안내문. http://www.koreapac.kr/CustomerService/Notice/Index#articleId=95237

특별 담론

– Theories and "Theory" –

Theories and "Theory"

Considering French Court and Theatre Dance during Louis XIV's Reign

Linda J. Tomko

Theories and "theory" have infused Dance Studies as a discipline of the 20th and now 21st-century United States academy, the university world of research and teaching. This article articulates some of the gains and historiographical shifts that deployments of critical theory have enabled in dance scholarship of varied kinds in the past thirty years, and it suggests some ways in which critical theories might be brought to bear on study of dance in early 18th-century France. I take as a starting point several writers and their writings on dance during Louis XIV's long reign, which extended from 1661 until his death in 1715. I bring to this starting point my own practice as an embodier and performer of dances past which survive in notated form from the early decades of the 18th century, and also historical and critical analysis of textual and other sources.

Published writings by two authors merit consideration for the ways they contributed to and disclosed theories of artistic works or oeuvres that included dance in substantial ways during Louis XIV's reign: Michel de Pure and his 1668 *Idée des spectacles anciens et nouveaux*, and Jean-Baptiste Dubos and his 1719 *Réflexions critiques sur la poësie et sur la peinture* (English translation by Thomas Nugent, 1748). Michel de Pure's work surveys many kinds of spectacle from ancient Greek and Roman times, but he believes the Moderns – his generation – could and did definitely improve on past examples. He details the production type called *ballet de cour*, which brought together sung verse, instrumental music, dance, and printed verse that alluded to the performers' identities, along with costume and set. This production type persisted from the 1640s into the 1670s, and it comprised a number of entrées that were loosely linked to a general theme, but did not tell a story. In de Pure's view, the poem or the central idea was the important thing, and the production was meant to please the eyes and ears of spectators.

Dubos wrote shortly after Louis XIV's death, surveying painting and poetry, but he departed from this focus to discuss changes seen in the dancing that occurred in French operas, which Dubos attributed in important part to Jean-Baptiste Lully. From the 1670s through his death in 1687, Lully shaped French operas as *tragédies-lyriques*, whose Prologues spoke allegorically to contemporary events, followed by five acts that together told a unified story. *Tragédies-lyriques* used sung verse, instrumental music, sets and costumes, but also sung recitative, to move the action forward. Dance in these operas took place during pauses in the narrative action; dancing here often alternated with chorus and solo voice, and each of these dilated on the feeling states and dilemmas at issue at specific junctures in the plot. Dubos wrote retrospectively and he credits Lully with starting a trend to make dances delineate particular characters, a trend that Dubos sees manifest in his own time.

Both de Pure and Dubos articulate details and generalizations about the artistic productions of their times, and in the course of doing so, they theorize the oeuvre, the particular work, spelling out much of what makes the works distinctive. Each of them writes as an outsider, in the sense that neither performs professionally in music or dance. A third author, dance professional Pierre Rameau, wrote retrospectively and as an insider dance professional. His 1725 book *Le Maître à Danser* articulates details and generalizations about the practice of dancing at court: the step vocabulary of his day and earlier, use of the arms while dancing, and the decorum of court balls. From Rameau one can derive a courtly model for social dancing by elites and noble amateurs. A promised second volume on theatrical dance did not make it to print, if indeed Rameau wrote it. The dance notations that survive from the period, however, indicate that court dances and dances for professional performers shared a lexicon and a set of danced relationships to musical types, which help illuminate dancing in staged productions.

These three authors help me as a researcher comprehend how the works operated, they help me figure out what part dancing played in *ballets de cour* and in *tragédies-lyriques*, they help me understand how dancing was conceptualized by its viewers and its doers, and also how the whole of these works made cultural meaning. The authors contribute theories of the production types, models for what the productions attempted and ways in which, in part, their spectators viewed them. We could say that their writings disclose aesthetic theories, and that would be accurate. There is still more to be said, because while the writers parse the productions, they also talk about the monarch, about the *gentil homme* or *honnête homme* (the ideal man), about the role of women, and the relations between the Ancients and the Moderns. The period productions are actually revealed as part and parcel of a society – a configuration of people, resources, and endeavors, and the means with which, sometimes the power by which, endeavors were enacted.

So it would be a mistake to say that such a theory of the artistic work – or production type or oeuvre – is divorced from or stands as secondary and removed from the primary conduct of society and its politics, which is how, in our own 21st-century discourse, dance is often still positioned. This positioning is changing, with the help of practices like hip hop; I note only briefly that hip hop and b-boying in the U.S. do not operate as an empyrean realm outside of politics and social relationships.

My point here is that historical study of dance has long involved coming to know, learning about, period theories concerning past dance works. Historians and dance scholars, I submit, have always tried to discover past theories of the thing, past theories of the practice, sometimes – but not always, past theories of the forces that move the dancing. In addition to discovering past theories, why should we not use present day critical theories in our own 21st-century research and writing as tools for scrutinizing past dance practices? Here I use the word theories to mean the conceptual, social (including political), bodily, and compositional models or frameworks in which dance practices subsist and participate; or the projections and articulations of such frameworks; and as both, sometimes. Theor<u>ists</u> are the deducers, projectors, and articulators.

1. Some shifts and gains

Waves of critical theory, from various sources, have rolled through the U.S. academy in Dance since the 1980s, and this body of knowledge has enabled several kinds of gains. Scholarly dance research in the U.S. academy is of fairly recent vintage. Dance appeared in university curricula by the 1920s,[1] claiming credibility through creative process, that is, composition classes, in addition to movement practice. Dance anthropology and ethnology, plus dance criticism, and philosophy, dance history, also dance education became standard teaching and research elements (along with kinesiology and production) in Dance departments launched from the 1950s forward.[2] Inauguration of the Committee, later the Congress on Research in Dance as a learned society in the mid-1960s, with broad remit, showed the importance that scholarly research was gaining, and the Society of Dance History Scholars formed itself in the early 1980s to gain more time to devote to dance history within that large swath of research. In dance history writings from the 1950s to 80s, biography and genre analyses comprised prominent types of scholarly publication. Publications issued as biographies of dancers, choreographers, impresarios, artists; studies of Romantic ballet, modern dance as a genre; and included Sally Banes's important 1980 study of post-modern dance, *Terpsichore in Sneakers*. Both these foci followed what I call classical modes of inquiry in history writing: they investigated change through time. In biography, a person's individual life cycle gave a temporal frame for following change; in genre studies, the advent, heyday, and decline or shifts in a genre provided another kind of arc for explanation. In accounting for change, historians theorized causation.

Into this pattern of U.S. scholarly writing came application of ideas, notions, and models from critical theory, through writings by a variety of different authors. In focusing on just a few examples, I want to say clearly that mine is <u>one</u> assessment of some adoptions of critical theory

---

1 Nancy Ruyter, *Reformers and Visionaries: The Americanization of the Art of Dance* (New York: Dance Horizons, 1979), pp.95-124.

2 See Janice Ross, *Moving Lessons* (Madison: University of Wisconsin Press, 1990), for Margaret H'Doubler's work, commencing somewhat earlier at the University of Wisconsin.

by Dance Studies scholars, also that other selections and trajectories can provide valid and productive insights.

I find Michel Foucault and his book *The Order Things* (1966/1973) to have exerted significant impact. Here Foucault bracketed "causation"; he put aside, intellectually, the question of how and why things changed in the past. He focused on epistemes, modes or configurations of knowledge that broadly characterized the way people and discourse conceptualized things in particular eras. For the Renaissance, he proposed the trope of resemblance; for the Enlightenment period, taxonomy or classification, for example. Epistemes are broad sweeping configurations derived from Euro-America. They do not necessarily attempt to address other cultures, and historians have roundly criticized Foucault for leaving things out or simply not acknowledging things that fail to fit his model. What *The Order of Things* offered to Dance Studies was one kind of support for scrutiny of modes of representation that dance works used.

Thus Susan Foster's 1986 *Reading Dancing* examined four choreographers in different periods of U.S. history to unpack the representational modes of resemblance, imitation, replication, and reflection that they used, and also the kinds of bodies that their teaching and choreography cultivated. Mark Franko in *The Dancing Body in Renaissance Choreography* (1986) analyzed not steps but a tension between stasis and motion as the fundamental that animated geometrical ballets in the High Renaissance.

Both Foster and Franko focused on the synchronic dimension, how dance worked in a given time, while they still placed importance on investigating the past, especially past dancing bodies. Franko in the Epilogue to *Dance as Text: Ideologies of the Baroque Body* (1993) lauded scrutiny of past dances, and their intended effects, as providing bases for new creativity, sources for making new dances, and for investigations across genres: 17th-century burlesque ballets and 20th-century modern dance. Much later, Foster's 2011 *Choreographing Empathy* looked across time and genres at what the term "choreography" meant in different periods, here exploring shifts in a concept and theories of communication or impact. Research projects in U.S. Dance Studies today frequently cross disciplines or genres, apply and also pursue theories and models not limited to a particular era, but without imposing or searching for universal linkages.

A second area of applying critical theory to Dance Studies research has emerged with regard to theories and models of power. These inspect race and colonial empire, and also gender and sexuality. Theorists working in these registers have been numerous. Writers like Michael Omi and Howard Winant, and Gayatri Spivak, were pivotal in providing tools that could be used to think through racial practices and categories, and how these marked the kinds of dances made, who could make and perform them, where, and how dance made meaning for groups long marginalized in Euro-centric accounts of dance's history. Omi and Winant in *Racial Formation in America* (1994) called attention to the interaction of representation with hegemonic structures to perpetuate racial categories and subordination in the 1960s to 1980s U.S.. Spivak with "Can the Subaltern Speak?" (1985) illuminated the impossibility for subaltern people to have a voice in a system devised by those who wielded the power to take lives, allocate resources, and reroute everyday practice to serve their own interest. In Dance Studies, Brenda Dixon Gottschild catalyzed a major shift in thinking with her 1996 book *Digging the Africanist Presence in American Performance*. She pointed out the citations of African American dance practices in ballets by George Balanchine, for instance, citations which he never credited. Gottschild's theory of invisibilization enabled Dance Studies scholars to recognize the cultural interaction of black and Euro-American dance aesthetics and bodies in the most mainstream of 1950s to 80s art dance. It has helped fuel studies of whiteness as a privileged status inscribed through dance along with other bodily, legal, political, and representational strategies. Fundamentally, this kind of theorizing refused to accept accounts of the dominant group's dances and practices as the whole story of dance in the U.S., and it pushed Dance Studies to ask what had been erased, what was silenced or not acknowledged in dance in connection with domination and subordination of people in the U.S.

Perhaps because the demography of Dance Studies in the U.S. was predominantly female during the latter 20th century, and because the U.S. experienced at least two waves of feminist protest and social activism, investigation and theorizing of gender was widely and swiftly adopted in Dance Studies from the 1980s. Foucault's *The History of Sexuality*, volume 1 (1990) was among that of gender and sexuality theorists and scholars who illuminated ways through which societies and their socialization efforts attempted to mold people – as subjects, citizens, families, lovers – into prescribed patterns that might claim justification from tradition, but that also served the purposes of people wielding power, be that religious power or military power or social power – wielded through schools, tax systems, health workers and institutions. American theorist Judith Butler in "Performative Acts and Gender Constitution" (1990) wrestled with a model of gender as constituted through numerous iterated acts – gender as performance. Susan Foster subsequently challenged this view. In "Choreographies of Gender" (1998) she distinguished performance from choreography and spotlighted choreography and improvisation's capacity to introduce change, thus supplying a modality for resisting traditional gender roles. In *Gay New York* (1994), cultural historian George Chauncey's findings of a double-coding in gay male performance of everyday life during the first half of the 20th century offered scholars a framework for considering how choreographic practices might use mainstream compositional tools to signal to heterosexual audiences in one way, but also to gay audiences in another way. This meshed in significant ways with the theory of interpretive communities that literary scholar Stanley Fish articulated in 1980s reader-response criticism, maintaining that different groups could and did understand the same texts in different ways. Both of these helped broaden the focus of research from dance producers' or choreographers' intentions, extending it to the readings and uses that viewers and consumers made of the dancing. Dance scholar Priya Srinivasan's book *Sweating Saris* (2012) grappled with power relations of several kinds, highlighting the dancing and bodily labor of Indian women who toured but were not legally admitted as citizens to the U.S. in the early 1900s. These women and their labor, Srinivasan argued, were obscured by the dancing and dance making of American Ruth St. Denis, who tapped such sources and introduced orientalized personae in new work that she made for vaudeville as well as "legitimate" theatre of the day. Such Dance Studies analysis shows the intertwining of gender with race and ethnicity, and also queries the ends to which dance representations contributed in particular periods.

I want to suggest that adoption, application, and testing out of 20th and 21st-century critical theories, from varied sources, in Dance Studies research has introduced tools for thinking through ways that dance practices have operated and continue to operate in societies, and across societies in this increasingly globalized world. The tools of representation theory, economic and race analysis, and gender theory, to name only a few, have helped and do enable scholars to ask what difference dance and dancing has made, in the past and the present. "Theory" is not infrequently accused of being elitist, or being made in the mold of the dominant groups in society, and thus being a hindrance to scholarly research. I take heart from the argument for continued use of theory that

Françoise Lionnet and Shuh-Mei Shih advance in their Introduction to *Creolizing Theory* (2011). Let's find a theory of the minor, they exhort: let us figure out and voice the theories that have positioned certain groups as minority, with the clear expectation that such knowledge will enable struggles for equality, even social action for equality. To look for theory(ies) of the minor in Dance Studies is to ask how dancing of many kinds operates. It can illuminate what dancing challenges, what dancing promotes, and what might be at stake – at issue, also at risk – for dancings both past and present.

2. Some applications to early 18th-century French dance

How might critical theories be brought to bear on study of dance in early 18th-century France? For many years during the 20th century, early 18th-century court and theatre dance were fit into narratives of autonomous dance, that of dance gaining the ability to tell stories through movement relatively independent of sung, spoken, or printed word, though seldom without continued musical partnership. In such a narrative of autonomous dance, court and stage dance from the latter part of Louis XIV's reign gained acknowledgement as a predecessor to "ballet" as a genre, that is, Romantic ballet of the early 19th century and that which continued to flourish across Europe in the late 19th century, what came to be called "classical ballet." Early 18th-century dance in this formulation gained credence as forebear to ballet deemed an art in 20th-century high modernist discourse. French court and theatre dance seeded a future genre that accrued luster as an art occupying an empyrean realm separate from politics.

Critical theories can help to bring different and welcome optics from which to scrutinize early 18th-century court and theatre dance, and to unseat the primacy of previous genre evaluation. Michel Foucault's analysis of how power circulates – moving through a network and never seated in a single spot – has created an opening for scholars to ask how power might have circulated through the production and doing of early 18th-century dance. Foucault stressed ways in which institutional formations such as law and schools and medical practice channeled power, offered models, and molded people into ways of being in their society preferred by the politically and socially dominant. Just as salient in early 18th-century France was the royal subvention of dance production under Louis XIV. He launched the Académie Royale de Danse as a site and body for the theorization of dance from the 1660s (Franko, *Dance as Text*, Appendix 3), and also, it may be said, for erecting barriers to entry for those who wished to join the dance teaching and composition professions. Royal funding of annual multi-act productions (*tragédies-lyriques*, later some opéra-ballets), buttressed by J-B Lully's direction of the Académie Royale de Musique, or l'Opéra, and inauguration there of a professional troupe of dancers, also singers and musicians (Harris Warrick and Marsh, 3), established patterns of approved presentation of the dancing body and its interactions with the sung word and instrumental music. If premiered at court, the same productions were also mounted at the Opéra in Paris; people of several different social ranks could and did view these works, not just courtiers. Further, early 18th-century French opera, including its dancing, offered platforms for staging social relations as promoted by the crown. The conflict between the protagonist(s)' duty and desire comprised a fundamental narrative in many *tragédies-lyriques*. Situated in stories drawn from classical mythology, protagonists were heroic leaders whose decisions and actions deeply affected the hierarchical societies in which they lived and moved. In operas like *Roland*, which drew from chivalric sources, knights followed their leader, who was perhaps a first among equals but no less authoritative in setting the course adopted by companions in arms. Magnifying past orders of things, the king's productions modeled a kind of realm that might not have operated fully in such a way in his present. Yet these were models and references that resonated with Louis XIV's efforts to rule without a first minister in an era when England had suffered a harsh civil war and France itself had survived the wars of the Fronde in the middle of the 17th century. The models reverberated with Louis' embroilment of France in annual campaigns in the Low Countries as part of the War of the Spanish Succession. Prologues to five-act *tragédies-lyriques* came to feature allusive commentary on France's latest fortunes in war, celebrated or mourned in song and dance, even as the wide-ranging stories of the following acts depicted struggles with and resolution of challenges to leadership by the few and mighty. Not the only kind of staged music and dance available to period audiences, the king's productions circulated consistently, and were frequently reprised. Incorporating changes in some areas, and continuity in others, reprises kept the issues at hand, the models on view.

No less important than Foucault's evocation of the social patterning effected by institutions was the notion of docile bodies he articulated in *Discipline and Punish* (1975/1979). Early 18th-century courtiers' dance training and performance, at the individual level, can certainly be parsed as energy consciously modulated, as constraint channeled and made manifest, even as the production of docile bodies. Pierre Rameau's *Le Maître à Danser* gives a sense of the exquisite detail with which dance steps favored certain ranges of movement and made limited use of others; how they calibrated bodily effort; and how courtly dancing promoted certain distributions of time and interaction with musics, providing but limiting options for improvisation. Surviving dance notations make visible how bodies were guided to follow some types of spatial patterns (frequently symmetrical and/or geometric) and not others.

Foucault's insights can thus help historians to understand the production of individual subjects through dance. And subjectivities produced through dancing's corporeality definitely were transferred to colonial sites, as in the Caribbean, where both the choreographies and the bodies produced by dancing helped to inscribe colonial relations of power and subordination even as transported slaves, indigenous people, and colonizers wrought changes on these substrates.

Critical theories offer important incitement to consider early 18th-century dancing as productions of memory, both when framed on royally subvened stages and featured in court balls. And early 18th-century French dancing offers grist for weighing critical theory claims. In "Between Memory and History: Les Lieux de Mémoire" (1989), Pierre Nora made famous a distinction between milieux de mémoire and lieux de mémoire, as kinds of sustainment and or loss of memory. He protested the substitution of the latter for the former as an enfeebling outcome for societies. Hours-long productions of *tragédies-lyriques* in the late 17th and early 18th centuries definitely generated platforms and occasions within the milieux of the king's court and public theater for audience observation and immersion in narrative, sung, and danced trajectories and royally promoted ways of being in the world. At the same time, they comprised more than the gestures and habits, skills transmitted "by unspoken tradition, in the body's inherent self-knowledge, in unstudied reflexes and ingrained memories" that Nora's formulation acknowledges as the refuge for true memory (13). Even with the subsequent cessation of those particular performance events in/and their generative milieux, 21st-century performance of dance and music from the early 18th century – possible with use of extant dance notations, music scores, and arrays of period data about intended effects and performance practice – offer a kind of memory that is bodied forth by doing, by dancing. It is a kind of memory not limited to the poles of Nora's binary.

Memory was capable of instatement at the level of individual ballroom choreographies, as well. Annual *Recueils de Dance*, from 1702 onward, not infrequently include ballroom dances named in honor of significant battles or military leaders, like *La Denain* (Louis Pécour, 1713), or, in an English deployment of the practice, *The Brawl of Audenarde* (P. Siris, 1709) (Hazebroucq; Tomko). Such couple dances were in no way mimetic or narrative. The naming of them, the public citation of battles and warriors via dance titles, brought them into quotidian circulation, however elite that circulation. In similar vein, dances were sometimes named for royal people or dynastic mergers, as when the Princess of Savoy married Louis XIV's grandson and the two held the titles of the duchess and duke of Burgundy (Hilton,12-13). The notated choreographies *La Savoye* and *La Bourgogne*, each for a couple, appear in Feuillet's 1700 *Recueil de Dances*, published within three years of the marriage. Every performance of the ball dances thence forward made the marital fact available for corporeal resonance with the question of succession in France, no small matter in the end, when Louis' great grandson ultimately succeeded him.

Critical theories, then, offer perspectives from which to ask how dancing operated in societies to shore up or contest power, how it contributed to forming individual subjects, and how it took part in producing embodied memories at levels of individual as well as corporate performance. That is, it equips us to query early 18th-century French dance not for what it "led to" in later centuries, but for how it mattered and made meaning for peoples in its days. Released at least in part from the burdensome role attributed to it of preparing the way for some later genre, dancing in the early 18th century can, with the help of optics offered by critical theories, be inspected and pursued and for what it did at the time.

Abstract

This article addresses writings by Michel de Pure and Jean-Baptiste Dubos on French court and theatre dancing during the long reign of Louis XIV, and it proposes a notion of theorists as deducers of the conceptual, social, bodily, and compositional models or frameworks in which dance practices subsist and participate; or as projectors and articulators of such frameworks; and as both, sometimes. It then contemplates the infusion of theories and "theory" in Dance Studies research of the U.S. academy during the later 20th and now the 21st centuries and voices some gains enabled by this intellectual turn. It concludes by suggesting some ways in which critical theories might be brought to bear in study of early 18th-century French dance.

초록

이 글은 미셸 드 퓨(Michel de Pure)와 장 바티스트 뒤보스(Jean-Baptiste Dubos)가 루이 14세 시대의 프랑스 궁정무용과 극장무용에 관해 쓴 저서들을 다루고 있다. 여기에서는 이론가라는 개념을 무용 수행에 내재되고 그것과 관계되는 개념적 · 사회적 · 신체적 · 구성적 양식이나 체계를 추론하는 사람, 또는 이러한 체계들을 구상하고 전달해 주는 사람, 또는 양자라고 제안한다. 그리고 20세기 후반에서 21세기 현재까지 미국 대학의 무용학 연구에 스며든 이론들과 "이론"을 살펴보고, 이러한 학문적 변화로 인해 얻을 수 있었던 이점들에 대해 논한다. 마지막으로 비판이론이 18세기 초 프랑스 무용 연구에 영향을 줄 수 있는 방법들을 제시함으로써 글을 맺고 있다.

(네브라스카대학교 무용과 황혜원 교수 번역)

Bibliography

Butler, Judith. "Performative Acts and Gender Constitution: An Essay in Phenomenology and Feminist Theory." In *Performing Feminisms*, ed. Sue-Ellen Case, 270-282. Baltimore: Johns Hopkins University Press, 1990.

Chauncey, George. *Gay New York: Gender, Urban Culture, and the Making of the Gay Male World, 1890-1940*. New York: Basic Books, 1994.

Dubos, Jean-Baptiste. *Réflexions critiques sur la poësie et sur la peinture*. 1719; English translation by Thomas Nugent, 1748. 3 vols. Reprint, New York: AMS Press, 1978.

De Pure, Michel. *Idées des spectacles anciens et nouveaux*. Paris, 1668. Reprint, Geneva: Minkoff Reprint,1972.

Feuillet, Raoul. *Recueil de Dances composées par M. Pécour*. Paris, 1700; facsimile reprint. New York: Broude Brothers, 1968.

Fish, Stanley E. "Interpreting the *Variorum*." In *Reader-Response Criticism; From Formalism to Post-Structuralism*, ed. Jane P. Tomkins, 164-184. Baltimore: Johns Hopkins University Press, 1980.

Foster, Susan Leigh. *Reading Dancing: Bodies and Subjects in Contemporary American Dance*. Berkeley: University of California Press, 1986.

——. "Textual Evidances." In *Bodies of the Text: Dance as Theory, Literature as Dance*, ed. Ellen Goellner and Jacqueline Shea Murphy, 231-246. New Brunswick, New Jersey: Rutgers University Press, 1995.

——. "Choreographies of Gender." *Signs* 24 no. 1 (Autumn 1998): 1-33.

——. *Choreographing Empathy: Kinesthesia in Performance*. New York: Routledge, 2011.

Foucault, Michel. *The Order of Things: An Archaeology of the Human Sciences*. Translation of *Les Mots et Les Choses*. New York: Vintage Books, 1973.

——. *The History of Sexuality, An Introduction*. Volume 1. Translated by Robert Hurley. New York: Vintage Books, 1990.

——. *Discipline and Punish: The Birth of the Prison*. Translated by Alan

Sheridan. New York: Vintage Books, 1979.

Franko, Mark. *The Dancing Body in Renaissance Choreography*. Birmingham, Alabama: Summa Publications, 1986.

——. *Dance as Text: Ideologies of the Baroque Body*. Cambridge: Cambridge University Press, 1993.

Gottschild, Brenda Dixon. "Stripping the Emperor: George Balanchine and the Americanization of Ballet. In *Digging the Africanist Presence in American Performance*, 59-79. Westport, Connecticut: Greenwood Press, 1996.

Harris-Warrick, Rebecca and Carol G. Marsh. *Musical Theatre at the Court of Louis XIV: Le Mariage de la Grosse Cathos*. Cambridge University Press, 1994.

Hazebroucq, Hubert. Concert "Oorlog in de Balzaal [War in the Ballroom]," Danscompagnie les Corps Éloquent, Utrecht Early Music Festival, August 27, 2013.

Hilton, Wendy. *Dance and Music of Court and Theatre: Selected Writings of Wendy Hilton*. Stuyvesant, New York: Pendragon Press, 1997.

Lionnet, Francoise and Shuh-mei Shih. "Introduction." In *The Creolization of Theory*, 1-33. Durham: Duke University Press, 2011.

Nora, Pierre. "Between Memory and History: Les Lieux de Mémoire." *Representations* 26 (Spring 1989): 7-24.

Omi, Michael and Howard Winant. *Racial Formation in the United States from the 1960s to the 1990s*. 2nd ed. New York: Routledge, 1994.

Rameau, Pierre. *Le Maître à Danser*. Paris, 1725. Reprint, New York: Broude Brothers, 1967.

Ross, Janice. *Moving Lessons: Margaret H'Doubler and the Beginning of Dance in American Educaton*. Madison: University of Wisconsin Press, 1990.

Ruyter, Nancy. *Reformers and Visionaries: The Americanization of the Art of Dance*. New York: Dance Horizons, 1979.

Savigliano, Marta. "Worlding Dance and Dancing Out There in the World." In

Worlding Dance, ed. Susan Foster, 163-190. New York: Palgrave MacMillan, 2009.

Schwartz, Judith L. and Christena L. Schlundt. *French Court Dane and Dance Music: A Guide to the Primary Source Writings 1643-1789*. Dance and Music Series No. 1. Stuyvesant, New York: Pendragon Press, 1987.

Sprivak, Gayatri C. "Can the Subaltern Speak? Speculations on Widow Sacrifice." *Wedge* (Winter/Spring 1985): 120-130.

Srinivasan, Priya. *Sweating Saris: Indian Dance as Transnational Labor*. Philadelphia: Temple University Press, 2012.

Tomko, Linda J. "What Engagement with War?" Paper presented at the November 2005 conference of the Congress on Research in Dance, Université du Québec à Montreal, Montreal, Québec, Canada.

Worthen, W. B. "Introduction: Theorizing Practice." In *Theorizing Practice; Redefining Theatre History*, ed. W.B. Worthen with Peter Holland, 1-7. New York: Palgrave Macmillan, 2003.

| 찾아보기 |

[ㅁ]

[ㅅ]

| 저자 소개 |

신상미

이화여자대학교 무용과를 졸업하고 일리노이주립대학교에서 무용학 석사학위, 단국대학교에서 무용학 박사학위를 받았다. 초 · 중급 라반무용표기법 자격자이며, 미국 라반/바르테니에프 움직임 연구소의 공인 움직임분석가다. 국가기록물 지정 자문위원, 한국문화재보호재단 무용문화콘텐츠사업 자문위원, 한국무용기록학회 고문 및 편집위원, 한국춤문화자료원 원장으로 활동했으며, 한국무용기록학회 초대 회장을 지냈다. 현재 이화여자대학교 무용과 교수로 재직 중이며, 무용학연구소장으로 활동하고 있다.

저서로 『인간은 왜 춤을 추는가: 인류의 춤 문화 코드 읽기』(2014 세종도서 학술부문 우수도서), 『몸짓과 문화: 춤 이야기』, 『몸과 움직임 읽기: 라반 움직임 분석의 이론과 실제』(공저)가 있으며, 그 외 다수의 역서와 논문이 있다.

김은혜

한동대학교 국제어문학부를 졸업하고 횃불트리니티신학대학교 대학원에서 목회학 석사, 침례신학대학교에서 신약학 석사, 이화여자대학교에서 무용학 석사학위를 받았다. 현재 침례신학대학교에서 신약학 박사과정과 한성대학교에서 기독교무용 전공 석사과정 중에 있으며, 2007년부터 문화선교단체 찬미커뮤니티의 행정기획팀장으로 활동하고 있다.

박성혜

한성대학교 무용학과를 졸업하고 숙명여자대학교에서 무용학 석사학위를 받고 동 대학원에서 무용학 박사학위 과정을 수료했다. 무용전문지 월간 『몸』 편집장, 공연예술네트워크 '판(PAN)' 발행인, 국립현대무용단 교육&리서치 선임연구원을 역임했다. 현재 한국예술종합학교 무용원, 숙명여자대학교, 중앙대학교, 단국대학교 등에서 강의하고 있으며, 무용 관련 기획 및 연구를 진행하고 있다.

김재리

이화여자대학교 무용과를 졸업하고 동 대학원에서 석사 · 박사학위를 받았으며, 미국 라반/바르테니에프 움직임 연구소에서 공인 움직임분석가 자격증을 취득했다. 한국라반움직임연구소 수석연구원과 한국무용기록학회 이사, 국민대학교 공연예술학부 박사 후 과정 연구원, 국립현대무용단의 드라마투르그를 역임했다. 현재 연극, 영화, 무용 분야에서 움직임 연출자 및 리서처로 활동하고 있다. 저서로는 『몸과 움직임 읽기: 라반 움직임 분석의 이론과 실제』(공저), 역서로는 『몸 움직임 세상 연결하기: 바르테니에프 기초 원리를 통한 몸 전체 통합』(공역) 등이 있으며, 『*K-Contemporary*』에 기고한 「춤에서 재현되는 주체: 커뮤니티 댄스를 보는 몇 가지 관점」을 비롯해 다수의 논문이 있다.

황혜원

이화여자대학교 무용과를 졸업하고 영국 라반센터에서 무용학 석사학위(MA in Dance Studies) 및 미국 뉴욕대학교에서 무용교육학 석사학위(MA in Dance Education)를, 미국 캘리포니아대학교 리버사이드 캠퍼스에서 비판무용학 박사학위(Ph.D. in Critical Dance Studies)를 받았다. 미국, 캐나다, 노르웨이에서 열린 National Dance Education Organization, Society of Dance History Scholars, Congress on Research in Dance, Nordic Forum of Dance Research, Dance Under Construction 등의 학회에서 다수의 논문을 발표했다. 캘리포니아대학교

리버사이드 캠퍼스 무용과 강사(2013~2014)를 역임했으며, 현재 네브라스카대학교 링컨 캠퍼스 무용과 전임강사로 재직 중이다.

김영희

국민대학교 국사학과를 졸업하고 중앙대학교 무용학과에서 석사학위를, 성균관대학교 동양철학과에서 「전통춤의 움직임에 드러난 풍(風)의 양상 연구」로 예술철학 박사학위를 받았다. 김영희춤연구소 소장과 한국춤비평가협회 회원으로 활동하고 있다.

한국근현대예술사 구술채록 연구 시리즈 『김천흥』, 『양소운』, 『이매방』, 『문장원』을 구술 채록했고, 주요 저서로는 『개화기 대중예술의 꽃, 기생』, 『전설의 무희 최승희』(공저), 『한국춤통사』(공저), 『전통춤평론집 춤풍경』이 있으며, 이 외 다수의 논저가 있다. 개화기 이후 근대 기생의 춤 활동과 근현대 춤의 역사에 관심을 가지고 연구를 진행하고 있다.

조경아

서울여자대학교 국문과, 한국예술종합학교 무용원 이론과 예술사, 전통예술원 한국예술학과 전문사를 졸업하고 한국학중앙연구원에서 한국사학 전공으로 문학 박사학위를 받았다. 한국예술종합학교 연구교수를 역임하고 현재 동 대학교 무용원 세계민족무용연구소 전임연구원으로 재직 중이다.

공저로 『음악, 삶의 역사와 만나다』, 『한국춤통사』 등이 있으며, 박사학위 논문 「조선 후기 의궤를 통해 본 정재 연구」 외 다수의 논문이 있다.

유화정

이화여자대학교 무용과를 졸업하고 동 대학원에서 「조선 후기 풍류방과 기방의 춤문화 비교 연구」로 석사학위를 받았으며 현재 박사과정을 밟고 있다. 과거부터 현대에 이르는 한국의 춤문화를 인류학적으로 해석하는 데 관심이 있으며, 국립극장에서 한국에 거주하는 외국인들을 대상으로 한 전통춤의 실제와 이론 수업을 진행하고 있다.

황희정

이화여자대학교 무용과를 졸업하고 한국예술종합학교에서 무용이론으로 석사학위를, 한양대학교에서 무용학으로 박사학위를 받았다. 연세대학교 체육연구소 박사후연구원, 인천시립무용단 상임단원을 역임했고, 한양대학교 · 공주대학교 · 국민대학교 등에서 강의했다. 현재 한국예술종합학교 세계민족무용연구소 연구교수로 재직 중이며, 무용역사기록학회 · 한국예술교육학회에서 이사로 활동하고 있다.

윤지현

이화여자대학교 무용과에서 세계화 시대 한국무용 공연의 문화 상호성에 관한 연구로 박사학위를 받았다. 한국문화예술위원회의 구술채록 연구와 한국문화관광연구원의 예술기록관리 현황 분석 연구에 참여했다. 세계화와 춤의 변화, 한국 사회와 무용계, 무도장과 대중춤문화 등에 관심이 있다. 현재 한국연구재단의 지원을 받아 1960~70년대 근대 교육 제도의 정착 과정에서 관찰되는, 개인무용연구소에서 대학 무용과로의 무용계 권력 이동에 관한 연구를 진행하고 있다.

린다 톰코

린다 톰코(Linda J. Tomko)는 UCLA에서 역사학 박사학위를 받았다. 역사가이자 무용수로서 과거의 무용을 체현하고 있는 톰코는 캘리포니아대학교 리버사이드 캠퍼스의 무용학과 부교수로 재직 중이며 무용학과 대학원생의 지도 및 상담도 맡고 있다. 동 대학교에서 무용학과 학장을 세 번 역임했다. 레 메뉴 플레지르(Les Menus Plaisirs) 바로크 무용공연단의 창단 멤버이며, 버클리 얼리 뮤직 페스티벌(Berkeley Early Music Festival)과 위트레흐트 얼리 뮤직 페스티벌(Utrecht Early Music Festival)에서 18세기의 춤을 공연하는 무용수들을 지도했다. 무용역사학회(Society of Dance History Scholars) 회장을 역임했고, 현재 펜드래곤 출판사(Pendragon Press)에서 발행하는 웬디 힐튼 댄스 & 뮤직(Wendy Hilton Dance & Music) 책 시리즈의 편집장을 맡고 있다.

사라지지 않는 예술, 무용이론을 말하다

펴낸날 초판 1쇄 2016년 5월 30일
엮은이 이화여자대학교 무용학연구소
펴낸이 김훈순
펴낸곳 이화여자대학교출판문화원
주소 서울특별시 서대문구 이화여대길 52(우 03760)
등록 1954년 7월 6일 제9-61호
전화 02) 3277-2965(편집), 02) 362-6076(마케팅)
팩스 02) 312-4312
전자우편 press@ewha.ac.kr
홈페이지 www.ewhapress.com
디자인 정혜진
찍은곳 (주)현문자현

ISBN 979-11-5890-167-7 93680
값 28,000원

* 잘못된 책은 바꾸어 드립니다.

이 도서의 국립중앙도서관 출판예정도서목록(CIP)은 서지정보유통지원시스템 홈페이지
(http://seoji.nl.go.kr)와 국가자료공동목록시스템(http://www.nl.go.kr/kolisnet)에서
이용하실 수 있습니다.(CIP제어번호: CIP2016011869)